師顧堂叢書

蔣鵬翔 沈楠 編

儀禮正義

五

〔清〕胡培翬 撰
胡肇昕 楊大堉 補

广西师范大学出版社
GUANGXI NORMAL UNIVERSITY PRESS

本册目録

卷二十八

卷二十九

卷三十

卷三十一

記

卷三十二

卷三十三

記

卷三十四

卷三十五

卷三十六

記

儀禮正義卷二十八　鄭氏注

績溪胡培翬學

帷堂徹事畢疏正義曰自此至主婦亦如之言大斂之事吳氏廷華云小斂訖徹帷至是帷之以徹事畢將大斂也**婦人尸西東面主人及親者升自西階出于足西面袒**袒大斂變也不言髽免髻髮小斂以來自若矣疏正義曰小斂後婦人位在阼階上今在尸西東面者以男子將升故也親者謂衆主人也主人及親者升自西階出于足西面面則在尸東矣婦人由阼階上轉而西東面亦出于足可知也○注盛氏集編本據賈疏及集說於大斂變上增爲字云袒大斂變也者前小斂袒斂畢乃襲此將大斂故又變襲爲袒也云不言髽免髻髮小斂以來自若矣者以男子髻髮免婦人髽自小斂以來俱若是未改故不言也至成服乃易之**士盥位如初**亦旣盥竝立西階下疏正義曰如初如小斂時也小斂士盥二人以竝東面立于西階下俟舉尸此亦如之故注云亦旣盥竝立西階下也**布席如初**亦下莞上簟鋪

於阼階上於楹間爲少南 疏 正義曰如初謂席之下莞上簟亦如小斂時也其布之處則異 注云鋪於阼階上者下記及禮記多言大斂于阼是也鋪亦布也襍記曰公視大斂公升商祝鋪席卽布席也云於楹間爲少南者賈疏云以其在阼階上故知於楹間爲少南近阼階也

商祝布絞紟衾衣美者在外君襚不倒

至此乃用君襚主人先自盡 疏 正義曰商祝布絞紟衾衣布于阼階席上也其布之序先絞次紟次衾次衣衣美者在外指衣言此時先布之則斂時在外也君襚先祭服祭服先散衣美者卽指君襚言秦氏蕙田云服之美者莫如君君襚大斂用之所以章君之賜也故在外而不在內敖氏云君襚不倒尊也以祭服視散衣則祭服爲尊以君襚視祭服則君襚爲尊惟君襚不倒則祭服亦有倒者矣今案喪大記云小斂大斂祭服不倒此經小斂言祭服不倒大斂言君襚不倒者喪大記統君大夫士言故以祭服爲尊此士禮故以君襚爲尊小斂不用大斂用之也李氏如圭云襲以明衣裳親身則祭服美者居外小斂衣美者在中大斂衣美者在外三相變 注云至此乃用君襚主人先自盡者以斂時在外爲上服主人不敢以己衣加於君襚之上故先自盡其衣至大斂而後用君

襚也**有大夫則告**後來者則告以方斂非斂時則當降拜之 疏 正義曰有大夫則告謂此時有大夫來則告以方斂也檀弓曰大夫弔當事而至則辭焉是也注云後來者謂方斂之後而來對未斂之先來者言也主人小斂後位在阼階下若未大斂之先而有大夫來當卽拜之此方斂不及拜故使人告之也云非斂時則當降拜之者此鄭申釋經意言大夫來非當斂時則主人雖在堂上亦當降拜之矣敖氏云告謂告以主人方有事未及拜賓也非斂時則位在下來卽拜之語尤明切儀禮經是周公作敘次最完密禮記是後人所記時有參差鄭氏注亦不能無出入如檀弓云大夫弔當事而至則辭焉昀是此經之傳此經敘有大夫則告於布席布絞紟衾衣之下正所謂當事也鄭注檀弓云辭猶告也擯者以主人有事告也據此經釋之是矣而又云主人無事則爲大夫出此出字便含混蓋意欲牽合喪大記士之喪於大夫不當斂則出之文也案喪大記則出與下士妻不當斂則爲命婦出皆爲出於室蓋始死男女哭位俱在室也小斂後主人位在阼階下無所謂出又喪禮非君命無出門迎法則亦不得以出爲出門喪大記之文本與禮經不合前已辨之喪大記云君之喪未小斂爲寄公國賓出大夫之喪未小

斂爲君命出士之喪於大夫不當斂則出據此文上俱云未小斂則士之喪亦指未小斂言也此經未小斂唯爲君命出若如記文則未小斂於大夫亦出其誤明矣鄭注此經云唯君命出以明大夫以下時來弔襚不出也而檀弓注又云主人無事則爲大夫出此出字何指邪孔賈二疏欲合檀弓喪大記爲一而於出字終多齟齬至襚記云當袒大夫至雖當踊絶踊而拜之反改成踊乃襲孔疏引崔氏云謂斂竟時也與此經尙合下云主人奉尸斂于棺踊如初乃蓋主人降拜大夫之後至者卽襚記所謂大夫至雖當踊絶踊而拜之也又云主人復位踊襲卽襚記所謂反改成踊乃襲也此在旣大斂之後也又下記云大夫升自西階階東北面東上旣馮尸大夫逆降復位注云視斂姜氏兆錫欲與此經牽合爲一謂此記擯者以主人當事告而大夫因升視斂以降也劉氏台拱遂云有大夫則告告大夫使升視斂也注恐未然今案記所云大夫升自西階視斂當指未斂時先至之大夫言君於士尙視斂豈大夫先至而不視斂乎記又云大夫逆降復位明是先已在位可知若後來者聞告而升視斂則先本無位安所謂復以是考之姜氏劉氏之說非矣

士舉遷尸復位主人踊無算卒斂徹帷主

入馮如初主婦亦如之疏正義曰士舉遷尸謂自堂上兩楹閒遷尸于阼階上復位復西階下位主人踊無算亦如小斂也卒斂徹帷謂卒大斂而徹帷自是不復帷堂矣主人馮如初主婦亦如之均如小斂時也主人西面主婦東面喪大記曰士盥于盤上士舉遷尸于斂上卒斂宰告子馮之踊夫人東面亦如之此雖記君大斂禮儀節亦略與士同

右大斂

主人奉尸斂于棺踊如初乃蓋棺在肂中斂尸焉所謂殯也檀弓曰殯於客位疏正義曰自此至踊襲言殯於西階上之事○奉尸斂于棺謂自阼階上奉尸斂於西階上棺中踊如初亦踊無算也乃蓋謂加蓋于棺也吳氏廷華云亦士舉男女奉之經言主人者明所統也敖氏云納尸於棺則尸藏不見矣故亦以斂言之蔡氏德晉云殯時亦南首經不言者自始死遷尸以來皆南首故不必言也　注云棺在肂中者前升棺時已置棺於肂中至是奉尸入棺所謂殯也以經言斂未言殯故注明之又引檀弓以證之客位西階上也檀弓曰

飯於牖下小斂於戶內大斂於阼殯於客位祖於庭葬於墓所以郎遠也坊記同案飯後有襲尸遷於襲牀之事旣乃遷於戶內小斂後又有奉尸於堂兩楹閒之事旣乃遷於阼檀弓坊記亦舉大略言之耳公羊傳定元年正棺於兩楹之閒何休注云禮飯含於牖下小斂於戶內夷於兩楹之閒大斂於阼階殯於西階之上祖於庭葬於墓尊孝子之恩動以遠也又云禮天子五日小斂七日大斂諸侯三日小斂五日大斂卿大夫二日小斂三日大斂夷而經殯而成服

主人降拜大夫之後至者北面視肂北面於西階東疏正義曰大夫之後至者郎上注云後來者告以方斂未及拜故旣斂於棺郎降拜之義竝詳上北面視肂注云北面於西階東謂主人降拜賓後郎在堂下西階東視肂也吳氏廷華則謂升階視之塗必親涖之也今案吳氏之說似長經不言升階文省耳

衆主人復位婦人東復位阼階上下之位疏正義曰衆主人復位復阼階下之位婦人東復位復阼階上之位方氏苞云揭衆主人婦人之復位則主人奉尸斂于棺皆從至西階視蓋與肂可知矣遷尸者士而男女奉之皆如初亦可知矣

設熬旁一筐乃塗踊無算以木覆棺

上而塗之疏正義曰敖氏云喪大記注引此云旁各一筐爲火備是此經脫一各字也各各黍稷也毎旁二筐先大父三禮札記云此經無各字有三證孔疏述注無各字一證也鄭注周禮小祝亦引此經作旁一筐無各字二證也喪大記注末云四筐則首足皆一其餘設於左右若如敖說毎旁二筐則與此注自相矛盾矣三證也記注各字當爲衍文今案旁一筐者謂首足左右四旁毎旁一筐也敖說非乃塗踊無算以尸柩不見也　注云以木覆棺上而塗之者卽喪大記所謂塗上也殯之制尊卑不同而必塗之者皆以爲火備也

卒塗祝取銘置于肂主人復位踊襲爲銘設柎樹之肂東疏正義曰卒塗祝取銘置于肂者前作銘訖置于重今殯訖取置于肂賈疏云銘所以表柩故也儀禮釋官云此取銘者周祝也今案卒塗而後言主人復位則殯時主人悉湴之也踊襲者復阼階下之位成踊乃襲襍記曰於士旣事成踊襲而后拜之在斯時也　注云爲銘設柎樹之肂東者或以柎爲木名非也柎卽足跗說文柎闌足也詩常棣鄂不韡韡鄭箋云不當作柎柎鄂足是也銘之竿爲杠設柎以樹杠如足然故謂爲柎也置于肂者置于肂旁非置于肂上肂西逼近序牆故知樹之肂東也○李

氏如圭云王制曰天子七日而殯諸侯五日大夫士庶人三日大夫士三日雖同而士則通死日數之故喪大記又謂大夫之喪三日之朝既殯士之喪二日而殯二日者自死之明日數也問喪曰死三日而后斂者以俟其生也三日而不生亦不生矣孝子之心亦益衰矣家室之計衣服之具亦可以成矣親戚之遠者亦可以至矣是故聖人爲斷決以三日爲之禮制也今案鄭注喪大記云士之禮死與往日生與來日此二日于死者亦得三日也又鄭箴膏肓云禮人君之喪殯葬皆數來月來日士殯葬皆數死月死日尊卑相下之差數是也王氏士讓云士庶人皆三日而殯蓋死日而襲厥明而小斂又厥明大斂而殯連死日數之爲三日曲禮所云死與往日也自始死之奠小斂之奠大斂之奠皆主人不親奠而含則親之飯則親之馮尸則親之奉尸斂棺則親之視肂則親之哭殯則親之此以見主于哀主于慎者必躬親之而儀物有不及親奉者喪事遽遽孝子之情也

右殯

乃奠燭升自阼階祝執巾席從設于奥東面執燭者先升堂照室自是

不復奠於尸祝執巾與執席者從入爲安神位疏正義曰自此至室中西南隅謂之奧執燭南面巾委於席右丈夫踊言大斂奠之事○燭即俟于饌東者巾即前祝徹以授執事者至是祝仍受巾執之與執席者俱從執燭者升自阼階入室而設于奧也凡爲神設席于室中者皆東面士虞禮祝布席于室中東面是也儀禮釋官云此祝亦夏祝也　注云執燭者先升堂照室者以須燭照之爲明故燭先升　敖氏云周人斂用日出故既斂而室猶闇須用燭也云自是不復奠於尸者小斂以前皆奠於尸東自大斂奠以後朝夕奠朔月薦新奠皆尸柩在西階上而奠於室中故云自是不復奠於尸也餘詳前其所以不奠於尸而奠於室者敖氏云尸柩既殯不可復奠於其側故改奠於室也今案此即廟祭之始也云祝執巾與執席者從入爲安神位者此時未奠而先以巾席設于奧是安神位也云室中西南隅謂之奧者爾雅釋宮文云執燭南面者以奠在室之南執燭者須近北照之爲便故云南面也云巾委於席右者設席東面則以南爲右吳氏疑義云巾以覆奠而奠陳于席委巾席右便其事也賈以神爲說非○案敖氏以巾席俱祝執之與注異但奠時人執一物未審可有執二物否俟考

祝反降及執事執

餕東方之餕疏正義曰祝反降階下適東方餕所而與執事者執餕以待也

士盥舉鼎入西面北上如初載魚左首進鬐三列腊進柢如初如小斂舉鼎執匕俎扃鼏朼載之儀魚左首設而在南鬐脊也左首進鬐亦未異於生也凡未異於生者不致死也古文首爲手鬐爲耆疏

正義曰鼎入亦設於阼階前北上以豚爲上也魚三列則是每列三魚三三而九也腊進柢與豚同也 注云魚左首設而在南者李氏如圭云左首据執者言之西面設于奧于席前則右首也今案神席東面以南爲右執者西面以南爲左執者必左首進之乃得在南自神席視之爲右首是言左左言右雖有不同而在南則同故云設而在南也但左首之義當以反吉爲正詳公食大夫禮云鬐脊也者少儀字作鰭注亦同云左首進鬐亦未異於生也者公食禮魚七縮俎寢右注云寢右進鬐也是生人食法若少牢禮言首進腴則異於生人矣此言進鬐是未異於生也云亦者上小斂奠進柢注云未異於生此云亦亦進柢也少牢賈疏云鬼神進腴者腴是氣之所聚生人進鬐者鬐是脊生人尚味故也云凡未異於生者不致死也者賈疏引檀弓云之死而致死之不仁而不可爲也道魚不異於生

是不致奴也云古文鬠爲者者說文髟部無鬠字龍部龒下云龍者脊上龒龒也段氏玉裁云許於此字從禮古文不從禮今文者耆者老也老則脊隆故凡脊曰耆或作鬠因馬鬣爲此字也胡氏承珙云案漢書揚雄傳兗鋋瘢耆孟康服虔皆以耆爲馬脊鬣文選七發薄耆之炙亦止作耆後乃加髟作鬐或又作鰭少儀夏右鰭上林賦揵鰭掉尾此皆耆之今字鄭以鬠字經典承用故從今文

祝執醴如初酒豆籩俎從升自阼階丈夫踊甸人徹鼎如初祝先升 疏 正義曰儀禮釋官云此祝亦夏祝也今案上小斂奠云夏祝及執事盥此不言盥省文注云如初祝先升者謂如小斂奠祝執醴先升也餘詳前

奠由楹內入于室醴酒北面亦如初 疏 正義曰楹內東楹之西謂執醴及執酒豆籩俎者升自阼階皆由東楹之西入于室也敖氏以楹內爲東楹北非下由楹西謂西楹之西也注云亦如初者指醴酒北面而言上小斂奠執醴酒北面西上此醴酒亦北面與小斂同故云亦如初也

設豆右菹菹南栗栗東脯豚當豆魚次腊特于俎北醴酒在籩南巾如初右菹菹在醢南

也此左右異於魚者載者統於執設者統於席醴當栗南酒當脯南疏正義曰豆有二言右菹則左醢可知矣栗脯兩籩也豚當豆當兩豆之東也魚次在豚俎之東也腊特于俎北在豚魚兩俎之北也醴酒在籩南在栗脯之南也巾如初亦如小斂奠設餕訖巾之也此先設豆籩而後設俎設醴酒其序亦如小斂也　注云右菹菹在醢南也者席東面以南爲右北爲左云右菹是菹在醢南也云此左右異於魚者載者統於執設者統於席者案豆右菹與魚右首同而魚言左此言右與魚異者魚據執者言之執者西嚮南爲左故云左首豆據席言之席東嚮南爲右故云右菹載謂魚載于俎設謂豆設于席載據執言之設據席言之故云載者統於執設者統於席也云醴當栗南酒當脯南者上云栗東脯是栗在西脯在東此醴酒在籩南亦醴在西酒在東故云醴當栗南酒當脯南也

旣錯者出立于戶西西上祝後闔戶先由楹西降自西階婦人踊賓者由重南東丈夫踊爲神馮依之也疏正義曰旣錯者卽上執事執餕者謂旣置餕而出於室也立於室戶西當南面以西爲上俟祝出同降也祝後闔戶者祝錯醴取後因闔戶也祝後出而先降

執事者從之故云先由楹西降自西階也楹西西楹之西也儀禮釋官云此祝亦夏祝也敖云經惟云闔戶是牖未嘗啓明矣賈疏云重主道爲神馮依之故丈夫取以爲踊婦節也○禮經釋例云凡賓升自阼階丈夫踊降自西階婦人踊賓者由重南東丈夫踊謂之要節而踊案士喪禮小斂賓升自阼階丈夫踊賓畢由足降自西階婦人踊賓者由重南東丈夫踊疏云主人位在阼階下婦人位在上故賓者升丈夫踊賓者降婦人踊各以所見先後爲踊之節也又云賓者降反位必由重南東者以其重主道神所憑依不知神之所爲故由重南東而過是以主人又踊也大斂賓升自阼階丈夫踊賓畢降自西階婦人踊賓者由重南東丈夫踊注爲神馮依之也君臨大斂畢乃賓升自西階君要節而踊主人從踊注節謂執賓始升階及既賓由重南東時也疏云上文大斂賓升時丈夫踊降時婦人踊由重南而東丈夫踊此注不云降時踊者以經直有君與主人丈夫踊節故不言降時踊節也朔夕哭乃賓升丈夫踊賓畢降自西階婦人踊賓者由重南東丈夫踊朔月賓主人要節而踊皆如朝夕哭之儀有薦新如朔賓既夕禮朝廟賓升降自西階主人要節而踊注節升降疏云賓升時主人踊降時婦人踊由重南東主人踊此不言婦人文

不具也旣夕記朝于禰廟奠升階自西階主人要節而踊疏云要節而踊者奠升主人踊降時婦人踊也此奠時要節而踊也士喪禮徹小斂奠升自阼階丈夫踊旣徹出于足降自西階婦人踊徹大斂奠升自阼階丈夫踊旣徹降自西階婦人踊徹朝夕奠及朔奠從奠不云踊者文不具也徹無由重南東之踊節者變于奠也此徹時要節而踊也皆奠于堂室者故以升階降階爲節旣夕禮設祖奠布席乃奠如初主人要節而踊大遣奠奠者出主人要節而踊注亦以往來爲節奠由重北西奠由重南東疏云奠來時由重北而西旣奠由重南而東此奠饌在輅之東言由重北者亦是由車前明器之北鄉柩車西設之設訖由柩車南而東者禮之常也此奠時要節而踊也將祖徹降奠主人要節而踊注要節者來象升丈夫踊去象降婦人踊徹者由明器北西面旣徹由重南東疏云上篇徹小斂大斂奠時皆升自阼階丈夫踊降自西階婦人踊今奠在庭無升降之事直有往來經云要節而踊明來象升丈夫踊去象降婦人踊但此經直云主人要節知有婦人亦踊者以下經徹祖奠時婦人男子並有踊文則知此要節踊內亦兼婦人也徹祖奠徹者入丈夫踊設于西北婦人踊注猶阼階升時也亦旣盥乃入入由重東而主人踊猶其升

也自重北面面而徹疏云小斂奠者門外盥訖升自阼階丈夫踊今徹者亦門外盥訖入由重東主人踊故云猶其升也此徹時要節而踊也皆奠于庭者故以來去爲節來象升階去象降階也至于從柩而行之夕奠亦設于堂從柩而降之朝廟奠亦設于庭皆不要節而踊者再設故也

右大斂奠

賓出婦人踊主人拜送于門外入及兄弟北面哭殯兄弟出主人拜送于門外小功以下至此可以歸異門大功亦存焉疏正義曰自此至主人揖就次言送賓送兄弟及出就次之儀○賓出婦人踊主人不踊者以方拜送賓也于門外亦適寢門外也下同主人復入與兄弟北面哭殯親之誼與賓異也注云小功以下至此可以歸者以兄弟出主人拜送與賓出文同故知歸也喪服傳雖有小功以下爲兄弟之文然此經但言主人衆主人不言親者則親者亦在兄弟之中故鄭別之云小功以下至此可以歸以小功以下疏遠也賈疏云既殯雖歸至朝夕朔奠之日近者亦入哭限也若至葬時皆就柩

所故既夕反哭云兄弟出主人拜送今案此說是也云異門大功亦存焉者存在也鄭意以大功有同門異門之分異門者雖稍疏然視小功以下爲親此時方殯尚未成服不特同門之大功在此未歸即異門之大功亦在此未歸故云亦存焉也賈疏以存爲歸竝引既夕反哭兄弟出主人拜送注爲證誤甚彼注云異門大功亦可以歸賈以亦存焉卽作亦可以歸解注語不嫌重複乎且彼於三月既葬反哭之後而云亦可以歸此方喪三日而卽云亦可以歸又何太無區別乎喪大記曰諸父兄弟之喪既卒哭而歸彼謂期服者也期服及同門大功之親卒哭而歸異門之大功反哭而歸小功以下既殯而歸是其差次故賈氏以既夕注證亦存之爲歸培翬卽以彼注而證亦存之爲亦在未歸也餘詳訂疑

衆主人出門哭止皆西面于東方闔門主人揖就次次謂斬衰倚廬齊衰堊室也大功有帷帳小功緦麻有牀笫可也

疏正義曰言衆主人出門哭止則上主人入及兄弟哭殯時衆主人亦在哭位矣東方寢門外之東方闔門自內闔之殯宮宜清靜也主人揖就次者主人拜送兄弟後卽不復入于是揖衆主人而就次衆主人亦各就次也姜氏兆錫云上文兄弟等爲旁親衆

主人等爲嫡屬故但云出門不云拜送而且皆西面于東方以待就次矣揖荅示使就次然方氏苞云主人旣殯就次而後有苫有塊則未殯之前有坐起而無寢興明矣注云次謂斬衰倚廬齊衰堊室也大功有帷帳小功緦麻有牀第可也者次喪居之總名喪大記曰父不次於子兄不次於弟注謂不就其殯宮爲次以居是也服有輕重則居亦有異故鄭分別言之倚廬堊室詳喪服傳斬衰章閒傳云父母之喪居倚廬寢苫枕塊齊衰之喪居堊室苄翦不納大功之喪寢有席小功緦麻牀可也此鄭所本也喪大記亦云父母之喪居倚廬據此則父母之喪無論斬衰齊衰皆居倚廬也閒傳言大功寢有席小功緦麻牀鄭云有帷帳有牀第是又推而言之也或以鄭云異門大功及小功以下歸與閒傳不符案異門大功亦歸是賈之誤解小功以下鄭云可以歸言可原屬權許之辭其有誼重而顧居于次者禮亦不禁之也但小功緦麻不徒有席而又有牀第則幾與常居無異是服之至輕也

右大斂畢送賓送兄弟及出就次之儀

君若有賜焉則視斂旣布衣君至賜恩惠也斂大斂君視大斂皮弁服襲裘主人

成服之後往則錫衰疏正義曰自此至主人拜送言君臨視大斂之儀○喪大記曰於士既殯而往為之賜大斂焉又曰士在殯壹往焉案君於士禮宜既殯而往弔其有加恩賜者則視大斂故云君若有賜焉則視斂也言若有則不有者其常也既布衣君至者敖氏云君欲視斂則使人告喪家故主人不敢升堂而先布絞紟衾衣以待其來案喪大記曰大夫之喪既鋪絞紟衾衣君至又曰大夫士既殯而君往焉使人戒之言既殯而往使人戒則未殯而往亦使人戒可知敖本此為解其說是也襍記曰公視大斂公升商祝鋪席乃斂案襍記公升乃鋪席與喪大記不同吳氏廷華疑義云所傳者異當以此經為斷是也注云賜恩惠也者鄭以視斂為加賜於常禮之外故為恩惠又注喪大記云為之賜謂有恩惠是也云斂大斂者據喪大記文也案喪大記又曰君於大夫大斂焉為之賜則小斂焉孔疏云君於大夫大斂是常小斂是恩賜案隱元年公子益師卒公不與小斂故不書日者熊氏云彼謂卿也卿則小斂焉為之賜則未襲而往故昭十五年有事于武宮籥入叔弓卒去樂卒事公羊云君聞大夫之喪去樂卒事而往可也故鄭云去樂卒事而往未襲也今案據此則卿小斂而往是常加賜則未襲而往大夫大斂而往是常

加賜則小斂而往士旣殯而往是常加賜則大斂而往故
知此視斂爲大斂非小斂也云君視大斂皮弁服襲裘主
人成服之後往則錫衰者案弔服主人成服之後與未成
服之前異而未成服之前小斂後與小斂前又異喪服小
記曰諸侯弔必皮弁錫衰主人未喪服則君亦不錫衰鄭
注未喪服未成服也旣殯成服是成服之後乃錫衰與未
成服之前異也檀弓曰子游裼裘而弔主人旣小斂袒括
髮子游趨而出襲裘帶絰而入喪大記曰弔者襲裘加武
帶絰鄭注始死弔者朝服裼裘如吉時也小斂則改襲而
加武與帶絰矣是小斂後乃襲喪與小斂前又異也所以
然者賓之弔服當視主人之服以爲節始死主人笄纚淡
衣而已故弔者裼裘小斂後主人變而袒括髮故弔者襲
裘帶絰成服而後主人斬衰故弔者錫衰周禮司服弔服
有錫衰緦衰疑衰三者皆主人成服以後之弔服故鄭云
君視大斂皮弁服襲裘主人成服之後往則錫衰也往即
喪大記士在殯壹往焉之往謂往弔也又鄭注文王世子
云君於卿大夫錫衰於士蓋疑衰同姓則緦衰以弔之與
此注異者蓋此經言視斂注言錫衰皆據加恩惠者而言
同姓之士緦衰異姓之士疑衰則其常也賈疏謂此士於
君有師友之恩特賜與大夫同是已君加恩惠於士當視

斂或有故未視斂旣殯而往則服錫衰以示加賜也文王世子疏云士喪禮注云錫衰者謂士有俊選於君有師友之恩與常士不同故錫衰也或諸侯弔士無文因諸侯弔必錫衰有明文故爲錫衰也今案孔疏前一說與賈同後一說恐非注意又敖氏謂君視斂朝服襲裘加絰與帶成服之後弁絰疑衰沈氏彤云此皆鄭是而敖非案禮記服問云公爲卿大夫錫衰以居出亦如之當事則弁絰但言爲卿大夫不言爲士是爲士雖當事不弁絰也重服不以弔微爵不弁絰則皮弁旣皮弁則亦皮弁服矣今案朝服是緇布衣皮弁服是白布衣此視大斂在旣小斂之後不宜朝服郊特牲曰皮弁素服以送終則視斂皮弁服爲宜又喪服小記諸侯弔必皮弁錫以爲弔他國之臣則弔士以皮弁亦所以別於本國之卿大夫弁絰也沈氏謂鄭是而敖非其說確矣餘詳喪服記傳曰錫者何也麻之有錫者也下

主人出迎于外門外見馬首不哭還入門右北面及衆主人袒不哭厭於君不敢伸其私恩

疏 正義曰前君使人弔主人迎于寢門外見賓不哭敬君命也此主人出迎于外門外見馬首卽不哭皆以君親至而加敬也還入門右北面以變服不敢迎於馬前故見馬首

卽還也門廟門也及衆主人袒者斯時主人及衆主人蓋皆北面在中庭以南近門俟君之入也褚氏寅亮云君不視斂主人先袒而後布絞紟衾衣等今因君親來故先布衣以俟至出迎君後始入而袒也此不哭固爲敬君矣但鄭注喪大記男子出寢門見人不哭云非其事處而哭猶野哭也義亦可參看

巫止于廟門外祝代之小臣二人執戈先二人後巫掌招弭以除疾病小臣掌正君之法儀者周禮男巫王弔則與祝前檀弓曰君臨臣喪以巫祝桃茢執戈以惡之所以異於生也皆天子之禮諸侯臨臣之喪則使祝代巫執茢居前下天子也小臣君行則在前後君升則俠阼階北面凡宮有鬼神曰廟

疏 正義曰李氏如圭云此殯宮而云廟門外神之書顧命成王崩于翼室而曰諸侯出廟門俟是也巫祝皆接神者先大父儀禮釋官云巫男巫祝喪祝周禮男巫無數其師中士四人喪祝上士二人中士四人下士八人諸侯男巫當下士喪祝當中士爲之又云小臣周禮上士四人此二人先二人後喪大記君之喪浴小臣四人抗衾然則諸侯小臣亦四人也又云左傳楚公子圍設服離衛叔孫穆子曰楚公子美矣君哉鄭子皮曰二執戈者前矣則小臣執戈蓋君之常衛今案二

人後亦執戈經不言者省文此巫祝小臣皆從君而來者也　後注云巫掌招弭以除疾病周禮男巫職文彼注云招招福也弭讀爲敉敉安也安凶禍也引之者以死喪是凶禍事巫掌招弭故君弔使從也云小臣掌正君之法儀者周禮小臣職曰掌詔相王之小法儀又曰正王之燕服位今云掌正君之法儀鄭蓋兼言之也又周禮大僕職曰祭祀賓客喪紀正王之服位詔法儀天子有大僕詔法儀故小臣詔其小者諸侯無大僕以小臣兼之故云正君之法儀也云王弔則與祝前亦男巫職文周禮喪祝職亦云王弔則與巫前也引檀弓君臨臣喪以巫祝桃茢執戈惡之所以異於生也者彼注云爲有凶邪之氣在側君聞大夫之喪去樂卒事而往未襲也其已襲則止巫去桃茢桃鬼所惡茢萑苕可埽不祥云皆天子之禮諸侯臨臣之喪則使祝代巫執茢居前下天子也者此鄭分別天子諸侯差等以檀弓巫祝桃茢竝具爲天子禮諸侯使祝代巫執茢爲下天子但此經竝無執茢之文據檀弓注則巫祝桃茢是未襲以前君臨臣喪之禮故孔疏云鄭注士喪禮云諸侯臨臣之喪則使祝代巫執茢亦謂未襲以前也若已襲之後茢亦去之今案此經君視斂在已襲之後而鄭云云者鄭欲解天子諸侯禮異故兼執茢言之其實止取證祝

代巫前耳喪大記曰巫止於門外祝代之先彼是旣殯而往故亦無執茢之文儀禮釋官云周禮王弔男巫喪祝俱前諸侯弔廟門外則巫前至廟門則祝代之前是下天子也李氏如圭云春秋傳曰楚康王卒楚人使魯公親襚魯人患之乃使巫以桃茢先祓殯檀弓亦云桃茢執戈惡之據此禮及喪大記皆不云桃茢桃茢其周之末造歟案劉氏敞有君臨臣喪以桃茢先起於周之末造之論謂生也而憂死也而惡是教之怹生背死也李說蓋本於此江氏筠云桃茢之所自起乃是惡所以致其死者而豈其惡死者哉今案江氏此說甚善據鄭注檀弓云爲有凶邪之氣在側又解所以異於生也句云生人無凶邪則是所惡在凶邪之氣非惡死者故桃茢用之於初死未襲之前而旣襲以後卽不用之亦可以得禮意矣云小臣君行則在前後君升則俠阼階北面鄭言此者欲見小臣執戈前後乃君之儀衞平日出入皆如此非因弔喪而然也故周禮大僕職云王出入則前驅小臣云王燕出入則前驅喪大記曰君卽位於阼小臣二人執戈立於前二人立於後彼注云小臣執戈先後君君升而夾階立與此同也云凡宮有鬼神曰廟者以此殯宮是適寢而亦云廟故解之也

君釋采入門主人辟釋采者祝爲君禮門

神也必禮門神者明君無故不來也禮運曰諸正義曰
矦非問疾弔喪而入諸臣之家是謂君臣爲謔【疏】入門入
廟門也方氏苞云君入門而辟不敢以凶服近君也侯君
升而後哭拜於中庭君升之而後就西楹東以視斂哀敬
竝伸如此　注云釋采者祝爲君禮門神也者案此經作
采而喪大記兩言君釋菜字俱作菜故鄭解爲禮門神與
彼同也云祝爲君者以祝主接神此經祝代巫先故知祝
爲君禮門神也禮記月令文王世子俱有釋菜之文而周
禮大胥云舍采鄭注舍卽釋也采讀爲菜始入學必釋菜
禮先師也菜蘋蘩之屬占夢乃舍萌于四方鄭注舍萌猶
釋菜也此鄭解采爲菜之義注不破采爲菜者以喪大記
作菜人所習知也引禮運者證無故不來之義喪大記注
亦云禮君非問疾弔喪不入諸臣之家也萬氏斯大以釋
采爲釋去吉衣其言曰以君之尊而下臨臣喪必禮其門
神而後入竊疑於禮未安蓋先儒緣喪大記譌釋采爲釋
菜遂以爲禮門神喪大記後人所述因古有釋奠釋菜之
禮遂譌釋采爲釋菜不知采與菜不同釋菜者祭禮之細
釋采者釋去吉衣也服問云公爲卿大夫錫衰以居此指
成服後言大斂時未成服君未錫衰吉服而來不可卽以
吉服入故釋而去之以著其哀也豈禮門神之謂哉今案

周禮大胥注引或說云學者皆人君卿大夫之子衣服采飾舍采者滅損解釋盛服以下其師也又呂氏春秋仲春入舞舍采高誘注云舍猶置也初入學必禮先師置采帛於前以贄神也此皆不以采爲菜與鄭異又夏小正萬用入學傳云大舍采洪氏震煊欲解舍采爲解釋采衣培翬嘗詒書洪氏謂入學舍采當從康成作釋菜解以學記皮弁祭菜明云祭則其爲祭先師之禮無疑也若此經釋采萬氏說似亦可從玉藻非列采不入公門鄭注列采正服襍記麻不加於采鄭注采玄纁之衣古時冕服皆玄上纁下朝服亦玄冠玄衣皆吉服此時大斂主人雖未成服然亦不可以吉服臨之故釋采而後入門竊以爲萬氏說於經亦合故竝錄之

君升自阼階西鄉

祝負墉南面主人中庭

祝南面房中東鄉君牆謂之墉主人中庭進益北

疏

正義曰君升自阼階者郊特牲曰君適其臣升自阼階不敢有其室也西面鄉鄉尸也此經不言君位所在喪大記大夫之喪君視斂則云即位於序端大夫士既殯而君往則云即位於阼孔疏引盧云即位於序端謂君臨大夫將大斂時禮未成辟執事故即位於序端大夫士既殯而君往禮已成故即位於阼階然則此經君視斂當亦升阼階而位近序端

也祝負墉南面謂在房外堂上背東房之牆而南面也注云祝南面房中東鄉君者案中當為戶之譌喪大記注云祝負墉南面直君北房戶東也孔疏謂祝在君之北立於房戶之東此其明證蓋斯時君位近序端祝必立於房戶之東背當房之墉乃可南面鄉君若以為在房中之東則是面墉而立不得云南面嚮君矣各本皆作中誤甚今正祝必鄉君者為詔禮賈疏云案喪大記云君稱言視祝而踊鄭注視祝而踊祝相君之禮當節之也故須鄉君也云牆謂之墉者堂上惟東面牆謂之序其房室之牆則皆謂之墉也云主人中庭進益北者賈疏云前主人先入門右中庭之南今云中庭明益北至庭也

君哭主人哭拜稽顙成踊出 出不敢必君之卒斂事

疏 正義曰君哭鄉尸而哭也主人哭拜稽顙拜君臨也禮經釋例云凡君臨大斂及使人弔襚賵主人皆拜稽顙成踊　注云不敢必君之卒斂事謂不敢必君之終視斂也敖氏云自此以下六節每節之畢主人輒出皆為不敢久留君也喪大記曰出俟於門外

君命反行事主人復位 大斂事

疏 正義曰謂君命主人反行大斂事也復位復中庭之位

君升主人主人西楹東北面 命主

人使〔疏〕正義曰前君命主人反行斂事主人復位不敢遽
之升升故命之使升也喪大記君視大夫斂主人房外
南面是君升亦升此待君命乃升故彼注云大夫之子尊
得升視斂也敖氏云西楹東明其在堂中西也今案此時
尸在兩楹閒少北故主人升自
西階立於堂中西北面視之也**升公卿大夫繼主人東上**
乃斂公大國之孤四命也春〔疏〕正義曰升公卿大夫亦君
秋傳曰吾公在壑谷命升之此公卿大夫皆為
視斂而來故升之使視斂也不言士以君在堂士賤不得
竝升也繼主人在主人之西主人空近尸也東上以東為
上亦北面也乃斂謂行大斂事喪大記曰遷尸卒斂此下
亦當有遷尸于阼階上斂衣之文經不言略也詳燕禮
注云公大國之孤四命據周禮典命文也引春秋
傳者襄三十年左氏傳文證諸侯之臣亦稱公也**卒公卿**
大夫逆降復位主人降出逆降者後升者先降〔疏〕正義曰
位如朝夕哭弔之位卒謂卒
斂言復位則此公卿大夫之先至者君未至時已位於此
主人降出亦為不敢久留君也　注云逆降者後升者先
降者為君在堂也云位如朝夕哭弔之位見後方氏苞云
喪大記馮尸惟君及父母妻子兄弟此經君尚未焉公卿

大夫逆降君馮後獨升主人則公卿大夫視斂而不馮尸明矣而後記大夫升自西階旣馮尸大夫逆降何也以義揆之舅甥內外兄弟之親同學同官之久亦宜聽其馮若君大斂不臨則大夫之爲親戚故舊者亦有馮尸之禮歟

君反主人主人中庭君坐撫當心主人拜稽顙成踊出撫手按之凡馮尸興必踊今文無成

疏正義曰君反主人命之反也主人中庭仍復中庭之位也君坐撫當心喪大記注云馮之類必當心又云馮者必坐是也拜稽顙拜君撫也　注云撫手按之者喪大記曰君於臣撫之孔疏云君尊但以手撫按尸心身不服膺也又子於父母馮之孔疏云謂服膺心上也是馮則服膺撫不服膺略有區別然總之皆馮也故喪大記曰凡馮尸興必踊言凡則是總目之稱此注引之者見君興必踊也然經不言踊方氏苞云記云君稱言視祝而踊則始入而哭亦宜踊文皆略者以禮終將出總言君要節而踊主人從踊著其凡也云今文無成者案成踊者謂一踊三跳三踊九跳乃成踊節義詳前凡君使人弔襚賵無不拜稽顙成踊下拜大夫之後至者亦成踊則此亦當言成故從古文也

君反之復初位衆主人辟于東壁南面

以君將降也南面則當坫之東【疏】正義曰復初位謂初入門右位注云以君將降也者以君將降而衆主人辟於東壁也云南面則當坫之東者案堂下之牆謂之壁故士冠禮云適東壁特牲記云饎爨在西壁皆堂下之牆也李氏如圭儀禮釋宮云自門以北皆周以牆又云牆周乎堂則堂之東自南至北皆有牆鄭以南面爲當坫之東謂東坫之東蓋東壁爲堂下之東牆辟於東壁而南面則在東坫之東而不在東坫之南以東坫之東乃爲隱處也

君降西鄉命主人馮尸主人升自西階由足西面馮尸不當君所踊主婦東面馮亦如之君必降者欲孝子盡其情【疏】正義曰君降自阼階在主人之東西鄉命之也君升時主婦及衆婦人當皆辟於房此云主婦馮之亦君命之也喪大記曰君降升主人馮之命主婦馮之又曰馮尸不當君所鄭注不敢與尊者所馮同處是也欲孝子盡其情者欲盡哭踊之情也

奉尸斂于棺乃蓋主人降出君反之入門左視塗肂在西階上入門左由便趨疾不敢久留君【疏】正義曰奉尸斂于棺亦主人奉之也不言踊省文君反之命反視塗也入門左不言

升蓋在西階東北面視也肆在西階上此入門左亦在西故注云由便趨疾以急於就視不敢從容由右也

君升卽位衆主人復位卒塗主人出君命之反奠入門右亦復中庭位

【疏】正義曰君升卽位此時殯訖當卽位於阼仍西鄉也衆主人復位復中庭之位言復位則初時位在此可知矣卒塗主人出君命之反奠者喪大記曰大夫則奠可也士則出俟於門外命之反奠乃反奠入門右斯時塗訖故入門右如初也前主人中庭注以爲進益北則初入門右在中庭以南矣此注云復中庭位卽前主人中庭之位以將視奠宜進益北也

乃奠升自西階以君在阼

【疏】正義曰賈疏云凡奠皆升自阼階爲君在阼故辟之而升西階也

君要節而踊主人從踊節謂執奠始升階及旣奠由重南東時也

【疏】正義曰君要節而踊敖氏云要猶候也沈氏彤云此訓未知所本又郝氏敬云要猶按也吳氏廷華云要猶歸也今案此二訓亦未旳据樂記要其節奏鄭注要猶會也荀子行禮要節而安之楊注要邀也邀一訓遇見莊子釋文然則要節而踊謂會遇當踊之節而踊也主人從踊謂君踊而主人亦踊也喪大記曰君視祝而踊主人踊

是也賈疏云上文大斂奠升時丈夫踊降時婦人踊由重南而東丈夫踊此注不云降時踊者以經直有君與主人丈夫踊節故不言降時踊節也今案鄭賈解此節專就奠時言之方氏苞則以爲總舉之辭據上文君哭尸撫尸俱未言踊方說似亦可通經言之於此者以奠時亦有踊節故至此總言之也方說詳上李氏如圭云喪大記曰君弔見尸柩而后踊然則塗之後雖往不踊據此則君不專爲奠踊明矣

卒奠主人出哭者止以君將出不敢讙囂聒尊者也疏正義曰楊氏復云哭尸斂尸撫尸視殯視塗視奠凡六節每一節主人出主人不敢必君之卒事也君命反主人行事所以盡哀敬之情始終之義也今案君反主人者五至卒奠主人出而君亦將出矣言哭者止則前此衆主人等皆哭矣喪大記曰卒奠主人先俟於門外此解哭者止以君將出而止也讙囂喧譁也衆經音義引蒼頡篇聒擾亂耳孔也楚辭注多聲亂耳爲聒

君出門廟中哭主人不哭辟君式之辟逡遁辟位也古者立乘式謂小俛以禮主人也曲禮曰立視五巂式視馬尾疏正義曰君出門廟中哭謂君出廟門而廟中哭如故也主人時在門外以君出空辟故不敢哭也注云辟逡遁辟位也者逡

遁卻逡巡是卻退之意不敢以變服近君也云古者立乘式謂小俛以禮主人也者古者惟婦人坐乘男子則立乘車前橫木低於兩旁之較二尺二寸者爲軾軾低故可俛而憑在車上有所敬則俛首憑軾式是法則之名凡云矜式式慎皆有敬意因謂憑軾以致敬於人爲式後人弁謂車前橫木爲式也此時君升車將去故小俛以示致禮於主人引曲禮立視五巂式視馬尾者證式爲俛首之義彼注云立平視也巂猶規也謂輪轉之度又解式視馬尾亦爲小俛孔疏云車輪一周爲一規輪高六尺六寸徑一圍三三六十八得一丈八尺又六寸爲一尺八寸總一規爲一丈九尺八寸五規爲九十九尺六尺爲步總爲十六步半賈疏略同此在車上立而平視如此若式時則止視馬尾不能及遠以其俛首故也孔疏云馬引車其尾近在車欄前故車上憑式下頭時不得遠矚而止瞻視馬尾是也

貳車畢乘主人哭拜送貳車副車也其數各視其命之等君出使異姓之士乘之在後君弔蓋乘象輅曲禮曰乘君之乘車不敢曠左左必式也

疏 正義曰上云巫止于廟門外祝代之是君車入大門直至廟門外矣賈疏云貳車不入大門褚氏寅亮云君在廟門外升車至貳車畢乘則君車出大門矣主人乃哭拜送送

在大門外明甚敖氏謂送於廟門外謬也豈有君使人弔襚尚送於外門外今君親臨乃止送於廟門外乎今案褚說是也喪大記曰主人送於門外拜稽顙門外卽大門外也送拜迎不拜者彼注云拜迎則爲君之荅己也　注云貳車副車也者周禮典路凡會同軍旅弔于四方以路從鄭注王乘一路典路以其餘路從行亦以華國諸侯弔必有貳車亦其類也云其數各視其命之等者周禮典命上公九命侯伯七命子男五命大行人上公貳車九乘侯伯七乘子男五乘是車數如命數也云君出使異姓之士乘之在後者據坊記君不與同姓同車與異姓同車推之謂貳車亦使異姓乘之在後以爲備也云君弔葢乘象輅者諸侯以金路爲第一等車象路次之注意殆謂弔則乘次等車亦約略言之耳引曲禮曰乘君之乘車不敢曠左左必式者證乘貳車不曠左也彼注云君存惡空其位故不敢曠左也左必式者孔疏云雖處左而不敢自安故恆馮式也周禮戎右會同充革車鄭注王雖乘金路猶以革路從行也充之者謂居左也亦引曲禮不敢曠左爲證是其義同也○朱子曰古人君臣之際如君臨臣喪坐撫當心要節而踊今日之事至於死生之際恝然不相關不啻如路人所謂君臣之義安在又曰看古禮君於大夫小斂往

焉大斂往焉於士旣殯往焉何其誠愛之至今乃恝然古之君臣所以事事做得成緣是親愛一體黃氏叔暘曰古者人君於其臣之喪親臨之視斂親撫之其恩禮何厚也巫不入門視先之其恭敬何至也升主人馮之又命主婦馮之其敎孝何切也臣於君之臨也迎而先入撫而先降必俟君命而後馮馮又不敢當君所且於男女之別亦不紊焉細微曲折無不合禮觀於此者仁愛忠孝之心油然生矣

襲入卽位衆主人襲拜大夫之後至者成踊後至布衣而後來者疏正義曰主人送君後襲而入卽阼階下位於是衆主人亦襲吳氏疑義云君至時以斂而袒君在不及襲故君去乃襲或曰君在宜袒故不襲也今案君不視斂則主人於大夫之後至者蓋棺後卽袒而拜之此襲而後拜者彼殯事未畢不宜襲此已畢故俟君之去卽襲而拜之也注云後至布衣而後來者賈疏云若未布衣時來卽入前卿大夫從君之內今別言拜大夫之後至者明布衣後來敖氏云此後至謂君旣至而後來者今案敖說似長以其至在君至之後故主人不及拜之若在君至之前則來時當卽拜之矣

賓出主人拜送自賓出以下如君不在之儀疏正義曰經但言賓出主人拜送

文略其實此時君不在當如常禮故注補之云自賓出以下如君不在之儀謂如前章所陳賓出婦人踊以下諸儀也○張氏爾岐云以上皆喪親第三日事

右君臨視大斂之儀

三日成服杖拜君命及衆賓不拜棺中之賜 旣殯之明日全三日始歠粥矣禮尊者加惠明日必往拜謝之棺中之賜不施已也曲禮曰生與來日 疏 正義曰前此主人髻髮未改至此乃成服始去髻髮也敖氏云成服者鄭巳經帶今復以冠衰之屬足成之也吳氏紱云成服通五服之親而言杖則專指當杖者於是凡有服者各服其冠衰屨斬衰者不括髮齊衰以下不免而去纚如故婦人髽者笄纚之而著總亦去纚如故荀子曰紸纊聽息之時則夫忠臣孝子亦知其閔已然而殯斂之具未有求也垂涕恐懼然而幸生之心未已持生之事未輟也卒矣然後作具之故雖備家必踰日然後能殯三日而成服喪大記曰士之喪三日之朝主人杖婦人皆杖下記三日絞垂張氏爾岐云經云三日除死日數之實則喪之第四日 注云旣殯之明日至三日

始歠粥矣者謂三日而殯連始死之日數之屬纊有早晚其始死之日不全一日故云旣殯之明日乃全三日也始歠粥者言始食乃可出拜君命也賈疏云喪大記三日不食謂通死日不數成服日故云三日不食孝經三日而食者是除死日數故云三日而食也云禮尊者加惠明日必往拜謝之者案鄉飲鄉射二篇皆云明日賓拜賜雖吉凶不同其明日拜謝一也敖氏云君命及衆賓謂弔者也拜之者謝其弔己也吳氏紱云此重君命當急拜餘賓則次第拜之不定在一日朱氏軾云經言及者因拜君命出故拜及之之否則不拜也云棺中之賜不施己也者敖氏云棺中之賜謂襚也不拜襚者襚禮不爲己也吳氏疑義云拜其弔不拜其賜亦重禮輕財之義說似較勝引曲禮曰生與來日者證經言三日爲旣殯之明日也彼注云與猶數也生數來日謂成服杖以死明日數也死數往日謂殯斂以死日數也此士禮貶於大夫者大夫以上皆以來日數是也

右成服

朝夕哭不辟子卯 旣殯之後朝夕及哀至乃哭不代哭也子卯桀紂亾日凶事不辟吉事闕焉

【疏】正義曰自此至乃就次言朝夕哭奠之事○敖氏云朝
夕哭謂旣殯之後丈夫婦人於每日之朝夕皆哭於殯
宮其禮於下見之吳氏廷華云旣殯在次哭無時入哭則
以朝夕爲節李氏如圭云襍記曰國禁哭則止朝夕之奠
自因也自因謂因其故猶朝夕奠惟止哭耳○注哀至乃
哭楊氏乃作則義長據賈疏似亦是則字　云旣殯之後
朝夕及哀至乃哭不代哭也者經唯言朝夕哭但除朝夕
外在廬中哀至亦哭故鄭補言之哀至之哭卽下記哭晝
夜無時注謂非必朝夕是也前此代哭不絕聲至是以朝
夕哭不代哭矣云子卯桀紂亾日凶事不辟吉事闕焉者
賈疏云詩韋顧旣伐昆吾夏桀左傳乙卯昆吾稔之日昆
吾與夏桀同時誅則桀以乙卯亾何書牧誓序云時甲子
昧爽武王伐紂之日是紂以甲子日死王者以爲忌日檀
弓云子卯不樂是吉事闕也今案檀弓孔疏與此略同經
典釋文引賈逵云桀以乙卯日死紂以甲子日亾故以爲
戒是鄭所本也釋文又云漢書翼奉說則不然張晏云子
刑卯卯刑子相刑之日故以爲忌而云夏殷亾日不推湯
武以興乎姜氏兆錫云王者以爲忌日世俗相傳皆失其
義蓋湯放桀武王伐紂者乃聖人救民取殘之大義而桀
紂固君湯武固臣也故其於舊君之死日不忍卽吉而避

之沈氏彤云案明陳絳云子卯不樂湯武之所以志盡傷也禮子於父母有終身之喪焉忌日之謂也忌日不用非不祥也言夫日志有所至而不敢盡其私也湯武旣以天下誅桀紂而猶以舊君禮喪焉故於是日不樂以明其志之至也然則凶事不辟者哀親之欸尤重於傷舊君之亾故無所嫌而不辟也王者旣然士可知但鄭注檀弓以不舉樂爲所以自戒懼亦非本義又鄭司農注春秋以爲五行子卯自刑漢書翼奉傳張晏注所云子與卯相刑故以是日爲忌乃術家傅會之說不足辨今案姜說沈說是也顧氏炎武云翼奉謂子爲貪狠卯爲陰賊是以王者忌子卯禮經避之春秋諱焉此術家之說非經義也

婦人卽位于堂南上哭丈夫卽位于門外西面北上外兄弟在其南南上賓繼之北上門東北面西上門西北面東上西方東面北上主人卽位辟門

外兄弟異姓有服者也辟開也凡廟門有事則開無事則閉

【疏】正義曰婦人在內近殯故先哭卽位于堂阼階上也南上統於主人門外廟門外也經言丈夫卽位于門外西面外兄弟在其南賓繼之則皆在東方西面矣而丈

夫言北上外兄弟言南上賓言北上不同者敖氏云同姓異姓之親及賓客雖以親疏為序列於東方而所上相變明其不相統也其說是矣又云以下文考之則此東方之賓卿大夫也門東諸公也門西他國之異爵者也然則西方者其士歟門東門西外門內之左右也列定而主人乃即位於東方之北今案敖氏以西方為士位亦是至門東不獨諸公私臣亦在焉門西不獨他國之異爵者公有司亦在焉盛氏世佐云門東門西乃羣吏之正位諸公與他國之異爵者不恆有有則不可與卿大夫同列故位於此而少進所以尊異之也李氏如圭云賓弔賓也少儀曰喪俟事不犆弔故以朝夕哭時而弔今案諸公卿大夫與他國之異爵者亦是弔賓來弔時就位於此非士之朝夕哭每日皆有公卿大夫異爵者在列也盛氏以為不恆有是矣此廟門外之位與內位略同蓋先序立於此以俟入哭至主人即位則辟門矣門廟門也主人位於東方之北近廟門故以為闢門之節經惟言婦人哭而主人以下不言哭者方氏苞云男子出寢門外見人不哭雖初喪亦無哭於門外之禮下乃言入門即位而哭耳儀禮紃解云亦在外位時皆不哭下云出門哭止可見矣賈疏誤詳訂疑又敖氏以丈夫為衆主人衆兄弟沈氏彤以主人兼衆主人在

內丈夫謂親者與衆兄弟據下文但言主人及兄弟似以沈說是也　注云外兄弟異姓有服者也者案鄭注喪服以外兄弟爲姑之子此云異姓有服不同者彼是對舅之子爲內兄弟而言此統言異姓有服之親則甥壻外孫從母之子皆在其內矣昏禮壻稱外昏姻其證也云辟開也凡廟門有事則開無事則閉者辟與闔亦通喪服小記云無事不闢廟門彼注云鬼神尚幽闇也廟殯宮是也

婦人拊心不哭方有事止讙囂

疏正義曰爾雅云辟拊心也郭注謂椎胷也又詩寤辟有摽毛傳亦云辟拊心也檀弓云辟踊哀之至也又云歎斯辟辟斯踊鄭注辟拊心踊躍是拊心輕踊爲稍輕亦哀痛之意吳氏廷華云方哭而止有餘痛也　注云方有事止讙囂者上注云廟門有事則開此方辟門故云有事謂入哭之事沈氏彤云暫止哭以俟主人之入門是也蓋主人及賓此時將入門卽位故拊心不哭以止讙囂耳

主人拜賓旁三右還入門哭婦人踊先西面拜乃南面拜東面拜也

疏正義曰李氏如圭云每面三拜檀弓記君之喪士備入而后朝夕踊今案此主人卽位見賓先拜之而後入也意不主爲賓急於入哭故不論尊卑每面皆三拜示徧而已不特拜也旁三以賓位唯有

東方西面西方東面南方北面無北方南面也喪大記曰於士旁三拜係專拜士與此別也檀弓注云備猶盡也謂盡入也李引之者以主人入門兄弟賓客亦皆從入經未言故引以爲證也敖氏云婦人但言踊以踊見哭也哭有不踊踊無不哭者　注云先西面拜乃南面拜東面拜者敖氏謂先南面拜乃東面拜西面拜與注異褚氏寅亮云敖以尊卑爲次理似較長今案下內位之拜分別尊卑此門外之拜略之但旅拜而已當從鄭說

主人堂下直東序西面兄弟皆卽位如外位卿大夫在主人之南諸公門東少進他國之異爵者門西少進敵則先拜他國之賓凡異爵者拜諸其位賓皆卽此位乃哭盡哀止主人乃右還拜之如外位矣兄弟齊衰大功者主人哭則哭小功緦麻亦卽位乃哭上言賓此言卿大夫明其亦賓爾少進前於列異爵卿大夫也他國卿大夫亦前於列尊之拜諸其位就其位特拜

疏 正義曰主人堂下直東序西面卽阼階下位也不言丈夫不言外兄弟於兄弟中該之矣敖氏云此位與外位同故上言其位此著其人以互見之上言賓繼外兄弟此言卿大夫

在主人之南明外兄弟以上皆少退於主人亦互見之也門東又有私臣之位門西又有公有司之位故諸公與他國異爵者皆少進以別之特牲記曰公有司門西北面東上私臣門東北面西上此位亦當如之也敵則先拜他國之賓惟謂異爵者若士則否以其同國異國者皆同在西方之位又旅拜之亦不定異也他國之異爵者謂來聘若從君來朝者也凡凡諸公卿大夫也李氏如圭云敵謂其爵等也先拜他國之賓優遠客也褚氏寅亮云惟爵同乃先拜他國之賓耳如本國有諸公而他國賓中止有卿則先拜本國之孤而後拜他國之賓意重在別尊卑也張氏惠田讀儀禮記云此不見西方之賓據經云卿大夫在主人之南則士在西方可知章氏平儀禮溫故謂內位無西方東面者以殯在西階上也今案不言士者省文張說是此拜賓者者哭畢主人又拜之也　注云賓皆即此位乃哭盡哀止者經但言主人哭未言賓哭故注明之又言即此位乃哭則門外不哭明矣云主人乃右還拜之如外位矣者鄭以前門外拜賓先西面次南面次東面爲右還而拜故謂此亦右還拜之如外位但內位之拜旣分別尊卑則不得右還而拜注說恐非云兄弟齊衰大功者主人哭則哭小功緦麻亦即位乃哭者大功以上有同門之誼哀尤

切也亦者亦賓即位乃哭也云上言賓此言卿大夫明其亦賓爾者上言賓繼之北上此言卿大夫在主人之南是卿大夫即賓也云少進前於列異爵卿大夫也他國卿大夫亦前於列尊之者門東本爲私臣之位如有諸公則在私臣之前門西爲公有司之位如有他國卿大夫則在公有司之前是爲前於列前於列是尊之也此主人是士卿大夫爵尊於士故謂卿大夫爲異爵也云拜諸其位就其位特拜者謂就其位一一拜之不旅拜也○此以上言朝哭之位夕亦如之

徹者盥于門外燭先入升自阼階丈夫踊徹者徹大斂之宿奠

疏正義曰徹者盥于門外則門外設盥可知自後無門內西方之盥以無舉尸之事檀弓曰朝奠日出夕奠逮日徹在朝奠之先故須用燭也吳氏疑義云大斂奠燭俟於東堂下餕東此下言由主人之北適餕則餕亦在東堂下燭亦如之先入謂入室也踊節義俱詳前注云徹者徹大斂之宿奠者爲將朝奠也云宿奠謂昨日之奠也吳氏廷華云襲斂三奠次日徹之若朝夕奠則據司尊彝疏云朝奠夕徹夕奠朝徹

祝取醴北面取酒立于其東取豆籩俎南面西上祝先出酒豆籩俎序

從降自西階婦人踊也序次疏正義曰先取者執而立俟畢徹乃出室而降也祝取醴北面取酒立于其東是亦西上統於席也序從者禮記祭義卿大夫序從彼注云以次第從故此注云序次也謂祝執醴先出次酒次豆籩次俎也前大斂奠時祝執巾入此不言徹巾省文也儀禮釋官云此祝亦夏祝也設于序西南直西榮醴酒北面西上豆西面錯立于豆北南面籩俎既錯立于執豆之西東上酒錯復位醴錯于西遂先由主人之北適饌遂先者明祝不復位也適饌適新饌將復奠疏正義曰此與徹小斂奠改設于序西南當西榮同而文加詳耳義互見前醴酒後設故執醴執酒者北面西上少立以俟執豆者錯訖立于豆北南面執籩者執俎者錯訖立于執豆之西東上與前執事豆北南面東上同褚氏寅亮云豆西面錯如在室向奧設之儀也舉豆而餘可知儀禮紃解云凡言立於錯後者既設之而立以俟祝錯醴畢祝先適新饌而諸人乃從之也葢自西階下而徑東故出於主人位北 注云遂先明祝不復位也者上言酒錯復位復北面西上之位此醴錯

於酒西不言復位而言遂先是先適餪不復位也新餪乃朝奠之餪云將復奠者言適新餪爲將復奠於室也

奠醴酒脯醢升丈夫踊入如初設不巾入入於室也如初設者豆先次籩次酒次醴也不巾無菹無栗也菹栗具則有俎有俎乃巾之

疏 正義曰乃奠謂設朝奠也此朝夕奠與大斂奠妹大斂奠及朔月薦新殷奠之類則有鼎俎此無鼎俎惟醴酒脯醢而已升亦升自阼階也 注云入入於室也者此朝夕奠亦奠於室也云如初設者豆先次籩次酒次醴也者謂其設之次第如初耳吳氏廷華云如初設亦在奥也云不巾無菹無栗也菹栗具則有俎有俎乃巾之者謂大斂奠有兩豆兩籩脯醢菹栗俱有此但言脯醢則一豆一籩無菹無栗也凡禮盛而有兩豆兩籩者則有俎俎有特肉故必巾之檀弓曰喪不剝奠也與祭肉也與鄭注剝猶倮也有牲肉則巾之爲其久設塵埃加也脯醢之奠不巾是其義也賈疏云若然朝廟之奠亦無菹栗有巾者爲在堂而久設塵埃故也敖氏云室中唯殷奠則巾其餘否今案始死脯醢之奠無巾是在室中小斂奠雖有俎但止脯醢無菹栗而竝脯醢皆巾者亦是爲在堂久設恐塵埃加故巾之是脯醢之奠不巾鄭注蓋指室中言也

鐕者

出立于戶西西上滅燭出祝闔門先降自西階婦人踊奠者由重南東丈夫踊賓出婦人踊主人拜送哭止乃奠奠則禮畢矣今文無拜

疏正義曰鍇者以次先出立于戶西西上俟祝出隨降也滅燭出執燭者滅燭而出也下記云執燭者滅燭出降自阼階由主人之北東則執燭者不與鍇者同降也主人拜送不言於門外省文餘與大斂奠略同儀禮釋官云此亦夏祝也注云哭止乃奠奠則禮畢矣者以其朝夕哭奠惟主于哭至奠則禮畢無他禮節也云今文無拜者案大小斂奠畢賓出俱云主人拜送又下云主人卒拜送賓正蒙此拜送之文宜有拜字故鄭從古文

衆主人出婦人踊出門哭止皆復位闔門主人卒拜送賓揖衆主人乃就次

疏正義曰敖氏云衆主人出而婦人踊乃朝夕哭之踊節多於殯日者也今案言衆主人出爲婦人踊節猶上言賓出婦人踊也下言出門謂賓與主人及衆主人衆兄弟等皆出也皆出則哭止皆復位闔門謂衆主人復門外東方西面之位遂闔門也上言賓出主人拜送此復言拜送賓者自公卿至士賓多出

有先後但衆主人於主人送賓出廟門時卽復外位故主人送賓事卒遂揖之使各就次也敖氏云此主言朝哭之禮其夕哭之與此異者惟徹醴酒脯醢不設于序西南耳今案敖說非詳後○張氏爾岐云自第四日至葬前並用此禮

右朝夕哭奠

朔月奠用特豚魚腊陳三鼎如初東方之饌亦如之朔月月朔日也自大夫以上月半又奠如初者謂大斂時【疏】正義曰自此至如于室言朔月奠及薦新之事○朔月殷奠故用特豚魚腊陳三鼎如大斂盛於朝夕也東方之饌亦如之亦如大斂也玉藻曰朔月少牢五俎四簋生時朔月食盛於常日食則朔月殷奠亦以象生時也　注云朔月月朔日也者凡經言朔月皆謂月之第一日也云自大夫以上月半又奠者賈疏云下經云月半不殷奠士言不大夫以上則有之若特牲云士不諏日大夫以上則諏日之類云如初者謂大斂時者以上朝夕奠無鼎俎故知如初謂如大斂時也　**無籩有黍稷用瓦敦**

有蓋當籩位黍稷併於甒北也於是始有黍稷奠者之於朔月月半猶平常之朝夕大祥之後則四時祭焉【疏】正義曰此節與上節皆是陳朔月奠之事上節是言其同於大斂者此節是言其異於大斂者大斂奠有籩而此無籩大斂奠無黍稷而此有黍稷是異於大斂奠也同而有異所以示別也瓦敦以瓦爲之蓋敦之蓋也儀禮諸篇或言蓋或言會其實一物下敦啟會注云會蓋也士虞禮命佐食啟會注云會合也謂敦蓋也是會即蓋矣會合也爾雅釋詁文鄭言此者見敦蓋之名會義有取於合也敦又有足下文敦啟會面足是也餘詳少牢禮注云黍稷併於甒北也者釋經當籩位也下記設棜于東堂下饌大斂奠于其上云豆在甒北二以並籩亦如之亦二以並在甒北此黍稷蓋用兩敦當籩位故云並於甒北也云於是始有黍稷者前此奠俱未有黍稷故云於是始有也云死者之於朔月月半猶平常之朝夕者以生時朝夕食主於穀食今死者惟朔月月半有黍稷是猶平常之朝夕也云大祥之後則四時祭焉者四時祭有黍稷也〇張氏爾岐云朝夕之奠有醴酒豆籩而無黍稷至朔月殷奠乃有黍稷如平時常食者以下室又自有燕養之饌故雖不設黍稷而不爲薄也既奠殯宮又饋下室者莫必神之

所拄故也主人拜賓如朝夕哭卒徹徹宿奠也疏正義曰蔡氏德晉云朝夕哭拜賓有三將入廟門旁三拜一也既入哭拜異爵者二也拜送三也此皆如之今案徹謂徹夕奠也朔月奠亦質明行事故先徹昨日之宿奠事與徹大斂奠同經但言卒徹省文其餘不言者可知也敖氏云朝夕奠無俎非盛饌徹則去之不復改設于序西南惟言卒徹爲下事節也吳氏疑義云奠以依神後奠未設故暫設于此何論盛否盛氏世佐云朝夕奠雖非盛饌亦改設于庭求神之道宜然也下云皆如初奠之儀足以蔽之矣敖說非今案徹奠之所以必改設者鄭云孝子不忍使其親須臾無所憑依也若新奠未設舊奠又去之不使其親無所依乎吳氏盛氏辨之甚是但吳氏以小斂辟奠不出室例之謂仍改設于室亦非舉鼎入升皆如初奠之儀卒朼釋匕于鼎俎行朼者逆出甸人徹鼎其序醴酒菹醢黍稷俎俎行者俎後執執俎者行鼎可以出其序升入之次疏正義曰舉鼎入入門也升升牲於鼎也初奠謂大斂奠也朼朼載於俎也釋匕于鼎朼畢加匕於鼎也盛氏世佐云自卒徹至升俎之儀略前所詳自卒朼至徹鼎

之節詳前所略文互相備也匕者右人也逆出匕腊者先出也　注云俎行者俎後執執俎者行鼎可以出者以朼牲載于俎必朼畢而後執之故云俎後執朼畢則鼎無事故執俎者行鼎可以出以俎行爲鼎匕出門之節也云其序升入之次者謂升堂入室之次先醴酒以下序從也

其設于室豆錯俎錯腊特黍稷當籩位敦啟會卻諸其南醴酒位如初當籩位俎南黍黍東稷會蓋也今文無敦

疏正義曰豆錯亦醢北菹南俎錯腊特亦豚豚俎在兩豆之東魚俎在豚俎之東錯俎特設于豚魚兩俎之北也此當籩位與上當籩位異上云當籩位謂陳于東堂下之位也此當籩位謂設于室之位也卻諸其南謂會仰而置之于敦之南也醴酒位如初敖氏謂醴在黍南酒在稷南者前大斂奠醴酒在籩南鄭注云醴當栗南酒當脯南此黍稷當籩位故敖以爲在黍稷南也是醴酒位如初也大斂奠先設籩而後設俎此黍稷當籩位而設在俎後者褚氏寅亮云以其爲會之主故後設吳氏紱云黍稷爲會主故俎設後乃設之不以牲主穀也醴酒後者要其成也○注菹南黍菹字各本皆誤作俎盛氏集編據敖本改正今從之　云當籩位者盛氏云當大斂奠之籩位也

上經云菹南栗栗東脯是其位矣此以黍稷當栗脯之位故云俎南黍黍東稷也云會蓋也今文無敦者案會卽敦之蓋也下徹朔奠云敦啓會有敦字則此亦空有故鄭從古文**祝與執豆者巾乃出**共爲之也疏正義曰有牲肉故巾據經云與執豆者巾則豆俎皆巾也云共爲之也者郝氏敬云祝立南執豆者立北共舉巾冪其奠是也上大小斂不云與執豆者巾文略也儀禮釋官云此亦夏祝也**主人要節而踊皆如朝夕哭之儀月半不殷奠**殷盛也士月半不復如朔盛奠下尊者疏正義曰要節而踊亦謂奠升時丈夫踊降時婦人踊奠者由重南而東丈夫踊皆如朝夕哭奠之儀也不云丈夫婦人以主人統之也月半不殷奠則仍如朝夕奠而已注云殷盛也者易殷薦之上帝馬鄭注皆云殷盛也朝夕奠無牲俎朔月奠有牲俎盛于朝夕故名殷奠釋名釋喪制亦云朔望祭曰殷奠但以殷爲衆與鄭異耳云士月半不復如朔盛奠下尊者者謂大夫以上月半亦如朔月盛奠士月半不盛奠是下於大夫以下也**有薦新如朔奠**薦五穀若時果物新出者疏正義曰有新物則薦之其儀節皆如朔奠亦有牲俎也檀弓曰有薦新如朔奠蓋本

於此彼注云重新物爲之殷奠是也敖氏云新謂穀之新熟者也春秋傳曰不食新矣少儀曰未嘗不食新皆指五穀而言也今案鄭兼言果物者據月令羞以含桃之類也

徹朔奠先取醴酒其餘取先設者敦啟會面足序出如入啟會徹時不復蓋也面足執之令足閒鄉前也敦有足則敦之形如今酒敦〔疏〕正義曰徹朔奠爲將夕奠也上徹朔奠但云卒徹此詳言之者以朔月之奠有牲牢且有黍稷也先取醴酒其餘取先設者文與徹小斂奠同云取先設者則取敦亦後于俎矣序出如入謂其奠出室時亦如入之序醴先而酒菹醢黍稷俎以次從之也注云啟會徹時不復蓋也者案設時云敦啟會至徹時不復蓋故仍云啟會也云面足執之令足閒鄉前也敦有足則敦之形如今酒敦者敖氏云執敦面足是以首自鄉也其執而設之之時亦然少牢饋食禮曰敦皆南首蓋北面設之故也敦有首足如物之緇者然皆在上耳盛氏世佐云案聶氏三禮圖敦蓋爲龜形用少牢禮注疏說也今敦蓋旣啟猶云面足則其說恐未必然俟考

其設于外如于室外序西南〔疏〕正義曰注云外序西南謂改設于序西南時一如設於室之次第也吳氏疑義云如

設于室上文改設皆然特於此見之耳

右朔月奠及薦新

筮宅家人營之宅葬居也家人有司掌墓地兆域者營猶度也詩云經之營之疏正義曰自此至北面哭不踊言筮宅兆之事○此云筮宅者目下事也周禮小宗伯曰卜葬兆襍記曰大夫卜宅與葬日又曰如筮則史練冠長衣以筮鄭注筮者筮宅也謂下大夫若士也孔疏大夫尊故得卜宅幷葬日下大夫及士不合用卜故用筮荀子曰月朝卜日月夕卜宅楊注卜宅大夫之禮也士則筮宅今案士葬日亦用卜與大夫同見後喪服小記曰祔葬者不筮宅謂前人已筮之也注云宅葬居也者案下注云宅居也宅居爾雅釋言文也彼云幽宅則葬居義也自明此但云宅故以葬釋之以別於生人之居也云家人有司掌墓地兆域者先大父儀禮釋官云賈疏謂士亦有家人非是周禮家人掌公墓之地辨其兆域先王之葬居中以昭穆爲左右凡諸侯居左右以前卿大夫士居後以爵等爲邱封之度又云凡諸侯及諸臣葬於墓者授之兆然則古者諸臣之墓地皆公家掌之此與下記言家人物土

葢爲之經其兆域周禮又有墓大夫掌凡邦墓之地域令國民族葬庶民之葬向有公臣掌之則此冢人爲公臣必矣周禮天子禮諸侯亦當然周禮冢人下大夫諸侯當上士爲之云營猶度也者周禮冢人請度甫竁彼注云請量度所始竁之處地故謂營爲度廣雅亦云營度也引靈臺詩者證營爲量度之事毛傳經度之也孔疏謂經理而量度之是也

掘四隅外其壤掘中南其壤

爲葬將北首故也 疏 正義曰李氏如圭云壤柔土也九章曰穿地四爲壤五敖氏云壤所掘起之土也掘四隅與中央略以識之而已以神之之從違未可定也盛氏世佐云外其壤謂置諸四隅之外南其壤則置諸中央之南而已 注云爲葬將北首故也者賈疏云解掘中南其壤爲葬時北首故壤在足處案檀弓云葬於北方北首三代之達禮也

旣朝哭主人皆往兆南北面免經

兆域也所營之處免經者求吉不敢純凶 疏 正義曰旣朝哭謂朝哭之後乃筮宅謂也云主人皆往則衆主人亦往也兆南卽所掘壤之南此筮禮與士冠特牲二篇略同惟彼筮于廟門此筮于兆南爲異耳禮經釋例云不于廟門而于兆南者反吉也亦質文相變之義培翬謹案下云指中封而筮似筮葬宅定於

其地筮之故不於廟門也李氏如圭云免經去經也秦氏蕙田云去經不用與袒免之免不同敖氏云經服之取重者於此免之以對越神明宜與人異服問曰凡見人無免經雖朝於君無免經今案下卜日云免經左擁之此不言左擁之省文當亦與彼同　注云兆域也所營之處者兆域爾雅釋言文小宗伯注云兆墓塋域所營之處即上冢人所營度之處也云免經者求吉不敢純凶者以衰經皆是凶服此云免經則衰服如故但有衰無經是不純凶也

命筮者在主人之右命尊者宜由右出也少儀曰贊幣自左詔辭自右【疏】正義曰盛氏世佐云命筮者宰也在主人之右亦北面今案士冠特牲二篇皆云宰贊命故盛氏以此命筮者爲宰也餘詳士冠禮

筮者東面抽上韇兼執之南面受命韇藏筴之器也兼與筴執之今文無兼【疏】正義曰此筮者筮人也襍記曰如筮則史練冠長衣以筮鄭注筮史筮人也練冠長衣與占者朝服殊則筮史是家臣故凶服也初東面有司位也繼南面受命鄉主人也　注云今文無兼者胡氏承珙云士冠禮云筮人執筴抽上韇兼執之進受命于主人賈疏云少牢史左執筮右抽上韇兼與筮執之東面受命于主人此云筴彼云筮一

也案士喪禮但云筮者東面抽上韇兼執之并不言執筴與筮故注云韇藏筴之器也兼與筮執之鄭以士冠少牢決此當有兼字故從古文餘詳士冠禮

命曰哀子某爲其父某甫筮宅度茲幽宅兆基無有後艱歟

某甫且字也若言山甫孔甫矣宅居也度謀也茲此也基始也言爲其父筮葬居今謀此以爲幽冥居兆域之始得無後將有艱難乎艱難謂有非常若崩壞也孝經曰卜其宅兆而安厝之古文無兆基作期

〔疏〕正義曰命曰命筮者命之也李氏如圭云哀子喪稱也襍記曰喪稱哀子哀孫今案某主人名某甫外者之字也　注云某甫且字也若言山甫孔甫矣者說文且薦也段氏注云薦席可爲藉謂之薦故凡言藉曰薦且故音俎所以承藉進物者引申之凡有藉之詞皆曰且凡經注言且字者十有一鄉飲酒禮注同姓則以伯仲別之又同則以且字別之言同姓之中有伯仲同者則呼某甫也少牢饋食禮注伯某之某且字也士喪禮父某甫注云某甫且字也若言山甫孔甫士虞禮適爾皇祖某甫注云某甫且字也若言尼甫又曲禮有天王某甫注云某甫且字也檀弓烏呼哀哉尼甫注云因且字以爲之謚襍記陽童某甫注云某甫且字也坊記魯春秋猶去

夫人之姓曰吳其奴曰孟子卒注云孟子之子蓋其且字又公羊傳宣十五年王札子殺召伯毛伯注云札者冠且字也桓四年天王使宰渠伯糾來聘注云宰渠伯糾天子下大夫繫官氏且字定四年劉卷卒注云劉卷氏采不名且字古言表德之字謂之且字往往可證者如是蓋古者二十而冠祇云某甫五十而後以伯仲某甫者所以藉伯仲也故鄭注禮之某甫如是何注春秋之札卷糾皆爲且字與鄭無不合作正義者多不能憭致轉寫多譌而其不譌者固可考而知也經注之且字非許書則不憭矣今案賈疏云孔甫之等是實字以某甫擬之是且字也惠氏棟謂爲聽說不明誠然如段說且字方有意義耳餘詳少牢禮云宅居也度謀也玆此也基始也者宅居詳上餘俱爾雅釋詁文蔡氏德晉云言謀此以爲幽冥之宅今當爲兆域之始得毋其後或有艱難乎推衍注義較顯引孝經者證宅兆爲葬地兆域也彼云卜者據大夫以上言之云古文無兆基作期者敖氏引或說云當從古文無兆字而期亦宜作其屬下句張氏爾岐云古文期無有後艱義意自備今案此當爲兆域之始而筮之以問吉凶兆基二字不可省且係命筮當作疑辭敖氏謂期宜作其固屬杜撰張氏依古文作期亦語太直遂不似問筮之辭故鄭定從今

文也

筮人許諾不述命右還北面指中封而筮卦者在左

述循也既受命而申言之曰述不述者士禮略凡筮因會命筮爲述命中封中央壤也卦者識爻卦畫地者古文述皆作術

疏正義曰上筮人南面受命今右還北面指中封而筮案士冠禮筮人許諾右還即席坐西面特牲饋食禮云筮者許諾即席西面坐此不言坐者禮經釋例云凡筮士坐筮卿大夫立筮士喪禮筮宅不云坐立當亦坐筮也然經無布席之文或攝盛如卿大夫立筮歟今案卦者在左亦北面餘詳士冠禮　注云述循也既受命而申言之曰述者說文毛傳皆云述循也鄭既解述字之義又解述命爲受命而申言之也受命之後必申言之者爲有遺誤重其事也云不述者士禮略者據少牢大夫禮述命言之也賈疏云知士不述命非爲喪禮略者特牲吉禮亦云不述命故知士吉凶皆不述命也云凡筮因會命筮爲述命者章氏平云案注會疑事之誤爲疑遂之誤注於上已云既受命而申言之曰述不當以命筮即爲述命賈疏引少牢彼上文云主人曰孝孫某來日丁亥以下是爲因事命筮下文云遂述命亦可證字之誤章說據本疏似可從然周禮大卜疏引此注亦與今本同考鄭此注云不述者士

禮略凡筮因會命筮爲述命下卜日不述命注云不述命
亦士禮略凡卜述命命龜異龜重威儀多也詳此二注一
言凡筮一言凡卜明係分別卜筮述命之異會合也謂筮
則合命筮之辭爲述命如少牢饋食禮筮日史述命曰假
爾大筮有常孝孫某來日丁亥用薦歲事于皇祖伯某以
某妃配某氏尚饗案假爾大筮有常命筮之辭孝孫某以
下述主人所命之辭是合命筮之辭爲述命也云凡卜述
命命龜異者謂卜則受命之後別爲述命之事不與命龜
爲一故云龜重威儀多也以下注互考之鄭義自明會與
爲非誤字矣云中封中央壤也者卽謂中央所掘之處也
云古文述皆作術者述正字術是假借字故鄭從今文○
賈疏云士禮命筮辭有一命龜辭有二大夫以上命筮辭
有二命龜辭有三士命筮辭有一者卽上經是直有命筮
無述命又無卽席西面命筮辭是命筮辭唯有一也下文
卜日有族長涖卜爲事命龜直云哀子某以下又有卽席
西面坐命龜是士命龜辭有二少牢大夫筮禮彼上文云
主人曰孝孫某來日丁亥以下是爲因事命筮下文云遂
述命曰假爾大筮有常冠於述命之上共爲一辭通前爲
事命筮有二若卜則有爲事命龜通述命又有當席西面
命爲三又周禮大卜疏亦云然曲禮孔疏云凡卜筮大夫

以上命龜有三命筮有二其一爲事命龜涖卜之官以主人卜事命卜史一也卜史旣得所卜之命更序述涖卜所陳之辭命曰述命二也卜人卽席西面命龜云假爾泰龜有常三也命筮二者一爲事命筮則主人以所爲之事命筮史一也筮史得主人之命遂述之爲述命二也士則命龜有二命筮有一餘與賈疏略同吳氏廷華疑義云卜筮之辭有二一爲主人命龜筮之辭一爲卜筮者命龜筮之辭主人命筮之辭如特牲筮日曰孝孫某筮來日某諏此某事適其皇祖某子尚饗及少牢筮日曰孝孫某來日丁亥用薦歲事于皇祖伯某以某妃配某氏尚饗并此經筮宅曰哀子某爲其父某甫筮宅度茲幽宅兆基無有後艱是也主人命龜之辭如下卜日曰哀子某來日某卜葬其父某甫考降無有近悔是也卜筮者命龜筮之辭則曲禮所謂假爾泰龜有常假爾泰筮有常是也凡卜筮者主人雖有尊卑經文雖有詳略其合二辭竝舉則一而已士冠二辭俱闕賈謂其當有主人命筮之辭不知其尚有筮人命筮之辭也乃以意斷之曰士命筮之辭一不亦惑乎至所謂大夫以上龜辭有三者則命龜者一述命者一西面命龜者一其所謂命龜者卽主人命龜之辭所謂西面命龜者卽卜者命龜之辭述命之辭無考惟所引少牢筮日

曰假爾大筮有常孝孫某來日丁亥云云而已筮者之述命如此則卜者之述命可知矣然據假爾大筮語本卽筮人命筮之辭孝孫某以下亦卽主人命筮之辭是賈所謂三辭實二辭而已今案曲禮假爾泰龜有常假爾泰龜有常鄭注但云命龜筮辭不言尊卑有異則士亦通用之其與大夫以上異者唯述命不述命而已賈孔謂士筮無筮人命筮辭吳氏辨之極是至大夫以上述命又有卜筮之異筮則以命筮之辭冠於述命之上共爲一辭如少牢是卜則述命與命龜爲二鄭注已分別言之吳氏以卜之述命與筮之述命同尚未昀所以然者古人大事卜小事筮龜重於筮故威儀多鄭氏之說當有所受之也

卒筮執卦以示命筮者命筮者受視反之東面旅占卒進告于命筮者與主人占之曰從

卒筮卦者寫卦示主人乃受而執之旅衆也反與其屬共占之謂掌連山歸藏周易者從猶吉也

疏正義曰敖氏云卦者書卦於木既卒筮而筮者乃執以示命筮者必示命筮者以其出命故爾既占而先告命筮者乃告主人亦此意也若吉時則受命示卦皆於主人占之曰從所告之辭云爾從謂從其所筮之地也書曰龜從筮從盛氏世佐云

卒筮不言書卦文略也　注云卒筮卦者寫卦示主人乃受而執之者謂卦者寫卦示主人乃受而執之以示命筮者也但寫卦是卦者事執卦當是筮者說見士冠禮又經但云示命筮者不云示主人姜氏兆錫云案卜葬日但云宗人示涖卜涖卜受示則筮亦止示命筮者注恐未然盛氏世佐云經云命筮者受視反之則主人不視明矣此亦凶禮之異者也今案經文執卦不云示主人告吉兼告主人與下卜日作龜不云示主人告吉兼告主人同姜氏盛氏之說是也云旅衆也反與其屬共占之謂掌連山歸藏周易者案周禮大卜掌三易之灋一曰連山二曰歸藏三曰周易鄭注名曰連山似山出內氣也歸藏者萬物莫不歸而藏於其中杜子春云連山宓戲歸藏黃帝鄭志趙商問大卜職注子春云玉兆帝顓頊之兆瓦兆帝堯之兆原兆有周之兆又云連山宓戲歸藏黃帝何由知之荅曰此數者無明文改之無據故著子春說而已近師皆以爲夏殷周又易贊云夏曰連山殷曰歸藏賈疏云夏家易以純艮爲首艮爲山象山之出雲連連不絕故名連山殷之易以純坤爲首坤爲地萬物歸藏於地故名歸藏周以乾爲首乾爲天天能周匝於四時故名周易葢本於此餘詳士冠禮云從猶吉也者卜筮以筮龜從爲吉又特牲禮告主人之辭

云占曰吉此云從與吉一耳故云從猶吉也少牢注云從者求吉得吉之言者謂己欲求吉而筮從而吉此就從字義釋之也**主人經哭不踴若不從筮擇如初儀**更擇地而筮之疏正義曰盛氏世佐云經復著經也筮畢卽著經明鄉之免之者爲禮神故也哭者哀其親之將歸此土也方氏苞云自之筮宅及井椁獻材獻素獻成皆哭而不踴其哭也慼時撫事而哀不能禁其不踴也卜幽埏治明器以安親之魄體而哀不敢過皆稱情以立文也　注云更擇地而筮之者按經筮擇如初儀作擇故鄭以更擇地解之也釋名宅擇也擇吉處而營之也是宅與擇義亦通**歸殯前北面哭不踴**易位而哭明非常疏正義曰吳氏紱云哭殯悲親之將遠也下卜日之哭同朝夕哭當在阼階下西面今筮宅歸殯前北面哭則在西階下矣是易位而哭異於常也

右筮宅兆

旣井椁主人西面拜工左還椁反位哭不踴婦人哭于堂

旣巳也匠人爲椁刊治其材以井構於殯門外也反位拜位也旣哭之則往施之竁中矣主人還椁亦以旣朝哭位矣

疏正義曰自此至亦如之言視椁視明器之事○旣檀弓曰天子柏椁以端長六尺悳大記曰君松椁大夫柏椁士襍木椁鄭注椁謂周棺者也夫子制於中都使庶人之椁五寸此謂尊者用大材卑者用小材耳自天子諸侯卿大夫之士庶人六等其椁長自六尺而下其方自五寸而上杭木之厚與椁方齊孔疏案檀弓柏椁以端長六尺注云其方葢一尺以此差之諸侯方九寸卿方八寸大夫七寸士六寸庶人五寸又云椁繞四旁抗木在上今案椁在棺之外四旁旣納棺於椁中乃施抗木於其上也西面者門外東方之位西面則以南以左還椁謂循井椁之南而西而北而東周繞而詳視之乃反左還於拜位也哭者見其成椁之形而哭也不踊義詳前婦人哭于堂因主人之哭而哭也注云旣巳也者詳下篇首言井椁巳畢主人乃面面拜工謝其勞也云匠人爲椁者解經工爲匠人也匠人木工云刊治其材以井構於殯門外也者案下明器有獻材獻素獻成三事此不言者明器無定材椁用松柏之等有定材故不須獻又以椁無飾刊治之卽成故云刊治其材知井構於殯門外者以獻材在殯門外故知此亦在殯

門外也褚氏寅亮云井構者以椁材兩縱兩横間疊而層累之如井字然今案檀弓云既殯旬而布材與明器鄭注木工宜乾腊且豫成材椁材也下獻材于殯門外注云材明器之材者檀弓明言明器故知材椁材此經明言椁故知下獻材謂明器之材但檀弓既殯十日而布材是豫取其木而乾之此云井椁則是已成二者先後不同蓋椁周于棺其形方又空其中以俟下棺有似于井故云井椁井之則椁已成將來施之壙中象亦如是此特先井構於殯門外以視其完否耳葬時必先施椁乃下棺故鄭又云既哭之則往施之壙中矣是也云反位拜位也者即西面拜工之位也又云主人還椁亦以既朝哭矣者言既朝哭乃還椁此與下獻材不必同日要皆在朝哭之後視之因經未言既朝哭故注補之也

獻材于殯門外西面北上綪主人徧視之如哭椁獻素獻成亦如之 材明器之材視之亦拜工左還形法定爲素飾治畢爲成 疏

正義曰殯門外謂適寢門外也西面面北北上綪者謂自北至南屈而陳之也吳氏廷華云材雖未治而其用已定故有上及綪也今案明器甚多其材非一故須屈陳之檀弓曰竹不成用瓦不成味木不成斲琴瑟張而不平竽笙備而

不和有鐘磬而無簨虡是明器甚多材非一也偏視之一一視其良楛也如哭椁者如其反位哭不踊也周禮小宗伯王崩及執事眡葬獻器遂哭之獻素獻成亦如之者如其偏視而哭也　注云材明器之材詳上云視之亦拜工左還者謂亦先拜工乃左還而視也云形法定爲素飾治畢爲成者賈疏云素是未加飾之名又經言獻材是未斲治明素是形法定斲治訖可知又言成是成就之名明知飾治畢也

右視椁視器

卜日既朝哭皆復外位卜人先奠龜于西塾上南首有席楚焞置于燋在龜東　楚荊也荊焞所以鑽灼龜者燋炬也所以燃火者也周禮菙氏掌共燋契以待卜事凡卜以明火爇燋遂灼其焌契以授卜師遂以役之

疏　正義曰自此至卜擇如初儀言卜日之事○卜日謂卜葬日也士冠及特牲祭皆筮日此獨用卜重葬事亦以變於吉也曲禮曰凡卜筮日旬之外曰遠某日旬之內曰近某日喪事先遠日吉事先近日孔疏喪事謂葬與二祥左傳云禮卜葬先遠日辟不懷也杜云懷思也辟不

思親也此尊卑俱然雖士亦應今月下旬先卜來月下旬
不吉卜中旬不吉卜上旬旣朝哭謂旣朝哭之後乃卜如
筮宅也外位殯門外之位也西塾門外之西塾也先大父
儀禮釋官云卜人公臣大夫士有筮無卜禮器家不寶龜
孔穎達曰大夫卑不得寶龜藏文仲居蔡爲僭則士可知
矣大夫士無龜而逸禮云大夫龜八寸士六寸蓋傳聞之
誤也大夫士筮則有筮史襍記如筮則史練冠長衣以筮
史家臣故凶服是也卜必請於君魯公父文伯之母欲室
文伯老請守龜卜室之族鄭駟乞請龜以卜是也以此考
之知大夫士有筮人無卜人此亦公臣來給事者也今案
周禮大卜下大夫二人卜師上士四人卜人中士八人下
士十有六人皆同官此諸侯卜人當周禮大卜春秋時又
謂卜人爲守龜韋昭注國語云守龜卜人是也奠龜南首
者塾南鄉故龜亦南首也有席者席卽卜席先以藉龜周
禮龜人若有祭事則奉龜以往旅亦如之楚焞置于燋謂
楚焞與燋置于一處皆在龜之東也　注云楚焞荊也者說
文楚叢木一名荊也荊楚木也二字互訓廣雅釋木亦云
楚荊也是楚爲木名云荊焞所以鑽灼龜者說文焞明也
段氏注云焞蓋亦取明火之意云燋炬也所以燃火者也
者說文燋所以然持火也炬說文作苣云束葦燒也燃說

文作然鄭引周禮者證楚焞與燋之用也薤氏曰掌共燋契以待卜事鄭注引此經云楚焞卽契所用灼龜也燋謂炬其存火與此注略同又曰凡卜以明火爇燋杜子春云明火以陽燧取火於日說文爇燒也又曰燧灼其焌契以授卜師遂以役之惠氏棟校本云周禮燧作遂灼作歙遂役之無以字當依彼爲解又云焞焌一也楚焞卽焌契也案鄭注周禮云焌讀如戈鐏之鐏謂以契柱燋火而吹之也契旣然以授卜師用作龜也役之使助之說文焌然火也周禮曰遂龡其焌段氏注云以火燒物曰然焌者謂吹而然之也今案說文引周禮作遂龡其焌龡古吹字卽龡之省據此諸文則以陽燧取火于日爲明火東葦爲炬燒而存之爲燋燃楚木灼龜而作其兆爲楚焞楚焞與契爲一物凡卜時先以明火爇燋乃吹燋之火以燃楚焞是其次第也

族長涖卜及宗人吉服立于門西東面南上占者三人在其南北上卜人及執燋席者在塾西

族長有司掌族人親疏者也涖臨也吉服服玄端也占者三人掌玉兆瓦兆原兆者也在塾西者南面東上

【疏】正義曰族長涖卜謂臨視卜事也與宗人皆吉服敖氏云此占者亦吉服不言者文省也

吉服者以對神故也今案襍記大夫卜宅與葬日占者皮弁又筮占者朝服則此亦吉服可知郝氏敬云占者三人在其南在族長宗人之南皆門西東面一以南爲上一以北爲上相繼不相統也卜人與執燋者席者皆在塾內西待事也今案上云楚焞置于燋則執燋者兼執楚焞可知儀禮釋官云案襍記大夫之喪大宗人相小宗人命龜注卜葬及日也孔疏引皇氏云大小二宗竝是其君之職來爲喪事故宗伯肆師云凡卿大夫之喪相其禮案下言宗人命龜與彼同而吉服蓋亦公臣若士冠特牲諸篇之宗人則當爲私臣矣又云占者亦公臣如周禮占人之職古者卜筮皆曰占周禮占人掌占龜以八筮占八頌以八卦占簭之八故鄭注占人亦占簭是也然周禮有大卜卜師卜人主卜事有簭人主簭事而又有占人掌占則占者與卜人筮人別可知矣此經占者三人在其南又云卜人在塾西卜人不在　占者三人之中是卜人外別有占者如周禮占人之職也　注云族長有司掌族人親疏者也者儀禮釋官云案左傳卿置側室大夫有貳宗皆主宗族之事士之族長亦其類也周禮小宗伯掌三族之別以辨親疏大事宗伯涖卜今謹案此申注有司義也敖氏云族長族人之尊者蓋望文生義耳云吉服服玄端也者據特牲

吉禮筮日服玄端而言也云占者三人掌玉兆瓦兆原兆者也者周禮大卜掌三兆之灋一曰玉兆二曰瓦兆三曰原兆鄭注兆者灼龜發於火其形可占者其象似玉瓦原之璺罅是用名之焉上古以來作其灋可用者有三原田也杜子春云玉兆帝顓頊之兆瓦兆帝堯之兆原兆有周之兆今案據鄭志玉兆爲夏瓦兆爲殷詳前鄭言此者筮謂占者三人各掌一兆書洪範曰三人占則從二人之言是占必三人也云在塾西者南面東上者上云卜人先奠龜于西塾上是此塾爲西西塾也在塾西者謂在西塾內之西故鄭以爲南面東上統於門也

闔東扉主婦立于其內扉門扉也【疏】正義曰卜葬大事故主婦亦躬親之位于門內示別也此言闔東扉則西扉不闔可知也扉詳士昏禮

席于闑西閾外爲卜者也古文闑作槷閾作蹙【疏】正義曰此爲卜布席也于闑西閾外與士冠特牲同不言門中省文席亦西面餘詳士冠禮

宗人告事具主人北面免經左擁之涖卜卽位于門東西面涖卜族長也更西面當代主人命卜【疏】正義曰告告於主人也主人位本在門外東方西面以族長將涖卜故轉而北面避之免經詳前左擁之

擁經也　注云涖卜族長也者儀禮釋官云案族長涖卜經卽稱爲涖卜以事目其人猶特牲嗣子舉奠經卽謂爲舉奠有司徹上賓三獻經卽謂爲三獻也云更西面當代主人命卜者族長本立于門西東面今卽位于門東西面是主人位故知當代主人命卜也下宗人還少退受命注云受涖卜命卽命卜之事也賈疏云周禮天子卜法與士異假使大事則大宗伯涖卜次事小事以下各有差降也今案大卜云凡小事涖卜注云代宗伯是也　卜人

抱龜燋先奠龜西首燋在北旣奠燋又執龜以待之　疏　正義曰龜燋今抱之而鄕闕外也奠之燋在龜北蓋南上也敖氏云燋先謂執燋者先於龜而行也奠龜西首象神位在西鄕之者不言焞與燋同處可知　注云旣奠燋又執龜以待之者賈疏以抱龜燋爲句先奠龜爲句謂卜人旣奠燋又取龜必執之以待授與宗人褚氏寅亮云惟一人兼抱龜燋故必先奠龜次奠燋乃復執龜以授宗人若二人分抱則抱燋者奠燋抱龜者經示宗人可矣何必多此奠龜一節事一盛氏世佐云上云卜人及執燋席者在塾西則執燋者別一人矣敖以燋先二字爲句得之今案周禮大卜曰凡旅陳龜鄭注陳龜於饌處也引上經卜人先奠龜于西塾上南

首證之又曰國大遷大師則貞龜鄭注正龜於卜位也引此經卜人抱龜燋先奠龜西首證之是上奠龜西塾爲陳龜之事此奠龜閾外席上爲貞龜之事則此奠龜一節正不容少注云既奠燋又執龜者謂卜人既奠龜俟執燋者既奠燋又復執龜以待授宗人經於奠燋之後不言執龜者以下云宗人受卜人龜則卜人執龜不言自明注補經所未及故特言之但執龜節次在執燋者奠燋之後故云旣奠燋又執龜非謂奠燋者亦卜人也據經文執燋者別自有人何必卜人兼抱之賈疏誤會注意以抱龜燋爲句褚氏遂誤謂一人兼抱龜燋當以盛氏之說爲是

宗人受卜人龜示高以龜腹甲高起所當灼處示涖卜也〔疏〕正義曰注云以龜腹甲高起所當灼處示涖卜也者周禮大卜凡國大貞卜立君卜大封則眡高彼注云以龜骨高者可灼處示宗伯也大事宗伯涖卜卜用龜之腹骨骨近足者其部高又卜師凡卜事眡高注云示涖卜是也周禮作眡此作示一也眡古文視示與視同

涖卜受視反之宗人還少退受命受涖卜命授龜宜近受命宜卻也〔疏〕正義曰涖卜受視受龜於宗人也反之亦反於宗人也受命謂宗人受涖卜之命下命曰則涖卜命辭也還少退謂

受命少退于授龜之處注以**命曰哀子某來日某卜葬其**爲授龜宜近受命宜卻是也**父某甫考降無有近悔**考登也降下也言卜此日葬魂神上下得無近於咎悔者乎

疏

正義曰命曰命曰涖卜命之也來日將來之日某者來日甲子李氏如圭云王制曰天子七月而葬諸侯五月大夫士庶人三月士之三月亦通以月數故春秋傳又謂大夫三月士踰月也襍記曰祝稱卜葬虞子孫曰哀夫曰乃兄弟曰某卜葬其兄弟曰伯子某春秋傳卜有令龜者涖卜其令龜者乎近附近之近　注云考登也降下也者古登與升通鄭意葢謂考降爲升降也敖氏云考成也降下也謂成其下棺之事張氏爾岐云考父也降骨肉復歸於土也沈氏彤云鄭訓考爲登以考降爲魂神之上下不若言骨肉復歸於土者之切但訓考爲父又與上其父之文相犯敖本爾雅釋詁訓考爲成最佳然謂成其下棺之事亦未穩順若云成幽宅而下棺則得之矣今案考訓成較登爲有據然謂成其下棺之事似迂曲若云成幽宅而下棺又似牽涉卜宅不若張氏以考爲父謂父降於此得無近於咎悔文義更洽沈氏以與上其父相犯爲嫌顧氏炎武云既言父又言考者猶易言幹父之蠱有子考无咎也又引禮

記體魄則降爲證似張說義長又鄭解無有近悔云得無近於咎悔者乎近字作活字解盛氏世佐云近悔如雨不克葬之類筮宅爲久遠之計故慮有後艱卜日爲目前之事故期無近悔是以近爲遠近之近作實字解與鄭異今案卜日亦關係久遠不專爲目前盛說似泥仍依注爲是

許諾不述命還卽席西面坐命龜興授卜人龜負東扉宗人不述命亦士禮略凡卜述命命龜異龜重威儀多也負東扉俟龜之兆也

疏正義曰許諾者宗人也異於筮命龜亦宗人命龜之也周禮大卜大祭祀命龜又曰凡喪事命龜鄭注命龜告龜以所卜之事此宗人命龜與彼異者襍記大夫之喪大宗人相小宗人命龜故此禮亦多宗人主之命龜之辭蓋曰爲　日假爾泰龜有常云爾授卜人龜使之灼也亦宗人授之　注云宗人不述命亦士禮略者前筮宅不述命爲士禮略此卜日亦不述命故云亦士禮略也云凡卜述命命龜異龜重威儀多也者賈疏謂對筮時述命命筮同是已而說未明析盛氏世佐云述命述之於所受以備失誤審愼之至也命龜則直告龜而已大夫以上卜既述命又命龜筮則述命遂以命蓍不重爲之士卜不述命而命龜筮則不述命亦不命蓍此卜筮之辨也今案

少牢大夫禮筮日遂述命曰假爾大筮有常命筮之辭也孝孫某來日丁亥以下述命之辭也以命筮之辭冠於述命之辭而連言之是卽盛氏所謂述命遂命筮不重爲之也若卜則先述命後乃命龜分爲二是述命命龜異故云龜重威儀多也但盛氏謂士筮亦不命蓍則猶沿賈孔之誤辨見前云負東扉俟龜之兆也者謂宗人旣授卜人龜灼之遂負東扉而立視其兆也

卜人坐作龜興作猶灼也周禮卜人凡卜事示高揚火以作龜致其墨興起也【疏】正義曰注云作猶灼也者周禮大卜作龜鄭注謂以火灼之以作其兆也春灼後左夏灼前左秋灼前右冬灼後右彼疏云作謂發使釁拆然則作猶灼者謂以火灼之而發其兆非卽謂作爲灼也鄭司農云作龜謂鑿龜令可爇也後鄭蓋不從之引卜師凡卜事眂高揚火以作龜致其墨者證作龜是以火灼之彼注云揚猶熾也致其墨者孰灼之明其兆是也云興起也者謂卜人坐作龜訖起而以龜授宗人也

宗人受龜示涖卜涖卜受視反之宗人退東面乃旅占卒不釋龜告于涖卜與主人占曰某日從不釋龜復執之也古文曰爲日【疏】正義曰反之反龜於宗人也宗

人又反之卜人以授占者乃退而東面以俟占旅占謂三人共占之也周禮占人君占體大夫占色史占墨卜人占坼鄭注體兆象也色兆氣也墨兆廣也坼兆釁也體有吉凶色有善惡墨有大小坼有微明尊者視兆象而已卑者以次詳其餘也周公卜武王占之曰體王其無害凡卜象吉色善墨大坼明則逢吉玉藻曰卜人定龜史定墨君定體此古之占法也凡卜據此經及周禮大卜諸職約有數節先陳龜貞龜次示高次命龜次作龜乃占也占曰某日從與前筮宅占之曰從同宗人所告之辭也下告主婦哭此涖卜及主人不哭者吉服也主人不哭者未經也　注云不釋龜復執之者劉氏台拱云案宗人釋龜久矣此乃重執之而云不釋龜者對下文告主婦釋龜言之執龜以告涖卜與主人釋龜以告主婦以此爲別賈疏未得其義今案下云授卜人龜是釋龜矣劉氏之說甚得經意注云復執之者恐人以爲原執未釋也乃後人猶有謂旅占之時龜仍宗人執之者誤矣云古文曰爲日者胡氏承珙云此謂占曰之曰古文作日日蓋涉下某日日字而誤也

授卜人龜告于主婦

主婦哭不執龜者下主人也【疏】正義曰告亦宗人告也主婦哭者以葬有期日也**告于異爵**

者使人告于衆賓衆賓僚友不來者也疏正義曰異爵者公卿大夫也亦宗人告之方氏苞云注知衆賓謂僚友不來者蓋僚友來者則告異爵者卽皆聞之矣曰使人告於其家之辭也褚氏寅亮云獨告異爵者尊之也其在列之賓共聞之可不告矣有不在者則使人往告之注是也敖氏以衆賓爲在外位之士恐非偶有不在之賓可遺而不告乎

卜人徹龜宗人告事畢主人經入哭如筮宅

賓出拜送若不從卜擇如初儀疏正義曰卜擇如初儀擇唐石經作宅張氏爾岐云石本誤顧氏炎武云當依石經作宅今案上文筮擇如初儀注云更擇地而筮之則此卜擇如初儀當爲更擇日而卜之上筮擇之擇鄭旣解與宅異則此卜擇不得以擇爲宅矣且此係卜日非卜宅也石經誤無疑○卜人徹龜謂卜告吉乃徹而藏之也主人經入哭如筮宅如其殯前北面哭不踊也

右卜葬日

卷二十八終

儀禮正義卷二十九　鄭氏注

績溪胡培翬學

旣夕禮第十三

鄭目錄云士喪禮之下篇也旣已也謂
先葬二日已夕哭時與葬閒一日凡朝
廟日請啟期必容焉此諸侯之下士一廟其上士二廟
則旣夕哭先葬前三日也大戴第五小戴第十四別
錄名士喪禮
下篇第十三

疏

正義曰校勘記云夕下唐石經嚴徐釋
文楊敖俱有禮字集釋無案旣夕摘取
篇首二字為題與有司徹同例似不必有禮字舊本俱
有惟單疏標題獨無明刻注疏因之今案無禮字是也
但石經舊本如是鄭注周禮禮記引亦稱旣夕禮張淳
識誤標題亦有禮字仍之　云士喪禮之下篇也者先
大父目錄校證云此與士喪禮共為一篇以簡冊繁重
釐而為二鄭注周禮引亦稱士喪禮下篇盛氏世佐云
士喪禮之旣夕少牢饋食禮之有司本屬一禮釐而為
二取其首二字以名篇非有意於其閒也然則儀禮十
七篇其實十五篇耳敖云禮更端世儒又分自筮宅以
下為士喪禮下皆強作解者今案蔡氏德晉禮經本義

卽自上篇筮宅冢人營之起合此經爲一篇王氏士讓謂此篇若從筮宅起更與士冠特牲諸篇從筮儀敘起相類皆未免輕改古本不可從又案以旣夕哭以下別爲一篇非周公之舊吳氏廷華疑大戴諸家割經首二字名篇或然云旣已也者本詩汝墳毛傳廣雅亦云旣已也云謂先葬二日已夕哭時與葬閒一日者以此夕是葬前二日之夕次日啟殯次日乃葬故知與葬閒一日也云凡朝廟日請啟期必容焉者此鄭釋所以先葬二日之義謂容先葬二日之夕請啟期先葬一日朝廟也云此諸侯之下士一廟其上士二廟則旣夕哭先葬前三日者賈疏云以其一廟則一日朝二廟則二日朝故葬前三日中閒容二日若然大夫三廟者葬前四日諸侯五廟者葬前六日天子七廟者葬前八日吳氏紱云注疏以每日朝一廟爲尊卑計日之差殆不其然曾子問古者天子諸侯之喪祝取羣廟之主藏諸祖廟卒哭而後主反其廟則無庸越六日八日而徧歷之矣大夫亦有太祖廟禮當同之士無太祖故二廟以一日而畢朝之下記朝禰訖而適祖無厥明之文是可見也今案吳說甚是據曾子問主旣出廟則安用分日朝於空廟乎姜氏兆錫方氏苞吳氏廷華亦皆以注疏之說爲

非互詳記朝禰適祖下云大戴第五删者校勘記
云删字似後人校語誤入顧氏廣圻云删字衍文

旣夕哭 旣已也謂出門
哭止復外位時 疏 正義曰此言請期之事旣夕哭
三字係本經正文與他篇首言
篇題者不同以筮宅卜日言旣朝哭例之可見少牢下篇
篇首有司徹三字亦然 注云謂出門哭止復外位時者
上篇朝夕哭丈夫即位于門外云云是外位也又入門哭
至賓畢賓出主人拜送衆主人出出門哭止皆復位是出
門哭止復外位時也吳氏廷華疑義云上篇筮宅卜日云
旣朝哭此經云旣夕哭是筮卜在朝哭之後請啟期在夕
哭之後旣之云者謂旣事於彼乃事於此也今案請啟期
不於朝哭後者以啟殯在明日之早故於夕哭後請之冠
禮夕爲期于廟門之外
特牲夕請期是其例也

請啟期告于賓 將葬當遷柩於祖
有司於是乃請啟
肂之期於主人以告賓賓
宜知其時也今文啟爲開 疏 正義曰遷柩於祖謂朝廟也
肂埋棺之坎見上篇注前卜也
日告賓告以葬日此告以啟殯之日也吳氏廷華云告與
哭者餘亦往告之言賓則兄弟可知王氏士讓云告于賓
蓋兼已來未來者言張氏爾岐云請啟期主人日在明旦
有司遂以告賓今案經不載主人荅辭者省文下請祖期

請葬期不言告于賓亦省文以此言告賓明彼亦同故略之也

右請啟期

夙興設盥于祖廟門外祖王父也下士祖禰共廟疏正義曰自此至皆閒言豫於祖廟陳饌之事敖氏云設盥爲舉鼎及設奠者也吳氏廷華云夙興夕日平旦之先盥亦盥盆也設鼎先設盥以舉者必盥也今案凶事不設洗故設盥此盥亦設于門外東方詳上篇西方盥如東方下注云祖王父也者曲禮曰孫可以爲王父尸是謂祖爲王父也云下士祖禰共廟者祭法曰適士二廟官師一廟鄭注適士上士官師中士下士是中士亦一廟而此注專言下士者舉下士以包中士也下記其二廟則饌于禰廟注云士事祖禰上士異廟下士共廟與此義同祖禰共廟而經唯云祖者舉尊者以統卑也餘詳少牢篇首鄭目錄下○黃氏榦云案本經記有朝禰一節禮畢乃適祖今經文但言朝祖注云上士祖禰異廟下士祖禰共廟專言祖者共廟則舉祖以包禰兼言禰者異廟則先禰而後祖經言下士記言上士文有詳略葢文互耳

陳鼎皆如殯東方之饌亦

如之皆皆三鼎也如殯如大斂既殯之奠【疏】正義曰上篇大斂陳三鼎于門外北上有豚魚腊此陳鼎如之注云皆皆三鼎也者以經言皆明非一鼎故以皆字指三鼎言之敖氏云皆如殯謂三鼎之面位與其實皆如鄉者所陳殯奠之鼎也吳氏廷華云皆言下三奠皆然也今案下祖奠無陳鼎之文遣奠陳鼎不言北上似吳說亦可從云如殯如大斂既殯之奠者大斂之奠在殯後設之故經言如殯而注以大斂既殯之奠釋之恐人疑殯別有奠也又經云東方之饌亦如之謂如上篇陳大斂奠東方之饌有兩瓦甒兩觚豆兩籩也亦者亦陳鼎也吳氏紱云凡柩人廟後先設從奠徹從奠而後設遷祖奠徹遷祖奠而後設祖奠明日乃設遣奠此其序也蔡氏德晉云此所陳鼎爲朝祖奠及祖奠陳之也質明而行朝祖奠日側而行祖奠亦猶平日有朝夕之奠而特盛其禮也劉氏台拱云敖氏以此爲祖奠之饌而遷祖之奠別用脯醢醴酒夫二廟者朝禰如小斂奠朝祖如大斂奠以是爲尊卑之差如敖氏之說則朝禰之奠尚用特豚而朝祖之奠止用脯醢醴酒可乎今案劉說是也**夷牀饌于階閒**俠之言尸也朝正柩用此牀【疏】正義曰校勘記云俠唐石經嚴徐本通典要義楊敖俱作夷釋文集釋通解俱

作侇陸氏曰侇音夷本亦作夷今從嚴本○注朝正柩校勘記云釋文無正字通典有與賈疏合張氏識誤從釋文今案嚴本及各本皆有正字　云夷之言尸也者詳上篇男女奉尸侇于堂下云朝正柩用此牀者卽下朝廟節云正柩于兩楹閒用夷牀是也柩至廟需用此牀故先饌于階閒敖氏云階閒祖廟堂下又云此卽曏者承尸于堂之牀也王氏士讓褚氏寅亮皆駁之謂此牀以承柩必大於斂時承尸之牀似王褚說是

右豫於祖廟陳饌

二燭俟于殯門外早闇以爲明也燭用蒸疏正義曰自此至夷衾言變服及啟殯之事○二燭之用詳下俟者俟啟殯乃入也○校勘記云注蒸徐本作烝張氏曰注曰燭用蒸案釋文云烝之承反薪也從釋文案今本釋文亦作蒸又嚴本與徐本同而張氏所引作蒸亦不可解又案說文蒸或省火作烝黃氏丕烈云張氏出烝字於上而原文用蒸字葢其所見嚴本作蒸葉石君所鈔宋釋文作烝烝見說文今人知蒸而不知烝矣各本作蒸從之　云早闇以爲明也者上經云夙興爾雅釋詁云夙早也早則天未明故藉燭以爲明云燭用蒸者詳燕

禮庶子執燭下**丈夫髽散帶垂即位如初**爲將啟變也此互文以相見耳髽婦人之變喪服小記曰男子免而婦人髽男子冠而婦人笄如初朝夕哭門外位【疏】正義曰注云爲將啟變也者上篇小斂節云主人髻髮袒眾主人免于房婦人髽于室又陳小斂經帶云云散帶垂謂大功以上初時垂其帶不絞至成服乃絞之此免髽散帶皆在尸柩未殯之前今將啟殯見柩故變同小斂時故云爲將啟變也云此互文以相見耳髽婦人之變者賈疏云髽既是婦人之變則免是男子之變今丈夫見其人不見免則丈夫當免矣婦人見其髽不見人則婦人當髽矣故云互文以相見耳案小斂主人髻髮眾主人免此必知丈夫免而不髻髮者李氏如圭云襍記曰非從柩與反哭無免于堩從柩言免不言髻髮又既啟之後皆無髻髮之文則啟後雖斬衰者亦免爲母于即位又哭而免斬衰啟殯乃免禮之差也今案此經言丈夫不言主人則兼眾主人在內李說是也又鄭以髽爲婦人之變者婦人之髽有二有著笄之髽有去笄之髽成服以前之髽無笄故小斂但云婦人髽于室而不言笄髽成服以後有笄故喪服斬章云箭笄髽衰記云惡笄有首以髽皆髽笄連言此經但言髽則是變從小斂時去笄之髽故云髽婦人

之變也云喪服小記曰男子免而婦人髽男子冠而婦人笄者鄭引以證此經髽是指婦人言也小記又曰其義爲男子則免爲婦人則髽注別男女也孔疏當襲斂之節男子著免婦人著髽故云男子免而婦人髽熊氏朋來云小記男子免婦人髽自足爲證旣夕經文必亦如小記所言而有脫字注者妄謂互文適以惑人也張氏爾岐云據賈疏當云丈夫免婦人髽此或偶脫去三字今案此經自有闕文熊張以爲脫字是也然其說雖與鄭異而義則同若敖氏以髽卽屬丈夫言始有難通據下經多男婦竝言豈有啟殯變服獨遺婦人之理沈氏彤云婦人之髽猶丈夫之免小記云緦小功虞卒哭則免明婦人之髽亦然詎有啟殯而親屬不髽者崔氏大功以下無髽之說不可從也謂小斂以來至此自若者亦非江氏筠云敖氏謂髽者去冠纚而爲露紒將髻髮者先髽婦人當髽者自小斂以來至此自若故經但言丈夫而婦人不與也案髽乃婦人之飾何得加之男子名實殽亂經文所無況髻髮止未成服以前啟殯至虞卒哭唯免而已奔喪爲母僅壹髻髮則於此明不髻髮可知此經雖主於父義實兼母不獨免髽相對有小記文可證也褚氏寅亮云敖說漏卻婦人一誤也移婦人之髽於丈夫二誤也是皆以敖說爲難通矣云如

初朝夕哭門外位者上篇朝夕哭婦人即位于堂南上丈夫即位于門外西面北上外兄弟在其南南上賓繼之北上門東北面西上門西北面東上西方東面北上主人即位辟門此門外位也必知經言即位如初爲門外位者以下始言主人拜賓入則此未入門故知爲門外位也沈氏彤云即位如初亦兼婦人堂上位言之也**婦人不哭主人拜賓入即位祖**此不蒙如初者以男子入門不哭也不哭者將有事止讙囂〔疏〕正義曰校勘記云蒙嚴本作象集釋通解楊敖俱作蒙張氏曰疏作蒙從疏讙囂下嚴本集釋楊敖俱無也字與單疏標目合宋本釋文通解俱有今案上篇婦人拊心不哭注云止讙囂亦無也字○吳氏廷華云賓爲啟來者拜之如臨祖將啟今案主人入即位即堂下之位也注云此不蒙如初者以男子入門不哭也者案上篇朝夕哭主人拜賓旁三右還入門哭婦人踊此主人入門不哭婦人不踊是與初異故不得蒙上如初之文也下記曰啟之昕外內不哭彼注云將有事爲其讙囂與此注義同詳下記**商祝免袒執功布入升自西階盡階不升堂聲三啟三命哭**功布灰治之布也執之以接神爲有所拂抸也聲三

三有聲存神也啟三三言啟告神也 疏 正義曰敖氏云商祝公有司也其爲舊說以爲聲噫興也今文免作絻士但當弔服加麻此時有事于柩故祖免今案此喪禮多公家之臣來治事者詳上篇甸人掘坎于階閒下商祝升自西階盡階不升堂以殯在西階上故也曾子問大祝裨冕執束帛升自西階盡等不升堂與此盡階不升堂同彼疏云欲往告殯故升自西階若於堂下告則太遠堂上告則太近殯故升階盡等級卽不升堂是也命哭者已啟見柩故命主人男女以下哭也○注扐毛本作防校勘記云嚴徐聶氏集釋敖氏作扐與單疏述注合釋文亦作扐云拂扐本又作佛仿上芳味反下芳丈反楊氏拂仿作仿佛通典仿作柩通解作作仿今從嚴本 云功布灰治之布也者賈疏謂七升以下之布喪大記士御棺用功布孔疏功布大功布也云執之以接神爲有所拂扐也者賈疏云拂扐猶言拂拭去塵也是據下拂柩用功布言也然扐與拭異又云拂扐去凶邪之氣沈氏彤云檀弓曰君臨臣喪以巫祝桃茢鄭注爲有凶邪之氣然則拂去凶邪君臨臣喪之禮也豈子啟父殯而亦用此禮乎且桃茢可以去凶邪功布何物而欲以去凶邪乎此不通之論耳今案沈說是也據注言以接神則楊本作彷佛義似較顯然下經明云

拂柩用功布則商祝此時執以入者正待柩出肂而拂之耳云聲三三有聲存神也又云舊說以爲聲噫興也者士虞禮記祝升止哭聲三啟戶注聲者噫歆也將啟戶警覺神也曾子問祝聲三注聲噫歆警神也孔疏案論語云顏淵死子曰噫檀弓云公肩假曰噫是古人發聲多云噫故知此聲亦謂噫也凡祭祀神之所享謂之歆今作聲欲令神歆享故云歆警神也案注云存神亦是警覺神之意唯此注引舊說作噫興與彼二注作噫歆者異顧氏炎武云噫興者歎息而欲神之興也噫歆者歎息而欲神之歆也盛氏世佐云注蓋出於傳聞之辭興與歆或有一誤抑或但取其聲之似而於字義無關乎今案此啟殯作聲以存神與尋常祭告不同顧說亦自近理又大戴禮諸侯遷廟篇亦云祝聲三三孔氏補注以聲爲噫歆用士虞記曾子問注也云啟三三三言啟告神也者蓋先聲三以警之使神之存而後三言啟以告之也周禮喪祝及辟令啟蓋告神而後即令役人啟之也今文免作絻詳上篇

燭入照徹與啟肂者

【疏】正義曰賈疏云一燭入室中照徹奠一燭于堂下照開殯肂今案二燭爲照柩而設故待啟而後入下經燭從及記曰燭先入者升堂東楹之南西面後入者西階東北面在下是也注兼言照徹者蓋據設大斂奠於室

時有燭故也此啟殯時燭雖未入亦當有燎否則主人何以卽位西階祝何以升階乎但燎在地弗動故照柩須用燭耳

祝降與夏祝交于階下取銘置于重祝降者祝徹宿奠降也與夏祝交事相接也夏祝取銘置于重爲啟肂遷之吉事交相左凶事交相右今文銘皆作名

疏正義曰祝降者周祝降也與夏祝交于階下夏祝升也先大父儀禮釋官云案此節注疏誤敖氏繼公曰祝祝降者周祝取銘而降也不言其升故以降見之與與夏祝交事相接也夏祝與執事者升取宿奠也祝取銘置于重爲啟肂遷之取銘在前置于重在後乃合而言之文順耳案禮之大例進奠者徹奠下記云夏祝徹餘飯夏祝祝之徹記有明文敖氏之說得之今案上篇祝取銘置于重注祝習周禮者也則此取銘爲周祝明矣餘詳上篇祝淅米于堂下宿奠昨日夕奠徹者執以待柩入廟後仍復設之下重先奠從卽此奠也銘本置于重上篇殯訖祝取銘置于肂今因啟肂故仍取而置于重也云吉事交相左凶事交相右者李氏如圭云相右降者在東升者在西禮經釋例云凶事交相右此經是也吉事交相左鄉射大射所言是也云今文銘皆作名者詳見上篇

踊無算主人也

疏正義曰算唐石經作筭集

釋毛本俱作算案此算作數字解與筭籌之筭別後凡言無算者同辨見後請讀賵執算從下○踊無算蓋見柩出肂將行也或云自主人以下皆踊

商祝拂柩用功布幠用夷衾 拂去塵也幠覆之爲其形露〔疏〕正義曰張氏爾岐云柩出自肂故拂之覆之蔡氏德晉云夷衾卽小斂後覆尸之衾至此以之覆柩蓋當隨柩入壙矣今案夷衾詳上篇牀笫夷衾饌于西坫南下魏氏了翁云柩出南首○校勘記云注覆上徐本通典集釋通解要義楊敖俱有幠字毛本脫○敖氏云注云形露猶露見也

右啟殯

遷于祖用軸 遷徙也徙於祖朝祖廟也檀弓曰殷朝而殯於祖周朝而遂葬蓋象平生時將出必辭尊者軸輁軸也軸狀如轉轔刻兩頭爲軹輁狀如長牀穿程前後著金而關軸焉大夫諸侯以上有四周謂之輴天子畫之以龍〔疏〕正義曰自此至由足西面言遷柩朝祖之事○用軸者言用軸載柩以朝於祖廟白虎通曰乘軸車辭祖禰是也○校勘記云注嚴徐楊氏無時字與疏合集釋有桯嚴徐葛本通典通解楊氏俱作程聶氏集釋單疏

及識誤所引疏本俱作程闕通典作闕又闕軸之軸嚴徐集釋俱作軹敖氏士喪禮載此注亦作軹通典聶氏通解楊氏俱作軸張氏曰疏軹作軸監本亦作軸從疏及監本今案陳鳳梧本作程亦無時字闕軸之軸金氏曰追從鍾本作軹唯程字係木旁與考工記程圍倍之之程同今從聶氏諸本餘俱從嚴本　云遷從也爾雅釋詁文云從於祖朝祖廟也者謂從殯宮從於祖廟是朝祖也云檀弓曰殷朝而殯於祖周朝而遂葬者鄭引以證此篇朝訖卽葬從周禮也云蓋象平生時將出必辭尊者此鄭釋所以朝祖之義曲禮曰出必告是生時出必辭尊者也檀弓曰喪之朝也順死者之孝心也其哀離其室也故至於祖考之廟而后行鄭志崇精問曰葬母亦朝廟否焦氏荅曰婦未廟而見不朝廟耳內豎職云王后之喪朝廟則爲之蹕是母喪亦朝廟明也云軸輁軸也者經言軸記言輁軸故知軸卽輁軸也云軸狀如轉轔刻兩頭爲軹者轉轔未詳賈疏謂漢時名轉軸爲轉轔轔輪也然字書少訓轔爲輪者此不可考周禮考工記注軹害也說文害車軸耑也是軸之兩頭爲軹也說文又云軹車輪小穿也轂末之小穿亦當軸之兩頭處故又訓軹爲小穿刻者刻軸之兩頭使小以便貫入輪也說文軸所以持輪者云輁狀如長牀穿桯前

後著金而關軸焉者李氏如圭云桯謂輁之兩旁木如牀
髀者方氏苞云輁狀如牀前後橫木兩旁直木廣雅桯几
也王氏疏證云桯郭璞音刑桯之言經也牀前長几謂之
桯猶牀邊長木謂之桯然則桯爲輁兩旁長木矣段氏玉
裁云著金關軸與車輂同制又云軹軸皆通今案軸是也總
名車之用輂在軸兩頭則作軹爲是戴氏震云作軸譌也
上篇升棺用軸注軸輁軸也輁狀如牀軸其輪輓而行下
記輁軸餞于西階東注輁軸餞於殯宮其二廟者於禰亦
餞輁軸焉是輁軸爲升棺遷祖之用若葬日載柩入壙則
用蜃車不用輁軸矣據上篇注云軸其輪則輁軸有輪矣
又云輓而行則輁軸用人輓之不用馬也前升棺是載棺
於輁軸而人輓之以升此遷祖是載柩於輁軸自殯宮至
祖廟亦人輓之方氏苞云下經正柩于兩楹間用夷牀亦
人舉輁軸以升而後遷於夷牀故襍記諸侯升正柩至五
百人也云大夫諸侯以上有四周謂之輴天子畫之以龍
者謂大夫諸侯以上遷祖用輴不用輁軸檀弓天子之殯
也菆塗龍輴鄭注天子輴車畫轅爲龍是也輴與輁軸所
以異者輴上有四周輁軸則無也先大父三禮札記云注
大夫二字疑是衍文檀弓顏柳曰天子龍輴而椁幬諸侯
輴而設幬蓋天子諸侯殯用輴車故遷祖亦用輴車也又

曰三臣者廢輴而設撥竊禮之不中者也鄭注三臣於禮去輴今有紼是用輴僭禮也故其注喪大記君大夫葬用輴士喪用國車云大夫廢輴此言輴非也輴皆當爲載以輇車之輇聲之誤也輇字或作團是以又誤爲國據此二注則鄭固不謂大夫有輴也且大夫卽有輴當云大夫以上可矣何必連言諸侯以是知大夫二字後人妄加之耳今案此注誤衍大夫二字在孔賈時已然孔襍記疏及賈此疏謂天子諸侯殯葬朝廟皆用輴大夫殯葬不用輴唯朝廟用輴皆曲護此注襍記疏又謂士殯不用輴朝廟得用輁軸若天子元士葬亦用輁軸本下經茵先入注

重先奠從燭從柩從燭從主人從行之序也主人從者丈夫由右婦人由左以服之親疏爲先後各從其昭穆男賓在前女賓在後

疏 正義曰重有銘以表柩故在先秦氏蕙田云重與奠皆神所憑依故遷祖以二者先柩而行也吳氏廷華云燭從照奠及柩柩從燭從柩前後有燭慎也今案周禮天府凡吉凶之事祖廟之中沃盥執燭鄭注凶事后王喪朝於祖廟之奠此亦天子及后喪朝廟之證也　注云行之序也者謂自殯宮行至廟之次序也云主人從者丈夫由右婦子由左者此本王制內則之文云以服之親疏爲先後各從其昭

穆者姜氏兆錫云以服之親疎爲先後即文王世子以喪服之精麤爲序也各從其昭穆者又序其尊卑也如齊衰則首世叔父次兄弟次兄弟之子餘類推之可見云男賓在前女賓在後者謂男賓在主人之前女賓在主人之後也敖氏云主人從衆主人以下從婦人從女賓從男賓在後經但言主人從者以其餘皆從可知也江氏筠云敖氏葢以反哭之次序推之說較有據方氏苞云注說敖說皆未安喪之女賓乃姑姉妹女子子已嫁及宗婦之以事相助者皆宜與衆子婦偕行賓及執事者當先俟於祖廟則主人從柩丈夫先婦人後自然之序也今案言主人可以該衆主人及婦人而不可以該賓經但言主人從不言賓從則知從柩無賓葢啟殯時賓已前行而俟於祖廟矣方義爲長

升自西階柩也猶用子道不由阼也【疏】正義曰注云柩也者言此升是柩升也云猶用子道不由阼也者生時用子道升降不敢由阼階今朝廟猶然所謂順死者之孝心此其一也敖氏云升自西階神之也凡柩歸自外而入廟者既小斂則升自阼階未忍異於生也既大斂則升自西階案敖此說以曾子問君薨而柩自外來者爲比擬不知彼注明言殯宮非入廟且所謂神之者以子對柩言此以柩對祖言二者迥殊仍從鄭義爲是

奠俟于下東面北上俟正柩也【疏】正義曰此卽上奠從之奠也俟于下蓋在西階下俟正柩乃升設也敖氏云北上則巾席在後也記曰巾席從而降**主人從升婦人升東面衆主人東卽位**東方之位【疏】正義曰衆主人東卽位各本無主字校勘記云唐石經有主字敖氏曰東卽位者乃衆主人也脫一主字耳以記考之可見顧炎武曰當依石經經義述聞云士喪禮全篇皆言衆主人卽位衆主人復位無言衆人者此文與上篇衆主人東卽位同故鄭注云東方之位通典禮四十五正作衆主人東卽位當從唐石經今案張氏鄭注句讀吳氏章句戴氏校集釋盛氏集編皆據石經補主字今從石經○蔡氏德晉云此時男子唯主人升而婦人則皆升者以婦人當在堂上觀下文主婦及親者由足西面可見也衆主人東卽位謂衆主人從柩至西階下遂向東階下卽西面位也吳氏廷華云主人從升立西階上視正柩畢乃東下文柩東西面是也婦人則俟設奠乃東衆主人東卽位階下東方之位朱氏大韶云上篇言衆主人者十下篇言衆主人者五未有言衆人者衆主人有二義上篇於始死云主人坐于牀東衆主人在其後西面注衆主人庶昆弟記云尸在室有君命衆

主人不出此指衆子斬衰者也於小斂云衆主人免于房記云衆主人布帶此指齊衰以下親也此經衆主人東即位統衆子及齊衰以下者也其餘衆主人皆與此經義同**正柩于兩楹間用夷牀**兩楹間象鄉戶牖也是時柩北首〔疏〕正義曰用夷牀者謂以輁軸載柩升堂至正柩時則遷之于夷牀與小斂使尸于堂用牀同不敢褻也不用輁軸者輁軸所以行也襍記諸侯升正柩執綍五百人大夫升正柩執引者三百人有銜枚執鐸之禮　注云兩楹間象鄉戶牖也者戶西牖東堂上正中之地尊者所處也此正柩于兩楹間正是堂東西之中象向戶牖間尊者之位云是時柩北北首者先時柩南首至朝廟則當以首向之故北首也經言兩楹間而注言鄉戶牖則士之室亦居中而有左右房明矣褚氏寅亮云賈欲回護士無西房之說故指戶牖間爲近西若近西不得云兩階間也**主人柩東西面置重如初**如殯宮時也〔疏〕正義曰主人升視正柩畢乃至柩東西面故於此言之婦人猶東面不改故於升時言之敖氏云柩東明其近柩注云如殯宮時也者謂置重如其三分庭一在南及北面也**席升設于柩西奠設如初巾之升降自西**

席設於柩之西直柩之西當西階也從奠設如初東面階也不統於柩神不西面也不設柩東東非神位也巾之者爲禦當風塵【疏】正義曰席毛本作序誤○席奠席也上云重先奠從故正柩畢置重乃設奠也此奠從柩而來故注謂之從奠升降自西階謂奠者升降也不升自阼階者詳後設遷祖奠節褚氏寅亮云此奠徹後乃設遷祖奠徹遷祖奠後乃設祖奠皆在同日　注云從奠設如初東面也者李氏如圭云如於殯宮席前東面也殯宮設於奧此設於柩西耳云巾之者爲禦當風塵者此無牲肉亦巾之者爲在堂有風塵異於室也禮經釋例云凡奠小斂以前皆在尸東大斂以後皆在室中遷祖以後皆在柩西既還車則在柩東士喪禮始死奠于室中尸東此始卒之奠也小斂畢奠于堂上尸東此小斂之奠也皆在尸東大斂畢乃奠祝執巾席從設于奧東面注自是不復奠于尸室中西南隅謂之奧又云奠由楹內入于宰此大斂之奠也朝夕哭乃奠入如初設注入入于室也此朝夕哭之奠也朔月奠皆如初奠之儀又云其設于室豆錯俎錯云云此朔月之奠也有薦新如朔奠此薦新之奠也皆柩在西階上而奠在室中既夕禮遷于祖正柩于兩楹閒畢席升設于柩西奠設如初既夕記啟殯朝禰之儀正柩畢奠

升設于柩西此從柩而行之朝夕奠也設于堂上柩西旣夕禮質明徹畢乃奠如初李氏如圭云亦于柩西席前設之旣夕記徹乃奠此徹去從奠設朝廟之奠也亦在堂上柩西旣夕禮載柩于車畢降奠當前束注當前束猶當尸腢也亦在柩車西旣夕記朝祖廟後卒束前而降奠席于柩西此從柩而降之朝廟奠也設于堂下柩車西旣夕禮徹奠謂徹朝廟奠乃祖注還柩車向外爲行始又云布席乃奠如初此柩將行之祖奠也葬日徹者入丈夫踊設于西北此徹祖奠也又云鼎入乃奠此大遣奠也祖奠大遣奠經不云設於何所考旣夕記祝饌祖奠于主人之南當前輅北上巾之敖氏繼公曰于主人之南明其在車東也祖奠在柩車東則大遣奠亦在柩車東矣釋例又云大斂以後奠于室者旣殯則以鬼神之禮事之遷柩以後奠于柩者蓋柩旣離殯宮則奠宜從柩不能復設于殯宮之室也又云楊氏復曰喪奠之禮有三變始死奠于尸東小斂奠亦如之旣殯奠于室之奧設席東面朝夕奠朔月奠薦新奠亦如之啟殯入廟席設于柩西奠設如初如初者如室中之神席東面也朝祖奠亦如之降奠及祖奠遣奠皆如之但設于柩東東爲異旣夕禮朝廟奠從席升設于柩西注不設柩東東非神位也竊謂小斂以前奠于尸東者此

時尸南首奠在其右也遷柩以後奠于柩西者此時柩北首奠亦在其右也至還車向外後柩復南首故奠于柩東仍在其右矣楊氏及注說皆欠分明又祖奠大遣奠柩已南首故此二奠在柩東楊氏并謂降奠亦在柩東者非也此時柩尙北首故注以爲在柩西也

主人踊無筭降拜賓即位踊襲主婦及親者由足西面設奠時婦人皆室戶西南面奠畢乃得東也親者西面堂上迫疏者可以居房中

疏正義曰踊無筭旣奠乃踊也降拜賓即位踊即堂下位而踊也襍記曰小斂大斂啟皆辯拜襲者主人自未啟殯前入即位袒至是乃襲也敖氏云即位亦在阼階下襲亦在序東婦人由足出于柩南也西面于阼階上亦南上○注乃得東也嚴本也作面校勘記云閩葛通解俱作也今案經明云西面注不當云東面作也爲是　云設奠時婦人皆室戶西南面奠畢乃得東也者褚氏寅亮云注蓋謂婦人辟設奠者而立於柩西北也初升時在柩西辟而稍北不必由首至奠畢主人降則婦人向南行由足而東矣今案室之有東面房者室戶西正在堂之中不在西而北鄭蓋以大夫士無西房室偏於西故以爲室戶西也然與上兩楹閒象鄉戶牖之說相違矣云親者西面堂上迫疏

者可以居房中者吳氏廷華疑義云經止言親者西面則似疏者不西面注所以有房中之說據上始死親者在室眾婦人在戶外注葢準彼言之耳說是也但以堂上迫爲辟則又似權宜之計而非一定之理矣未確今案吳說是疏者謂小功以下也

右遷柩朝祖

薦車直東榮北輈薦進也進車者象生時將行陳駕也今時謂之魂車輈轅也車當東榮東陳西上於中庭【疏】正義曰自此至送于門外言薦車馬設遷祖奠之事賈疏云薦車者以明旦將行故豫陳車李氏如圭云北輈鄉內也敖氏云北輈以柩北首故耳○校勘記云注陳駕也集釋無也字今案各本俱有車當東榮嚴徐東誤采黃氏丕烈云李氏及單疏述注俱作東今從之云薦進也爾雅釋詁文云進車者象生時將行陳駕也今時謂之魂車者案車即下記乘車道車稾車也以生時將行陳駕故進此車於庭而陳之象生時也此車平日所乘靈魂憑之故謂之魂車葢漢時有此名也蔡氏德晉云敖氏謂此即遣車非也遣車乃是載遣奠之包牲者即檀弓

所云塗車也今案襍記注云大夫以上乃有遣車則士無也此所薦之三車始曲禮所謂祥車耳非遣車亦非載柩之車載柩之車卽下記遂匠納車于階閒之車所謂蜃車也此不言者文略遣車詳後徹巾苞牲取下體下云輴轅也者說文轅輴也輴轅也二字互訓案考工記輈人爲轅車人爲大車之轅是輈與轅別今許鄭以轅釋輈者對文異散則通也云車當東榮東陳西上於中庭者謂向東陳之以西爲上在庭南北之中而偏於東也三車乘車爲首據下經陳明器于乘車之西則乘車在西是西上也

質明滅燭

質正也

疏 正義曰言質明滅燭則自啟殯至薦車皆未明時事云質正也詳士冠禮

徹者升自阼階降自西階

徹者辟新奠不設序西南已再設爲褻

疏 正義曰此徹從設之舊奠也注云辟新奠者爲將設遷祖奠故徹之是辟新奠也云不設序西南已再設爲褻者此舊奠未啟殯前設之至朝廟又設之是已再設也已再設而猶設於序西南則瀆且褻矣故不設也設於序西南爲求神於庭詳上篇陳小斂奠饌于東堂下下

乃奠如初升降自西階

爲遷祖奠也奠升不由阼階柩北首辟其足

疏 正義曰注云爲遷祖奠也者言此奠爲遷柩朝祖而

設故謂爲遷祖奠也周禮喪祝及朝御匶乃奠鄭注奠朝廟奠卽此也如初謂亦柩西席前東面設之如從奠也但從奠止醴酒脯醢此奠則有牲肉等物故賈疏云其饌則異以其上三鼎及東方之饌皆如大斂奠是也云奠升不由阼階柩北首辟其足者賈疏云辟足者以其來往不可由首又飲食之事不可褻之由足故升自西階也今案凡奠皆升自阼階降自西階此及上設從奠經皆云升降自西階故注釋之詳上篇設小斂奠夏祝及執事盥下

主人要節而踊節升降【疏】正義曰注云節升降者謂以奠之升降爲踊節也徹時升降亦然此不言婦人踊者上多言丈夫踊丈夫爲對婦人之稱此言主人則可統主婦矣詳上篇大斂奠節末

薦馬纓三就入門北面交轡圉人夾牽之駕車之馬每車二匹纓今馬鞅也就成也諸侯之臣飾纓以三色而三成此三色者蓋條絲也其著之如罽然天子之臣如其命數王之革路條纓圉人養馬者在左右曰夾旣奠乃薦馬者爲其踐汙廟中也凡入門參分庭一在南【疏】正義曰馬北面猶車之北輈也交轡鄭無注敖氏云每馬兩轡交轡而夾牽之謂左人牽右轡右人牽左轡也郝氏敬云以兩內轡交結兩圉人左右各持外轡夾

牽之今案周禮序官圉人良馬匹一人駑馬麗一人若如敖說則一馬需二圉矣恐未然○校勘記云注就成二字監本誤倒著通典作飾條纓毛本作絲條嚴徐通典集釋通解楊敖作條纓與疏合今案陳本亦作條纓疋集釋作匹　云駕車之馬毋車二疋者士駕二馬也乘車道車槀車毋車二匹則六匹也云纓今馬鞅也者姜氏兆錫云馬鞅頸革曰鞅以其當膺樊飾故又謂之樊纓注訓纓為馬鞅此也但案春秋傳拔劍斷鞅又晉有士鞅鞅名非起於漢蓋漢亦謂之鞅耳今案周禮巾車注鄭司農云纓謂當胸士喪禮下篇曰馬纓三就禮家說曰纓當胸以削革為之三就三重三帀也玄謂纓今馬鞅是後鄭不從先鄭及禮家說也樊與纓是二物周禮疏云樊為馬大帶纓是夾馬頸樊亦作繁敖氏云馬有纓而無樊蓋臣禮也春秋傳仲叔于奚請繁纓以朝孔子非之云就成也爾雅釋詁文云諸侯之臣飾纓以三色而三成此三色者蓋條絲也其著之如罽然者鄭注巾車謂玉路金路象路之樊及纓皆以五采罽飾之革路之樊及纓以條絲飾之此纓三就亦以條絲飾之但其著之亦如罽然故下卽引王之革路條纓為證也三色者賈謂朱白蒼也云天子之臣如其命數則似諸侯之大夫士皆同不依命數矣然士之三就與大夫

同始攝盛耳云圉人以圉人是養馬之官故使牽之周禮圉人職曰凡喪紀牽馬而入陳云在左右曰夾必左右夾牽者防奔軼也云既貧乃薦馬者爲其踐污廟中也者以既貧乃薦便其出使不久停廟中恐致踐污也云凡入門參分庭一在南者集釋作二在南恐非經唯言入門而不言門左門右則敖氏以爲但沒霤耳是矣不必至中庭也況置重卽在參分庭一在南之處詎可於是薦馬邪

御者執策立于馬後哭成踊右還出

主人於是乃哭踊者薦車之禮成於薦馬者

疏 正義曰盧氏文弨云張從陸作筴石經及諸本俱作策○先大父儀禮釋官云御御車也士得乘兩馬車故有圉人與御者亦私臣也今案執策立于馬後象生時御車也出馬出也敖氏云右還西上也　注云主人於是乃哭踊者薦車之禮成於薦馬者車得馬而後能行也敖氏云哭成踊圉人與御者也襍記曰薦馬者哭踊褚氏寅亮云注指主人爲是襍記薦馬哭踊亦指主人也孔疏云馬是牽車爲行之物今見進馬於是行期已至故孝子感之而哭踊是也江氏筠云案經於主人外所特著哭踊者上篇朋友親襚西階東北面哭踊三一也君視斂節君哭及君要節而踊二也此篇拾踊中賓亦在焉而不特著自餘

執事者蓋皆以賤略之矣加喪大記云斂者既斂必哭經弁不著何獨於此著圉人與御者乎又云襍記云薦馬者哭踊出乃包奠而讀書孔疏薦馬凡有三柩至祖廟爲遷祖之奠訖乃薦馬一也日側祖奠之時又薦馬二也明日設遣奠時又薦馬三也此薦馬下云包奠而讀書於既夕禮當第三薦馬之節然則圉御豈三次薦馬皆哭踊邪今案此經不言主人省文耳褚氏江氏之說是也襍記曰薦馬者哭踊出言見主人之哭踊而出也與此經言哭成踊右還出同蓋以哭踊爲出之節也

賓出主人送于門外

疏 正義曰賓出遷祖事畢也李氏引呂氏云朝廟祖賓送而不拜敖氏云送亦拜之門廟門也

右薦車馬設遷祖之奠

有司請祖期

亦因在外位請之當以告賓賓每事畢輒出將行而飲酒曰祖祖始也

疏 正義曰自此至屬引言將祖時先載柩設柩車之事○敖氏云注每上更當有一賓字今案集釋盈賓字從之輒毛本誤作徵云亦因在外位請之者因主人送賓在外而請之亦亦請啟期也云當以告賓者上請啟期曰告于賓此經雖不

言告賓當亦告之云賓毎事畢輒出者此釋上賓出之文亦以明告賓之故也云將行而飲酒曰祖詳聘禮記出祖釋軷下生時將行有飲餞之禮謂之祖此死者將行設奠亦謂之祖周禮喪祝注鄭司農云祖謂將葬祖于庭象生時出則祖也云祖始也者爾雅釋詁文喪祝注云祖爲行始

曰日側側昳也謂將過中之時

疏正義曰主人荅有司之辭也○校勘記云注敖氏無將字與疏合嚴本亦有　云側昳也者段氏玉裁云當作側讀爲昃昃跌也漢人用跌不用昳今案說文昃日在西方時側也是側與昃通昃又作吳廣雅釋言吳跌也王氏疏證云吳之言傾側跌之言差跌也易作昃士喪禮下篇作側穀梁春秋經作稷弁字異而義同案段氏以昳爲跌與廣雅合然鄭注周禮司市云日昃昳中也則鄭未嘗不用昳說文昳日部新附字注云日昃也云謂將過中之時者易曰日中則昃說文曰在西方時側也是側已過中非將過中之謂諸本有將字非當從敖本王氏士讓云祖奠以當夕奠雖視常日之夕奠差早然亦必待過中之節也

主人入祖乃載踊無算卒束襲祖爲載變也乃舉柩卻下而載之束束棺於柩車賓出遂匠納車於階閒謂此車

疏正義曰祖石經補鈔誤作祖○

踊無算者行益迫痛益加○校勘記云注舉柩上嚴徐通典集釋楊敖俱有乃字與疏合通解無毛本亦脫乃云袒爲載變也者載謂載柩於車也上遷祖正柩奠訖主人即位踊襲此入而復袒故云爲載變也云乃舉柩卻下而載之者釋經乃載之文賈疏云鄉柩在堂北首今卻下以足鄉前下堂載於車故謂之爲卻也李氏云下柩於階閒載之褚氏寅亮云復以軸降柩自西階載於車此時柩仍北首是也云束束棺於柩車者此載柩之車亦謂之柩車詳下記遂匠納車于階閒下案旣載復束之使不動也上爲載而袒卒束則載之事畢故襲矣**降奠當前束**下遷祖之奠也當前束猶當尸腢也亦在柩車西束有前後也【疏】正義曰校勘記云注祖通典作柩今案上經乃奠如初注云爲遷祖奠也諸本作祖是　云下遷祖之奠也者謂移遷祖之奠於堂下此奠從柩而降有人執之待束訖乃奠於柩旁當束也云當前束猶當尸腢也者李氏云下記始飲即牀而奠當腢腢肩頭也云亦在柩車西者前奠於堂上在柩西此奠於堂下在柩車西故云亦詳前席升設于柩西下云束有前後也者以束棺於車必前後束之乃得安固是有前束有後束故經云當前束也檀弓孔疏云時柩猶北首前束近北**商祝飾柩**

一池紐前經後緇齊三采無貝飾柩爲設牆柳也巾奠乃牆謂此也牆有布帷柳有布荒池者象宮室之承霤以竹爲之狀如小車笭衣以青布一池縣於柳前士不揄絞紐所以聯帷荒前赤後黑因以爲飾左右面各有前後齊居柳之中央若今小車蓋上蕤矣以三采繒爲之上朱中白下蒼著以絮元士以上有貝

疏 正義曰周禮喪祝及祖飾棺乃載飾棺卽飾柩也鄭注其序載而後飾旣飾當還車向外據此經飾柩在載後也喪祝又曰凡卿大夫之喪掌事而斂飾棺焉然則此商祝飾柩爲公家之臣來給事者明矣又巾車小喪共匶路與其飾注匶路載柩車也飾棺飾也案說文柩棺也籀文柩作匶匶卽柩字棺與柩亦同義○注衣以青布毛本布誤白 云飾柩爲設牆柳也者此言飾柩之事周禮縫人注云孝子旣啟見棺猶見親之身旣載飾而以行若存時居於帷幕而加文繡喪大記注云飾棺者以華道路及壙中不欲衆惡其親也此釋所以飾棺之義也云巾奠乃牆下記文牆卽飾棺故云謂此也檀弓飾棺牆注云牆之障柩猶垣牆障家云牆有布帷柳有布荒者喪大記曰士布帷布荒鄭注荒蒙也在旁曰帷在上曰荒士布帷布荒者白布也君大夫加文章焉案喪大記大夫畫帷畫荒火

三列黻三列君龍帷黼荒火三列黻三列漢禮器制度天子龍火黼黻皆五列是其加文章之事又大記言君素錦褚加帷荒大夫同注謂大夫以上有褚以襯覆棺乃加帷荒于其上此則士亦當有之但不必用素錦耳釋名其蓋曰柳亦曰鼈甲似鼈甲然也其旁曰牆似屋牆也是皆以在上爲柳柳在旁爲牆也周禮縫人衣翣柳之材鄭注必先纏衣其材乃以張飾也柳之言聚諸飾之所聚檀弓周人牆置翣鄭注牆柳衣也喪大記注亦云帷荒皆所以衣柳也又似與此注異者李氏云對言之則帷爲牆象宮室之牆壁荒爲柳謂諸采之所聚通言之則帷荒總名柳衣翣柳之材是也亦總名牆巾奠乃牆是也今案據縫人言翣柳之材則柳是縛木爲格覆於棺上帷荒皆縫合於柳但荒在柳上帷則埀於四旁有似於牆故又名牆耳云池者象宮室之承霤以竹爲之狀如小車笭衣以青布者檀弓曰池視重霤鄭注如屋之有承霤也以竹爲池衣以青布縣銅魚焉喪大記注亦云池以竹爲之如小車笭衣以青布柳象宮室縣池於荒之爪端若承霤然云君大夫以銅爲魚縣於池下今案縣魚據大夫以上言也士無魚其池之制則同笭與軨通說文笭車笭也軨車轖閒横木也釋名笭横在車前織竹作之孔笭笭也此柳車之池與小車

之答相似故鄭據以曉人也云一池縣於柳前者喪大記君三池大夫二池士一池孔疏謂天子四面四池諸侯三闕於後大夫二前後各一士一池唯在前也云士不揄絞者襍記曰大夫不揄絞屬於池下鄭注謂池飾也揄揄翟也采青黃之閒曰絞屬猶繫也人君之柳其池飾繫絞繒於下而畫翟雉焉名曰振容又有銅魚在其閒大夫去振容士去魚案大夫不揄絞明士亦然故云士不揄絞也喪大記則云士揄絞者蓋鄭所見本揄絞上有不字後脫耳孔疏謂士揄絞明大夫亦揄絞但大夫不以揄絞屬於池下爲振容似屬曲說云紐所以聯帷荒前赤後黑因以爲飾左右面各有前後者喪大記注亦云紐所以結連帷荒者孔疏荒在上帷在旁屬紐以結之與束棺屬披之紐別也經赤色緇黑色經云前經後緇鄭恐人疑前後各一故注云左右面各有前後明當有四紐也喪大記曰士纁二紐二緇紐二纁亦赤也喪大記又曰君纁紐六大夫纁紐二玄紐二士變玄爲緇而數與大夫同云齊居柳之中央若今小車蓋上甤矣者鄭注喪大記亦云齊象車蓋甤縫合襍采爲之形如瓜分然聶氏崇義云齊者謂在荒之上當柳之中央形圓如車蓋上甤矣漢之小車蓋上有三采齊高三尺徑二尺餘或曰齊如今之轎頂然云以三采繒爲之

上朱中白下蒼者謂以三采繒爲齊也朱白蒼本聘禮記喪大記疏則謂三采爲絳黃黑未詳何據云著以絮者謂以絮著齊中使之高起也云元士以上有貝者此經爲下士無貝而喪大記云君齊五采五貝大夫齊三采三貝士齊三采一貝故鄭謂元士以上也又喪大記士有畫翣二詳後杖笠翣下

設披披輅柳棺上貫結於戴人居旁牽之以備傾虧喪大記曰士戴前纁後緇二披用纁今文披皆爲藩

疏正義曰校勘記云注輅通典集釋作絡案輅絡古字通今案居毛本誤君傾下毛本脫虧字今俱從嚴徐各本○檀弓孔子之喪兼用三代禮而云設披周也則設披之制豈前此未有自周始歟云披絡柳棺上貫結於戴者戴見喪大記彼注云戴之言值也所以連繫棺束與柳材使相值因而結前後披也周禮司士作六軍之士執披鄭注披有紐以結之謂之戴是也案喪大記注言棺束乃三衽三束之束非謂上束棺於車之束也云人居旁牽之以備傾虧者說文從旁持曰披釋名兩旁引之曰披披擺也各於一旁引擺之備傾倚也檀弓注披柩行夾引棺者喪大記孔疏云若牽車登高則引前適下則引後敧左則引右敧右則引左使車不傾覆也云喪大記曰士戴前纁後緇二披用纁者引以證士披與戴之制也彼記云

君纁戴六纁披六大夫戴前纁後玄披亦如之是有披卽有戴蓋戴以帛貫棺束之皮紐而連繫於柳使相值堅固披以帛橫絡棺上而以兩頭貫穿戴之連結棺束者出其餘使人持之二者相資爲用也此經不言戴者以有披則有戴可知也其披數司士注鄭司農云天子旁十二諸侯旁八大夫六士四後鄭不從謂結披必當棺束於束繫紐天子諸侯載柩三束大夫士二束又引喪大記君纁披六謂圍數兩旁言六耳其實旁三然則鄭意始謂棺三束者披亦兩旁各三棺二束者披亦兩旁各二喪大記君棺三衽三束大夫士二衽二束故孔疏云士二披用纁者據一邊云二披若通兩旁則亦四披與大夫同也案司士注於束繫紐是屬披之紐非聯帷荒之紐也云今文披皆爲藩者胡氏承珙云賈疏言皆者此文披及下文商祝御柩執披幷下記執披者三字皆爲藩惠氏棟曰十月之交云番維司徒古今人表番作皮魯國有蕃縣應劭曰蕃音皮案披从手皮聲古音皮與番同番又與藩通故今文披皆爲藩聲之誤也案鄭不言藩爲誤字以披音旣同藩卽作藩字義亦可通似非聲誤惟司士檀弓喪大記字皆作披故從古文

屬引 屬猶著也引所以引柩車在軸輴曰紼古者人引柩春秋傳曰坐引而哭之三 【疏】正義曰校

勘記云注坐引下通典有者字案者字似不可省　云屬猶著也者謂以引著於車也吳氏廷華云謂屬著於軬下經前輅疏云輅者用木縛柩車轅上以屬引於上而挽之是也吳氏紱云橫縛於轅以屬引者曰輅以長縆屬輅兩端而人引之曰引今案柩車有前後轅前後輅詳下記遂匠納車于階間下云引所以引柩車在軸輴曰紼者周禮大司徒大喪帥六鄉之衆庶屬其六引鄭司農云六引謂引喪車索也軸輴詳上遷于祖用軸下鄭意蓋謂葬時引柩車至壙者謂之引其他棺索謂之紼紼亦作綍喪大記注在棺曰綍行道曰引是也敖氏云凡引天子用六諸侯四大夫士二案六引經有明文餘蓋據喪大記君葬四綍大夫士二綍推之歟檀弓曰弔於葬者必執引若從柩及壙皆執紼鄭注示助之以力車曰引棺曰紼從柩贏者孔疏凡執引用人貴賤有數若其數足則餘人不得遙行皆散而從柩也至壙下棺窆時則不限人數皆恐執紼示助力也又云引者長遠之名故在車車行遠也紼是撥舉之義故在棺棺唯撥舉不長遠也云從柩贏者贏餘也從柩者是執引所餘人也何東山云天子千人諸侯五百人大夫三百人士五十人贏數外也云古者人引柩者謂古者柩車用人引之不用馬也李氏云人引柩所謂乘人也襍

記曰士喪有與天子同者三其終夜燎及乘人專道而行專道謂行不辟人云春秋傳曰坐引而哭之三者此左傳文引之以證人引也定九年傳齊侯伐晉夷儀敝無存死之得其尸與之犀軒與直蓋而先歸之坐引者以師哭之親推之三此鄭所引略或此注傳寫更多脫字也

右將祖時先載柩飾柩車

陳明器于乘車之西 明器藏器也檀弓曰其曰明器神明之也言神明者異於生器竹不成用瓦不成味木不成斲琴瑟張而不平竽笙備而不和有鐘磬而無簨虡陳器於乘車之西則重北也

疏 正義曰自此至燕器杖笠翣言陳器與葬具之事乘車即上薦車直東榮者薦車有乘車道車稾車三者其陳之乘車在西而明器又在乘車之西故經云然也○校勘記云注筍集釋作簨簴嚴徐集釋作虡虡毛本作簴案說文虡字在虍部不从竹重下嚴徐通典集釋 通解俱無之字與單疏述注合楊氏及毛本有今從嚴本 云明器藏器也者謂藏於壙中之器下文苞筲以下皆是云檀弓曰其曰明器神明之也者引以證明器也又云言神明者異於生器者此鄭申

言檀弓神明之義生器生人之器也彼注云言神明夗者也神明者非人所知故其器如此釋名送夗之器曰明器神明之器異於人也自竹不成用至有鐘磬而無簨虡皆檀弓文鄭引以證明器之制也彼注云成猶善也竹不可善用謂籩無縢味當作沬沬靧也不平不和無宮商之調無簨虡不縣之也橫曰簨植曰虡吳氏廷華云明器視用器沽而小蓋本周禮司裘注凡爲神之偶衣物必沽而小言也檀弓又曰孔子謂爲明器者知喪道矣備物而不可用也哀哉夗者而用生者之器也不殆於用殉乎哉又曰塗車芻靈自古有之明器之道也鄭注芻靈束茅爲人馬言與明器同今案言備物而不可用即竹不成用之類是也荀子曰具生器以適墓象徙道也略而不盡貌而不功明不用也檀弓又曰仲憲言於曾子曰夏后氏用明器示民無知也殷人用祭器示民有知也周人兼用之示民疑也曾子曰其不然乎其不然乎夫明器鬼器也祭器人器也夫古之人胡爲而夗其親乎鄭注言仲憲之言三者皆非此或用鬼器或用人器崔靈恩云此王者質文相變耳檀弓又曰宋襄公葬其夫人醯醢百甕曾子曰旣曰明器矣而又實之鄭注言名之爲明器而與祭器皆實之是亂鬼器與人器孔疏案旣夕禮陳明器後云無祭器鄭云士

禮略也大夫以上兼用鬼器與人器若此大夫諸侯竝得
人鬼兼用則空鬼而實人故鄭云與祭器皆實之是亂鬼
器與人器也士旣無人器則亦實明器故旣夕禮云罋三
醯醢屑又云甒二醴酒也云陳器於乘車之西則重北也
者李氏云薦車陳於南北之中庭重三分庭一在南明器
陳於乘車之西知在重北敖氏云陳於車西其在東堂之
南云褚氏寅亮云明器之陳以象入壙應在中庭堂宇偏
東當依注在重北爲是明器旣在重北則下徹奠往來之
節亦當如注說矣
今案褚說是也
折橫覆之
折猶庪也方鑿連木爲之蓋
如牀而縮者三橫者五無簀
窆事畢加之壙上以承抗席橫陳之者爲正義曰敖氏
苞筲以下緋於其北便也覆之見善面也［疏］云自抗木至
茵亦後用者先陳此折之用在抗木之前乃首陳之者以
其差重大於抗木故特異之歟王氏士讓云首陳之者爲
其在棺飾之上取親於棺今案棺入壙後加折於上席在
折上而抗抗木又在席上自折至茵非明器而與明器類陳
者以其皆爲入壙之物也　注云折猶庪也者庪同庋玉
篇庋閣也爾雅祭山曰庪縣李巡云祭山以黃玉以璧庪
置几上是庪與閣置同此折止加抗席抗木有庪置之義
故云折猶庪也云方鑿連木爲之者謂以木一大片中鑿

方格分縱橫之形而木仍連而不斷也或改方鑿連木爲方鑿橫木不知折之制甚古鄭說必有所受未可臆改也云蓋如牀而縮者三橫者五無簀者此無正文故云蓋爲疑辭賈疏云以經云橫明有縱對之既爲縱橫卽知有長短廣狹以承抗席故爲如牀解之又知縮者三橫者五以折承抗席空大於抗木故知縮三橫五也知無簀者以其縮三橫五以當簀處故無簀也今案禮記曰甕甒筲衡實見間而后折入釋文折形如牀無足也敖氏謂折未必有縮者褚氏寅亮云凡棺之承于下覆于上者皆有縱有橫何獨於折而有橫無縱敖說非也云窆事畢加之壙上以承抗席者據下經柩入壙加折卻之加抗席覆之是折以承抗席也禮記注亦云折承席也云橫陳之者爲苞筲以下緈於其北便也者此釋經橫字爲橫陳之也折蓋縱長而橫短故橫陳之則東西長而其北可容明器之陳故云便也緈卽下經所謂蒨也云覆之見善面也者李氏云折加於壙其善面下鄉於棺今覆之而以善面鄉上取觀之便也今案折之爲器以善面在下爲仰善面在上爲覆故下經云加折卻之卻謂仰也郝氏敬解覆爲仰置之則混覆於卻其說有難通矣

抗木橫三縮二

抗禦也所以禦止土者其橫與縮各足掩壙

疏 正義

曰李氏云抗木陳於折西是也賈疏以爲陳于折北非吳氏廷華云此不言折折則在折西也　注云抗禦也者小爾雅文云所以禦止土者以抗木之上即加土爲冢故云禦止土使不陷入壙也荀子曰抗折其須以象槾茨番閼也楊倞注抗所以禦土折所以承抗木此云其橫與縮各足掩壙者壙當縱長而橫狹此橫三縮二亦縮長而橫狹葢抗木橫縮之大小必取足以掩壙也喪大記注云抗木之厚葢與椁方齊天子五重上公四重諸侯三重大夫再重士一重孔疏椁繞四旁抗木在上俱在于外故厚薄齊天子五重以下據抗木之數言之每一重縮二在下橫三在上今案此經云橫三縮二是士止一重也

加抗席三　席所以禦塵

疏正義曰抗木不言加明別陳之抗席次抗木後而云加則是加於抗木之上也下云加茵則又加於席上也三謂三重也敖氏云每席之長亦與壙齊吳氏紱云抗木在上即椁之葢也一縱一橫以掩壙取固密也抗席其用葦若萑歟廣輪與抗木齊必三重取周疊也　注云席所以禦塵者賈疏云抗木在上故云禦土抗席在下隔抗木慮有塵鄉下故云禦塵今案抗之言禦以其禦土禦塵故木曰抗木席曰抗席也

加茵用疏布緇翦有幅亦縮二橫三

茵所以藉棺者翦淺也幅緣之亦者亦抗木也及其用之木三在上茵二在下象天三合地二人藏其中焉今文翦作淺

【疏】正義曰李氏云加者又加於抗席上也古之爲椁累木於棺之四旁而上下不周棺之下藉以茵其上加以折次加抗席次加抗木故今亦重累陳之後陳者先用故窆時茵先入也折不加於抗上者爲其長大故別陳之

注云茵所以藉棺者茵在棺下爲之藉使棺不親土也茵用疏布謂用大功麤疏之布爲之茵有著下記云茵著用茶實綏澤焉是也云翦淺也者案周禮巾車前樊鵠纓鄭注前讀爲緇翦之翦翦淺黑也考工記鮑人則是以博爲幭也注鄭司農云幭讀爲翦玄謂翦者如俴淺之淺案俴淺本詩小戎傳翦與淺同緇翦即淺緇色也云幅緣之者蓋鄭解有幅爲有緣邊也李氏云不去邊幅縫合爲袋更以物緣固邊縫因爲飾也敖氏云或曰有幅謂韗縫之而不削幅也未知是否云亦者亦抗木也者謂縮二橫三與抗木數同故云亦也云及其用之木三在上茵二在下象天三合地二人藏其中焉者張氏爾岐云茵設壙中先布橫三乃布縮二陷柩後施抗壙上先用縮二乃用橫三注云木三在上茵二在下據旣設後人所見而言也其實抗茵皆三者在外二者在內如渾天家地之上下周匝皆

有天也故賈疏云木與茵皆有天三合地二褚氏寅亮云張說取精蓋棺下茵棺上木注俱指其在上一重言之先大父三禮札記云案經文上抗木言橫三縮二此茵言縮二橫三明抗木則橫三在上縮二在下茵則縮二在上橫三在下張說確不可易禮器天子葬五重八翣諸侯三重六翣大夫再重四翣鄭注天子葬五重者謂抗木與茵也葬者抗木在上茵在下亦引此經爲證云此士之禮一重者孔疏引皇氏云抗木上橫三下縮二以其在上象天天數奇故上三也下象地地數耦故下二也茵則上直二下橫三茵旣在下下法地也上數二象地下數三象天以天三合地二人中央也故鄭注士喪禮下篇云謂天三合地二人藏其中焉案皇說似即張說所本而孔疏乃謂皇與鄭違失之矣云今文翦作淺者胡氏承珙云翦可訓淺不當即作淺字今文翦作淺乃以訓詁字代故鄭不從

器西南上綪　器目言之也陳明器以西行南端爲上綪屈也不容則屈而反之

疏　正義曰注云器器目言之也者上言葬器此下乃言明器故特言器以爲目也云陳明器以西行南端爲上者謂以取西一行之南頭爲上故云西南上也云綪屈也不容則屈而反之者謂自南至北一行不能容則即屈而轉由北至南陳之更爲一行也

據經云西南上則或三行五行皆自西屈而東要取方而已綪屈義詳上篇陳襲事于房中西領南上不綪下

茵 茵在抗木上陳器次而北也 疏 正義曰注云茵在抗木上陳器次而北也者抗木在折之西上加席與茵而茵取在上故舉茵言之以包抗席抗木也茵在西行之南陳器繼茵而北故上巳言茵而復言於此以見陳器之序也

苞二 所以裹奠羊豕之肉 疏 正義曰奠謂遣奠下云苞牲取下體又云不以魚腊則知苞二者一以裹羊肉一以裹豕肉也苞以葦爲之詳下記段氏玉裁云毛傳曰苞本也此苞字之本義假借爲包裹字經典皆然近時凡訓包裹者皆徑改爲包郭忠恕之說誤之也

筲三黍稷麥 筲畚種類也其容蓋與簋同一觳也 疏 正義曰筲三蓋盛黍稷麥三者各一也 注云筲畚種類也者畚以盛土亦以盛種說文畚蒲器也所以盛種从由弁聲周禮挈壺氏挈畚以令糧鄭注畚所以盛糧之器此筲以盛黍稷麥與畚盛種同故云畚種類也云其容蓋與簋同一觳也者周禮旊人爲簋實一觳又云豆實三而成觳鄭注豆實四升云三而成觳則容斗二升矣此筲與簋同鄭注論語斗筲之人亦云筲容斗二升也廣雅筲籅也王氏疏證云籅卽筥字也又云論語斗筲竝言則筲與斗

不同量文選王命論注引漢書音義筲受一斗失之今
案鄭注論語云筲竹器此筲則以菅草爲之詳下記

甕三醯醢屑冪用疏布

甕瓦器其容亦蓋一觳屑薑桂之屑
也內則曰屑桂與薑冪覆也今文冪
皆作
密
疏 正義曰校勘記云甕釋文聶氏俱作甕冪通典作
鼏注及下同釋文作冪云本又作鼏今案唐石經
及各本俱作甕作冪從之甕說文作罋段氏注云俗作甕
○甕三以盛醯醢屑三者也　注云甕瓦器其容亦蓋一
觳者說文罋字在缶部缶瓦器也其容一觳蓋亦容斗二
升與上筲同故云亦也聘禮歸饔餼云醯醢百甕是甕盛
醯醢也云屑薑桂之屑也內則曰屑桂與薑者荀子儒效
篇注云屑襍碎衆多之貌以內則有屑桂與薑之文故知
爲薑桂之屑也檀弓曰喪有疾食肉飲酒必有草木之滋
焉以爲薑桂之謂也生人尚滋味食用薑桂此送死如生
故有醯有醢有屑也云冪覆也者謂以疏布爲甕之覆也
云今文冪皆作密者胡氏承珙云禮經今文或鼏或冪無
作密者唯古文多作密乃同音假借鄭
所不從然則此注今文當亦古文之誤

甒二醴酒冪用功布

甒亦瓦器古
文甒皆作廡
疏 正義曰甒二以盛醴酒各一也此醴用
稻米爲之襍記曰醴者稻醴也李氏云

罋甒有冪者涇物也蔡氏德晉云疏布大功之布功布則小功之布也○注瓦器下毛本無也字校勘記云嚴徐聶氏集釋通解楊氏俱有　云甒亦瓦器也者承上甕瓦器言也聶氏云甒容受亞與罋同中寬下直不銳平底其罋下銳與甒爲異古文甒皆作廡詳士冠禮側尊一甒醴下

皆木桁久之

桁所以庪苞筲罋甒也久當爲灸灸謂以蓋案塞其口每器異桁

疏 正義曰校勘記云注通解無案字疏有案字云桁所以庪苞筲罋甒也者庪義詳前折橫覆之下襍記曰罋甒筲衡鄭注衡當爲桁所以庪罋甒之屬孔疏以大木爲桁置於地庪舉罋甒之屬聶氏云阮氏梁正等圖云桁制若今之几狹而長以承藏具云久當爲灸灸謂以蓋案塞其口者詳上篇設重節冪用疏布久之下云每器異桁者謂苞筲罋甒四器藏於壙時用一器一桁庪之也久承皆言則似四者皆有蓋甒涇物則又有冪耳或曰久之指木桁言桁如几有足跗故云灸灸之當讀如考工記盧人灸諸牆之灸未知是否以上皆食器也朱子曰苞筲罋以盛羊豕五穀酒醯醢雖古人不忍死其親之意然實非有用之物且脯肉腐敗生蟲聚蟻尤爲非便雖不用可也

用器弓矢耒耜兩敦兩杅槃匜匜實于槃

中南流此皆常用之器也杅盛湯漿槃匜盥器也流匜口也今文杅爲桙〔疏〕正義曰校勘記云杅監本誤作杅注同又注杅爲桙爲要義作作

注云此皆常用之器也者謂自弓矢至槃匜皆生時常用之器也周禮司弓矢大喪共明弓矢鄭注弓矢明器之用器也亦引此經爲證敖氏云耒耜田器也耜以起土耒其柄也此有酳矣乃以耒耜爲用器爲其有圭田故也圭田者主人所親耕以共祭祀之齍盛者也今案明堂位注云敦黍稷器兩敦士制也云杅盛湯漿者公羊宣十二年傳古者杅不穿何注杅飲水器與鄭此注合若玉藻出杅鄭注杅浴器也則與此別蓋盛水漿謂之杅而浴器亦謂之杅名同而器異也云槃匜盥器也流匜口也者詳士虞禮匜水鍇于槃中南流下云今文杅爲桙者胡氏承珙云杅說文作盂云飯器也急就篇作杅云榼杅槃案桮問盌禮記內則敦牟卮匜牟卽杅禮記從今文故作牟鄭云牟讀曰埶敦牟黍稷器也孔疏引隱義曰埶土釜也今以木爲器象土釜之形蓋杅本飲食之器以其形象土釜之埶故得牟名今案後漢書禮儀志注引鄭此注亦作牟是牟與杅通後加木旁作桙鄭以杅爲正字故從古文不從今文也釋文云杅本又作芋則杅之異體矣

無祭器士禮略也大夫

以上兼用鬼器人器也【疏】正義曰或謂明器中本無祭器故發其例於此非士無而大夫以上有也案此則與檀弓周人兼用之之說不合當以鄭注爲是詳前陳明器于乘車之西下

有燕樂器可也

與賓客燕飲用樂之器也【疏】正義曰鄉飲鄉射有升歌笙入諸節士生時得與焉則與賓客燕飲之樂器當亦有之但云可也則許用而不必定用也李氏云周禮笙師鑄師籥師眂瞭大喪廞樂器及葬奉而藏之

役器甲冑干笮

此皆師役之器甲鎧冑兜鍪干楯笮矢箙【疏】正義曰校勘記云箙楊氏作服陸氏曰箙本又作服案經傳多服假服爲箙　注云此皆師役之器者謂生時過有師役之事所用之器也周禮司兵大喪廞五兵鄭注廞興也興作明器之役器五兵也亦引此經爲證云甲鎧者周禮序官司甲注甲今之鎧也說文鎧甲也段氏注云古曰甲漢人曰鎧釋名甲似物有孚甲以自禦也鎧猶塏也塏堅重之言也廣雅甲鎧也王氏疏證云凡甲聚衆札爲之謂之旅上旅爲衣下旅爲裳考工記函人爲甲權其上旅與其下旅而重若一宣十二年左傳得其甲裳是也云冑兜鍪者此冑與冑子之冑別冑子之冑下從肉作月甲冑之冑下從冃冃音冒即今之帽字也說文冑兜鍪也段氏注云兜

部兜下曰兜鍪首鎧也案古謂之冑漢謂之兜鍪今謂之盔冑又作軸荀子冠軸帶劒注云軸與冑同云干楯者詩篤公劉箋干盾也釋文字又作楯是楯與盾同周禮司兵掌五兵五盾鄭注五盾干櫓之屬說文盾瞂也所以扞身蔽目瞂盾也段氏注云經典謂之干又云瞂卽伐也秦風蒙伐有苑毛曰伐中干也木部曰大楯曰櫓則中干次之盾之大小略見於釋名作伐者假借字云笮矢箙者說文箙弩矢箙也段氏注云司弓矢曰中秋獻矢箙注箙盛矢器也以獸皮爲之案本以竹木爲之故字从竹今案釋名云受矢之器以皮曰服柔服之義也織竹曰笮相迫笮之名也又案說文笮迫也在瓦之下棼上則笮是屋上板與此義別矣役器有笮而無矢者弓矢爲常用之物已見上用器中故不及敖氏云笮不屬用器乃屬役器豈以有師役方用之乎今案鄉射大射諸篇不見有矢箙則敖說或然

燕器杖笠翣 燕居安體之器也笠竹箬蓋也翣扇 疏 正義曰校勘記云翣張氏曰案釋文云箑所甲反扇也此非牆翣之翣故从竹從釋文案翣亦翣扇字也牆翣之翣本取象於扇今本釋文作翣張說恐非今案石經及各本俱作翣仍之 賈疏云杖者所以扶身笠者所以禦暑翣者所以招涼而在燕居用之故云燕居安

體之器也今案笠以禦雨詳下記云笠竹簩蓋也者錢氏大昕云釋文簩字無音賈疏釋簩爲竹青皮則簩當爲篘字之譌說文無簩字五經文字亦不收唯集韻始收之蓋此注之譌始於北宋矣經義述聞云簩蓋莠字之譌莠之爲簩因與笠竹等字相涉而誤郭璞爾雅注莠音敷莠之言皮膚也說文筤竹膚也衆經音義引埤倉曰篾析竹膚也膚與敷古同聲集韻音敷即本於釋文今本釋文無音脫耳錢氏謂簩當作篘案篘與簩字不相似無緣誤爲簩也說文簦笠蓋也笠簦無柄也段氏注云鄭曰笠竹簩蓋也云蓋則簦也又案賈云簩竹青皮恐非是簩疑同箬竹箬也今人謂之箬帽今案諸說未知是否幷存之據說文則簦有蓋有柄笠則有蓋無柄故云竹簩蓋也云翣扇者說文箑扇也从竹疌聲箑或从妾段氏注云士喪禮下注曰翣扇也此言經文假翣爲箑據此則箑正字䈉或體字翣假俗字說文翣棺羽飾也天子八諸侯六大夫四士二喪大記亦云士畫翣二鄭注翣以木爲筐廣三尺高二尺四寸衣以白布柄長五尺車行使人持之而從旣窆樹於壙中此經但有招涼之翣而無棺飾之翣或彼所言者元士之禮歟○張氏爾岐云載柩陳器二事畢則日及側矣

右陳器與葬具

徹奠巾席俟于西方主人要節而踊巾席俟于西方祖奠將用焉要節者來象升丈夫踊去象降婦人踊徹者由明器北西面既徹由重南東不設於序西南者非宿奠也宿奠必設者爲神馮依之久　疏正義曰自此至入復位言還柩車設祖奠之事此也　云徹奠謂遷祖奠卽上降奠當前束者也徹之以將旋車鄉外又祖奠將設也　注云巾席俟于西方祖奠將用焉者以下經還重後云布席乃奠卽此席故云祖奠將用也張氏爾岐云巾席卽所徹奠之巾席俟者奠已東去而巾席猶執以俟也蔡氏德晉云此時柩車未還故於西方俟之也云要節者來象升丈夫踊去象降婦人踊者詳上篇大斂奠節末盛氏世佐云此經主人兼丈夫婦人言下祖奠主人要節而踊同云徹者由明器北西面既徹由重南東者陳明器在重北此徹者自東來故由明器北西面既徹由重南而東也云不設於序西南者非宿奠者以小斂大斂等奠皆經宿乃徹爲神馮依久故復設於序西南此遷祖奠乃卽日設之非宿奠故不復設也禮經釋例以注說爲非謂當與前徹遷柩從奠注云不設序西

南巳再設爲褻者同例案此所徹之遷祖奠初設於堂上柩西繼設於堂下當前東是亦再設也故釋例云然詳上篇陳小斂奠饌于東堂下下

祖

爲將祖變〔疏〕正義曰經祖嚴本譌祖石經作祖不誤注祖校勘記云徐本通解俱作祖集釋要義楊敖俱作祖張氏曰疏作祖從疏今案現刻嚴本作祖黃氏丕烈云嚴本於經則譌祖爲祖於注則未譌祖爲祖也變者變襲爲祖也下云商祝御柩乃祖是爲將祖而祖也

商祝御柩

亦執功布居前爲還柩車爲節〔疏〕正義曰前啟殯時商祝拂柩用功布故知此御柩亦執之周禮喪祝飾棺乃載遂御鄭注飾當還車鄉外喪祝御之御之者執翿居前卻行爲節度今案執翿天子禮也餘同

乃祖

還柩鄉外爲行始〔疏〕正義曰校勘記云祖通解誤作祖 注云還柩鄉外者謂上載柩於車時柩仍北首鄉內今還柩車使鄉外也云爲行始者鄭解祖爲始謂還車鄉外則易其故處而有行之漸故云爲行始也郝氏解此祖爲設祖奠誤矣下布席乃奠如初是設祖奠之事

踊襲少南當前東

主人也柩還則當前東南〔疏〕正義曰祖則柩將行故踊前爲祖而祖祖訖故襲也經未言主人故注明之云柩還則當前東南者柩車未還柩北首前束近北柩

車既還柩南首前東近南經云少南當前東者謂主人少南當前東也敖氏云踊襲皆於故位既則少南也是也注云柩還則當前東南者謂柩還則當前東者在南不在北以釋經言南之義吳氏廷華云主人不忍遠去且若攀之者然下婦人堦閒亦然

婦人降即位于階閒為柩將去有時也位東上疏正義曰注云為柩將去有時也者柩去在明日故婦人降即位於階閒亦若攀之者然云位東上者張氏爾岐云婦人在車後南面故云東上吳氏廷華云初納車在階閒既還車則階閒南空一輁之地故位於此在車後也褚氏云主人在東主婦等自宊統於主人而東上敖謂西上非

祖還車不還器祖有行漸車亦宊鄉外也器之陳自已南上疏正義曰祖即承上乃祖言敖氏以為衍文以非褚氏云前之乃祖還柩車也此經之祖還三車也以人挽之馬尚未駕○校勘記云注已集釋敖氏作若今案依各本作已為是云祖有行漸車亦宊鄉外也者此車即所薦乘車道車槀車也薦時北輁還時南輁鄉外也必還車者以柩車鄉外有行漸此薦車亦宊鄉外與之同也云器之陳自已南上者以陳器時已南上有行意故不須還也南上即上經器西南上綪也敖氏云必云不還器者嫌車與

車皆還此亦空如之也祝取銘置于茵重不藏故於此移銘加於茵上疏正義曰儀禮釋官云此祝周祝也銘之事周祝主之奠之事夏祝主之不相亂也注云重不藏故於此移銘加於茵上者銘本在重重不藏故移加於茵上當與茵同入壙也重既虞埋之道左不入壙故云重不藏也蔡氏德晉云移在重以將還重故徹而置於茵二人還重左還重與車馬還相反由便也疏正義曰重本面北今還之面南示將出也此亦因還柩之節而併還之也注云重與車馬還相反由便也者以上馬云右還明車亦右還與此左還正相反敖氏云車馬西上空右還還重一而已空左還皆由便也二人還之則凡舉之亦二人矣布席乃奠如初主人要節而踊車已祖可以為之奠也是之謂祖奠疏正義曰乃奠設祖奠也敖氏云記曰祝饌祖奠于主人之南當前輅北上巾之如記所云則是布席於柩東少南東面而奠於其東也柩已南首故奠於此此亦奠於尸東之意也江氏筠云此奠在車東非車西也經云如初者謂如初東面設之非謂與初同處上經以殯宮在室之奠移置祖廟堂上而云奠設如初則此可知矣又云降奠當前束注云猶當尸腢也此經設奠總猶

斯意從奠遷祖奠及降奠時柩俱北首則西乃尸右故奠俱於柩西少北祖奠及遣奠時柩俱南首則東乃尸右故奠俱於柩東少南吳氏廷華云此奠亦陳三鼎初謂遷祖奠今案江氏辨此奠在車東甚是詳前遷柩朝祖節席升設于柩西下楊氏復云要節而踊者來由重北而西出由重南而東來象升丈夫踊出象降婦人踊所謂要節也詳上篇大斂奠節末蔡氏德晉云此奠者自東方來即於柩東奠之無至西方及由重南東之事俟考禯記曰君若載而后弔之則主人東面而拜門右北面而踊出待反而后奠即謂此奠也　記名此奠爲祖奠故注釋之車已祖即上乃祖之祖謂還柩向外爲行始非祖廟之祖也○禮經釋例云既夕禮遷于祖用軸重先奠從柩升自西階奠俟于下云云

薦馬如初　柩動車還宜新之也　疏　正義曰此即禯記疏所謂第二次薦馬也盛氏云如初謂自入門北面至右還出之儀也馬以駕車此時柩已動薦車亦皆還而鄉南有行之象故須更薦馬新之也禮經釋例謂祖奠大遣奠亦薦車恐未然此祖奠時車已還下大遣奠時車各從其馬駕於門外則是已駕馬而行非薦之也

賓出主人送○有司請葬期　亦因在外位時　疏　正義曰賓出者以祖奠事畢也

請葬期不見主人對辭亦文不具也已詳請祖期下入復位主人也自奺至於殯自啟至於葬主人及兄弟恆在正義曰注云主人也者謂主人入而復堂下柩東內位疏之位也云自奺至於殯自啟至於葬主人及兄恆在內位者賈疏云自奺至於殯在內位據在殯宮中自啟至於葬在內位據在祖廟中處雖不同在位不異故總言之今案注恆在內位對門外位言之以明經入復位之義也殯宮之內位兼尸東及阼階下言廟中之內位兼堂上及堂下言禮經釋例云凡主人之位小斂前在尸東小斂後在阼階下謂之內位旣殯在門外謂之外位是殯以前恆在內位也惠氏棟云位在阼階下似不盡然啟後在廟位主人升柩東西面明在堂上不在階下禮經釋例云考旣夕禮丈夫髽散帶垂卽位如初注如初朝夕哭門外位此未啟殯時尙是門外之位也又云主人拜賓入卽位祖此則殯宮阼階下之位也至入祖廟柩升自西階主人從升正柩畢主人柩東西面此亦如小斂俠尸于堂之位也設從奠畢主人降拜賓卽位踊襲此方是卽廟中阼階下之位也至於公賵主人送于外門外拜襲入復位賓賵主人拜于位亦皆廟中阼階下之位蓋啟殯後則與未殯時同不復就外位也今案惠說及釋例分別內位極細賈

疏專以廟中作階下言疏矣以上皆據主人言也上篇始死時衆兄弟堂下北面小斂後衆主人東即位則自死至殯兄弟門內也此篇柩入廟升堂後衆主人東即位則自啟至葬兄弟門內位也故知注言內位爲對門外位言也所以然者以啟殯與未殯均不可離尸柩故恆在內位也

右還柩車設祖奠

公賵玄纁束馬兩 公國君也賵所以助主人送葬也兩馬士制也春秋傳曰宋景曹卒魯季康子使冉求賵之以馬曰其可以稱旌繁乎 疏 正義曰自此至入復位杖言國君使人來賵之事公羊何注引此經東下多帛字又馬兩作兩馬當以此經爲正 注云公國君也者儀禮釋官云此經釋公者有二一爲五等之國其君皆曰公一爲大國之孤稱公故此注言國君以爲別也云賵所以助主人送葬也兩馬士制也者庾氏蔚之云賵馬欲以共駕魂車也廣雅賵送也是助主人送葬也李氏云士常兩馬出使若戎事則乘駟馬書傳曰士乘飾車兩馬案士本乘兩馬車今賵以馬兩是如其制也公羊隱元年傳賵者何喪事有賵賵者蓋以馬以乘馬束帛何注此

道周制也以馬者謂士不備四也禮旣夕曰公賵玄纁束帛兩馬是也乘馬者謂大夫以上備四也束帛謂玄三纁二玄三法天纁二法地傳又曰車馬曰賵何注此春秋制也此經與何注言周制者合豈周初之制賵但有馬而無車歟穀梁傳亦云乘馬曰賵或曰有馬無車賵士之禮襍記諸侯相賵陳乘黃大路於中庭北輈則有車矣餘詳後若賻下吳氏廷華云馬以助葬束帛以將命者故第曰賵也引春秋傳者證賵用馬之事左傳哀公二十三年春宋景曹卒季康子使冉有弔且送葬曰有不腆先人之產馬使求薦諸夫人之宰其可以稱旌繁乎注云景曹宋元公夫人小邾女季桓子外祖母稱舉也繁馬飾繁纓也是其事也

擯者出請入告主人釋杖迎于廟門外不哭先入門右北面及衆主人袒尊君命也衆主人自若西面

疏正義曰李氏云釋杖迎及衆主人亦袒皆尊君命也喪大記曰子有王命則去杖國君之命則輯杖大夫有君命則去杖大夫之命則輯杖內子爲夫人之命去杖爲世婦之命授人杖士於君命夫人之命如大夫於大夫世婦之命如大夫今案鄭注輯斂也斂者謂舉之不以拄地也孔疏士於君命夫人之命如大夫者謂士之子

於君命其妻於大人之命皆去杖此李引以證經釋杖之事也云衆主人自若西面者因經言及衆主人袒嫌衆主人亦易位故云自若西面明其仍在阼階下西面之位不出也主人一人出而迎賓與上篇君使人弔迎于寢門外見賓不哭先入門右北面略同上篇君視斂主人出迎于外門外見馬首不哭還入門右北面及衆主人袒與此經亦略同但迎於外門外爲異耳

馬入設設於庭在重南　疏　正義曰少儀曰賵馬入廟門故入設也　注云設於庭在重南者以重北有明器故也褚氏云庭實設於西方三分庭一在南者其常也喪禮變於吉故移於東西之中而此地已有重焉因稍退在重南不及三分庭一如是則賓乃得從馬西由堂塗以當柩車之前輅焉敖氏據襍記諸侯相賵陳乘黃大路於中庭謂此亦設於西方之中庭非也襍記陳於殯宮殯在西階故陳於西方中庭以近殯此在廟不同今案褚說是也

賓奉幣由馬西當前輅北面致命賓使者幣玄纁也輅轅縛所以屬引由馬西則亦當前輅之西於是北面致命得鄉柩與奠柩車在階閒少前參分庭之北輅有前後　疏　正義曰校勘記云參分庭之北嚴徐本集釋楊敖俱作參通典通解俱作三北嚴徐作此通典集釋

通解楊敖俱作北張氏曰注參分庭之此案監杭本此作北從監杭本　注云賓使者以此賵是君使人來故知賓是使者也使者亦士詳上篇君使人弔下云幣玄纁也者卽上玄纁束也云輅轅縛所以屬引者賈疏云謂以木縛於柩車轅上以屬引於上而挽之說文輅車軨前橫木也段氏注云婁敬傳脫輓輅蘇林曰輅音凍洛之洛一木橫遮車前二人挽之三人推之劉昭注輿服志曰韻集云輗前橫木曰輅案輗前當依許作軨前輓輅之車用人不用牛馬疑有轅無輗也旣夕當前輅注曰輅轅縛輅之見於經者此而已矣若左傳梁由靡虢射輅秦伯狂狡輅鄭人皆謂車前相接可以禽之此輅引申之義也故杜曰輅迎也應劭注漢書云輅謂以木當胸以挽車廣韻用之改其字作輅形與義皆非以木當胸乃今之縴板與輅各物輅當依蘇林孟康廣韻音胡格反乃合若近代用輅爲路車字淺俗不足道也云由馬西則亦當前輅之西者馬在重南今由馬西而北行明亦當前輅之西可知但當前輅之西則猶在柩車之前不正當柩車之西也云於是北面致命得鄉柩與奠者以賓在柩車之前北面致命故得鄉柩與奠也敖氏云賓奉幣入門左當階而北行當輅乃折而東行至其右北面致命不升堂致命者柩在下也云柩車

在階間少前參分庭之北者李氏云既還柩而婦人降即位於階間知柩車在階間少前今案參分庭之北謂在參分庭之北一分也云輅有前後者以經云前輅明有後輅也詳下記遂匠納車于階間下

主人哭拜稽顙成踊賓奠幣于棧左服出棧謂柩車也凡士車制無漆飾左服象授人授其右也服車箱今文棧作轏

疏 正義曰賈疏云主人哭拜仍於門右北面今案拜稽顙成踊以君使人賵而然也詳上篇君使人弔主人哭拜稽顙成踊下賓奠幣于棧左服者郝氏敬云重君賜不以委地也出者賓出也注云棧謂柩車也凡士車制無漆飾者周禮巾車士乘棧車鄭注棧車不革鞔而漆之考工記輿人棧車欲弇注為其無革鞔不堅易坼壞也又飾車欲侈注飾車謂革鞔輿也大夫以上革鞔輿然則大夫以上之車有飾士車無飾故名為棧此柩車亦然故謂柩車為棧也柩車即蜃車詳記遂匠納車于階間下云左服象授人授其右也者賈疏云此車南鄉以東為左尸在車上以東為右故奠左服象授人右也盛氏云授由其右生人授受之法也此賓於柩車左箱奠幣亦當尸之右故注云象授人授其右也云服車箱者詩大東曰不以服箱考工記車人注牝服長八尺謂較也鄭

司農云牝服謂車箱然則箱卽較也較在車之兩旁有左右故經云左服云今文棧作輚者臧氏琳云左傳成二年丑父寢于轏中注轏士車正義謂轏與棧字異義同說文木部棧棚也竹木之車曰棧輚在車部新附玉篇木部棧訓與說文畧同車部輚載柩車轏同廣韻棧閣也轏車名士所乘也輚埤蒼云臥車也亦兵車案棧爲竹木之車故說文在木部毛詩二禮皆作棧與說文同左傳亦當作棧儀禮今文作輚葢俗儒以棧是車名應從車遂改棧爲輚鄭康成因字本作棧故定從禮古經與說文合據儀禮注知漢時已別作輚爲棧矣今案臧說是也

宰由主人之北舉幣以東柩東主人位以東藏之【疏】正義曰宰家宰詳士冠禮襍記諸侯相賵之禮曰宰舉以東　注云柩東主人位者解經宰由主人之北爲由柩東主人位之北也時主人位尙在門右未復位但宰不得屨主人之位而取幣故由其北也褚氏云主人堂下位亟在柩東此據其常位言也

士受馬以出此士謂胥徒之長也有勇力者受馬聘禮曰皮馬相閒可也【疏】正義曰敖氏云此受馬者亦以舉幣爲節○校勘記云注有通解作言云此士謂胥徒之長也有勇力者受馬者案士之下爲府史胥徒此受馬須有勇力故知是

胥徒之長也下士受羊如受馬注云士亦謂胥徒之長儀禮釋官云府史胥徒亦稱士者檀弓曰管庫之士祭法曰庶士無廟是也賈疏云婚禮記云士受皮注云士謂中士下士不爲胥徒者彼主人親受幣明受皮非胥徒是正士也引聘禮者欲見此用皮亦可也

主人送于外門外拜襲入復位杖 疏 正義曰送于外門外拜亦與上篇君使人弔送賓儀同初時主人以迎賓故袒且釋杖今送賓訖故襲而杖也吳氏廷華云襲不當在外則入外門乃襲也入復位入廟門復柩東位

右國君賵禮

賓賵者將命 賓卿大夫士也 疏 正義曰自此至門內之右言賓賵奠賻贈及代哭爲燎之事注云賓卿大夫士也者以其上云君則此賓是國中卿大夫士可知但據下云賓從致命如初言致命則賓亦是使者矣故敖氏云賓卿大夫士之使者也盛氏云兄弟及所知亦存焉此據下兄弟賵奠之文也然當分別言之案上篇親者襚不將命庶兄弟襚使人以將命於室則賓中兼有疎遠之兄弟及所知在矣

擯者請入告出

告須孤某須不迎告曰。疏正義曰：擯者下毛本脫出字，校勘記云唐石經徐陳通典集釋通解楊氏俱有出字。敖氏無出字。石經考文提要云監本無出字，案下經擯者出請，兩見，唐石經四字尚可辨，而明人補字卽脫出字，衍一須字。今從宋本儀禮鄭注經傳通解儀禮圖儀禮集釋李黼二禮集解。今案校勘記所據石經蓋原本也。注云不迎者異於君賵也。云告曰孤某須者，此本䙝記諸侯相賵主國相者入告反命曰孤某須矣之文，以證經告須之也。

馬入設賓奉幣擯者先入賓從致命如初初公使者。疏正義曰：校勘記云致通解作將。○敖氏云擯者先入入門而若遺之也。注云初公使者謂亦如公使者由馬西當前輅北面致命也。

主人拜于位不踴柩車東位也。旣啟之後與在室同。疏正義曰：郝氏敬云不稽顙不成踴，禮殺於君也。○注在本誤作左。云柩車東位也者，卽上入復位之位也。云旣啟之後與在室同者，言非君命不出，是以拜於位也。賈疏云上篇始死時庶兄弟襚，使人以將命於室，主人拜於位，此亦拜於位，俱是不爲賓出，故云與在室同。吳氏廷華云此言位，則拜君賵違其位也。

賓奠幣如初舉幣受馬如初

三

擯者出請賓出在外請之爲其復有事疏正義曰賵幣如初亦賵於棧左服敖氏云舉幣亦蒙如初者是時主人之位與拜君命之處雖不同而宰之舉幣以主人之北爲節則一也　注云賓出在外者經無賓出之文但云擯者出請則賓已出在外可知故注補明之也云請之爲其復有事者敖氏云此時賓客爲禮或不一而足故於其出主人未送而必請之與襚時異今案此亦如聘禮每聘享畢賓出擯者必出請至賓告事畢乃送也若奠賓致可以奠也疏正義曰盛氏云若者不定之辭容有賵而不奠賵奠而不賻者故每事皆云若今案盛說似矣但若字有二義亦容有不賵而奠不奠而賻者周禮牛人注喪所薦饋曰奠詳下若賻下　注云賓致可以奠也者謂致其堪奠之物王氏士讓云葬日遣奠爲奠之最盛故親者致其奠物以供奠用入告出以賓入將命如初士受羊如受馬又請士亦謂胥徒之長又復也疏正義曰敖氏云此將命猶致命也主人亦拜於位如受馬如其受之以出也羊者士喪奠之上牲故此奠者用之奠不用幣郝氏敬云賓又出擯又請今案注已詳前若賻賻之言補也助也貨財曰賻疏正義曰賻在說文新附云賻助

也鄭兼補言者周禮小行人若國札喪則令賻補之鄭司農云謂賻喪家補助其不足也故此注云賻之言補也助也云貨財曰賻者案公羊隱元年傳云車馬曰賵貨財曰賻衣被曰襚何注賵猶覆也賻猶助也皆助生送死之禮襚猶遺也遺是助死之禮知生者賵賻知死者贈襚穀梁隱元年傳云乘馬曰賵衣衾曰襚貝玉曰含錢財曰賻荀子貨財曰賻輿馬曰賵衣服曰襚玩好曰贈玉貝曰唅賻賵所以佐生也贈襚所以送死也白虎通賵之為言稱也玩好曰贈襚之為言遺也衣被曰襚知死者則贈襚所以助生送死追恩重終副至意也賻者助也賵者覆也所以相佐給不足也故弔辭曰知生則賻賵貨財曰賻車馬曰賵以上各條文雖有小異而大略則同又穀梁隱三年傳云歸死者曰賵歸生者曰賻鄭注少儀亦云賵主於死者與賻賵所以佐生之說不合下注又云賵奠於死生兩施者蓋贈以玩好荀子楊注謂為明器之屬明器則是專施於死者賻以貨財貨財則是專施於生者故下經云知死者贈知生者賻也惟賵奠雖主於死者而馬羊亦以佐生人送死之用故鄭云賵奠於死生兩施也但奠是喪祭之名與賵少異故下注又云奠施於死者為多也雜記諸侯使人弔後有含有襚有賵而無賻周禮宰夫注凡喪始死

弔而舍襚葬而賵賵其閒加恩厚則有賻焉春秋譏武氏子來求賻據此則賻不必定有也賻用幣亦用馬少儀賻馬與其幣是也此經上篇有襚下篇有賵有賻有贈他書無言奠者據下云兄弟賵奠可也所知則賵而不奠是奠爲親者之禮敵國賓客則無之故不言也又上直云賵者下直云贈者惟奠與賻言若是有無不定之辭也

入告主人出門左西面賓東面將命主人出者賻主施於主人疏正義曰門廟門也出門左云西面面則是門東也柩車鄉外以東爲左○案少儀注云主於生人此注云賻主施於主人似當作生爲是但各本皆作主仍之　注云主人出者賻主施於主人者案主人於賵奠贈皆不出而獨爲賻出故注云然蓋賵奠贈賓皆入廟於柩前致之賻則賓不入廟門故主人不得不出也褚氏云少儀曰賻馬與其幣不入廟門蓋賻施於生者若入廟門則嫌施於死者矣賓旣不入故主人出以受之方氏苞吳氏紱說俱同

主人拜

賓坐委之宰由主人之北東面舉之反位坐委之明主人哀戚志不在受人物反位反主人之後位疏正義曰吳氏廷華云宰自主人之後出其北轉而東面鄉主人舉所委以入也由北

者使於入鄉主人者若受命於主人反位入門而東藏之乃反位也今案賓東面將命宰亦東面舉之是同面也下云無器則此坐委之有器也　注云坐委之明主人哀戚志不在受人物者賓以主人在哀戚之中不親受人物故坐委之以明不敢授之意少儀曰賻者旣致命坐委之擯者舉之主人無親受也是也云反位反主人之後位者以宰位本在主人之後故得由主人之北而西行也

若無器則捂受之謂對相授不委地疏正義曰校勘記云捂釋文作梧今案聘禮公食禮注俱作梧詳聘禮賓進訝受几于筵前下○器謂盛賻物者○校勘記云注授下集釋敖氏有受字與疏合今案有受字是也　云謂對相授受不委地者上係同面授受此係對面授受即訝授受也詳士昏禮敖氏云亦宰捂受之舉之又則同面受之則相對亦禮貴相變不委地者爲其坋污

請賓告事畢拜送入疏正義曰校勘記云又鍾本作三金曰追謂上巳有又請此當作三請爲正○敖氏云宰旣反位主人未即入俟擯者旣請乃遂送之也盛氏云拜送入皆謂主人也送不出大門者下君使也入不言復位文省今案賓或但賵而不賻或但賵賻而不賻於其告事畢主人亦出送之於廟門外○李氏云

襚記曰諸侯使人弔其次含襚賵臨皆同日而畢事者也此賓賵奠賻亦相次以一人行之耳今案此據禮得賵奠兼行者言也

贈者將命贈送　疏　正義曰吳氏紱云贈者將命此不蒙又請之文則是更端也　注云贈送者張氏爾岐云謂以幣若器送糾者也蔡氏德晉云贈送行者之禮也柩將行而有贈所以致慇懃也今案韋氏國語注云送之以物曰贈以飲食曰餞較有分別廣雅贈送也即本鄭注餘詳若賻下

擯者出請納賓如初如其入告出告須　疏　正義曰初謂上賓賵時也告須是納賓之辭

賓奠幣如初亦於棧左服　疏　正義曰敖氏云亦北面致命旣則主人拜之乃奠幣也幣亦玄纁束

若就器則坐奠于陳就猶善也贈無常惟翫好所有陳明器之陳　疏　正義曰爾雅釋詁云就成也敖氏據以易鄭謂就器為已成之器其義較顯云贈無常惟翫好所有者即下記凡贈幣無常是也玩正字通作翫餘詳上若賻下云陳明器之陳者謂乘車而陳明器之處敖氏云以陳明器之處為陳者因事名之如以肺脊為舉之類蔡氏德晉云贈無常如用已成之器為贈則坐而奠於所陳明器之處從其類也今案喪服小記曰陳器之道多陳之而省納之

可也鄭注多陳之謂賓客之就器也以多爲榮郎謂此也**凡將禮必請而后拜送**雖知事畢猶請君子不必人意 疏 正義曰不必人意謂不敢必其事畢也敖氏云此爲不見者言之也將行也行禮謂賵若賻之屬今案經言凡是總舉之辭不專指賵賻如此節賓贈亦當有擯者出請賓告事畢拜送之文經或言或不言不過文有詳略非禮有同異故經於此總言之以見凡行禮者皆然每一禮畢必請而后送也若不請則恐事未畢而遽拜送愆儀已甚矣**兄弟賵奠可也**兄弟有服親者可且賵且奠許其厚也賵奠於死生兩施 疏 正義曰上經備陳賵奠賻贈四者之禮而此下復分別言之所以辨親疏之等也 注云兄弟有服親者上篇親者禭注云大功以上庶兄弟禭注云衆兄弟也此兄弟對所知言則大功以上小功以下及外姻有服者皆統之矣云可且賵且奠許其厚也者禮之厚薄以親疏爲衡賵奠兼行則視賵而不奠者爲厚矣以親故許之也敖氏云可者許其得賵且奠然亦未必其并用之辭兄弟惟正言賵奠文已略矣乃復不必其并用者記曰有其禮無其財君子不行也聖人之意其或在是與今案經言可也原有兩意一則許其得行一則不必其并用敖說亦善但云惟

正言賵賻則非所知尚許賻贈則兄弟亦許之矣以賵賻是禮之重者故特言之云賵賻於死生兩施者詳上若賻下

所知則賵而不賻所知通問相知也降於兄弟賻施於死者爲多故不賻疏正義曰注云所知通問相知也降於兄弟者相知之人降於兄弟有服之親故許賵不許賻也案檀弓曰朋友吾哭諸寢門之外所知吾哭諸野是所知與朋友殊此不言朋友而但言所知則亦包朋友在內上篇兄弟襚後卽言朋友襚豈此篇賵賻贈俱無朋友在其中乎敖氏云賵以幣馬尊敬之意也故親疏皆得用之賻以羊若相飲食然親親之恩也故疏者不得用之所知謂知死知生者也朋友亦存焉其說是也云賻施於死者爲多者亦詳若賻下案上賓賵言若賻者李氏云上經賓賵若賻若賻者亦任行其一非必竝行也若

知死者贈知生者賻各主於所知疏正義曰注云各主於所知者亦詳若賻下曲禮曰知生者弔知死者傷知生而不知死弔而不傷知死而不知生傷而不弔義亦然也敖氏云是又於所知之中以此二者別之也知死者且賵且贈知生者且賵且賻則生死兩知者三者皆得用也王氏士讓云賵賻贈之儀有兼施者有特施者無非稱其情與財耳然主人有用

之不盡者何以處此曰君子不家於喪故孟獻子之喪司徒旅歸四布而夫子取之

書賵于方若九若七若五

方板也書賵奠賻贈之人名與其物於板每板若九行若七行若五行

疏 正義曰書賵與遺爲將讀之也吳氏廷華云下史讀賵則此亦史書之矣 注遣公史書之曲禮曰書方衰凶器不以告不入公門 云方板也者及下注策簡也俱詳聘禮記云書賵奠賻贈之人名與其物於板者案致送賵奠賻贈之人名及物數俱書於板而經獨云書賵者舉首而言故注明之也云每板若九若七若五行者賈疏云所送有多少故行數不同敖氏云行數多不過於九少不下於五

書遣于策

策簡也遣猶送也謂所當藏物茵以下

疏 正義曰策廣於方李氏云遣物多故以策書之 注云遣猶送也者以此遣皆送死之物故云猶送也云謂所當藏物茵以下者卽明器之屬賈疏云策書明器之物應在上上文而於此言之者遣中并有贈物故在贈賻之下也

乃代哭如初

棺柩有時將去不忍絕聲也初謂旣小斂時

疏 正義曰云初謂旣小斂時者上篇小斂後云乃代哭不以官此亦如之義詳上篇敖氏云此陳柩與小斂後夷尸相類故亦代哭王氏紃解云自啟殯遷

廟見柩而哭固已不絶聲矣至是乃代哭焉葢柩車在廟男婦羣聚而守之徹夜不寐哭若絶聲不但忘哀且將懈怠倒廢而不振也若不代則雖强有力者亦弗勝明日何以將事乎聖人立法卽乎人心如此

宵爲燎于門內之右爲哭者爲明 疏 正義曰門內之右卽庭之東也主人衆主人之位在焉故云爲哭者爲明也敖氏云此於門右者宜遠尸柩也必遠之者亦謂鬼神或者向幽闇今案小斂爲燎于中庭此中庭有柩車明器故移于門內之右兼以照出入也鄭敖二義似俱未的襍記終夜燎始謂期時○秦氏蕙田云自夙興設盥于祖廟至此並葬前一日事也

右賓賵奠賻贈及代哭爲燎之事

卷二十九終

儀禮正義卷三十　鄭氏注

績溪胡培翬學

厥明陳鼎五于門外如初鼎五羊豕魚腊鮮獸各一鼎也士禮特牲三鼎盛葬奠加一等用少牢也如初如大斂奠時

疏正義曰自此至主人要節而踊言葬日陳大遣奠之事厥明者葬日之質明也注云鼎五羊豕魚腊鮮獸各一鼎也者據下其實羊左胖云云知之李氏云少牢饋食禮五鼎其實羊豕魚腊膚士葬奠加鮮獸而無膚聘禮致飧衆介少牢鄭謂去膚而有腸胃云士禮特牲三鼎盛葬奠加一等用少牢也者敖氏云少牢五鼎大夫之禮士奠乃用之者喪大事也而葬爲尤重故於此奠特許攝用之明非常禮方氏苞云遣奠得用少牢猶冠禮之用爵弁昏禮之用墨車也今案遣奠於葬日設之故又名葬奠自大斂奠用三鼎至祖奠皆如之此獨用五鼎故云盛葬奠也士有攝盛之禮詳士冠禮云如初如大斂奠時者謂陳於門外北上而鼎數則異也遣奠無黍稷者襍記載粻有子曰非禮也喪奠脯醢而已鄭注遣奠本無黍稷孔疏遣奠不用黍稷而用牲體是脯

醢之義也其實羊左胖反吉祭也言左胖者體不殊骨也【疏】正義曰敖氏云實鼎實也總爲五鼎言之○注體毛本誤禮校勘記云徐陳集釋通解楊氏俱作體　云反吉祭也者少牢饋食禮云司馬升羊右胖又云司士升豕右胖是吉祭上右此用左故云反吉祭也云言左胖者體不殊骨也者案特牲記云正脊二骨長脅二骨云云是體皆殊骨矣此用豕解之法解爲七體去右不用則爲四體每體骨相連故知言左胖爲體不殊骨也詳下豕亦如之豚解下髀不升周貴肩賤髀古文髀作脾【疏】正義曰李氏云豚皆合升成牲者則升其胖者髀不升合升者并髀升之吳氏紱云自小斂奠至祖奠皆用豚是小牲豚解合升不去髀此羊豕大牲升其胖雖豚解亦去髀以其成牲也○注詳士昏禮腸五胃五亦盛之也【疏】正義曰少牢用腸三胃三此用五故云亦盛之也敖氏云此雖盛之亦變於吉也離肺離㨒【疏】正義曰離肺舉肺也敖氏云明無切肺也○校勘記云注㨒下釋文集釋俱有也字今案嚴本無又㨒譌㨒黃氏丕烈云張氏淳所見嚴本作㨒㨒有二點者誤○離㨒詳特牲記豕亦如之豚解無腸胃如之亦羊左胖髀不升離肺也豚解解之如解豚亦

前肩後肫脊脅而已無腸胃者君子不食溷腴〔疏〕正義曰校勘記云注溷集釋作圂云豚解解解之云加解豚者此豕是大牲矣而解之亦用解豚之法故云豚解也詳上篇小斂陳一鼎于門外下云亦前肩後肫脊脅而已者案言肩兼臂臑言肫兼骼幷脊與脅四體而已敖氏云凡俎實用羊豕者其體數同此豕云豚解則羊如之明矣褚氏云羊言左胖豕亦左胖可知豕言豚解羊亦豚解可知互文見義豚解解解者七體不用右三段所用者左肩臂臑爲一段左肫骼爲一段三脊爲一段左三脅爲一段共四段賈謂豕與羊異非也此雖攝盛用五鼎然豚解而非體解又以鮮獸代膚亦示稍異少牢之義今案少牢司馬升羊司士升豕其肩臂臑膞胳脊脅各體名二者悉同之禮運腥其俎注以爲豚解解熟其殽注以爲體解而下云體其犬豕牛羊則豚解體解之法牛羊亦皆有之敖褚之說確矣云無腸胃者君子不食溷腴者上羊有腸胃則此無腸胃專指豕言之君子不食溷腴禮記少儀文彼經作圂注云周禮圂作豢謂犬豕之屬食米穀者也腴有似於人穢孔疏猪犬亦食米穀其腹與人相似故君子但食他處辟其腴腴謂腸胃也

魚腊鮮獸皆如初

鮮新殺者士腊用兔加鮮獸而無膚者豕旣豚解略之〔疏〕

正義曰敖氏云如初者如殯奠魚九腊左胖髀不升也鮮獸亦如腊　注云鮮新殺者對腊爲久乾言也周禮獸人喪紀共其死獸生獸孔氏廣森云特牲少牢俎實皆以腊獸據左傳曰唯君用鮮則大夫士不得通用鮮獸此士遣奠乃用之者一則取變吉也一則以士攝盛而用五俎須別於大夫之五俎去君位遠轉得用鮮不嫌亦士沐粱之意也云士腊用兔者以少牢大夫禮云腊用麋推之而知也腊用兔則鮮亦用兔矣云加鮮獸而無膚者豕旣豚解略之者李氏云膚出於豕豕不體解故亦無膚敖氏云凡牲用豚者例無膚此豕用豚解之法故亦放豚之不用膚而以鮮獸代之也

東方之饌四豆脾析蜱醢葵菹蠃醢

脾讀爲雞脾肶之脾脾析百葉也蜱蜯也今文蠃爲蝸

疏 正義曰此饌處詳下文醴酒下方氏苞云自小斂以後皆曰東方之饌亦如之而此復具列其物以籩豆倍加也舉醴酒則瓦甒觶柶可無更舉矣○注脾肶毛本肶作肶校勘記云嚴徐作肶釋文通典集釋通解俱作肶今案作肶是也　云脾讀爲雞脾肶之脾脾析百葉也者說文膍牛百葉也一曰鳥膍胵鳥胃也膍或从比作肶是肶即膍字與肶別矣段氏說文注云肶从此聲釋文尺之反內則鵠奧注奧脾肶也

字亦作朓釋文昌私反今旣夕注作朓誤甚朓與斯斯與
析音近故釋脾析爲脾朓雞鴞皆有脾朓謂胃也卽許所
謂鳥膍胵也胡氏承珙云脾朓當作膍朓莊子庚桑楚篇
臓者之有膍胲司馬彪注云膍牛百葉也周官醓人脾析
鄭衆注云脾析牛百葉也百葉本爲禽獸之胃二禮經文
俱作脾析者古字通假容可以脾之名加於胃若鄭君旣
以時讀曉人自同說文作膍以別於土藏之脾不應仍用
俗字今案以脾當作膍說亦甚是但各本注皆作脾仍之
廣雅百葉謂之膍胵王氏疏證云脾朓與膍胵同皆分析
之貌故又謂之百葉案據此注及廣雅但云百葉不云牛
則百葉之名畜獸同之故賈疏以此經脾析爲羊百葉也
江氏筠云經於豆實多依周官之序獨此脾析蜱醢乃在
葵菹蠃醢之上當是以盛葬奠用少牢故豆實亦以取之
羊者爲首賈說固信矣云蜱蜯也者案蜱醢周禮醢人作
蠯醢注引鄭司農云蠯蛤也鼈人注又引杜子春云蠯蜯
也說文字作蠯云蜌也又云蚌蜃屬蜃大蛤段氏謂蜯卽
蚌字則亦蛤類也說文葵葵菜也崔寔云六月六日可種
葵中伏後可種冬葵九月可作葵菹醢人注云蠃螔蝓也
爾雅蚹蠃螔蝓說文作虒蝓郭氏云卽蝸牛也云今文蠃
爲蝸者詳士冠禮醢人凡祭祀共薦羞之豆實喪紀亦如

之有五齏七醢七菹三臡注以脾析爲齏云凡醯醬所和細切爲齏全物若牒爲菹又云齏菹之稱菜肉通

四籩棗糗栗脯糗以豆糗粉餌

疏正義曰注云糗以豆糗粉餌者周禮籩人羞籩之實糗餌粉餈鄭注此二物皆粉稻米黍米所爲也合蒸曰餌餅之曰餈糗者擣粉熬大豆爲餌餈之黏著以粉之耳餌言糗餈言粉互相足今案互相足者謂餌餈二者皆以豆糗粉之使不相黏著而經於餌言糗於餈言粉是互言之以足其義也此經但云糗則有餌而無餈矣故鄭直云以豆糗粉餌也李氏云粉稻米黍米合蒸之以爲餌擣熬大豆爲糗以粉之籩人謂之糗餌此不言餌省文王氏士讓云四豆俱用周禮饋食之豆而四籩則於饋食之籩取其二於加籩之實取其一於羞籩之實取其一所謂放而不致也

醴酒此東方之饌與祖奠同在主人之南當前輅北上巾之

疏正義曰案下記云祝饌祖奠于主人之南當前輅北上巾之鄭以此遣奠東方之饌與祖奠饌處同故云然也褚氏云敖謂亦饌于東堂下南齊于坫則饌處反在北奠處反在南逆矣惟奠于堂上者乃饌于東堂下也今案祖奠與遣奠饌之在主人之南當前輅其奠之皆在柩車之東當前東奠處同則饌處亦同敖異於鄭褚駁之是也賈

疏云北上者蓋醴酒在北北次南饌四豆豆南饌四籩也**陳器**明器也夜斂藏之疏正義曰注夜斂藏之案賈疏云本作夜斂適似寫誤是賈所見本作適斂矣嚴本作夜夜不誤今從之　云明器也者解經陳器爲陳明器也云夜斂藏之者以葬前一日已陳明器矣因夜間斂藏之故於厥明復陳之也**滅燎執燭俠輅北面**炤徹與葬奠也疏正義曰前云宵爲燎今明矣故滅燎而猶執燭者以初明愼之也注炤毛本作照校勘記云嚴徐集釋俱作炤通解作照○執燭俠輅北面謂俠柩車之前輅也執之者二人一在輅東一在輅西江氏筠云注謂炤徹與葬奠只說得輅東之燭蓋祖奠之徹與葬奠之設俱在輅東炤之其徹者之改設于西北則在輅西炤之今案賈疏謂輅西之燭炤徹祖奠則似祖奠之設在西誤矣故江氏易之但據下云徹者入設于西北則注所云炤徹者自謂炤其徹而設于西北注仍兼輅東輅西言也**賓入者拜之**明自啟至此主人無出禮疏正義曰賓入者爲葬來也李氏云　拜賓於內位蔡氏德晉云入則在位拜之而不出迎也　注云明自啟至此主人無出禮者釋所以拜於內之故蓋旣啟則見尸柩不可稍離也或以啟後君賵則出賓賻則出訾注不知爲

君命賓賻而出乃禮之不得已者前注已申言之此無出禮自據其常者言也徹者入丈夫踊設于西北婦人踊猶阼階升時也亦旣盥乃入入由重東而主人踊猶其升也自重北西面而徹設於柩東西北亦猶序西南疏正義曰注亦猶序西南猶嚴毛本作由校勘記云閩監葛本通典集釋楊氏俱作猶陳本通解俱作曰案由猶古字通用曰卽由字之誤今案作猶猶較顯陳陳鳳梧本亦作猶○此將設遣奠先徹祖奠也云猶阼階升時也亦旣盥乃入者謂此徹者之入亦猶奠于堂室者之升自阼階時也上篇徹小斂奠大斂奠徹者皆盥于門外乃入故知此亦然也云入由重東而主人踊猶其升也者此奠在堂下固無升降但丈夫婦人之踊略倣升階降階之節故注云猶也詳上篇大斂奠節末云自重北西面而徹設於柩車西北者此當作一句讀謂自重北西面而以所徹者改設于柩車西北非謂自重北西面而來徹也祖奠設于柩車東徹者由東而西改設之重北亦謂明器北云亦猶序西南者謂亦如小斂大斂朔月奠之改設序西南也詳上篇陳小斂奠饌于東堂下下徹者東由柩車北東適葬奠之饌疏正義曰注云由柩車北東適葬奠之饌者以徹者設於柩車西北而云徹

者東是由柩車北而東矣若由柩車南則徹者須先南行乃得轉而東不得徑云徹者東也知適葬奠之饌者以將設葬奠故適所饌處以待事此與上篇徹小斂奠改設序西南訖乃適饌同義

鼎入

舉入陳之也陳之蓋於重東北西面北上如初

疏 正義曰注云舉入陳之也者謂舉者自門外舉以入陳之也云陳之蓋於重東北者上篇小大斂奠皆設鼎于阼階前此遣奠設于庭饌在主人之南當前輅則鼎之設當近重而遠階故云重東北以無正文故云蓋也云西面北上如初者謂五鼎皆西面而以北爲上如大斂奠也必知如大斂奠者以小斂止一鼎無北上之文也

乃奠豆南上綪籩嬴醢南北上綪

籩嬴醢南辟醴酒也

疏 正義曰乃奠設遣奠也設遣奠不言布席者以設之與祖奠同處卽仍祖奠之席可知綪屈也義詳上篇王氏士讓云四豆先饌脾析於西南次北蜱醢蜱醢東葵菹葵菹南嬴醢是謂豆南上綪其設之形四方也四籩則於嬴醢之南先設棗棗南糗糗東栗栗北脯是謂籩北上綪亦因綪而得方也吳氏疑義云四豆二列西列從南而北東列由北而南四籩二列西列由北而南東列由南而北皆所謂綪也注云籩嬴醢南辟醴酒也者謂籩之設在豆南乃不自脾析

南爲始而自鸁醢南爲始者以醴酒將設于脾析南故棗避之而在鸁醢南也

俎二以成南上不績特鮮獸成猶併也不績者魚在羊東腊在豕東古文特爲俎

疏正義曰俎二以成鄭訓成爲併葢謂羊與豕併魚與腊併二列皆南上也○注腊毛本誤蜡校勘記云嚴徐陳閩葛集釋通解楊敖俱作腊監本誤作醋云不績者魚在羊東腊在豕東者此俎之設在豆之東籩之北若績則於脯北設羊次北豕豕東魚魚南腊是自北屈而南矣今於脯北設羊羊北豕又於羊東設魚魚北腊是魚在羊東腊在豕東二者皆從南爲始不自北屈而南是不績也俎之數同于鼎鼎五則俎亦五今羊豕魚腊之俎各二以併仍有鮮獸一俎無偶故經云特也盛氏謂鮮獸特於豕北吳氏疑義謂特於腊北今以上篇設大斂奠腊特于俎北例之則當在豕腊二俎之北也云古文特爲俎者胡氏承珙云特者對成言之經當作特不當作俎故鄭從今文

醴酒在籩西北上統於豆

疏正義曰醴酒設于脾析之南則在籩西也北上者醴在北酒在南也敖氏云醴在棗西酒在糗西醴酒設于豆南而以北爲上是統於豆也

奠者出主人要節而踊亦以往來爲節奠由重北西既

奠由重疏正義曰此奠在庭無升降故云亦以往來爲節南東云奠由重北面既奠由重南東者江氏筠云西下疑有脫文蓋鄭於徹遷祖奠注云徹者由明器北西面又徹祖奠注云自重北西面俱是言其面向則此亦如之注有脫誤餘詳上篇大斂奠節末○李氏云檀弓曰曾子弔於負夏主人既祖塡池推柩而反之降婦人而後行禮從者問諸子游曰禮與子游曰飯於牖下小斂於戶內大斂於阼殯於客位祖於庭葬於墓所以即遠也故喪事有進而無退鄭氏曰塡池當爲奠徹謂徹遣奠更設祖奠也禮既祖而婦人降今反柩車於載處婦人辟之升堂而又降婦人皆非禮曾子之弔蓋在此時

右葬日陳大遣奠

甸人抗重出自道道左倚之還重不言甸人抗重言之者重既虞將埋之言其官使守視之抗舉也出出自道出從門中央也不由闑東西者重不反變於恆出入道左主人位今時有𣏌者鑿木置食其中樹於道側由此疏正義曰自此至徹者出踊如初言重出及車馬苞器以次先行之事吳氏紱云重既不隨入壙

又不可留於廟中故於柩之將行出之於外注云還重不言旬人抗重言之者重旣虞將埋之言其官使守視之者襍記曰重旣虞而埋之鄭注就所倚處埋之孔疏謂埋於祖廟門外之東也重有主道古者虞而作主故旣虞埋之但士有三虞襍記言旣虞而埋則必俟虞祭畢乃埋之中有數日故須守視也上篇言旬人置重于中庭此言旬人抗重則還重及埋重之事皆旬人爲之也詩大矦旣抗毛傳抗舉也此抗重與彼抗矦義同故均訓舉也云出自道出從門中央也不由闑東東西者重不反變於恆出入者案恆出入則在闑東闑西此從門中央是變於恆出入也闑爲門之中央短木有事亦可去詳士冠禮云道左主人位者道左卽門東主人出門揖賓之位恆在此重有主道故於此倚之賈疏云道左倚之者當倚於門東北壁襍記孔疏亦云祖廟門外之東也賈疏又云鄭云今時以下者引漢法證重倚道左之事也

薦馬馬出自道車各從其馬駕于門外西面而俟南上南上便其行也行者乘車在前道稾序從疏正義曰此卽襍記疏所謂第三次薦馬也薦畢乃出車各從其馬每車二馬馬前車後至門外始駕馬則自廟中出門皆人挽也前薦車時蓋亦人挽之云西

面則在門外之東方也俟者敖氏謂俟器出而從之是也方氏苞云朝祖時柩車入廟中闑與下檻巳脫去矣故重與車馬得由中道出也今案前君賵主人迎賓云先入門右賓賵云主人出門左則闑畢事似仍設之至重出又去之也　注云南上便其行也者敖氏謂將行以近外者爲先是也　蓋廟南鄉車在門外西面則北爲內南爲外經云南上則乘車在南於先行爲便故注又云行者乘車在前也云道稾序從者謂道車次乘車後稾車又次道車後也

徹者入踊如初徹巾苞牲取下體　苞者象既饗而歸賓俎者也取下體者脛骨象行又俎實之終始也士苞三个前脛折取臂臑後脛折取骼亦得俎釋三个襍記曰父母而賓客之所以爲哀

疏　正義曰徹者入徹遣奠而苞之也苞見前敖氏云徹巾即苞牲是卽於席前爲之也盛氏云踊如初初謂徹祖奠　注云苞者象既饗而歸賓俎者義本襍記云取下體者脛骨象行又俎實之終始也者脛骨謂牲之前後四足此苞牲以送入壙有行道故取之以象行也賈疏云少牢載俎云肩臂臑膊骼在兩端又云肩在上以此言之則肩臂臑在俎上端爲俎實之始膊胳在俎下端爲俎實之終是爲俎實之終始也敖氏云取下體爲其皮骨多差可以久也

郝氏敬云體取下近足脛者小納壙中便也今案二說亦有理存之云士苞三个者士苞二豕苞各三个也檀弓曰國君七个遣車七乘大夫五个遣車五乘鄭注个謂所包遣奠牲體之數也襍記曰遣車視牢具鄭注言車多少各如所包遣奠牲體之數也然則遣車載所包遣奠而藏之者與遣奠天子太牢包九个諸侯亦太牢包七个大夫亦太牢包五个士少牢包三个大夫以上乃有遣車據此注則士無遣車所包牲體持以如墓而已云前脛折取臂臑後脛折取骼亦得俎釋三个者褚氏云取下體正也其餘取脊則釋脅取脅則釋脊從便也俎上前脛留肩後脛留膊此外或脅或脊科留其一則每俎各釋三个矣賈因前解羊之脊脅為一段豕之脊脅為兩段故釋於此亦誤今案賈疏謂羊俎有二段豕俎有四段相通為俎釋三个其說固非褚謂或取脊或取脅又與經言取下體不合敖氏云折取下體則是每牲之俎猶有四段也此不取俎釋三个之義與祭禮之歸尸俎者異也其說似勝於注然則每苞三个者謂臂也臑也骼也所謂下體也注言折者前此羊豕豚解分為七體用左胖四體未折也至此乃折取而苞之如前脛折取臂臑仍有肩在後脛折取骼仍有膊在故敖云每牲之俎猶有四段也襍記曰或問於曾子曰夫既

遣而包其餘猶旣食而裹其餘與君子旣食則裹其餘乎曾子曰吾子不見大饗乎夫大饗旣饗卷三牲之俎歸於賓館父母而賓客之所以爲哀也注云言父母家之主今賓客之是孝子哀親之去也鄭引此二語見苞牲爲賓客父母之事也○李氏引呂大臨說謂遣車卽上所薦之乘車道車稾車又謂校人大喪飾遣車之馬及葬埋之爲殺而埋之案周禮巾車大喪飾遣車遂廞之行之鄭注行之使人以次舉之以如墓也遣車一曰鸞車案鸞車見冢人據鄭云使人舉之如墓則非駕馬之車明矣校人及葬埋之注云言埋之則是馬塗車之芻靈謂束草爲馬也又圉人廞馬亦如之注云廞馬遣車之馬人捧之言人捧之則非眞馬可知安從殺之乎是二說皆非也

不以魚腊非正牲也 疏 正義曰上云苞牲取下體而復云不以魚腊明苞眞惟用牛羊也牛羊正牲魚腊非正牲故不用言腊則鮮獸亦不用可知矣

行器目葬行明器在道之次 疏 正義曰不云器而云行器見器已出廟而行故注云目葬行明器在道之次也方氏苞云特言行器以著器與車之先後又以見器皆人持以行而不以車載也

茵苞器序從如其陳之先後 疏 正義曰李氏云舉茵以兼折與抗木抗席舉苞以兼筲甕甒器

謂用器以下盛氏云上云行器與下爲目也此乃詳言其行之次陳器之時抗席抗木皆在茵下茵行則其下皆行矣折設於抗木之前則行亦在前可知今案上注雖止言明器而折抗等亦在內以統言之皆器也經不言他物而獨舉茵苞器三者李氏之釋精矣 注云如其陳之先後者謂經先陳者行亦在先以次相從也

車從次器

疏 正義曰車即所薦之車也車從器而行則次於器後矣郝氏敬云車在器後近柩前也

徹者出踊如初於是廟中當行者唯柩車

疏 正義曰此與上徹者入踊如初俱詳上篇大斂奠節末蔡氏德晉云遣奠徹之而不改設者以既苞牲至壙故也然則敖氏謂徹者亦設于西北乃出非矣 注言此者見其他皆已行也

右將葬重出車馬苞器以次先行鄉壙

主人之史請讀賵執筭從柩東當前束西面不命毋哭哭者相止也唯主人主婦哭燭在右南面史北面請既而與執筭西面於主人之前讀書釋筭燭在右南面炤書便也古文筭皆爲筴

疏 正義曰自此至滅燭出言讀賵讀遣之事○此執筭

及下釋筭與筭唐石經俱作筭嚴本陳鳳梧本經注亦俱作筭毛本俱作算說文筭長六寸所以計數者算數也段氏注云漢志筭法用竹徑一分長六寸二百七十一枚而成六觚爲一握此謂筭籌與算數字各用計之所謂算也又云筭爲算之器算爲筭之用二字音同而義別今案此經筭字謂筭籌作筭是也又柩東毛本誤作柩車○釋官云主人之史士私臣掌文書者敖氏云賵即書於方者也賵禮賓爲之也故主人之史讀之不命毋哭嫌若倂止主人主婦然也吳氏廷華云讀之聞于朲者主人亦宜知之也執筭者史之貳也哭者相止也自相戒止也以史方有事於朲者不擾之主人主婦痛極不能自止但不踊耳今案執筭從從史也柩東當前東西面謂史與執筭者也注云史北面請旣而與執筭西面於主人之前讀書釋筭者謂請時北面讀書釋筭則西面也必知北面請者鄉柩也時主人亦在柩東故知史與執筭者旣請乃轉而西面於主人之前讀之釋之也云燭在右南面炤書便也者敖氏云右史右也執燭者在右則執筭者在左也是燭與史取近而又南面炤之故云便也云古文筭皆爲筴者胡氏承珙云筴乃策字之別顏氏家訓云簡策字竹下施束末代隸書似杞宋之宋亦有竹下遂爲夾者易釋文云策本

作筴是也筭本計數之物若作筴嫌與書遣於策之策混故鄭從今文不從古文也案檀弓讀賵會子曰非古也是再告也陳氏澔云古者奠之而不讀周則既奠而又讀焉是讀賵爲周禮也又襍記大夫之喪既薦馬薦馬者哭踊出乃包奠而讀書鄭注嫌與士異記之也亦引上苞牲取下體及此請讀賵爲證然則大夫之喪包奠讀書其儀節固與士同矣

讀書釋筭則坐 必釋筭者榮其多

疏 正義曰讀書二字爲句不言讀賵而言讀書者上注謂奠賻賵亦書於方故言書知史併讀之也釋筭則坐言則者謂釋筭乃坐明讀書不坐也筭在於地坐釋之爲便鄉射大射凡釋獲者皆言坐是其證姜氏兆錫乃連讀之謂讀書亦坐誤矣讀之而又釋筭以計其數者蓋欲見賵奠賻贈之多而以爲榮也

卒命哭滅燭書與筭執之以逆出 卒已也

疏 正義曰注毛本已下有也校勘記云嚴徐集釋楊氏俱無○敖氏云卒謂讀之畢也言逆出亦見執筭者在史南今案入則史先而執筭者從出則執筭者先而史執書從之故云逆也

公史自西方東面命毋哭主人主婦皆不哭讀遣卒命哭滅燭出 公史君之典禮書者遣者

入壙之物君使史來讀之成正義曰西方東面賓位也
其得禮之正以終也燭俠輅（疏）李氏云公史尊故命毋哭
而主人主婦皆不哭其餘可知矣敖氏云遣卽書於策者
也此主人主人之物故公史爲讀之柩將行而讀賵與遣者若
欲神一一知之然方氏苞云遣物附棺必誠必信主人主
婦亦必傾耳聽之於心始安故俟讀畢而後命之哭也出
者公史出也○注輅嚴本作路集釋楊氏陳鳳梧本毛本
俱作輅案作輅是也　云公史君之典禮書者賈疏云周
禮大史小史皆掌禮則諸侯史亦然釋官云周禮小史職
曰卿大夫之喪讀誄此讀者宜亦小史據此則士之喪有
公臣來共其事明矣史獨言公者因上有主人之史故言
公以別之其其餘不言公者可知賈疏不能由此推之于諸
篇官制多有窒礙者矣云遣者入壙之物君使史來讀之
成其得禮之正以終也者褚氏云職喪凡公有司之所供
職喪令之趨其事令之是奉君命而令之故注云以君使史
來讀之也蓋遣物多寡皆禮制所繫君使史讀之以示恩
禮而僭忒亦無由生矣故云成其得禮之正以終也盛氏
云讀賵釋算讀遣不釋筭者賵是賓物不出於一人故須
一一記之以多爲榮遣是主人之物則但告數而已人子
之心不自見其多也敖氏謂讀遣亦釋筭非云燭俠輅者前

滅燎執燭俠輅鄭復言此者以見今所滅之燭卽俠輅之燭上讀書釋筭畢言滅燭者輅東之燭此讀遣畢又言滅燭則輅西之燭也

右讀賵讀遣

商祝執功布以御柩執披居柩車之前若道有低仰傾虧則以布爲抑揚左右之節使引者執披者知之士執披八人今文無以

疏 正義曰自此至杖乃行言柩車發行及在道君贈之事經文當以商祝執功布以御柩爲句執披又爲一句前云設披設而未執也此柩將行乃執之周禮司士作六軍之士執披敖氏云此見執披之節也不言引者披後於引言執披則引可知其說是也 注云居柩車之前若道有低仰傾虧則以布爲抑揚左右之節者賈疏云道有低謂下坂時道有仰謂上坂時傾虧謂道之兩邊車轍有高下又云道有低則抑下其布使知下坂道有仰則揚舉其布使知上坂左右者謂左右其布使知道之有傾虧也詳前設披下李氏云喪大記曰君葬御棺用羽葆大夫葬御棺用茅士葬比出宮御棺用功布周禮喪祝及葬御匶出宮乃代鄉師大喪

及葬執纛以與匠師御匶而治役功布士以上葢通有之
御柩天子以纛君以羽葆大夫以茅士賤無御柩之物故
在宮以功布拂柩而出宮因以御柩呂氏坤云三禮圖引
舊圖云功布謂以大功之布長三尺以御柩居前爲行者
之節度又隱義云羽葆功布等其象皆如麾以此考之則
功布啟殯時執之以拂拭出葬時竿揭之以指麾是也褚
氏云功布御柩惟士制耳出宮而止今案喪大記注云士
言比出宮用功布則出宮而止至壙無矣孔疏謂士卑御
柩至大門牆內而止出路便否此褚說所本也然據此注
云道有低仰傾虧以布爲抑揚左右之節則功布正是道
中所用何得云出路便否儀禮經文不言在路與出宮異
喪大記但言比出宮用功布亦未明言出宮而止則彼注
未可據矣云使引者執披者知之者引在前執披在兩旁
謂以布爲節使知道有低仰傾虧而備之也喪祝掌大喪
勸防之事鄭注勸猶倡帥前引者防謂執披備傾虧即其
義也此注雖有執披之文仍是解功布御柩之義非解經
執披二字也賈疏乃以御柩執披連讀誤矣注又云士執
披者八人方是解經執披句下記云執披者旁四人合兩
旁則八人也云今文無以者胡氏承珙云周禮鄉師注引
襍記曰匠人執翿以御匶此注從古文有以者取其文備

主人袒乃行踊無筭袒爲行變也乃行謂柩車行也凡從柩者先後左右如遷於祖之序疏正義曰注云袒爲行變也者言爲柩行變也云乃行謂柩車行也者鄭恐疑行爲主人行故明之柩車行則主人亦行可知云凡從柩者先後左右如遷於祖之序者謂從柩至壙之序一如從柩遷祖之序也詳前重先奠從下出宮踊襲哀次疏正義曰柩車出宮也檀弓曰君於大夫將葬弔於宮及出命引之三步則止如是者三君退朝亦如之哀次亦如之鄭注朝謂朝廟也次他日賓客所受大門外舍也孝子至此而哀李氏云哀次謂此出宮踊時也敖氏云出宮而踊哀親之遂離其室也行路不宜袒故於此而襲今案鄭氏貫通羣經故以哀次爲解敖謂哀親之離室亦通至于邦門公使宰夫贈玄纁束邦門城門也贈送也疏正義曰敖氏云柩至此公乃贈亦異於臣也方氏苞云親賓贈于家君則至于邦門者使國人榮之釋官云宰夫詳大射儀周禮宰夫職曰凡邦之弔事掌其戒令與其幣器財用凡所共者注云弔事弔諸侯諸臣又云葬而賵贈此諸侯禮亦宰夫掌之故使宰夫今案天子宰夫下大夫諸侯之官降天子一等宰夫亦士也玄纁束詳前注云邦門城

門也者賈疏以爲國城北門據
檀弓葬於北方言也贈送詳前
主人去杖不哭由左聽命
賓由右致命柩車前輅之左右
也當時止柩車
疏正義曰主人去杖不哭
尊君命也與前君賵略
同經但云左右而注知爲柩車前輅之左右也者案前君
使人賵時賓當前輅致命故知也蔡氏德晉云由者由之
以至柩車之前賓由右者以升實幣當在右取其便也賓
由右故主人由左也案是時柩車北鄉左則在西右則在
東以君賵賓北面致命推之此致命當南面不言者省**主**
文云當時止柩車者下記云唯君命止柩于堩是也
人哭拜稽顙賓升實幣于蓋降主人拜送復位杖乃行升
柩
車之前實其幣於棺蓋之栁中疏正義曰前君賵時主人
若親授之然復位反柩車後哭拜稽顙成踊此不成
踊者以在塗禮殺也賓升而復言降則事畢也乃行亦謂
柩車行也○校勘記云注授嚴徐陳本通解楊氏俱作受
通典集釋敖氏俱作授今案作授是也毛本亦作授云
升柩車之前實其幣於棺蓋之栁中若親授之然者褚氏
云升車而居帷以實于蓋上吳氏疑義云平地言升謂升
轅也車蓋上不能置物故注以中言之謂蓋內也上左服

之貟不入壙此玄纁入壙故貟於蓋以示意若親授之然也云復位反柩車後者主人從柩而行本在車後因聽命至前今拜送賓訖仍反柩車後之位而杖也○紃解云初喪君旣襚之矣又或視其大斂矣旣則賵之至柩行又賵之于士如此則大夫以上又加厚焉可知此卽體羣臣之實也

右柩車發行及君使賵之儀

至于壙陳器于道東西北上 統於壙 疏 正義曰自此至踊襲如初言至壙窆柩藏器之事○鄭注周禮方相氏云壙穿地中也廣雅藏謂之壙列子釋文壙墓穴也敖氏云西北上以西行北端爲上謂苞筲而下也亦繪之郝氏敬云陳送葬之明器于墓道左右方氏苞云敖氏以西北上爲句非也器藏于柩之兩旁必東西分陳而夾羨道入壙乃便今案注云統於壙是釋經北上二字謂壙在北陳器以北爲上是統於壙則注固以北上爲句矣方說是也李氏云周禮方相氏大喪先匶及墓入壙以戈擊四隅敺方良

茵先入 當藉柩也元士則葬用輁軸加茵焉 疏 正義曰注云當藉柩也者前加茵用疏布注云茵所以藉棺者以其爲棺之藉

則在棺下故須先入壙而後下棺於其上也云元士則葬用輁軸加茵焉者賈疏云元士謂天子之士葬時先以輁軸由羨道入乃加茵於其上乃下棺於中今案輁軸之制無考賈疏以天子諸侯葬皆用輴推之又謂諸侯之大夫葬不得用輴天子之元士尊葬得用輁軸其說皆無據方氏苞儀禮析疑吳氏廷華儀禮疑義俱駮之

屬引

於是說載除飾更屬引

疏 正義曰前設披下言屬引謂屬引於車而挽之以行此屬引者謂屬引於棺而縣之以窆也敖氏云此屬之爲將窆也其用異矣猶以引名之者見其索不易也

注云於是說載除飾更屬引於緘耳者謂至壙說去柩車之載除去池紐等飾周禮喪祝及壙說載除飾鄭注除飾便其窆爾敖氏云當先除飾乃說載案此注及記注皆用周官原文也喪大記曰凡封用綍去碑負引君封以衡大夫士以咸鄭注咸讀爲緘凡柩車及壙說載除飾而屬紼于柩之緘又樹碑于壙之前後以紼繞碑閒之鹿盧輓柩而下之衡平也人君之喪又以木橫貫緘耳居旁持而平之大夫士旁牽緘而已今齊人謂棺束爲緘繩咸或爲槭案喪大記之咸即此注所云緘耳也喪大記又曰君葬四綍二碑大夫葬二綍二碑士葬二綍無碑孔疏無碑者手縣下之然則士

於緘耳古文屬爲燭

雖無碑而其屬綍於緘耳與大夫同綍卽紼亦卽此經所謂引也士棺二衽二束李氏云棺束末皆爲緘耳吳氏廷華云緘耳葢作圈以貫引也云古文屬爲燭者胡氏承珙云屬正字燭偺字上設披屬引作屬故鄭從今文

主人袒衆主人西面北上婦人東面皆不哭俠羨道爲位

疏正義曰敖氏云袒爲窆變也婦人亦北上皆不哭爲有事不可讙譁也今案喪大記曰君命毋譁以鼓封大夫命毋哭士哭者相止也鼓封謂擊鼓爲縱舍之節大夫以下無之哭者相止也謂哭者自相止檀弓曰國昭子之母死問於子張曰葬及墓男子婦人安位子張曰司徒敬子之喪夫子相男子西鄉婦人東鄉與此禮合羨道在墓前男子婦人俠之爲位故有西面有東面鄭注檀弓亦云然賈疏羨道謂入壙道上無負土爲羨道天子曰隧塗上有負土爲隧周禮冢人及窆以度爲丘隧鄭注隧羨道也彼疏云天子有隧諸侯以下有羨道隧與羨異而云隧羨道者對則異散則通左傳僖二十五年晉侯請隧弗許杜注闕地通路曰隧王之葬禮也諸侯皆縣柩而下孔疏天子之葬棺重禮大尤須謹愼去壙遠而闕地通路從遠處而漸邪下之諸侯以下棺輕禮小臨壙上而直縣下之故不得用隧喪大記

注亦云禮惟天子葬有隧然則羨道與隧異禮惟天子闕地通路則賈以羨道爲入壙道非矣方氏苞云壙之南有埏門門之下爲羨道使水潦下洩而不滲於壙中也

乃窆主人哭踊無算　窆下棺也今文窆爲封

【疏】正義曰盛氏云是時衆主人及婦人亦皆哭踊惟言主人者文省吳氏疑義云此上當有穿壙設椁之事

注云窆下棺也者謂下棺於壙小爾雅下棺謂之窆是也

云今文窆爲封者古今文疏義云周禮鄉師及窆執斧以莅匠師司農注云窆謂葬下棺也春秋傳曰日中而塴禮記所謂封者又遂人及窆陳役司農注云窆禮記謂之封春秋謂之塴皆葬下棺也聲相似又太僕窆亦如之司農注略同又云窆讀如慶封氾祭之氾說文穴部曰窆葬下棺也土部曰塴喪葬下土也引春秋傳曰日中而堋今左傳作塴小異又曰禮謂之封周官謂之窆段氏玉裁云禮謂十七篇也許於十七篇從今文作封戴記亦皆作封者戴記從今文也堋窆封三字分蒸侵東三韻而一聲之轉堋朋聲窆乏聲朋俗讀如蓬窆讀方勇反故禮記以封字代窆堋字也蔡鄭君於禮記檀弓曾子問皆注云封當爲窆又喪大記注云封周禮作窆蓋戴記於下棺之窆聚土之封通作封鄭君以其淆溷難明故隨文是正王制庶人

縣封注尤詳晰

襚贈用制幣玄纁束拜稽顙踊如初 丈八尺曰制二制合之束十制五合

疏正義曰襚爲贈而襚也踊如初亦無算也李氏云玄纁束蓋公使宰夫所贈者重君物故以送終也敖氏云此贈謂主人以幣贈死者於壙中也蔡氏德晉云凡行而不反者必有贈柩入壙則不復反矣故主人於親亦有贈禮焉盛氏云此贈幣主人所自盡也故拜稽顙以送之疏云卽公所贈者蓋見玄纁束三字偶同遂附會之耳今案李說蓋本前公使宰夫贈玄纁束賈疏然此經但云贈用制幣則不必定爲公贈也有公贈固用之無卽用賓物己物矣襍記曰魯人之贈也三玄二纁廣尺長終幅鄭注言失之也亦引此經爲證孔疏魯人雖三玄二纁而用廣尺長幅不復丈八尺則失禮也蓋禮幣皆用制贈以親尤必以禮故云贈用制幣檀弓曰旣封主人贈鄭注贈以幣送死者於壙也則贈爲主人自贈明矣敖盛說是周禮太宰大喪贊贈玉鄭注贈玉旣窆所以送先王則贈之禮天子亦有之但用玉不用幣也○案襍記注引此經云贈用制幣玄纁束帛多一帛字注詳聘禮釋幣制玄纁束下

卒袒拜賓主婦亦拜賓卽位拾踊三襲 主婦拜賓拜女賓也卽位反位也

【疏】正義曰卒謂賵畢也敖氏云於此拜賓特爲之袒重其禮也拾踊者主先賓後婦人居間三謂三者三也襲者主人也禮婦人不袒盛氏云拾踊者主人與婦人與賓更迭而踊也三者三人各九踊也今案襍記曰公七踊大夫五踊婦人居間士三踊婦人皆居間鄭注婦人居間者踊必拾主人踊婦人踊賓乃踊是也○校勘記云注反位下嚴徐楊敖俱無也字集釋有案注末楊敖俱有拾更也三字今案拾更也各本俱在主婦入于室節注末浦氏鏜云案釋文次第當在主婦入于室下盧氏文弨云拾更當于此經拾踊初見者注今本乃在後陸氏亦於後始音似失之

云主婦拜賓拜女賓也者女賓蓋內賓宗婦之屬非有親者不送其葬也云卽位反位者賈疏云各反羨道東西位其男賓在衆主人之南女賓在衆婦之南

賓出則拜送相問之賓也凡弔賓有五去皆拜之此舉中焉

【疏】正義曰敖氏云拜送云則明賓有未出者也方氏苞云墓無門階而有塋域故亦可言出褚氏云言出則壙所有帷幕以爲障蔽矣故雖有微雨亦可以窆

注云相問之賓也者據襍記知之也云凡弔賓有五去皆拜之此舉中焉者案襍記云相趨也出宮而退相揖也哀次而退相問也旣封而退相見也反哭而退朋友虞祔而退鄭

注此弔者恩薄厚去遲速之節也相趨謂相聞姓名來會喪事也相揖嘗會於他也相問嘗相惠遺也相見嘗執摯相見也是賓有此五者經於旣窆之後言賓出明是相問之賓卽窆而還也相問在五者之中舉此中者爲言則其他賓出無不拜送可知

藏器于旁加見器用器役器也見棺飾也更謂之見者加此則棺柩不復見矣先言藏器乃云加見者器在見內也內之者明君子之於事終不自逸也檀弓曰周人牆置翣

疏正義曰藏器於棺旁而加見於器外也周禮冢人及窆執斧以涖遂入藏凶器鄭注凶器明器○校勘記云注檀弓曰下嚴徐集釋敖氏俱有有虞氏之瓦棺夏后氏堲周殷人棺椁十五字通解刪今本因之盧氏文弨云宋本有此十五字鍾本亦有之陸氏爲堲周作音則有者是今案椁集解作槨下同　云器用器役器也者以下別言苞筲等故知此器爲用器以下樂器燕器亦在其中鄭隨舉以示人也云見棺飾也更謂之見者加此則棺柩不復見矣者棺飾卽池紐荒帷之屬以加此于棺外則不見棺柩而但見棺飾故謂棺飾爲見也禮記釋文云見棺衣也云先言藏器乃云加見者器在見內也者謂先藏器而後加見是器在見內敢近棺也近棺則便於用故又云內之者明君子之於事

終不自逸也引檀弓者證加見是周制李氏云棺飾在柩外若牆然其外置翣後王之制文也今案此中下士無翣鄭連引之耳

藏苞筲于旁

於旁者在見外也不言甕甒餼相次可知四者兩兩而居喪大記曰棺椁之間君容柷大夫容壺士容甒 【疏】正義曰石經考文提要云苞監本譌笣校勘記云注柷嚴徐要義楊氏俱作祝釋文通典集釋通解敖氏俱作祝今案柷是陳鳳梧本毛本亦作柷 注云於旁者在見外也者此言於旁與上藏器於旁文同鄭恐人疑爲在棺旁故特釋之曰在見外也禩記曰甕甒筲衡實見間而后折入鄭注實見間藏于見外椁內也方氏苞云上藏器於旁謂棺旁此則見旁也禩記又云而後折入者據此經藏苞筲等訖卽加折也云不言甕甒餼相次可知者以上陳器時甕甒次苞筲後明亦藏之可知不言者文省云四者兩兩而居者賈疏云謂苞筲居一旁甕甒居一旁故云兩兩而居也褚氏云見內見外俱分兩旁旁藏法宜如是敖氏於器則謂專藏於見內左旁苞筲則謂專藏於見外右旁故與注異反覺支離今案褚說是也引喪大記者證椁內棺外有餘地足容器物也

加折卻之加抗席覆之加抗木

宜次也 【疏】正義曰李氏云卻仰也折抗席皆善

面鄉下折于陳時則爲仰今案折以善面鄉下爲正善面鄉上爲反故陳時以善面鄉上則云覆之覆反也此用時以善面鄉下則云郤之郤對覆而言郤仰也是其正也席則以善面鄉上爲正今鄉下故云覆也敖氏云折云加者謂在見與茵笲之上也抗木不言郤與覆是兩面同矣注云空次也者謂空先加折次加抗席次加抗木也葢席之下無折以掩壙則席無所藉而施席之上無抗木則無以禦土故空從其次也賈疏分空與次兩釋之張氏爾岐遂謂三者之用有空有次非矣

實土三主人拜鄉人謝其勤勞

疏正義曰實土謂加土於抗木之上而實之也三謂三匝主人於是拜謝其勤勞不俟工之畢也李氏云襍記曰弔非從主人也四十者執紼鄉人五十者從反哭四十者待盈坎鄉人助事故于實土拜之盛氏云實土者三不言封樹文不具也周禮冢人職云以爵等爲丘封之度說者謂天子之墓一丈諸侯八尺其次降殺以兩其樹則白虎通云天子松諸侯柏大夫栗士槐鄉人謂與主人同鄉里來助葬者大司徒職云四閭爲族使之相葬族師職云四閭爲族八閭爲聯使之相保以相葬埋是也

卽位踊襲如初哀親之在斯

疏正義曰上云卽位矣此復云卽位者以拜賓拜

鄉人違其位也位乃羨道東之位踊襲如初者謂如上既窆時拾踊三而襲也哀親之在斯謂哀其在土故踊也李氏云上拾踊襲後無袒文而言襲疑杜佑曰將踊袒既踊即襲敖氏云不言袒文脫耳今案凡踊無不袒者是踊前有袒明矣敖以爲文脫或然○案檀弓曰有司以几筵舍奠於墓左鄭注舍奠墓左爲父母形體在此禮其神也周禮小宗伯亦云成葬而祭墓此不言者亦文略耳

右窆柩藏器葬事畢

乃反哭入升自西階東面眾主人堂下東面北上

西階東面反諸其所作也反哭者於其祖廟　【疏】正義曰自此至乃就次言不於阼階西面西面方神位　反哭于廟于殯宮及就次之事○盧氏文弨云乃反哭入士虞禮注引入下有門字○乃反哭自壙所反也既窆實土壙未成孝子恐魂靈無依急迎神歸歸不見親故哭也入入廟門也升自西階東面者主人也眾主人堂下東面北上統於主人也　注云西階東面反諸其所作也者案檀弓曰反哭升堂反諸其所作也鄭注親所行禮之處李氏云謂廟堂親平日所行

禮處也云反哭者於其祖廟者以下云遂適殯宮知先反哭於廟也敖氏云反哭於祖廟者爲其棺柩從此而出也方氏苞云揆死者之情亦必先就祖妣而後可反其私室故反哭於廟而後虞於寢也此義亦至明顯顧氏湄作反哭不于廟辨謂反哭宜在寢而徐氏乾學欲從之何哉賈疏謂二廟者反哭先祖後禰經記無文未可據然則二廟者亦唯反哭于祖廟而已以柩從祖廟出而虞事不可緩宜亟往殯宮也云不於阼階西面西方神位者謂反哭不於阼階西面而於西階東面以西方神位所在也或曰西方神位之說殊未分明主人所以不升自阼階而升自西階者未忍遽即主位也至親平日行禮處多在阼故東面以鄉之冀得見親耳其說似有理並存之

婦人入丈夫踊升自阼階辟主人也〔疏〕正義曰校勘記云丈嚴徐作大集釋通解楊敖俱作丈張氏曰監本大作丈從監本今案陳鳳梧本亦作丈○主人衆主人先入廟故見婦人之入而踴言丈夫則衆主人亦皆踴也升自阼階謂婦人也云辟主人也者以主人在西階上故不由西階而由阼階也

主婦入于室踊出即位及丈夫拾踊三入于室反諸其所養也出即位堂上西面也拾更也〔疏〕正義曰敖

氏云惟主婦入于室則餘人先卽位于阼矣入室又弗見故出而與主人相鄉而哭踊同其哀也今案主人不入室者以賓將弔也衆婦人亦從主婦哭踊不言者文省也注云入于室反諸其所養也者亦檀弓文蓋與上反諸其所作也皆釋此經之義所養鄭云親所饋食之處謂親平日行饋食禮于室以追養先人也必入室者亦冀或見之吳氏疑義云主人止于堂主婦先入室而後止于堂男女內外所以不同也云出卽位堂上西面也者以小斂後主婦等位常在阼階上西面故知卽位卽此位也禮經釋例云此反哭之位主人東面主婦西面與始卒哭位正相反且主人升自西階婦人升自阼階蓋相變以爲禮也云拾更也詳前卒袒拜賓拾踊三下問喪曰送形而往迎精而反也其往送也望望然汲汲然如有追而弗及也其反哭也皇皇然若有求而弗得也故其往送也如慕其反也如疑求而無所得之也入門而弗見也上堂又弗見也入室又弗見也亾矣喪矣不可復見已矣故哭泣辟踊盡哀而止矣鄭注說反哭之義也

賓弔者升自西階曰如之何主人拜稽顙

賓弔者衆賓之長也反而亾焉失之矣於是爲甚故弔之弔者北面主人拜於位不北面拜賓東者以其亦主人位也今

文無曰字【疏】正義曰檀弓曰殷旣封而弔周反哭而弔孔子曰殷已慤吾從周是反哭而弔周制也坊記曰殷人弔於壙周人弔於家弔於家亦謂反哭而弔也如之何痛其不見之辭敖氏云此弔異於常故爲之稽顙○注今文無曰字毛本作古文無曰字校勘記云嚴徐集釋作今文無曰與單疏標目合通解與今本同今案陳鳳梧本作古文無曰今從嚴本　云賓弔者衆賓之長也者以衆賓皆弔而升堂致辭者當是長賓故云衆賓之長也云反而亾焉失之矣於是爲甚故弔之者此釋所以弔之義也檀弓曰反哭之弔也哀之至也反而亾焉失之矣於是爲甚是其文也云弔者北面者以弔賓升堂後無改面之文故知北面其餘衆賓在堂下者亦北面可知云主人拜於位者以主人拜不言面鄉則拜於其位仍東面可知云不北面拜賓東者以其亦主人位也者褚氏云始死時主人拜賓於西階此反而亾亦拜賓於西階故注云亦主人位也亦始死拜賓之位也賈乃援特牲少牢以釋之殊不可曉今案注云亦主人位者謂北面拜賓東是平日主人之位今不忍拜於此故仍拜於位東面亦升堂自西階不忍由阼階之意坊記曰子云升自客階受弔於賓位敎民追孝也鄭注謂反哭時也旣葬矣猶不由阼階不忍即父位也是

其證褚說尙未確云今文無曰字者古今文疏義云案鄭從古文有曰者亦以其文義備

賓降出主人送于門外拜稽顙

疏　正義曰賓降而遂出以主人卽適殯宮也賈疏云此於禭記五賓當相見之賓敖氏云門外廟門外也送賓而稽顙者以其送葬且從反哭尤勤勞也故重謝之

送適殯宮皆如啓位拾踊三

啓位婦人入升堂丈夫卽中庭之位

疏　正義曰吳氏廷華云殯已啓矣曰殯宮如親尙在殯也今案經云遂適殯宮則反哭于祖廟後卽至寢明矣拾踊三與前同敖氏謂此時無賓盛氏云禭記朋友虞祔而退則此時未嘗無賓矣敖說殆失考　注云啓位婦人入升堂丈夫卽中庭之位者案啓位與朝夕哭位同上篇朝夕哭云婦人卽位于堂南上與小斂後言婦人阼階上西面位同卽婦人升堂之位也又云主人堂下直東序西面兄弟皆卽位如外位卽丈夫中庭之位也但朝夕哭位有賓此皆如啓位云皆則亦兼賓在內可知注不言者略耳檀弓曰旣反哭主人與有司視虞牲當是拾踊後事

兄弟出主人拜送

兄弟小功以下也異門大功亦可以歸

疏　正義曰上篇殯訖兄弟出主人拜送于門外注云小功以下至此可以歸異門大功

亦存焉此云兄弟小功以下也蓋據喪服傳小功以下爲兄弟言之又云異門大功亦可以歸者蓋異門之大功較之同門同財者情猶輕故于此時亦可以歸也若同門大功以上之親則俟卒哭乃歸蓋未殯以前啟殯以後無論大功小功之兄弟咸在旣殯則小功之兄弟可以歸至啟殯又來在柩所不離故反哭而歸喪服小記曰緦小功虞卒哭則皆免是歸而遇朝夕哭虞卒哭仍來與也其異門之大功注於此始言可以歸則殯訖固未歸矣然則上篇殯訖之兄弟出專指小功疏遠者言此兄弟出則兼有大功之親矣歸而必拜送者以其勞也

衆主人出門哭止闔門主人揖衆主人乃就次次倚廬也疏正義曰此儀節與上篇殯訖略同主人揖衆主人乃就次者蓋揖衆主人使各就次而主人乃就次也方氏苞云少息而後虞可更舉也○上篇殯訖主人揖就次注云次謂斬衰倚廬齊衰堊室也此云次倚廬則專指斬衰者言之旣虞翦屏柱楣此時未虞故仍倚廬也李氏云問喪曰成壙而歸不敢入處室居于倚廬哀親之在外也寢苫枕塊哀親之在土也

右反哭於廟於殯宮出就次於是將舉初虞之奠

矣

猶朝夕哭不奠是日也以虞易奠[疏]正義曰自此至篇末略言葬後儀節及祭名云猶朝夕哭不奠者自大斂以後至葬每日皆朝夕哭朝夕奠今葬後仍朝夕哭于殯宮如故但不奠耳敖氏云旣葬猶朝夕哭于殯宮以其神靈在此也不奠者爲無尸柩也此說是矣乃又以此朝夕哭爲指未虞以前而疑檀弓葬日虞之說則誤矣葢此所謂猶朝夕哭者自葬後至練皆然以喪服斬衰傳文考之自見盛氏亦以敖說爲非此檀弓文是日卽葬日承上葬日虞言也是日始舉虞祭而無朝夕奠故云以虞易奠也

三虞虞喪祭名虞安也骨肉歸於土精氣無所不之孝子爲其彷徨三祭以安之朝葬日中而虞不忍一日離[疏]正義曰士之虞祭有三故名三虞此旣夕禮至反哭而止虞禮別爲一篇故於此總舉其目幷卒哭祔祭名目附於篇末也○校勘記云注離下釋文集釋俱有也字今案嚴本及各本俱無 云虞虞喪祭名者檀弓曰卒哭曰成事是日也以吉祭易喪祭是虞虞爲喪祭也云虞安也詳士虞禮篇首云骨肉歸於土精氣無所不之孝子爲其彷徨三祭以安之者檀弓延陵季子葬其子曰

骨肉歸復於土命也若魂氣則無不之也是鄭所本彷徨與翱翔同皆遊行無歸之意故孝子爲三祭以安之此明三虞所由起也檀弓曰日中而虞葬日虞弗忍一日離也旣云日中而虞而又云葬日虞明是朝葬日中而虞可知不忍一日離彼注云弗忍其無所歸是也

卒哭 卒哭三虞之後祭名始朝夕之閒哀至則哭至此祭止也朝夕哭而巳

疏 正義曰注云卒哭三虞之後祭名者士之卒哭在虞後而與葬同月襍記曰士三月而葬是月也卒哭大夫以上異月詳士虞記三虞卒哭他用剛日下云始朝夕之閒哀至則哭至此祭止也朝夕哭而巳者案始死主人哭不絕聲至殯後朝一哭夕一哭于殯宮之阼階下而自朝至夕自夕至朝其閒哀至則哭非必朝夕喪服傳所謂哭晝夜無時也至此祭則止晝夜無時之哭惟朝夕哭而巳蓋葬後哀稍殺也張氏爾岐云旣祭則惟朝夕哭不無時哭故名其祭曰卒哭是也敖氏謂卒哭爲卒殯宮之哭而朝夕哭于其次盛氏謂卒兄弟外兄弟等之哭而非卒喪家之哭其說皆支離未可從

明日以其班祔 班次也祔卒哭之明日祭名祔猶屬也祭昭穆之次而屬之今文班爲胖

疏 正義曰校勘記云注末五字今本俱脫嚴徐集釋俱有與單疏標目合○虞而卒哭

卒哭而祔其祭相連故幷及之　注云祔猶屬也祭昭穆之次而屬之者此釋祭所以名祔之意也祔必以昭穆之次昭祔昭穆祔穆有連屬之義故爲此祭而屬之也餘詳士虞記明日以其班祔下

右略言葬後儀節及祭名

卷三十終

儀禮正義卷三十一　鄭氏注

績溪胡培翬學

記疏正義曰此上下二篇總記也郝氏敬云士喪旣夕本通一篇故記起自始死吳氏廷華云當曰士喪禮記以爲旣夕記者非

士處適寢寢東首于北墉下將有疾乃寢於適室今文處爲居于爲於疏正義曰適寢正寢也天子諸侯謂之路寢大夫士謂之適寢方氏愨云路猶路車之路以大言之也適猶適子之適以正言之也敖氏云此云適寢明經所謂適室爲適寢之室耳吳氏廷華云室中南有牖北有墉無牖是也詳上篇死于適室下玉藻曰寢恆東首寢之東首與在北墉下居恆皆然記嫌處正寢有異故特明之喪大記曰寢東首於北牖下牖當爲墉與此同亦詳上篇論語曰疾君視之東首此東首則在牖下不在北墉下以其便於君視也鄭注喪大記亦以君來視疾解之則非矣喪大記係總記君大夫士之禮觀上云君大夫徹縣士去琴瑟下云君夫人卒于路寢大

夫世婦卒于適寢及士之妻皆卧于寢可證不得以此句專爲大夫言也果係君來視疾則經當直云君視且如下文大斂君至節必更詳其儀矣亦不得僅云寢東首于牖下也蓋疾時寢東首于北墉下是君大夫士所同故記人不復別之此經是言士禮故云士處適寢也 注云將有疾乃寢於適室者吳氏疑義以將字爲衍文謂疾生於不測豈能逆料其將然而遷處之其說似是古者自天子至士皆有正寢燕寢平日常居在燕寢有疾乃遷處于正寢經文兩寢字義別上寢指地言下寢以人臥處言故鄭云寢於適室謂寢臥於正寢之室也云今文處爲居者古今文疏義云居處二字其義略同然居則有常安之義處可爲暫止之名此適寢本非常居以疾遷處於此似作處較切鄭從古文于爲於詳士昏禮

有疾疾者齊

正情性也適寢者不齊不居其室

疏 正義曰凡人之臥多由于疾經據始臥言記從疾病起所以補經之未備亦以示人慎疾正終之道也 注云正情性也者人之情有六曰喜怒哀樂愛惡性有五曰仁義禮智信或曰情有七喜怒哀懼愛惡欲是情性者稟乎陰陽而生得其中和則心安體泰一有偏乖斯疾生焉齊則思慮不紛神明常定故可以正情性此養疾之要道也云適寢者不齊不居

其室者案大戴禮盛德篇曰此天子之路寢也不齊不居其室禮記檀弓曰君子非致齊也非疾也不晝夜居於內鄭注內正寢之中玉藻曰將適公所宿齊戒居外寢外寢即正寢也是不齊不居其室也然則疾者之居正寢爲齊耳吳氏疑義云然於適室以正終也然疾不必然特以適寢爲致齊之地疾者居之則心志齊一可養疾也方氏苞云齊室即適寢也凡有疾即居焉所以教疾者持生之道盡矣養者皆齊所以教子孫妻妾忠養之道盡矣及至大病亦不待遷移而終於正寢聖人制禮所以盡人之性也今案此二說最善若云爲正終而移居正寢則於人子養疾之義有菲矣

養者皆齊憂也疏正義曰校勘記云通解無此注○曲禮曰父母有疾冠者不櫛行不翔言不惰琴瑟不御食肉不至變味飲酒不至變貌笑不至矧怒不至詈疾止復故彼注亦以憂言之故賈氏李氏皆取以釋此經而詳略不同今案養疾未有不憂然憂之一字未足以盡齊之義齊之爲言齊也敖氏云養者齊欲專心於所養者也吳氏廷華云言養則滋培調劑之益非侍疾者專一其心志不爲功又云兩齊字理最精是也

徹琴瑟去樂疏正義曰徹即去也賈疏云父母有疾憂不在于樂故去之黃氏榦云去樂以疾者齊故去

之非爲子去也疏文可疑今案黃說是也曲禮曰琴瑟不御是爲養疾者言之此云徹琴瑟則爲疾者言之祭統曰及其將齊也耳不聽樂是也喪大記曰疾病君大夫徹縣士去琴瑟鄭注聲音動人病者欲靜也凡樂器天子宮縣諸侯軒縣大夫判縣士特縣去琴瑟者不命之士據此注則徹琴瑟是爲疾者徹之明矣

疾病外內皆埽

爲有賓客來問也疾甚曰病

疏正義曰石經考文提要云外內皆埽監本作內外案疏作外內與喪大記文同校勘記云唐石經嚴徐陳閩葛集釋通解要義楊敖俱作外內今案陳鳳梧本亦作外內毛本誤與監本同注云爲有賓客來問也疾甚曰病者喪大記注亦云爲賓客將來問病也疾困曰病與此注畧同蓋賓客是指君遣來問疾之使及同國來問疾之大夫士非尋常來往者疾甚必有此問疾之賓來故須外內皆埽致其潔淨也內有專指室言者亦有兼堂室言者經義述聞解詩子有廷內云周官寺人王之正內五人鄭注正內路寢夏小正傳曰燕操泥而就家入人內此皆兼堂室言之者也今案此經內謂堂室外謂堂室以外凡庭院及寢門外大門外皆是內則曰雞初鳴灑埽室堂及庭是室堂與庭日日埽之無俟病劇此云外內皆埽則知所埽者廣也或曰疾甚而埽

外內所以祓除不祥其說亦通。**徹褻衣加新衣**故衣垢汙爲來人穢惡之 疏 正義曰注云故衣垢汙爲來人穢惡之者以云褻衣是病中垢汙之故衣恐來問疾之人嫌其穢惡故去之而更加新衣也此來人卽上注所謂賓客孔子於君來視疾而加朝服則於賓客之來而加新衣亦猶此意但不必朝服耳喪大記文與此同而注云徹褻衣則所加者新朝服矣互言之也加朝服者明其終於正也與此注異賈疏因之遂謂褻衣是玄端新衣是朝服恐非蓋玄端朝服皆是禮服病中未必常服之孔子於君視疾而加朝服則非君視時必不朝服矣至謂齊服玄端不知此齊止取專一心志以養疾與祭祀之齊究有別也○案此及上兩節注後人多議之謂埽除外內以潔其居徹去褻衣以潔其體義主於正終鄭以賓客言則舍本而務末矣卽鄭注喪大記亦以加新衣爲正終愚嘗反覆思之終以此注爲善蓋人子之於親氣息尚存未有不願望其生者若於疾病時而遽埽除易衣以爲正終計於心何忍故不如且從此注之爲得也。**御者四人皆坐持體**爲不能自轉側御者今時侍從之人 疏 正義曰注侍從毛本誤作待從校勘記云嚴徐陳閩葛集釋通解楊敖俱作侍與單疏述注合○喪大記曰體一人謂每體一人也此云四人則合四體言之是時病者偃臥在牀故皆坐持之也彼注云體手足也四人持之爲其不能自屈伸也與此注云爲不能自轉側亦畧同賈疏云詩曰輾轉反側據身不能自屈伸據手足今案身之不能轉側亦由手足之不能屈伸兩注義符云御者今時侍從之人者蓋以漢之侍從爲比也上篇外御受沐入注云外御小臣侍從者釋官云御者卽上篇外御士之近臣與執策立于馬後之御者殊○盧氏文弨云此記下今本有男女改服四大字注爲賓客來問病亦朝服主人深衣十三字考石經無男女改服之文李本幷無十三字之注鍾本同當盡去之石經考文提要云監本此下衍男女改服一節案此因通解而誤羼通解於士喪禮襍附本經記及喪大記之文此節乃喪大記誤入儀禮又此記五節與喪大記同鄭兩注各異獨此節注不異明係移彼注此又因與士喪禮不合妄改庶人爲主人又彼注上文有新朝服故曰亦朝服此上文無朝服字何以云亦足證羼入校勘記云此節經注唐石經及嚴徐集釋敖氏俱無通解楊氏俱有通解庶字尚未改楊氏始改庶人爲主人今案下主人啼節注云於是始去冠而笄纚服深衣則不得於屬纊前改服深衣也此節經注爲羼入無疑此亦其一證

毛本有之蓋沿監本之誤據提要所見朱本經注亦無此節戴氏震校集釋金氏曰追著儀禮正譌皆辨其誤今從唐石經及嚴本

屬纊以俟絶氣

爲其氣微難節也纊新絮

疏 正義曰注爲字校勘記云嚴本及單疏標目俱作有今從各本○敖氏云絶氣猶氣絶也案喪大記注云纊今之新綿易動搖置口鼻之上以爲候此注云爲其氣微難節也文雖異而義同蓋將死之際其氣甚微難於辨別故屬纊以爲候也蔡氏德晉云屬之口鼻觀其動否以驗氣之有無無則絶矣今案此注云纊新絮彼注云新綿上篇瑱用白纊注亦云新綿綿與絮一也禹貢厥篚纖纊傳云纊細綿小爾雅云纊綿綿也絮之細者曰纊也說文纊絮也絮敝緜也段氏注云敝緜熟緜也是之謂絮凡絮必絲爲之古無今之木緜是也○朱氏軾謂屬纊以俟絶氣是早逆其死也此記或非先王之制今案此孝子之慎也蓋病者雖氣絶而孝子不忍竟以爲死故屬纊以俟之冀其氣之存而可復生也俟字據鄭注當爲候之誤二字形相似故也

男子不絶于婦人之手婦人不絶于男子之手

備褻

疏 正義曰喪大記文與此同唯絶作死義亦同彼注云君子重終爲其相褻與此注畧同而義較顯春秋莊

公三十二年公薨于路寢穀梁傳曰路寢正寢也寢疾居正寢正也男子不絕于婦人之手以齊終也然則此記所言特以重男女之別耳方氏苞謂慮夫婦溺愛而不自嫌故特設此禁使毋相瀆以正其終是也自夫婦推之則媵妾宦豎之流亦宜遠別明矣

乃行禱于五祀盡孝子之情五祀博言之士二祀曰門曰行

疏五義曰校勘記云五陳閩葛本俱作伍○李氏云論語子疾病子路請禱禱禮也請之非也朱子語類問禱果有應之之理否曰禱是正理自合有應不可謂知其無是理而姑爲之今案記云行禱亦是遣人分禱之此時孝子固不能離也　注云盡孝子之情者孝子不忍親之死故當垂危之際猶必竭誠以禱冀神之佑助也云五祀博言之士二祀曰門曰行者此據祭法言也祭法曰王爲羣姓立七祀曰司命曰中霤曰國門曰國行曰泰厲曰戶曰竈王自爲立七祀諸侯爲國立五祀曰司命曰中霤曰國門曰國行曰公厲諸侯自爲立五祀大夫立三祀曰族厲曰門曰行適士立二祀曰門曰行庶士庶人立一祀或立戶或立竈鄭以祭法爲周制故謂士祇得祭門行二祀今云五祀是廣博言之也呂氏大臨云士不祭五祀而喪禮言禱于五祀者蓋有不得祭而得禱者歟此本鄭說也陳氏祥道

云七祀之制不見他經鄭氏以七祀爲周制五祀爲商制然周官雖天子亦止於五祀儀禮雖士亦禱五祀則五祀無尊卑隆殺之數矣三禮札記云月令五祀戸竈中霤門行白虎通五祀門井戸竈中霤說者謂室去行而祀井然皆與祭法不同竊意戸竈門霤等皆切於日用當時周家雖立七祀五祀三祀二祀一祀之制而上下通用殷禮已久因而未改故曲禮王制亦言諸侯大夫祭五祀也案此二說似於經較合竝錄之

乃卒卒終也疏正義曰自此以上皆言侍疾之事以下乃言死事也云卒終也者曲禮大夫曰卒士曰不祿庶人曰死彼注亦云卒終也是終與卒通檀弓君子曰終君子士大夫之通稱士可言終亦可言卒也或曰士言卒亦對文異散則通

主人嗁兄弟哭哀有甚有否於是始去冠而笄纚服深衣檀弓曰始死羔裘玄冠者易之疏正義曰嗁張氏曰識誤云案釋文諦大兮反從釋文戴氏震云案嗁說文作嗁若諦於義絕遠當是訛舛不可從校勘記云注始去下嚴徐無冠而二字集釋通解楊氏俱有今案陳鳳梧本毛本俱有冠而二字無者非也　注云哀有甚有否者否不甚也甚則嗁不甚則哭嗁大記曰始卒主人嗁兄弟哭婦人哭踊鄭注悲哀有深淺也孔疏有聲曰哭李氏云主人

啼者發聲則氣絕而息若往而不反也曾申問於曾子曰哭父母有常聲乎曰中路嬰兒失其母焉何常聲之有云於是始去冠而笄纚服湪衣者問喪曰親始死雞斯徒跣扱上衽鄭注雞斯當爲笄纚親始死去冠又云上衽湪衣之裳前是始死去冠而笄纚服湪衣之事也引檀弓者亦以證親始死而變易吉服也詳上篇主人髻髮袒衆主人免于房下

右據經士死于適室而記人子侍養君子正終之事

設牀笫當牖衽下莞上簟設枕病卒之間廢牀至是設之事相變衽臥席古文笫爲茨【疏】正義曰設牀笫謂設牀幷設笫以便遷尸於上也當牖在牖下也詳上篇死于適室及商祝執巾從入當牖北面下喪大記曰含一牀襲一牀遷尸于堂又一牀然則設牀笫非一處當牖則含之牀也下莞上簟詳上篇小斂布席于戶內下設枕喪大記曰設牀有枕是也敖氏云設枕于南蓋病時之牀橫設之故東首此則縱設之而南

首故枕在南也此記因經未言設牀笫及遷尸之事故補言之　注云病卒之閒廢牀至是設之者此據喪大記之文喪大記曰廢牀徹褻衣加新衣鄭注廢去也人始生在地去牀庶其生氣反案此時病而未卒故云病卒之閒云事相變者謂病時去之卒後設之是相變也云衽臥席者詳士昏禮云古文笫爲茨者古今文疏義云說文笫牀簀也古文作茨者聲近假借字詩牆有茨說文引作牆有薺禹貢濟河濟漯漢書地理志濟皆作泲是從朿從次從齊之字皆以聲近得通鄭以笫爲正字故從今文○蔡氏德晉云案喪大記疾病有廢牀一節姝爲非禮觀曾子易簀反席未安而沒不聞有廢牀而置於地之事鄭康成謂病卒之閒廢牀乃仍喪大記之誤吳氏廷華云廢牀之文高安朱氏非之謂坐臥之身方保護之不暇乃舉而委之地地氣清沁是益之病而速之死也且斷無將死而可藉之地氣以生之理信齋楊氏據此記設牀遷尸爲大記廢牀之證不知此牀爲浴及含而設不足證死者之廢牀也今案喪大記有廢牀之文儀禮無之禮記漢儒所采集而儀禮之記則出於周孔所傳較爲可信鄭氏不能據儀禮以訂喪大記之非而反援以爲說失之諸儒之辨精矣

遷尸　徙於牖下也於是幠用斂衾　疏　正義曰注毛本

徙誤作徒。云徙於牖下也者病者卒于北墉下今徙而南在牖下向明以便楔綴浴含也曲禮在牀曰尸白虎通尸之爲言失也陳也失氣亾神形體獨陳也云於是幠用斂衾者謂經所云幠用斂衾蓋在斯時。吳氏疑義云遷尸當在復者朝服節下今案復而後行死事則設牀第當亦在復後也詳上篇篇首

復者朝服左執領右執要招而左衣朝服服未可以變 疏 正義曰經云扱領于帶此云左執領右執要與經異者經以升屋時言此以旣升屋而復時言也所執者齊弁服也領與要必兼執之者以簪裳于衣故也招而左有數說賈疏云以左手執領還以左手以領招之必用左左者左陽主生敖氏云左招而左謂招時兩手自右而左也左尊吳氏廷華云招而左旣招由左下也招者北面以西爲左故經言降自後西榮張氏惠言云招而左招之向左謂微左還也今案經云北面招以衣又云降衣于前是初時北面旣則轉而南面乃得降衣于前也當以張氏左還之說爲是若如賈說則是招以左非招而左矣 注云衣朝服服未可以變者張氏爾岐云方冀其生故復者服朝服不變服凶服也或曰士凡有禮事有司皆朝服如士冠特牲可見故復者仍服常服冀死者之魂識之而依以反也今案褻

大記小臣復復者朝服鄭注朝服而復所以事君之衣也用朝服而復之者敬也義雖少異亦得兩通此記因經未言復者之服及復時之儀故補明之

楔貌如軛上兩末事便也今文軛作厄疏正義曰敖氏云柶而云楔楔因其楔齒而名之以別於他柶軛在大車轅端厭牛領者楔狀類之今案軛卽小車之衡大車之鬲也或以軛與衡鬲爲二物非小爾雅云衡軛也說文輗大車轅前也段氏注云轅前者謂衡也自其橫言之謂之衡自其扼制馬言之謂之軛隸省作軛木部曰槅大車軛也枙當作軛釋名衡橫也橫馬頸上也槅扼也所以扼牛頸也馬曰烏啄下向叉馬頸似烏開口向下啄物時也考工記車人云鬲長六尺槅與鬲字同衡鬲皆屈中而有兩末此楔齒之柶象之但衡以叉馬頸鬲以扼牛頸皆兩末向下柶以楔齒則兩末向上故云上兩末也餘詳上篇楔齒用角柶下注云事便也者謂兩末向上以屈處入口於事便也云今文軛作厄者案詩韓奕曰鞗革金厄厄卽軛作厄假借字也今文與詩同鄭以軛爲正字故從古文

綴足用燕几校在南御者坐持之校脛也尸南首几脛在南以拘足則不得辟戾矣古文校爲枝疏正義曰校唐石經嚴本俱作校或作按非○使

御者持之恐几傾倒也敖氏云坐持之則御者亦在牀矣其於几之北歟　注云校脛也者案士昏禮注云校几足此云脛亦足也云尸南首几脛在南以拘足則不得辟戾矣者郝氏敬云几有板板下有足以几足向南夾尸足板抵足勿令辟戾便著屨也盛氏云此几葢置于尸足之北也云校在南則几面向北矣以几板抵尸足而兩端又各有足以拘之斯足以聯綴尸足也然則几之兩端各一足賈云兩端各有兩足始非敖以校爲几左廉尢誤今案劉氏績云古几猶今道家之几形如半環三足坐則曲者向身可以憑以曲者兩端著地故綴足御者一人坐持正足也阮諶云几長五尺高二尺廣二尺馬融以爲長三尺舊圖以爲几兩端赤中央黑劉云三足與賈又異今竝存俟考古文校爲枝詳士昏禮

即牀而奠當腢用吉器若醴若酒無巾柶腢肩頭也用吉器器未變也或卒無醴用新酒

疏　正義曰注云腢肩頭也者上篇奠于尸東未言所在故記明之即就也謂就牀而奠之當尸肩也云用吉器器未變也者以始死未忍異于生至小斂則變用素器矣云或卒無醴用新酒者此釋記若醴若酒之義謂有醴則用醴無醴則用酒但用其一不兼用也敖氏云無巾者非盛饌無柶者異於

大斂後之奠也

右記始死設牀遷尸復魂楔綴設奠諸儀法器物

赴曰君之臣某死赴母妻長子則曰君之臣某之某死赴走告也今文赴作訃

疏 正義曰案襍記曰凡訃於其君曰君之臣某死父母妻長子曰君之臣某之某死此記赴母妻長子不言父襍記兼言父者以有子爲士而父不爲士者也此記則以周初之制士之子恆爲士士之父亦君之臣則於君之臣某死內包之矣云某之某者上某是士名下某是士之親屬死者名婦人當以姓通如姬姜之類長子亦赴赴者以其爲三年之喪也 注云赴走告也者赴字从走說文赴趨也爾雅赴至也故云走告也云今文赴作訃者段氏云古文訃告字祇作赴取急疾之意今文从言急疾意轉隱矣故說文言部不收訃字者從古文不從今文也凡許於禮經從今文則不收古文字從古文則不收今文文字襍記作訃不作赴者禮記多用今文禮也左傳作赴者左邱明述春秋傳以古文故與古文禮同也胡氏承珙云案襍記凡訃於其君注訃或皆作赴赴至也是禮

記本亦有從古文作赴者注以至訓赴既夕注云赴走告也是鄭意作赴爲正故於此經從古文

右記赴君之辭

室中唯主人主婦坐兄弟有命夫命婦在焉亦坐別尊卑也疏正義曰此兄弟謂大功以上在室者室中唯主人主婦坐則兄弟皆立矣有命夫命婦在焉亦坐是尊命夫命婦也故注云別尊卑也吳氏廷華云室中唯此四人坐則餘不坐矣此與喪大記大夫之喪同今案吳說是也此條當是襍記大夫之禮而疑有脫文詳上篇入坐于牀東下

右記室中哭位異者

尸在室有君命衆主人不出不二主疏正義曰張氏爾岐云經於君命弔襚直言主人不言衆主人故記之今案此衆主人卽上篇主人坐于牀東衆主人在其後注以爲主人之庶昆弟是也尸在室有君命唯主人出而衆主人不出注云不二主者釋所以不出之義主謂喪主曾子問以喪有二孤爲非禮故云

不二主也襚者委衣于牀不坐牀高由便疏正義曰經但言襚者委衣不言不坐嫌坐委之故記也此委衣于牀有二一是始死尸在室時一是小斂後俟尸于堂時○注云牀高由便者釋所以不坐之義敖氏云牀高可以不坐郝氏敬云襚者委衣于牀孝子不親受財也不奠於地故不坐其襚于室戶西北面致命始死時也疏正義曰襚有在堂者有在室者此指襚于室之禮故言其以別之也注云始死時也者謂始死尸在室時也小斂奉尸俟于堂有襚者經明云中庭北面致命始死時庶兄弟等襚經未言致命面位故記之是時尸在室中牖下故襚者戶西北面致命也

右記尸在室衆主人不出及襚者儀位

夏祝淅米差盛之差擇之疏正義曰賈疏云經直云祝淅米于堂南面用盆不言夏與差盛故記人言之○注云差擇之者喪大記御者差沐於堂上注差淅也淅飯米取其瀋以爲沐也彼注訓差爲淅此上云淅米則不得訓爲淅故訓擇也盛氏云擇其粒之堅好者以飯尸而以其餘爲粥懸於重也盛盛於敦御者

四人抗衾而浴襢第抗衾爲其倮程蔽之也襢袒也袒簀去席盝水便〔疏〕正義曰釋官云喪大記曰御者入浴小臣四人抗衾御者二人浴據此士亦當四人抗衾二人浴也○校勘記云注嚴徐通解俱作倮程集釋敖氏俱作裸裎今案倮程即裸裎也義詳上篇浴時主人皆出下張氏士喪禮識誤引此注爲作謂非校勘記又云盝水便下釋文集釋俱有也字今案嚴本無又毛本有盝音祿三字嚴本亦無盧氏文弨云係釋文誤入當去　云抗衾爲其倮程蔽之也者抗舉也衾斂衾也謂舉斂衾於上蔽其體而浴於下也云襢袒也者敖氏云古字襢袒通詩曰襢裼暴虎云袒簀去席盝水便者爾雅盝竭也盝亦作漉廣雅漉盡也謂去水使竭盡便也

其母之喪則內御者浴鬠無笄內御女御也無笄猶丈夫之不冠也〔疏〕正義曰注云內御女御也者李氏云周禮女御大喪掌沐浴今案御猶侍也此女御謂女侍從者與天子御妻名女御者別釋官云喪大記曰其母之喪則內御者抗衾而浴孔疏云內外宮別內御婦人今案此記不言抗衾者省文云無笄猶丈夫之不冠也者生時男子冠與婦人笄對死時男子不冠故婦人鬠亦無笄也詳上篇鬠笄用桑下

設明衣

婦人則設中帶中帶若今之禪襂疏正義曰校勘記云注若通解作者禪嚴徐作禪與單疏標目合釋文集釋通解敖氏俱作禪陸氏曰禪音昆黃氏丕烈云禪是禪非也○設明衣婦人則設中帶玩文義似是男婦皆設明衣而婦人又加以中帶也注云中帶若今之禪襂未詳惠氏棟云禪襂一名複襂廣雅曰複襂謂之裍裍猶禪也今案惠說似未確方言禪陳楚江淮之閒謂之淞釋名禪貫也貫兩腳上繫腰中也說文幝幒也幝或从衣作禪急就篇襜褕袷複褶袴禪顏師古注云袴合襠謂之禪最親身者也然則明衣男子有衣有裳婦人衣不殊裳故內加禪襂據釋名云上繫腰中所以有帶名記云中帶亦謂在內親身者未知是否卒洗貝反于笲實貝柱右顱左顱象齒堅疏正義曰卒旣也貝本實于笲主人旣洗貝仍實于笲故云反也經但云洗貝執以入而不言反于笲故記之右顱左顱牙兩畔最長者初時楔齒用角柶至實貝時去角柶恐口易閉故先以貝柱兩顱使口開易含也此亦經未言故記之注云象齒堅未詳夏祝徹餘飯徹去鬻疏正義曰賈疏云經不言夏祝徹故記人言之釋官云據此則凡徹皆夏祝也夏祝進奠故亦主徹奠賈前

疏謂周祝徹奠非張氏爾岐云餘飯飯尸餘米也注云去鬻夏祝徹去賁之爲鬻以實重鬲也

瑱塞耳 塞充窒

疏 正義曰上篇云瑱用白纊注云塞充窒者謂以纊充塞於耳不同生人但懸耳旁也

掘坎南順廣尺輪二尺深三尺南其壤 南順統於堂輪從也今文掘爲坽

疏 正義曰坎以埋棄潘等物上篇但言甸人掘坎于階閒少西不言坎之大小與掘法故記明之○校勘記云注坽下嚴本通解俱有也字　云南順統於堂者敖氏云南順復南南其壤明其掘之自北而南也故云統於堂南其壤者以所掘之土置於南方也云輪從也則廣爲横矣云今文掘爲坽也者鄭以上經作掘坎故此亦從古文作掘也坽義詳下

垼用塊 塊堛也古文垼爲役

疏 正義曰垼以煑潘用塊者謂用塊爲垼也上篇但云爲垼于西牆下東鄉不言所用故記之注云塊堛也爾雅釋言文郭注土塊也云古文垼爲役者古今文疏義云說文投陶竈窗也从土役省聲今文作垼者不省古文作役者假借字

明衣裳用幕布袂屬幅長下膝 幕布帷幕之布升數未聞也屬幅不削幅也長下膝又有裳於蔽下體深也

疏 正義曰明衣裳用幕布謂衣裳皆用幕布爲之

也李氏云長下膝衣長至膝下也　注云幕布帷幕之布升數未聞也者周禮幕人掌帷幕幄帟綬之事鄭注帷幕皆以布為之幄帟皆以繒為之是記所云幕布即用以為帷幕之布而升數之多寡經傳無文故云未聞也王氏士讓云帷幕幄帟相將為用幄帟以繒細密柔軟則幕布亦取細密柔軟可知於親身宜也云屬幅不削幅也者謂布幅廣二尺二寸不削之而相著也此與生人喪衣制同詳喪服記枝屬幅下云長下膝又有裳於蔽下體深也者凡服衣上裳下有裳以蔽下體故衣不至膝此衣之長至膝下足以蔽下體矣而又有裳是於蔽下體深也

有前後裳不辟長及轂不辟質也轂足跗也凡他服短無見膚長無被土　疏　正義曰凡裳前三幅後四幅明衣之裳亦如之故云有前後裳也○注質毛本誤積校勘記云嚴徐通典通解楊氏俱作質與單疏述注合集釋作積兩無字釋文俱作不集釋上作不不下作無今案陳鳳梧本亦作質兩無字各本作無○云不辟質也者不辟為一句質也為一句辟謂辟積其要閒使上狹下寬也他裳辟示文此裳不辟示質也云轂足跗也者爾雅轂盡也足跗近地為足之盡處故云轂也云凡他服短無見膚長無被土者案深衣篇云短毋見膚鄭注衣取蔽形又

云長毋被土鄭注爲汙辱也此引之而云他服如是足見此長及轂者不嫌被土與他服異矣以其爲死者之裳一服不動故也敖氏云裳不辟之則其要廣而前後相掩者湙衺不開體不見矣長及轂爲蔽足也明衣之長下膝其裳之制復如是皆爲重形且異於生也

縓縪緆一染謂之縓今紅也飾裳在幅曰縪在下曰緆

疏正義曰注云一染謂之縓今紅也者謂古之縓卽漢之紅也集釋作今之淺紅也比他本多之淺二字喪服記注云縓淺絳也云飾裳在幅曰縪在下曰緆者謂飾裳之幅邊爲縪飾裳之下畔爲緆也鄭注湙衣云緣緆也孔疏謂解經緣字讀爲緆謂湙衣下畔也亦引此注爲證或曰縪與紕通緆與褑通襍記紕以爵韋六寸鄭注在旁曰紕士昏禮主人爵弁纁裳緇褑褑亦謂裳下緣也

緇純七入爲緇緇黑色也飾衣曰純謂領與袂衣以緇裳以縓象天地也

疏正義曰校勘記云注黑下嚴徐集釋俱無色字通解楊氏俱有　云飾衣曰純謂領與袂者謂飾衣之領及袂口也湙衣曰純袂緣純邊廣各寸半鄭注純謂緣之也緣袂謂其口也緣邊衣裳之側廣各寸半則表裏共三寸矣唯袷廣二寸案經於袂言純於衣裳之邊亦言純是對文異散則通也釋文云飾衣領袂口曰純裳邊側曰縪下曰

緆也本此注而文有增易云衣以緇裳以纁象天地也者葢取天玄地黃之義褚氏云衣之緇純裳之纁綼緆與生人異也敖於緇純連裳言姝混注義精矣○李氏云案自掘坎南順至緇純當在夏祝淅米之前疑脫簡在此

設握裏親膚繫鉤中指結于掔掔掌後節中也手無決者以握繫一端繞掔還從上自貫反與其一端結之

疏正義曰裏校勘記云唐石經徐本集釋通解要義楊氏俱作裏敖氏作裹今案陳鳳梧本亦作裹監本毛本俱誤作裹又掔各本誤掔校勘記云唐石經嚴本集釋俱作掔說詳士喪禮」此設握設於左手唐也上篇設決麗于掔自飯持之設握乃連掔謂設於右手也經不言左手設握之法故記明之上篇曰握手用玄纁裏今云裏親膚則纁在內玄在外矣此左右握所同亦因經未言故記之也　注云掔掌後節中也者詳上篇云手無決者謂右手有決此左手無決則其設法畧姝也云以握繫一端繞掔還從上自貫反與其一端結之者賈疏云兩端各有繫先以一端繞掔一匝還從上自貫又以一端鄉上鉤中指反與繞掔者結於掌後節中是也敖氏謂握手唯一而已與決同設於右手褚氏云握所以護指也設握男女俱有設決唯男子右手耳無決之手握則繫於掔

有決之手握則與決繫俱連於掔記兩下甚分明敖氏乃混而一之

經 **甸人築坅坎** 築實土其中堅之穿坎之名一曰坅

疏 正義曰賈疏云經直云甸人掘坎不云還使甸人築故記人明之

注云築實土其中堅之者初握之今實土其中塞之云築者恐其土鬆築之使堅也云穿坎之名一曰坅者玉篇引埤蒼云坅坎也坑也胡氏承珙云坅者穿坎之名後人以穿坎爲坅而坎亦謂之坅如闞本空隙之名因而穿空亦謂之闞然則坅亦掘也築坅坎者猶言築其所掘之坎耳

隸人涅廁 隸人罪人也今之徒役作者也涅塞也爲人復往褻之又亦鬼神不用

疏 正義曰注云隸人罪人也今之徒役作者也案周禮有司厲司隸罪隸蠻隸閩隸夷隸貉隸者等官司厲注云主盜賊之兵器及其奴者又其職曰其奴入于罪隸注故知隸人罪人也司隸注云隸給勞辱之役者漢始置司隸亦使將徒治道溝渠之役故云今之徒役作者也檡官云司隸職曰邦有喪紀之事則役其煩辱之事鄭彼注引此經爲證周禮五隸之下各有隸民此隸人蓋五隸之民君使之來供役事者也云涅塞也者盛氏云涅敜通書云敜乃穽注亦訓爲塞與此合云爲人復往褻之者以处者之廁恐人復往褻之故塞之也云又亦鬼神

不用者盧氏詳校云亦一作以謂死者爲鬼神可不用廁也此皆釋所以塞之之義賈疏云若然古者非直不共湢浴亦不共廁也案釋名廁襍也言人襍廁在上非一也或曰溷言溷濁也或曰圊言至穢之處宜常修治使潔清也說文廁清也段氏注云清圊古今字似釋名所云人襍廁非一者是後代之制古則人各一廁矣或曰人不必異廁但有死者則塞之不用而別爲廁也

既襲宵爲燎于中庭 宵夜 疏 正義曰士死日而襲二日小斂三日大斂盛氏云經言爲燎于小斂後在死之第二日嫌始死之日不設燎故記明之○案記自乃卒設牀第以後至此皆始死日事也

右記沐浴含襲時職司服物

厥明滅燎陳衣 記節 疏 正義曰注云記節者記陳小斂衣之節也當襲之明旦滅燎時陳之上篇大斂言厥明滅燎陳衣于房小斂不言滅燎故記補之也

凡絞紟用布倫如朝服 凡凡小斂大斂也倫比也今文無紟古文倫爲輪 疏 正義曰絞紟詳上篇襍記曰朝服十五升此絞紟所用之布與朝服

布同故云倫如朝服注云凡凡小斂大斂也者以其言凡非一故知兼小斂大斂言也云倫比也者中庸毛猶有倫鄭注亦云倫猶比也云今文無紟者敖氏云紟不必言凡與絞連文耳大斂有紟小斂無之古今文疏義云紟雖小斂所無記者欲明用布紟與絞同不應有絞無紟喪大記亦云絞紟如朝服故鄭從古文有紟字今案凡兼小斂大斂言則當有紟矣云古文倫爲輪者詳公食禮雍人倫膚七下

設棜于東堂下南順齊于坫饌于其上兩甒醴酒酒在南篚在東南順實角觶四木柶二素勺二豆在甒北二以竝籩亦如之棜今之轝也角觶四木柶二素勺二爲夕進醴酒兼饌之也勺二醴酒各一也豆籩二以併則是大斂饌也記於此者明其他與小斂同陳古文角觶爲角柶

疏正義曰東堂下即堂東也南順以北爲上也齊于坫謂南與堂隅之坫齊也饌于其上謂下甒篚豆籩皆陳于棜上蔡氏云酒在南北上也篚在東在甒之東也實謂觶柶勺俱實于篚而陳于棜上也敖氏云豆當在籩北乃云甒北者設豆之時未有籩也故但取節於甒○校勘記云注素勺下嚴徐本無三字楊氏無此句與疏合

集釋通解俱與今本同爲夕進醴酒夕嚴徐本作少集釋通解楊氏俱作夕張氏曰疏少作夕從疏今案此二條從集釋各本　云棜今之轝也者詳特牲棜在其南下吳氏廷華云棜有三特牲棜以實獸少牢棜卽斯禁此棜以陳餜是也云角觶四木柶二素勺二爲夕進醴酒兼餜之也者李氏云醴用觶一柶一酒用觶一而實四觶二柶者後奠醴酒不同今器故兼餜之吳氏云蓋兼兩奠言以奠此始徹彼也或以小斂無夕奠爲疑盛氏云周人斂用日出是日仍有夕奠敖謂爲明日朝奠非也褚氏云夕進醴酒以後一日兩奠故併夕奠所用亦陳之今案盛氏褚氏之說是也云勺二醴酒各一也者謂醴與酒各用一勺也禮經釋例云斞酒之器曰勺鄉飲酒兩壺加二勺鄉射兩壺左玄酒皆加勺士冠禮側尊一甒醴有篚實勺觶角柶是醴亦用勺也餘詳士冠禮然據此注專釋勺二則似上注木柶二下無素勺二之句楊本爲是矣云豆籩二以併則是大斂餜也者以小斂一豆一籩大斂乃有二豆二籩故知爲大斂餜也云記於此者明其他與小斂同陳者言大斂奠之不同於小斂奠者唯此豆籩二以併耳其餘所陳皆同故同記於此也朱子以此條爲大斂通用是矣敖氏則以爲專記大斂謂次當在衆主人布帶後不可從云古

文角觶爲角柶者案上篇東方之饌明云角
觶木柶則作角觶爲是故鄭不從古文也

凡籩豆實具設皆巾之

籩豆偶而爲具具則於饌巾之巾
之加飾也明小斂一豆一籩不巾

疏

正義曰凡
籩豆謂凡
小斂大斂之籩豆也實具設皆巾之此舉大斂之籩豆皆
巾以見小斂之籩豆不皆巾也注云籩豆偶而爲具具則
於饌巾之巾之加飾也者鄭以記言具爲指二豆二籩者
言之二豆二籩則實時設時皆巾之以爲飾也實者謂實
菹栗之屬于豆籩中卽饌時也注專以饌言者謂設時一
豆一籩亦巾唯饌則必二豆二籩乃巾故旣云具則于饌
巾之而又云明小斂一豆一籩不巾也張氏爾岐云皆者
皆東堂與奠所也二籩二豆者饌于東堂設于奠所皆巾
之也小斂一籩一豆惟至設于牀東乃巾
之方其饌堂東時則不巾矣說最明析

觶俟時而酌柶覆加之面枋及錯建之

時朝夕也檀弓曰朝
奠日出夕奠逮日

疏

正義曰張
氏爾岐云
觶雖豫陳必待奠時乃酌其酌醴之法旣酌醴以柶覆於
觶上使柄向前及其錯於奠所則扱柶醴中盛氏云醴酒
不豫酌取新也錯設於奠所也建之者插柶醴中葉在下
而枋向上也今案俟時而酌兼醴與酒言柶覆加之以下

乃專言進醴之法面枋謂　酌者以枋向身便於鍇而建之也張謂使枋向前似未確　注云時朝夕也者案上篇朝夕哭皆有奠又周人斂用日出知小斂大斂之奠亦在朝故以時爲朝夕之時而引檀弓爲證也逮日者謂日猶未沒鄭注檀弓云陰陽交接庶幾遇之是解日出與逮日之義也

小斂辟奠不出室未忍神遠之也辟襲奠以辟斂旣斂則不出於室設於序西南畢事而去之

疏正義曰辟奠謂移易之也辟讀如行辟人之辟

○校勘記云注畢事而去之通解無之字疏同　云未忍神遠之也者設奠所以依神是時尸在室若辟之於室外則與神遠故不出室是未忍神遠之也云辟襲奠以辟斂者此奠卽始死之奠謂之襲奠者以襲後仍設之也下辟斂字與避同言所以辟襲奠者爲避斂故也云旣斂則不出於室設於序西南畢事而去之者敖氏云舊說謂辟之設於室西南隅盛氏因謂注中序字爲室字之誤此說非也張氏爾岐云注不出於室設於序西南不字貫下八字褚氏云注則不出於室設於序西南十字爲句夫欲設於序西南則必出於室矣唯不設故不出也室中苟有隙地隨在可辟以此乃辟斂而遷之非改設也今案記云辟奠不出室據未斂時言卽褚氏所謂室中苟有隙地隨在可辟

也注云旣斂則不出於室明指旣斂言乃是補記所未備蓋以上篇徹小斂奠大斂奠皆改設於序西南此襲奠旣斂後亦無改設之事故云不出於室設於序西南也畢事而去之者謂俟奉尸侇堂設小斂奠訖乃去之也

無踊節 其哀未可節也 疏 正義曰注云其哀未可節也者是釋其義敖氏云踊節卽所謂要節而踊者也凡丈夫婦人之踊以徹奠者之往來爲節嫌此辟奠之時亦然故以明之今案敖氏以無踊節卽承上小斂辟奠言之其說甚是若謂無踊節卽踊無算則經已言之不必記也方氏苞引或說云小斂設奠及徹主人主婦皆要升降之節而踊此辟奠不出室中故無踊節與敖氏說合

旣馮尸主人袒髻髮絞帶衆主人布帶 衆主人齊衰以下 疏 正義曰上篇旣小斂主人西面馮尸踊無算主人髻髮袒衆主人免于房未言帶故記補之絞帶用苴敖氏云絞帶者繩帶也先言袒髻髮著其節也然則布帶者亦於旣免乃加之 注云衆主人齊衰以下者經記言衆主人不一義上篇始死主人入坐于牀東衆主人在其後此死者之衆子斬衰絞帶者也今云布帶故知爲齊衰以下之親詳下篇衆主人東卽位下

大斂于阼 未忍便離主人位也主人奉尸

斂於棺則西階上賓之【疏】正義曰阼阼階也上篇大斂時但云布席如初未言其處故記明之注云未忍便離主人位也者阼階乃主人位今大斂於此是未忍便離也云主人奉尸斂於棺則西階上賓之者案上篇主人奉尸斂于棺踊如初乃蓋注云所謂殯也殯則在西階上西階爲賓位故檀弓曰殯於客位又曰周人殯於西階之上則猶賓之也禮經釋例云周人之制大斂時猶以生人事之故于阼階上殯則以賓客事之始遷于西階上矣

大夫升自西階階東北面東上視斂【疏】正義曰注云視斂視大斂也上篇君視大斂主人西楹東北面升公卿大夫繼主人東上不言升自西階及階東東北面故記因記大斂于阼而并詳言之敖氏云階東者明大夫雖多亦不可以當階恐妨斂者之往來也吳氏廷華云北面東上近尸爲上今案李氏云此大夫未大斂而先至者其視斂位與君在之位同方氏苞云唯君親視斂然後有升卿大夫之禮君不在則賓不視斂不馮尸無堂上之事二說不同當從方說

旣馮尸大夫逆降復位中庭西面位【疏】正義曰上篇君視斂坐撫當心又云命主人馮尸不言命大夫馮尸略也君視斂尚撫之則大夫視斂亦必馮之明矣故記補

之逆降謂在西者先降也李氏云位在主人之南同朝夕哭位今案朝夕哭位主人堂下直東序西面卿大夫在主人之南故知亦西面也若有諸公則門東北面

巾奠執燭者滅燭出降自阼階由主人之北東　巾奠而室事已　疏　正義曰郝氏敬云大斂之奠設于室中奠畢加巾執燭者遂滅燭出此因上篇言燭升自阼階不言其降故託之今案由主人之北東者時主人在阼階下故執燭者由主人之北東行以反於饌東之位也注言此者以燭爲照室中之奠今巾奠而室事已故執燭者滅燭出也

右記小斂大斂二節中衣物奠設時會處所儀法

旣殯主人說髦　旣殯置銘於肂復位時也今文說皆作稅兒生三月鬋髮爲鬌男角女羈否則男左女右長大猶爲飾存之謂之髦所以順父母幼小之心至此尸柩不見喪無飾可以去之髦之形象未聞　疏　正義曰注鬋髮爲鬌鬌毛本作翦校勘記云陳閩監本集釋敖氏俱作鬋今案禮記內則作鬋從之　云旣殯置銘於肂復位時也者案上篇主人奉尸斂于棺主人降卒塗祝取銘置于肂主人復位之時乃說髦也喪大記小斂主人即位

於戸內卒斂主人袒說髦括髮以麻鄭注士旣殯說髦此云小斂蓋諸侯禮也士之旣殯諸侯之小斂於死者俱三日也云今文說皆作稅者詳士昏禮賈疏云此說及下經不說經帶二字皆作稅凡釋今古之文皆在注後此在注中者以文更有義者釋今古字訖乃更汎說即此注更釋髦義是也云兒生三月翦髮爲鬌男角女羈否則男左女右者本內則文彼注云鬌所遺髮也夾囟曰角午達曰羈也吳氏廷華云夾囟曰角兩角也午達曰羈在中也左右則一角而已云長大猶爲飾存之謂之髦所以順父母幼小之心至此尸柩不見喪無飾可以去之者此釋所以說髦之義也髦是幼小之狀長大猶以爲飾使父母見之若幼小然故內則子事父母雞初鳴必拂髦今旣殯則親亾喪中又不宜有飾故說去之喪大記孔疏云若父死說左髦母死說右髦二親並死則並說之而詩疏云父母有先死者于死三日說之服闋又著之若二親並沒則去之矣玉藻親沒不髦是也二疏不同詩疏爲是云髦之形象未聞者案釋名髦冒也冒覆頭頸也詩曰髧彼兩髦毛傳髧兩髦之貌髦者髮至眉子事父母之飾鄭箋未言髦制其注內則云拂髦振去塵著之髦用髮爲之象幼時鬌其制未聞也與此注同胡氏承珙云毛傳言髦髮至眉是實知

其形象而鄭注禮云未聞可見毛公時書康成已有不能盡見者矣惟據記云說髦內則注云振去塵著之曰說曰著自是假他髮爲之故毛云子事父母之飾鄭云長大猶爲飾存之是也

三日絞垂　成服日絞要經之散垂者　疏　正義曰上篇三日成服於奴之明日數之爲三日實則喪之第四日也此記云三日與彼同故云成服日絞要經之散垂者散垂謂小斂加經垂之不絞至是乃絞之大功以上同小功緦初而絞之不待三日也記因經未言絞垂之期故明之敖氏云將成服先絞其帶之垂者以其已在身故也其下冠衰屨亦可以所加之次言之

冠六升外縪纓條屬厭　縪謂縫著於武也外之者外其餘也纓條屬者通屈一條繩爲武垂下爲纓屬之冠厭伏也　疏　正義曰校勘記云外之者徐本集釋俱無之字通解楊氏俱有今案嚴本亦有○自此至哭晝夜無時俱詳喪服斬衰傳下

衰三升　衣與裳也

屨外納　納收餘也

杖下本竹桐一也　順其性也

居倚廬　倚木爲廬在中門外東方北戶

寢苫枕塊　苫編藁塊堛也　疏　正義曰注藁毛本作藁校勘記云釋文从禾無艸監本亦从禾案从禾是無艸非今案嚴本作藁○方氏苞云旣殯就次

而後有苫塊則未殯之前有坐起而無寢興明矣餘詳喪服斬衰傳**不說絰帶**哀慼不在於安疏正義曰校勘記云說監本誤作設**哭晝夜無時**哀至則哭非必朝夕疏正義曰李氏云始喪至殯哭不絕聲既殯哭晝夜無時既卒哭惟朝夕哭既練朝夕哭或一日二日哀至則哭亦無時餘詳喪服斬衰傳止**非喪事不言**不忘所以爲親疏正義曰曲禮云居喪未葬讀喪禮亦非喪事不言之意王氏紃解云喪服四制曰不言而事行者扶而起言而後事行者杖而起庶人面垢而已士言而事行故於喪則言非喪事不言也今案注云不忘所以爲親者哀甚不他及也**歠粥朝一溢米夕一溢米不食菜果**不在於飽與滋味粥糜也二十兩曰溢爲米一升二十四分升之一實在木曰果在地曰蓏疏正義曰詳喪服斬衰傳下**主人乘惡車**拜君命拜衆賓及有故行所乘也襍記曰端衰喪車皆無等然則此惡車王喪之木車也古文惡作堊疏正義曰注王毛本誤作玉云拜君命拜衆賓及有故行所乘也者謂居父母喪不宜出今乃記其所乘之車者因拜君命等事而出行也君命拜衆賓見上篇三日成服條內有故謂如筮宅主人拜

皆往檀弓有殯聞遠兄弟之喪雖緦必往是也案後世謝
孝之禮多藉口於此徐氏乾學云古之所重者君命君有
賜不可不拜謝故因拜君而即拜衆賓後世大臣之没及
大臣之父母没例得蒙君之惠初未嘗有凶服往拜之禮
獨柰何於遠客之弔而僕僕拜謝之哉蓋離苫次而奔走
道途鈌朝夕之饋奠此非禮之甚也云襍記曰端衰喪車
皆無等者彼注云喪車惡車也喪者衣衰及所乘之車貴
賤同孝子於親一也云然則此惡車王喪之木車也者周
禮巾車王之喪車五乘其一爲木車鄭注此始遭喪所乘
故據襍記喪車貴賤同而知此惡車即周禮之木車也云
古文惡作堊者周禮喪車其次爲素車鄭彼注云素車以
白土堊車或據古文作堊遂以惡車爲素車非也惡車謂
麤惡之車與惡衣惡食文法相類喪車五乘本有等差木
車最爲麤惡故始喪乘之古今文疏義云此記乘惡車專
指木車不包素車等古字惡堊互僭周禮則守祧黝堊之
禮記廬堊室之中釋文竝云堊本作惡是二字本可僭用
但此經若作堊涵於素車
故鄭從今文惡其說是也

白狗幦

未成豪狗幦覆笭也以狗皮爲之取其臑也白於喪飾宜古文幦爲冪

疏 正義曰校勘記云注陸氏曰笭本或作軨冪釋文作幕云音莫集釋作幕今俱從嚴

本○云未成豪狗者爾雅釋畜文豪謂長毛也廣雅䡐謂之豪云䈏覆笭也者周禮巾車木車犬複字作複先鄭亦以覆笭解之詩韓奕鞹鞃淺幭毛傳云幭覆式也字作幭曲禮大夫士去國素蔑又作蔑玉藻君羔帶虎犆少儀拖諸䈏皆作䈏鄭注竝云覆笭也何注公羊亦訓䈏爲覆笭考覆笭與覆式同義釋名云笭橫在車前織竹爲之孔笭笭也式亦在車前故毛傳又謂之覆式是䈏複幭蔑字異而音義皆同覆笭或作覆軨者軨亦車前木也笭字从竹禮記注俗本从艸作苓誤云以狗皮爲之取其臑也者段氏玉裁云臑之言濡也濡者柔也蓋取柔軟之意云古文䈏爲冪者古今文疏義云鄭注禮經以今文䈏爲正字古文冪爲僭字公羊戴記皆今文故多作䈏冪乃幎字爲覆幎之通稱今案鄭從䈏者取與公羊戴記合也

蒲蔽

蔽蕃

疏 正義曰以蒲草爲蔽也巾車亦云木車蒲蔽注訓蔽爲藩者一切經音義引倉頡云藩蔽也二字互訓詩韓奕簟茀錯衡鄭箋云漆簟以爲車蔽今之藩也爾雅釋器輿竹前謂之禦後謂之蔽郭注云以簟衣後戶是蔽在車之後也而鄭注巾車云蔽車旁禦風塵者則車兩旁亦有蔽矣

御以蒲菆

不在於驅馳蒲菆牡蒲莖古文菆作騶

疏 正義曰莖下毛本有也字校勘記云本

嚴徐楊敖俱無也字與疏合○御御車也御者平時以竹策馬此用蒲蔽故注云不在於驅馳也云蒲蔽牡蒲莖者說文蔽麻蒸也蓋取其皮以爲麻而其中莖謂之蒸亦謂之蔽因而凡物之莖皆謂之蔽故鄭以莖釋蔽也左傳宣十二年注云蔽好箭又云蒲楊柳可以爲箭張氏爾岐云蒲蔽楊柳之堪爲箭者御者以之策馬與爲蔽之蒲同名而異類恐非鄭義云古文蔽作騶者胡氏承珙云如廣雅稷穰謂之稭又玉篇云蔽麻莖古文作廲是也鄭以蔽爲正字故從今文又其說是已惠氏棟云漢書鼂錯傳錯上兵事云材官騶發矢道同的如淳曰騶矢也顏監曰騶矢之善者也春秋左氏傳作蔽字其音同耳是蔽與騶同也案漢書注據左傳以證騶與蔽同惠氏引之以明古文作騶之由非謂此經之蔽亦爲矢也

犬服

笭間兵服以犬皮爲之取堅也亦白今文犬爲大

疏

正義曰校勘記云注末五字今本脫嚴徐集釋俱有與單疏標目合通解未刻　云笭間兵服者謂建於車笭間之兵服也巾車木車有小服鄭注服讀爲箙小箙弓劍短兵之衣是也云以犬皮爲之取堅也者吉時或以魚獸皮爲之此用犬皮是取其堅也云亦白也者上齊用白狗皮注云白於悉飾空故知此亦用白也云今文犬爲大者由形近致誤也

木

錧取少聲今文錧爲鎋〔疏〕正義曰注云取少聲者常時錧用金此用木木少聲也云今文錧爲鎋者此亦形近致誤古今文疏義云案錧卽轄說文輨轂耑錔轂在輪中其裏以貫軸其表以湊輻錔者以金有所冒也轂孔之裏以金裏之曰釭轂孔之表以金表之曰輨輨本從車以其用金故字或从金作耳說文舛部舝車軸耑鍵也金部鍵一曰轄也車部轄一曰鍵也是轄與舝同以鐵豎貫軸頭而制轂者轄本從車亦以用金故或作鎋孟子題辭五經之錧鎋祝睦碑七政之錧鎋皆從金是也唯錧與鎋截然二事錧不可以爲轄車之有聲由轂與軸相切而作轂耑用木故少聲若鎋以鍵軸非聲之所出故鄭從古文錧也

約綏約轡約繩綏所以引升車〔疏〕正義曰注云約繩者詩小戎竹閉緄縢毛傳縢約也閟宮朱英綠縢毛傳縢繩也是約與繩爲一故哀十一年左傳人尋約注亦云約繩也小爾雅云大者謂之索小者謂之繩約綏約轡言以約爲綏以約爲轡也敖氏云吉時二者皆以絲爲之歟云綏所以引升車者孔子升車必正立執綏是綏所引以上車之索也轡御者所執以御馬之索也釋名轡拂也牽引拂戾以制馬也爾雅轡首謂之革蓋以一頭用革繫於馬勒而以一頭執於御之手也一馬二轡大夫以上

四馬當八鑾，而詩云六鑾在手者，以有二鑾繫於車軾前也。**木鑣**亦取少聲。古文鑣爲苞。疏正義曰：爾雅鑣謂之钀，郭注：馬勒旁鐵。詩碩人釋文：鑣，馬銜外鐵也，一名扇汗，又曰排沫。是鑣以鐵爲之，此用木，故注云亦取少聲也。云古文鑣爲苞者，釋名：鑣，苞也，在旁苞斂其口也。是苞與鑣通，但鑣爲正字，故鄭從今文耳。**馬不齊髦**齊，翦也。今文髦爲毛。主人之惡車，如王之木車，則齊衰以下其乘素車、繅車、駹車、漆車與？疏正義曰：注云齊，翦也者，案爾雅釋文：毛中之長豪曰髦。齊髦，明是翦剔其長者使之齊也。敖氏云：馬不齊髦，所謂髦馬也。今案曲禮大夫士去國乘髦馬，鄭注：髦馬，不鬄落也。孔疏：古則翦剔馬毛爲飾，凶則無飾，不翦而乘之也。云今文髦爲毛者，廣雅：髦，毛也。二字雖通，但曲禮疏以鬃鬣言，髦則如人之坐髦，自指在首者言之，不得泛云毛，故鄭從古文髦也。云主人之惡車，如王之木車，則齊衰以下其乘素車、繅車、駹車、漆車與者，案此因主人乘惡車而推廣言之也。周禮巾車王之喪車五乘，彼注云：木車，始遭喪所乘；素車，卒哭所乘；繅車，既練所乘；駹車，大祥所乘；漆車，禫所乘。賈疏云：士之喪車亦當五乘，主人乘惡車，齊衰乘素車，與卒哭同；大功乘繅車，與既練同；小功乘駹車，與大祥同；緦麻乘漆車，與既禫同主人至卒哭以後哀殺故齊衰以下節級與主人同故鄭爲此義也張氏惠言云此注因惡車而差之其實士吉時乘棧車不漆無有緫反乘漆車之理緫與小功竝當駹車也賈附會之非是

主婦之車亦如之疏布裧裧者車裳帷於蓋弓垂之

疏 正義曰云主婦之車亦如之者謂亦如主人惡車之制也其異者疏布裧耳故言於亦如之之下也敖氏云婦人之車必有裧而蔥車則以疏布爲之則吉時不然也主婦乘車而出者拜夫人之命及女賓之弔者也○注詳士昏禮

貳車白狗攝服貳副也攝猶緣也狗皮緣服差飾

疏 正義曰敖氏云主人主婦皆有貳車各得用二乘與其所乘者而三士昏禮從車二乘是其數也凡貳車之數天子十二上公九侯伯七子男五孤卿大夫三士二乘也此貳車亦惡車也吳氏紱云昏與喪皆大禮昏則攝盛喪中拜君命拜賓重其事故出必備貳車今案服亦盛兵器者與上犬服之服義同　注云攝猶緣也者謂以白狗皮爲服而緣其邊也云狗皮緣服差飾者上犬服無緣此有緣故云差飾也方氏苞云此貳車眾主人所乘也故服以白狗加攝焉以別於主人之斬衰者又以見犬服不緣也今案周禮木車犬𧜵尾櫜疏飾鄭注犬白大皮既以

皮爲覆笭又以其尾爲戈戟之弢麤布飾二物之側爲之麤緣若攝服云案攝服卽指此經言之然則此服亦緣以麤布蔽又周禮喪車五乘禛皆有飾此惡車之䋣無飾又無尾櫜則雖云喪車無等而其實亦有不必盡同者矣**其他皆如乘車**如所乘惡車疏正義曰其他謂白狗攝服之外如白狗䋣以至馬不齊髦之類貳車皆與主人主婦所乘之車同故注云如所乘惡車也然則貳車之異於乘車者唯攝服耳

右記殯後居喪者冠服飲食居處車馬之制

朔月童子執帚卻之左手奉之童子隸子弟若內豎寺人之屬執用左手卻之之示未用疏正義曰說文帚所以糞也从又持巾埽冂內古者少康初作箕帚段氏注云持巾者埽之事昉於拂拭因巾可拭物乃用萑芀黍梨爲帚拂地矣今案爾雅釋草云葦醜芀說文芀葦華也繫傳云芀者拙條搖遠生華而無莩蕚也今人取之以爲帚曰苕帚是也朔月月朔也記自疾病外內皆埽後至此始言埽室則其他時蓋不埽矣注云童子隸子弟者桓二年左傳云士有隸子弟服注云士卑自以其子弟爲僕隸祿不足以及宗是其有隸子弟

也云若內豎寺人之屬者釋官云周禮內豎注云豎未冠
者之官名又其職注云使童豎通內外之命古者內豎之
官必以童子爲之故鄭舉以爲況內豎與寺人連職故幷
及之非謂士有此官也士卑不得有若大夫則有之矣云
執用左手卻之示未用者案記云卻之是言執帚之時以
末向上左手卻之示未用是言其執之用左手故注云執
而末在上明示未用也未用者未入室也或疑一手不得
言奉不知奉之言持謂以左手持之廣雅釋詁云奉持也

從徹者而入童子不專禮事【疏】正義曰徹者謂徹宿奠者注云童子不專禮事謂童子不得以禮事自專故從徹者而入也方氏苞云玉藻見先生從人而入平時且然喪事縱縱故進退皆從執事之人

比奠舉席埽室聚諸窔布席如初卒奠埽者執帚垂末內鬣從執燭者而東比猶先也室東南隅謂之窔【疏】正義曰校勘記云窔徐陳釋文集釋通解俱作宎注同陸氏曰本又作窔垂末徐本作末唐石經集釋通解要義楊敖俱作末張氏曰監巾箱杭本末作末從諸本今案作窔作末是也嚴本誤與徐本同陳鳳梧本毛本俱作窔作末○上文童子從徹者入此從執燭者出者李氏云入

時燭先徹者童子從徹者出時徹者先燭童子從燭童子常後於成人敖氏云此埽室之節蓋於旣徹則爲之如初亦東面也是時坐末內鬣則鄉者卻之其皆反是歟今案旣徹乃舉席而埽埽畢乃布席而奠埽者待奠畢乃出末帚末也用以埽者末形似鬣內之者以鬣向身也坐末而內其鬣恐塵觸人也從執燭者而東者亦降阼階東行復位也○校勘記云注室下集釋有中字張氏曰疏有中字今案嚴本及各本俱無 云比猶先也者爲將奠而埽室以致其潔清故須在奠先也祭義曰比時具物鄭注比時猶先時也是其義也云室東南隅謂之窔者爾雅釋宮文郭注謂窔亦隱闇今案聚諸窔恐塵之惕故暫聚於隱闇處而後去之也郝氏懿行爾雅義疏云窔者說文作宎云戶樞聲也室之東南隅穴部窔云宎窔㴱也是宎爾雅假借作窔故釋名云東南隅曰窔窔幽也亦取幽冥也貳從宀作宎誤矣漢書又作穾穾字亦从穴可知作窔爲正也

燕養饋羞湯沐之饌如他日

燕養平常所用供養也饋朝夕食也羞四時之珍異湯沐所以洗去汙垢內則曰三日具沐五日具浴孝子不忍一日廢其事親之禮於下室日設之如生存也進徹之時如其頃

疏

正義曰饋集釋作餽盧氏詳校云沐从术譌注

洗去之洗陸音悉禮反又云劉本作淬七對反○餕陳設
也他日謂生時也　注云燕養平常所用供養也者謂平
常燕居所用以供養者卽饋羞湯沐是也云饋朝夕食也
者謂平時朝夕之食非喪中之朝夕奠也云羞四時之珍
異者案周禮庖人注云致滋味爲羞文十六年左傳云時
加羞珍異故知羞爲四時之珍異也云湯沐所以洗去汗
垢者說文湯熱水也論衡沐去首垢浴去身垢湯沐用湯
爲沐故云洗去汗垢也不言浴可知內則曰五日則燂湯
請浴三日具沐此子事父母之禮故禮引以爲證也云孝
子不忍一日廢其事親之禮於下室日設之如生存也者
言此燕養饋羞湯沐皆親生時所日具者今孝子不忍死
其親而廢之故每日於下室設之如生存時也下室燕寢
也其制詳士昏禮必知設於下室者以非正奠且據下云
朔月若薦新則不饋于下室故知此燕養之餕在下室也
張氏爾岐云朝夕之奠與朔月之奠設于殯宮燕養之餕
設于下室吳氏紱云燕寢曰下室見正寢爲上室也旣奠
于上室而又饋于下室者亦孝子求神非一處之意云進
徹之時如其頃者謂如食頃也褚氏云朝夕殷奠等則將
設後奠乃徹前奠此餕則旋進旋徹其閒少待如平生進
食頃耳故云進徹之時如其頃今案此餕在燕寢敖氏謂

蓋使人爲之孝子不親視之也記曰在堊室之中非時見乎母也不入門說者謂居廬時絶不入門是也

朔月若薦新則不饋于下室以其殷奠有黍稷也下室如今之內堂正寢聽朝事疏正義曰若及也與也○注云以其殷奠有黍稷也者朔月薦新之奠盛於朝夕故謂之殷奠大夫以上月半有奠亦謂之殷奠上篇朔月奠有黍稷又云有薦新如朔奠則亦有黍稷矣蓋朝夕常奠唯有醴酒脯醢無黍稷下室之饋兼有黍稷故奠于正寢而又饋于下室若殷奠自有黍稷故不須于下室更饋也釋例云凡奠于殯宮皆饋于下室唯朔月及薦新不饋是也云下室如今之內堂者下室卽燕寢在正寢之內故舉漢之內堂以況之云正寢聽朝事者士亦有臣則亦有朝以聽事天子諸侯聽朝事于路寢故知士亦有正寢以聽朝事也玉藻曰朝玄端夕深衣鄭注謂大夫士也孔疏謂大夫士早朝在私朝服玄端夕服深衣是其證也

右記朔月及常日埽潔奉養之事

筮宅冢人物土物猶相也相其地可葬者乃營之疏正義曰冢人詳上篇○注云物猶相也者

言物與相同物土卽傳所謂物土之宜也相卽詩相其陰陽之相云相其地可葬者乃營之者古者族葬兆域雖同而土壤有厚薄水泉有淺深故必須相其地之可葬與否而後營之也上篇曰冢人營之張氏爾岐云經但言筮記明其先相之乃筮之也

卜日吉告從于主婦主婦哭婦人皆哭主婦升堂哭者皆止事畢　疏　正義曰校勘記云曰通解敖氏俱作日與單疏標目合周學健云敖氏注云日人質反蓋恐人誤讀耳今案唐石經嚴本俱誤作曰○卜日卜葬之日也張氏爾岐云經但言主婦哭不言衆婦人皆哭與哭止之節故記詳之今案告從于主婦主婦哭卽上篇占曰某日從告于主婦主婦哭也卜日在廟門外初時主婦立于東扉內旣得吉乃由扉內升堂復位而哭止故注云事畢也

右記筮宅卜日首末事

啟之昕外內不哭將有事爲其讙囂旣啟命哭古文啟爲開　疏　正義曰校勘記云外內要義倒與賈疏合今案石經及各本俱作外內○自記首至筮宅卜日皆記士喪禮上篇事此啟之昕以下至末則記下篇

既夕後事也賈疏云經唯言婦人不哭不言男子故記明之注云將有事將啟殯也爲其讙囂故不哭旣啟命哭詳下篇啟殯節古文啟爲開詳士昏禮

夷牀輁軸饌于西階東

明階閒者位近西也夷牀饌於祖廟輁軸饌於殯宮其二廟者於禰亦饌輁軸焉古文輁或作拱

疏正義曰夷牀輁軸饌處不同而併言之者以其西階東是同且輁軸經未言饌處故因記輁軸而併記夷牀也○校勘記云注張氏曰監本云爲拱從監本案張說與單疏標目合今案嚴本及各本俱作作云明階閒者位近西也者案記云西階東是近西也賈疏云以正經直云階閒恐正當兩階之閒故記人明之云夷牀饌於祖廟輁軸饌於殯宮者夷牀爲朝祖時正柩所用故饌於祖廟輁軸爲啟殯時遷柩所用故饌於殯宮云其二廟者於禰亦饌輁軸焉者以二廟者先朝禰後朝祖則自禰適祖遷柩仍須用輁軸故知於禰亦饌之也但據下朝于禰廟亦云正柩則于禰當亦饌夷牀矣云古文輁或作拱者古今文疏義云說文無輁字許意葢從古文鄭以輁從車爲正字古文拱爲假借字故從今文士喪禮升棺用軸及此篇遷于祖用軸注幷云軸輁軸也

右記啟殯朝祖之事

其二廟則饌于禰廟如小斂奠乃啟祖尊禰卑也士事祖禰上士異廟下士共廟【疏】正義曰云其云則者以下記二廟者異於一廟之事故言此以別之也張氏爾岐云將啟先具此一鼎一豆一籩之奠于禰廟旣啟朝禰徹從奠乃設之王氏紃解云禰祖二廟皆饌禰如小斂奠特豚一鼎祖則如大斂奠三鼎也今案設大斂奠于祖廟即此篇經所陳是也記人唯記其異者故不言祖廟之饌耳禰祖二廟同日朝畢辨見下注云祖尊禰卑也者以禰卑於祖故饌如小斂奠降於祖也士事祖廟云云詳經設盥于祖廟門外下褚氏云祖禰共廟則統于祖矣有二廟者則先禰後祖由近及遠之義也敖氏乃謂柩過禰廟因而朝之似意不在禰者不敬孰甚焉

朝于禰廟重止于門外之西東面柩入升自西階正柩于兩楹閒奠止于西階之下東面北上主人升柩東西面衆主人東即位婦人從升東面奠升設于柩西升降

自西階主人要節而踊重不入者主於朝祖而行若過之矣門西東面待之便也疏正義曰此朝于禰廟與經所載朝祖之儀略同唯重止于外門不入爲異耳敖氏云是時卽要節而踊亦其異於祖廟者吳氏廷華云奠止于西階之下經不言西階衆主人東卽位經不言主人今案此特文有詳略耳奠謂從奠經于正柩後設從奠云席升設于柩西奠設如初巾之此不云巾之者蓋卽朝祖不久設也要節而踊詳前注云重不入者主於朝祖而行若過之矣者謂主於朝祖故不入禰廟也敖氏云重不入者以旣奠則柩行不久亦留于此故也似敖說是云門西東面待之便也者以祖廟在禰廟東重止于門外之西東面柩朝祖重卽先柩鄉東而行不易面位故云便也

燭先入者升堂東楹之南西面後入者西階東北面在下照正柩者先先柩者後後柩者適祖時燭亦然互記於此疏正義曰入入禰廟也言後入者西階東北面而又言在下者明其不升堂也注云照正柩者言此二燭皆所以照正柩也云先先柩者謂先柩而入卽經遷祖時柩前之燭也後後柩者卽遷祖時從柩之燭也云適祖時燭亦然者明在祖廟時照正柩亦如是也云互記於

此者蓋燭在道則一在柩前一在柩後燭入廟則一升堂一不升堂朝禰朝祖皆然經但言在道之先後而未言入廟之升與不升故於此互記之也**主人降即位徹乃奠升降自西階主人踊如初**如其降拜賓至於要節而踊不薦車不從此行【疏】正義曰升下毛本無降字校勘記云唐石經嚴本徐本通典集釋楊敖俱有降字通解無石經考文提要云監本沿通解之誤今案經云升降自西階則有降字是也徹者徹從奠乃奠者奠其如小斂之饌也主人踊如初亦要節而踊也經於朝祖節正柩後設從奠訖云主人降拜賓即位至徹者升自阼階降自西階乃奠如初升降自西階主人要節而踊此朝禰之儀略如之之故注云如其降拜賓至於要節而踊也但朝祖有薦車之事此無之以朝禰後仍須朝祖葬日柩從祖廟行不從禰廟行故注云不薦車不從此行也

右記二廟者啟殯先朝禰之儀

祝及執事舉奠巾席從而降柩從序從如初適祖此謂朝禰明日

舉奠適祖之序也此祝執醴先酒脯醢俎從之巾席爲後旣正柩席升設設奠如初祝受巾巾之凡喪自卒至殯自啟至葬主人之禮其變同則此日數亦同矣序從主人以下今文無從

疏 正義曰祝及執事舉奠卽上遷禰之奠如小斂奠者也有二廟者自禰適祖卽以遷禰奠爲從奠云巾席從而降則舉奠者先降矣柩從從奠也序從謂主人以下男女從柩而出也如初謂出殯宮時也適祖朝祖也案注以此謂舉奠適祖之序是矣但鄭義以朝禰朝祖異日故以此適祖爲在朝禰之明日敖氏則以朝祖與朝禰同日後人多從敖而駁鄭郝氏敬云鄭謂一日朝廟適祖當在次日然本文不言厥明鄭說未然姜氏兆錫云朝禰禮與朝祖多同其異者唯重止門外廟不設重柩不設夷牀奠亦不設巾三者爲異耳以此推之則朝禰後恐卽當朝祖故三者不設也若每一廟卽停一日則三者當無不設之理而重止門外露處一越宿尤非孝子事亾如事存之義也方氏苞云注爲日朝一廟之說不知重止于門外而不入奠徹而從于祖廟則竝在一日明矣賈疏乃據序從如初謂燭在其中朝禰與祖必各分一日不知此正必不可分爲二日之徵也蓋朝禰甚早至祖廟猶未辨明故必以燭從也巾席從奠以降而柩卽從經文顯著不

待辨而明矣盛氏世佐云以經文考之絕無可以爲二日之證江氏筠云此朝二廟當亦一日而畢注謂明日適祖非也旣朝二廟則知祖禰各在其廟注於士虞謂士之皇祖于卒哭亦反其廟者亦非也今案諸儒之辨甚明賈據序從有燭爲證考經言遷祖之次云重先奠從燭從柩從此柩卽從從奠無燭從之文當以敖氏適祖時不用燭之說爲正至序從鄭明謂主人以下亦不得兼有燭也　注云此祝執醴先酒脯醢俎從之巾席爲後者此略依上篇設小斂奠之文見巾席在後以釋此記巾席從之義也云旣正柩席升設設奠如初祝受巾巾之者此言適祖後旣正柩設從奠之事也記不言適祖後朝祖之儀者以巳具於經也云凡喪自卒至殯自啓至葬主人之禮其變同則此日數亦同矣者姜氏云注以變禮同于自卒至殯而謂自啓至葬之日數亦同似也然如其說則祖禰異廟者其日數固同矣若其祖禰同廟者朝祖後更無廟可朝將無故又停一日以同其數乎此可決其非矣今案姜說是也云序從主人以下者詳經遷祖節主人從下云今文無從者鄭以序下無從字則義不明故從古今也

右記二廟者自禰適祖之儀

薦乘車鹿淺幦干笮革靾載旜載皮弁服纓轡貝勒縣于衡士乘棧車鹿淺鹿夏毛也幦覆笭玉藻曰士齊車鹿幦豹犆干盾也笮矢箙也靾韁也旜旌旗之屬通帛爲旜孤卿之所建亦攝焉皮弁服者視朔之服貝勒貝飾勒有干無兵有箙無弓矢明不用古文靾爲紲旜爲膳

疏　正義曰校勘記云干笮石經補缺干誤作于○此乘車及下道車槀車皆所謂魂車也經於祖廟但云薦車直東榮北輈末言車有三及所載物故記詳之敖氏云衡輈端橫木以駕馬者旣夕禮曰薦馬纓三就入門北面交轡圉人夾牽之則是薦馬時纓轡皆在馬身矣此乃謂纓轡貝勒縣于衡其指薦馬前後之時而言歟蓋事至則加之旣則脫之而置於此也○注鹿幦毛作辟校勘記云嚴徐通典集釋通解要義楊敖俱作幦陸氏曰韁劉本作繣音獲有箙無弓矢要義無弓字今案嚴本有　云士乘棧車者巾車文鄭謂此乘車卽棧車也禮經釋例云注說疑非此乘車當亦攝盛用墨車君賵賓奠幣于棧此謂柩車非乘車也云鹿淺鹿夏毛也幦覆笭者周禮巾車藻車鹿淺禨鄭注以鹿夏皮爲覆笭蓋夏時鹿毛新生故淺也玉藻曰士齊車鹿幦豹犆彼注云犆謂緣也臣之朝車與齊車同飾

鄭引以爲士車用鹿幦之證云干盾也笮矢箙也者詳經
役器甲冑干笮下云鞁韇也者鞁說文作紲云系也或作
緤韇說文作韣云馬紲也是紲與韣爲一此从革作鞁者
據記云革鞁是以革爲鞁故鞁韇字俱从革釋名韇彊也
繫之使不得出彊限也五經文字云今經典通用韇云旜
旌旗之屬通帛爲旜孤卿之所建亦攝焉者周禮司常孤
卿建旜大夫士建物此士而用旜是攝也釋例云喪有攝
盛之禮士喪禮復者以爵弁服又陳襲事于房中纊極二
考極唯公射有之此攝盛也既夕禮大遣奠陳鼎五于門
外注云士禮特牲三鼎盛葬奠加一等注謂盛葬奠卽攝
盛也然則此注云亦攝者承上數者而言也云皮弁服者
視朔之服者玉藻諸侯皮弁以聽朔於太廟時君臣同服
是皮弁服爲視朔之服也聘亦用皮弁服詳聘禮方氏苞
云車各載生時所服何也柩入壙歛而載於柩車迎精而
反將以設於寢廟也旜可攝而服止於皮弁何也爵弁服
盡用之於襲歛也乘車載旜攝盛以觀示國人昭君之恩
禮也而歛而載歸設於寢廟者不得踰其爵等故喪車惟
載皮弁朝服也云貝勒貝飾勒者貝水物以之飾勒也說
文勒馬頭絡銜也釋名勒絡也絡其頭而引之也段氏說
文注云金部銜馬勒口中此云絡銜者謂絡其頭而銜其

儀禮正義卷三十一

口可控制也廣韻云石虎諱勒呼馬勒爲轡此名之不正也張氏聰咸云轡勒異物自東晉時後趙呼馬勒爲轡於是涸爲一物今案轡巳詳前此記旣云轡又云貝勒則其爲二物自見云有干無兵有箙無弓矢者周禮會同軍事車上亦建五兵又箙爲盛弓矢器此有干而無兵有箙而無弓矢故云五兵不用也云古文韎爲殺者古今文疏義云作殺者聲近假借字云擔爲膳者詳聘禮

道車載朝服道車朝夕及燕出入之車朝服日視朝之服也玄衣素裳

疏正義曰吳氏廷華云道車次于乘車故載朝服其飾亦當少殺也○校勘記云注之服二字嚴徐本倒集釋通解俱與今本同今案陳鳳梧本亦作之服云道車朝夕及燕出入之車者案周禮有道右道僕之官道右職云掌前道車鄭注道車象路也王行道德之車道僕職云掌取象路以朝夕燕出入鄭注朝朝莫夕此注蓋本周禮爲說玉藻曰朝玄端夕深衣是士亦有朝夕之禮及游燕出入之事當乘此車而假行道德之義以名之也但士不得有象路竊疑上乘車釋例謂爲墨車則此道車當郎棧車矣郝氏敬云道車文事之車亦本注義云朝服日視朝之服也玄衣素裳者詳士冠禮

櫜車載蓑笠櫜猶散也散車以田以鄙之車蓑笠備雨服今文櫜

爲潦凡道車槀車之纓轡及勒亦縣于衡也

疏 正義曰校勘記云槀嚴鍾通解要義楊敖俱从木唐石經徐本聶氏集釋俱从禾注同蓑毛本作簑唐石經嚴徐釋文聶氏集釋通解要義楊敖俱从艸注同今案現刻嚴本經注俱作槀或校勘記所見異也 注云槀猶散也散車以田以鄙鄭注田路木路也田田獵也鄙循行縣鄙此注因槀車在道車後旣取道僕之文解道車因即取田僕之文解槀車其云槀猶散謂此車爲散車非謂即木路也以田以鄙之車用以行野較爲麤散故云槀車也云蓑笠備雨服者詩無羊云何蓑何笠毛傳蓑所以備雨笠所以禦暑此注與彼異者汪氏龍云笠本以禦暑亦可禦雨故良耜傳又云笠所以御暑雨也今案越語云譬如蓑笠時雨旣至必求之則笠亦備雨明矣笠互詳前蓑詩釋文云草衣也說文艸雨衣故字从艸云今文槀爲潦者古今文疏義云考工記輪人爲蓋上尊而宇卑則吐水疾而霤遠注云蓋者主爲雨設也乘車無蓋禮所謂潦車謂蓋車歟彼疏云注所謂潦車指儀禮今文言也案鄭注考工以蓋爲雨設故引潦車取備水潦之義其注儀禮必從古文作槀解云槀猶散也者周禮巾車曰凡良車散車不在等者注云作

之有功有沽彼疏云精作爲功則曰良麤作爲沽則曰說文稾木枯也亦與麤散義近故鄭云稾猶散也今文作散潦者蓑笠備雨潦特一端耳故鄭不從之今案士備三車亦攝盛也云凡道車稾車之纓轡及勒亦縣于衡也者記於乘車言纓轡貝勒縣于衡而道車稾車未言恐人疑其有異故注明之又注但言纓轡及勒而不言貝則道車稾車之馬勒未必以貝飾也

將載祝及執事舉奠戶西南面東上卒束前而降奠席于柩西將於柩西當前束設之

疏正義曰此記載柩于車之事也經但言載未言舉奠之儀與設席之處故記詳之王氏紃解云將載謂將下柩於庭而載之車也舉奠者執遷祖之奠於手以俟也吳氏廷華云祝及執事舉奠言舉不言設則執之俟卒載降奠也今案將載而先舉奠者以柩從西階降而奠設于柩西故舉以辟之也辟之而舉奠之人立于戶西南面東上則在柩北矣卒束前而降奠席于柩西此有數說敖氏云卒束前卒束之前也束未畢而先降奠席爲卒束卽奠故也郝氏敬云束載畢執奠者乃前以奠降此以前爲前行也張氏爾岐云卒束前而降謂舉奠者當束柩于車將畢之前卽降也盛氏云柩之載于車也前後各有束其法

葢先東前乃東後故舉奠者之降以卒東前爲節此當於奠字絕句惠氏棟云俗讀卒東前而降者非也經云降奠當前東初奠在堂上今降而下之是謂降奠今案前字之義當如盛解其句讀當以卒東前而降奠爲句降奠之義與經同席于柩西亦與經設于柩西同但經所言是堂上柩西此記所言則在堂下柩西耳　注云將於柩西當前東設之者此釋記席於柩西之義謂將於柩西當前東設奠故先於柩西設席也經言降奠當前東未言柩西故注兼明之

巾奠乃牆 牆飾柩也 疏 正義曰牆謂飾柩義詳經商祝飾柩下葢降奠當前東覆以巾訖而商祝乃飾柩經未言巾奠之事故記明之

抗木刊 剝削之古文刊爲竿 疏 正義曰經未言治抗木之法故記明之注云剝削之者賈疏云木無皮者直削之有皮者剝乃削之敖氏云兩面皆刊也云古文刊爲竿者古今文疏義云說文刊剟也从刀干聲廣雅剟削也刊正字竿古文假借字

茵著用茶實綏澤焉 茶茅秀也綏廉薑也澤澤蘭也皆取其香且御溼 疏 正義曰校勘記云著單疏標目從竹○經義逃聞云茵著用茶釋文著字無音案著讀爲褚夏小正七月傳曰爲薪褚之也廣雅曰茵薦蔣席也褚與著古字通上篇著組繫注云

著充之以絮也著亦與褚同今案著謂充于茵表裏之中記言著用荼而後言實綏澤則茵之著以荼爲主而兼實綏澤于中也經未言茵著故記明之○校勘記云注秀蒲鍠云釋文作莠案茅莠見釋文注中非摘鄭注御陸氏曰魚呂反劉本作衙音禦今案茅秀嚴本及各本俱作秀此字秀爲正他書有作莠者古字假借也濕毛本作溼是從之

云荼茅秀也者周禮掌荼掌以時聚荼以共喪事鄭共喪事者以著物也旣夕禮曰茵著用荼又云荼茅莠釋文莠音秀詩鄭風有女如荼毛傳荼英荼也鄭箋荼茅秀物之輕者飛行無常孔疏爾雅釋草有荼苦菜又有荼委葉邶風誰謂荼苦卽苦菜也周頌以薅荼蓼卽委葉也鄭於地官掌荼注及旣夕注與此箋皆云荼茅秀乃是茅草秀出之穗非彼二種也胡氏承珙毛詩後箋云姚氏詩識名解以釋草蔈荂荼爲卽有女如荼之荼案蔈荂荼郭注云卽芀猋藨芀注云皆芀荼之別名葦醜芀注云其類皆有芀秀是爾雅此三句相連皆言葦類之秀乃豳風予所捋荼之荼彼傳云荼萑苕也疏云茅藡之秀其物相類故皆名荼也今案夏小正七月秀雚葦又曰灌荼傳云荼雚葦之秀也是葦秀亦稱荼卽毛傳所謂萑苕也與茅秀名同實異鄭知茵著用茅秀不用葦秀者以茅秀白於葦秀

易曰藉用白茅詩曰白茅包之惑事宏白故也困學紀聞云詩茶有三誰謂茶苦苦茶也有女如茶茅秀也以蓐茶蓼陸草也今案子所捋茶萑苕也則詩茶有四矣云綏廉薑也者說文薑作薑云御溼之茶也又云蔆彊屬可以香口段氏注云既夕禮作綏綏者蔆之假借字廣雅廉薑蔆也王氏疏證云蔆或作綏引此記及注爲證又云或作葰劉逵吳都賦注引異物志云葰一名廉薑生沙石中薑類也辛而香然則廉薑與薑有微別矣云澤澤蘭也者廣雅虎蘭澤蘭也王氏疏證亦引此記及注爲證又云神農本草云澤蘭一名虎蘭生大澤旁案吳普本草云澤蘭一名水香生下地水傍葉如蘭二月生香赤節今案鄭風方秉蕑兮毛傳蕑蘭也孔疏引陸璣云蕑即蘭香草也其莖葉似澤蘭廣而長節節中赤高四五尺然則澤蘭之狀與蘭略同矣云皆取其香且御溼者指綏澤二物言之以其茵在棺下須禦溼故取以爲實也

葦苞長三尺一編用便易也

〔疏〕正義曰夏小正云秀萑葦詩云八月萑葦二者同類而有別萑似葦而小中實萑葦皆已秀之名萑一名薕一名蒹一名菼一名薍一名騅說文蒹萑之未秀者薕蒹也菼萑之初生一曰薍一曰騅夏小正傳云萑未秀爲菼是也葦一名葭一名蘆說文葦大葭也

夏小正傳云葦未秀爲蘆是也爾雅釋言云菼騅也菼薍也釋草以蒹薕爲一葭蘆爲一菼薍爲一至分明葭蘆葦也蒹薕菼薍皆謂萑也而郭注蒹薕云似萑非矣此用葦爲苞取其已秀而堅成也葦最長纖取三尺爲一編便於苞牲故注云一用便易也郝氏敬云編蘆爲苞一編一苞是也

菅筲三其實皆瀹

米麥皆湛之湯未知神之所享不用食道所以爲敬

疏正義曰經但言筲三黍稷麥未言筲爲草器及米麥生熟故記明之菅筲以菅草爲筲也菅茅屬詳喪服斬衰傳下 注云米麥皆湛之湯未知神之所享者案米謂黍稷瀹說文漬也湛亦浸漬之義謂菅筲中所盛之米麥皆浸漬之而不炊熟以未知神之所享或在此或在彼也必漬之者爲致潔也云不用食道所以爲敬者賈疏云食道褻則不敬故云不用食道所以爲敬也案不以食道檀弓文彼飯用米亦謂不熟之也

祖還車不易位

爲鄉外耳未行

疏正義曰此車謂薦車非柩車也祖還車詳經祖還車不還器下不易位者謂不易初薦時位盛氏云祖者著其節也還車南其輈也位直東榮之位初時北鄉西上今南鄉亦西上嫌易鄉則當易位故記之注云爲鄉外耳未行者言此但還車鄉外而未行故仍在其處不易位也

執

披者旁四人前後左右疏正義曰經但云執披未言人數
各二人故記明之旁四人謂每旁四人
也合兩旁則八人矣注云前後左右各二人者謂前左
二人後左二人前右二人後左二人是每旁四人也凡
贈幣無常賓之贈也玩好疏正義曰校勘記云注曰嚴徐
曰贈在所有本作日今案作日是也○經
曰知死者贈則贈非一人故云凡也贈有公贈此
贈幣無常是指賓贈言故注云賓之贈也若公贈則使宰
夫用玄纁束有常矣玩好曰贈詳經若賻
下云在所有者言隨所有贈之是無常也凡糗不煎以膏煎之
則褻疏正義曰糗詳經四籩棗糗栗脯下賈疏云此篇唯
非敬葬奠有糗而云凡者記人通記大夫以上注云
以膏煎之則褻非敬者謂以脂膏煎和之則是褻味非敬
神之道故不煎也鬼神不尚褻味若生人之食則固有煎
之者
矣

右記祖廟中薦車載柩陳器贈奠諸事二廟者與
一廟者畧同

唯君命止柩于堩其餘則否

不敢畱神也堩道也曾子問曰葬旣引至於堩【疏】正義曰君命者卽柩至邦門君使宰夫贈之事經不言止柩于堩故記之云唯又云其餘則否明不　爲他人止柩也敖氏云言此者明餘人不當行禮於堩也　注云不敢畱神也者以葬日日中而虞少遼緩恐不及故餘人不敢畱神也云堩道也曾子問曰葬旣引至于堩者彼注亦云堩道也故引以爲證今曾子問本葬下無旣字案襍記非從柩與反哭無免于堩注亦云堩道路廣雅疏證云堩之言亙也

車至道左北面立東上

道左墓道東先至者在東【疏】正義曰賈疏云經直云陳器于道東西北上不云三等之車面位故記人明之必知此車是乘車之等者以其下有柩車故也李氏云不北上統于壙者車不入壙今案車云北面者鄉壙也云立者明其旣葬卽反不稅駕也周禮巾車職曰及墓嘑啓關陳車鄭注亦引此經爲證　注云道左墓道東者據墓鄉言之云先至者在東者先至謂乘車也郝氏敬云車卽乘道槀車至葬地止于墓道左北向西爲左也東上統于墓道先至者東以次而西今案郝說與注異然似是據記云北面則左當在墓道西一也又此車葬畢仍反在墓道西而以東爲上

則在東者近墓道便于先行二也敖亦云道左乃道西唯以車爲遣車則誤耳**柩至于壙斂服載之**柩車至壙祝說載除飾乃斂乘車道車槀車之服載之不空之以歸送形而往迎精而反亦槀禮之空【疏】正義曰校勘記云注以歸下集釋有也字賈疏云經直云柩至于壙屬引乃窆不云柩車斂服載之故記人明之云說載除飾詳前云乃斂乘車道車槀車之服載之不空之以歸者謂至壙而柩入壙則柩車空故取乘車道車槀車所載皮弁朝服蓑笠等服斂而載之于柩車中以歸是不空之也云送形而往迎精而反者禮記問喪文云亦禮之空者以服是精氣所憑也故載以歸於禮空也**卒窆而歸不驅**孝子往如慕反如疑爲親之在彼【疏】正義曰卒窆而歸謂迎精而反之時也不驅不疾驅也或云柩車以人挽無所謂驅此不驅者指乘道槀三車言也今案往時三車在前柩車在後反時亦然三車不驅則柩車亦不得疾行矣此表孝子之情也往如慕謂送葬時反如疑爲親之在彼故不忍疾驅也檀弓曰孔子在衞有送葬者而夫子觀之曰善哉爲喪乎足以爲法矣其往也如慕其反也如疑鄭注慕謂小兒隨父母啼呼疑者哀親之在彼如不欲還然問喪曰其往送也如慕其反也如疑鄭

注慕者以其親之在前疑者不知神之來否此注卽本檀弓問喪爲說也

右記柩在道至壙卒窆而歸之事

君視斂若不待奠加蓋而出不視斂則加蓋而至卒事爲有他故及辟忌也〖疏〗正義曰郝氏敬云君視斂視大斂禮見前篇加蓋蓋棺也奠在加蓋後加蓋而出是不待奠也加蓋而後至斂不及視矣殯事卒而後出則視奠矣張氏爾岐云卒事謂大斂奠訖乃去今案喪大記曰君於士旣殯而往又曰爲之賜大斂焉賜謂有恩惠也有恩惠乃視大斂則常禮不視斂矣喪大記又曰大夫則奠可也士則出俟于門外命之反奠乃反奠卒奠主人先俟于門外君退案大夫奠可也士則必待君命乃奠則常禮不視奠矣上篇自君若有賜焉則視斂至卒奠主人出哭者止君出門彼注亦以爲有恩惠則是加於常禮之外者旣視斂又必視奠也此記或視斂而不視奠或視奠而不視斂則敖氏以爲於常禮有加而不能終始其事是也因經未言及故記之但此二者皆是君於士有恩惠而加禮則奚爲視斂不特奠而出視奠卒事必待加蓋乃至故鄭云爲有他

故及辟忌也賈以有他故屬之不待貧者以辟忌屬之不視斂者後人多以辟忌之說爲非謂二者皆以有他故不得終其事始其事似得之

右記君於士有視斂而不終禮者有不視斂而終其事者二者之節

旣正柩賓出遂匠納車于階閒遂匠遂人匠人也遂人主引徒役匠人主載柩窆職相左右也車載柩車周禮謂之蜃車襍記謂之團或作輇或作槫聲讀皆相附耳未聞孰正其車之轝狀如牀中央有轅前後出設前後輅轝上有四周下則前後有軸以輇爲輪許叔重說有輻曰輪無輻曰輇

疏正義曰納車以備載柩也賈疏云經不言納柩車時節故記明之郝氏敬云納車納載柩之車階閒祖廟東西兩階閒張氏爾岐云旣朝祖正柩于兩楹閒主人送賓出以此時納柩車也盛氏云上經言賓出者非一故加旣正柩以別之謂是正柩後之賓出耳○注云或作槫槫毛本誤摶校勘記云嚴徐陳本通解俱作摶集釋作槫今案盧氏詳校以槫爲正從

之　云遂匠遂人匠人也遂人主引徒役匠人主載柩窆職相左右也者案周禮遂人職曰大喪帥六遂之役而致之掌其政令及葬帥而屬六綍及窆陳役鄭注載及窆六遂役之又鄉師職曰及葬執纛以與匠師御匶而治役及窆執斧以涖匠師鄭注鄉師主役匠師主衆匠共主葬引是其二職相左右佐助之事故使之共納車也賈疏謂士亦有遂人匠人釋官辨之云遂匠亦公臣來助士之葬者左傳孟氏將辟藉除于臧氏臧孫使正夫助之杜注孔疏以正夫爲遂人則此遂人匠人當亦假于公臣士不得有此官也言遂匠者葢其徒屬𥜥記曰升正柩諸侯執綍五百人匠人執羽葆御柩周禮稍人注曰天子以至于士柩路皆從遂來是士之葬有遂匠掌其事也云車載柩車者謂自祖廟載柩至壙故云載柩車經云主人入祖乃載卽載於此車也云周禮謂之蜃車者案遂師職曰共邱籠及蜃車之役鄭注蜃車柩路也柩路載栁四輪迫地而行有似于蜃因取名焉謂之柩路者路亦車也栁卽棺上之荒帷也云𥜥記謂之團或作輇或作槫聲讀皆相附耳未聞孰正者遂師注亦云蜃禮記或作槫或作輇𥜥記載以輲車鄭注輲讀爲輇或作槫周禮又有蜃車天子以載柩蜃軨聲相近其制同乎輇崇葢半乘車之輪喪大記君大夫

葬用輴士葬用國車鄭注輴皆當爲載以輇車之輇聲之誤也輇字或作團是以又誤爲國輇車柩車也案鄭注此經及周禮皆以槫爲輇爲禮記或本字與蜃字聲讀相近其注襍記則定其字爲輇注喪大記即破輴國爲輇蓋以輇車與蜃車一也云其車之轝狀如牀者轝所以承物與牀相類故謂之轝云中央有轅前後出設前後輅者蓋他車之轅自輿下出而前縛軛以駕牛馬此車之轅則前後出而於其前後轅上各縛一橫木謂之輅以屬引於上而人輓之故經云前輅明有後輅也云轝上有四周者鄭特牲注以漢之大木轝爲上有四周故於此亦云然但此轝以載柩當更廣而長耳云下則前後有軸者他車止一軸在輿下此云前後有軸則有二軸故遂師注謂爲四輪者以有二軸故也云以輇爲輪許叔重說有輻曰輪無輻曰輇者叔重名慎著說文解字鄭於此經及襍記兩引其說以此車但有輪而無輻故謂其輪爲輇因名其車爲輇車也襍記注謂輇崇半乘車之輪乘車之輪六尺有六寸輇車半之則止三尺三寸輪低於乘車矣輪低則小故不必有輻輪低則去地近故遂師注謂爲迫地而行也此注記柩車之制尚詳轅有前後爲設輅也輅有前後爲屬引也轅直而輅橫引屬于輅之兩端在車之左右挽之又二軸而

四輪皆取其安穩也䙓記孔疏云凡在路載柩天子以下至士皆用蜃車周禮遂師共蜃車之役則天子也旣夕注云車載柩車周禮謂之蜃車是士用蜃車也䙓記大夫載以輲車輲車則蜃車也是大夫用蜃車則諸侯不言亦可知

祝饌祖奠于主人之南當前輅北上巾之言饌於主人之南當前輅則旣祖祝乃饌 疏 正義曰賈疏云經直云祖還車及還重訖乃奠如初不云饌處故記明之敖氏云饌猶設祝及執事者饌此唯言祝者祝尊也于主人之南明其在車東也主人之位當前束故奠少南當前輅也盛氏云是時尸柩南首主人在柩車東當前束而奠又在其南是猶當腢之意也劉氏台拱云案祖奠經記皆不詳其物言巾之則非一籩一豆可知今案北上統于柩也巾之以其在庭爲禦塵也 注云祖卽經商祝御柩乃祖之祖以其未祖則柩車鄉北前輅在北旣祖則柩車鄉南前輅在南今饌于主人之南當前輅則是旣祖乃饌也

右記納柩車之節與饌祖奠之處

弓矢之新沽功設之宜新沽示不用今文沽作古 疏 正義曰經於用器弓矢不辨善惡與其名

稱故記明之張氏爾岐云弓矢謂入壙用器舉弓矢以例餘者　注云設之宜新者言爲死者設之宜用新也沽麤也言麤功示不用也云今文沽作古者古今文疏義云毛詩鴇羽傳云盬不攻致也四牡傳云盬不堅固也周禮典婦功辨其苦良鄭司農苦讀爲盬儀禮之沽與周禮之苦同鄭以蕙服傳冠者沽功彼沽功爲麤功知此亦當從古文作沽今文作古者又從沽省僭耳

有弭飾焉

弓無緣者謂之弭弭以骨角爲飾

疏正義曰此以下至有韣言弓也李氏云弭弓梢末也　注云弓無緣者謂之弭弭以骨角爲飾者爾雅弓有緣者謂之弓無緣者謂之弭郝氏懿行爾雅義疏云左氏僖二十三年正義引李巡曰骨飾兩頭曰弓不以骨飾兩頭曰弭孫炎曰緣謂繳束而漆之無緣謂不以繳束骨飾兩頭者也二說不同孫及鄭義爲長云繳束者繳生絲也詩采薇箋弭弓反末彆者以象骨爲之以助御者解轡紒宜骨也說文弭弓無緣可以解轡紛者曲禮注簫弭頭也釋名云其末曰簫言簫梢也又謂之弭以骨爲之滑弭弭也然則弭是弓末之名非即弓名爾雅以無緣爲弭蓋因其無緣故從本名即謂之弭鄭既夕注弭以骨角爲飾正謂飾弭以骨或以角以骨則象弭是也以角者經典雖無文要爲弭頭施角郭氏

以弭爲角弓之名則謬矣今案郝說是也此云有弭飾焉者謂其弓有兩頭之飾而無緣也

亦張可也

亦使可張【疏】正義曰張可校勘記云唐石經嚴徐集釋楊敖俱如此通解與今本作可張石經考文提要云監本沿通解之誤案也字唐石經初刻作以後改今案張氏監本正誤引吳本亦作張可通解蓋因注文而誤張張弓也此入壙之弓功雖麤略亦使可張但不可射耳

有柲

柲弓檠弛則縛之於弓裏備損傷以竹爲之詩云竹柲緄縢今文柲作粊【疏】正義曰今文柲作粊各本今多作古嚴本作今與張氏淳所見本正同校勘記云作集釋釋文作爲粊徐本集釋俱作柴與單疏標目合釋文作粊通解作柴金曰追云尚書費誓古文作粊案集韻柴兵媚切地名疑即粊之別字黃氏丕烈云張氏出爲粊二字而本文作柴是所見嚴本誤柴爲柴今案現刻嚴本作粊從之○有柲言弓雖沽而亦有柲也

注云柲弓檠弛則縛之於弓裏備損傷者案周禮弓人注云納弓檠中定往來體彼謂造弓未成時也此謂弛弓不用以柲縛之弓裏俾不損傷二者皆所以正弓體故名檠也又弓人辟如終紲注云紲弓鞑弓有鞑者爲發弦時備頓傷蓋弓於不用之時必以柲縛於弓裏以正其體則用時不至于頓傷頓敗也壞

也與此注義同云以竹爲之詩云竹柲緄縢者胡氏承珙云案毛詩作竹閉緄縢傳云閉紲緄繩縢約也紲本訓系傳以閉爲紲角弓傳云不善紲檠巧用則翩然而反葢檠紲同物以其能持弓謂之檠以其能縛弓謂之紲紲又名閉以竹爲之故曰竹閉紲字又作柣荀子接人則用柣注云柣者檠柣也正弓弩之器也後人以柣爲楫者以楫輔船舵如柣輔弓弩猶榜所以輔弓弩而船舵亦謂之榜也鄭注周禮引詩作竹[韋必]注儀禮又引作柲皆就文易字說文柲欑也欑積竹杖弓檠始亦積竹爲之故亦得名柲毛詩作閉者閉猶欑也左氏哀六年傳潛師閉塗史記索隱曰閉塗卽攢塗也攢與欑同是閉柲一也云今文柲作柴者胡氏云柴當作柴說文有柴無柴柴訓惡米此柴之本義又云周書有柴誓此地名與弓檠無涉故鄭不從之也

皆設依撻焉依纏弦也撻弣側矢道也皆以韋爲之今文撻爲銛

〔疏〕正義曰此皆弓上之物也注云依纏弦也者賈疏云謂以韋依纏其弦卽今時弓𢐀是也盧氏文弨云𢐀字書音粥養生也非此義不知此作何解抑字誤云撻弣側矢道也者釋名云弓中央曰弣弣撫也人所撫持也賈疏云撻所以撻矢令出胡氏承珙云撻猶達也商頌撻彼殷武釋文引韓詩云撻達也毛傳云撻疾

也禮所謂揵即今之箭澀以韋若骨及金玉爲之大如錢嵌入弣側以別上下射時在弓之右矢之上矢由此而去故名澀澀亦滑達之意云皆以韋爲之者謂如者依與揵則皆以韋爲之異於生也云今文揵爲銛者胡氏云廣雅銛利也與揵疾義近鄭以揵義較切故從古文

有韣韣弓衣也以緇布爲之疏正義曰入壙之弓亦有韣也注云韣弓衣也者詳覲禮載龍旂弧韣下云以緇布爲之者經云茵用疏布緇翦此韣與茵同是入壙之物故知亦以緇布爲之也若生人則或以皮爲之詩云交韔二弓毛傳韔弓室也

翭矢一乘骨鏃短衞翭猶候也候物而射之矢也四矢曰乘骨鏃短衞亦示不用也生時翭矢金鏃凡爲矢五分笴長而羽其一疏正義曰校勘記云張氏曰釋文翭字上更有一矢字從釋文盧文弨云翭上有矢字當是爲翭矢志矢之目案今本釋文出翭矢二字張氏所見當作矢翭也經義述聞云翭矢一乘本作矢翭一乘志矢一乘本作志一乘翭與志皆承上矢字言之故不更言矢今本翭上無矢字而下文作翭矢志矢者矢翭誤作翭矢後人不達又於志下加矢字以對翭矢耳自唐石經已然而各本皆沿其誤張氏盧氏但知上矢字之非衍而不知下兩矢字之衍失之後漢書

南鑾傳注引此作矢翭一乘翭上有矢字而翭下無矢字周官司弓矢疏引此作志一乘無矢字今據以訂正黃氏丕烈云案單疏標經起訖翭矢上無矢字嚴本正合今案翭上有矢字則翭下志下自不當更有矢字述聞説是也但唐石經嚴本俱與今本同後漢書禮儀志注引又作翭矢一乘今仍之○注亦示不用也校勘記云嚴徐集釋楊敖俱作示通解作云今案後漢書禮儀志注引亦作示此以下言矢也云翭猶候也候物而射之之矢也者周禮司弓矢殺矢鍭矢用諸近射田獵鄭注鍭之言候也二者皆可以司候射敵之近者及禽獸與此注義同周禮作鍭者翭鍭古字通云骨鏃短衛亦示不用也者爾雅金鏃翦羽謂之鍭李氏云衛謂羽也羽以防衛矢使之調故名羽爲衛今不用金鏃而用骨鏃又短其羽是示不用也賈疏云上文沽功注云示不用故此亦之云生時翭矢金鏃即爾雅所云是也云凡爲矢五分笴長而羽其一者此約考工記矢人文彼注云笴讀爲槀謂矢幹又云矢槀長三尺羽者六寸是五分笴長之一鄭言此者欲以見生時之矢羽尚不短是也則此短衛亦異於生賈云短衛即翦羽恐非

志矢一乘軒輖中亦短衛志猶擬也習射之矢書云若射之有志輖摯也無鏃短衛亦示不用

生時志矢骨鏃凡爲矢前重後輕也　疏　正義曰張氏識誤云注曰輖摯也案釋文云輖蟄音至本又作贄又字林竹二反苟從手非難曉者陸氏必不再引字林從釋文校勘記云嚴徐敖氏俱作摯釋文集釋通解楊氏俱作蟄案贄卽俗摯字因僭而誤今從釋文　云志猶擬也者詳大射儀不以樂志下云習射之矢書云若射之有志者案司弓矢曰恆矢痺矢用諸散射鄭注散射謂禮射及習射也恆矢之屬軒輖中所謂志也是志矢爲恆矢之屬習射之矢也引書者證矢名志之意云輖蟄也者章氏平云說文車部有輖蟄無輕至部無蟄但輖與輕字異異音異義同輕與蟄字異音義同今案說文蟄抵也與輖異義說文輖重也段氏注云謂車重也小雅戎車既安如輊如軒毛曰輕摯也考工記大車之轅摯鄭曰摯輖也士喪禮軒輖中鄭曰輖蟄也摯蟄輊同字輖雙聲許書有輖摯而已摯者依聲託事字也軒言車輕輖言車重引申爲凡物之輕重故禮經以之言矢然則軒輖中者謂矢前後之輕重適均而已云無鏃短衞亦示不用者爾雅骨鏃不翦羽謂之志李氏云此志矢不言鏃則無鏃也云亦短衞則與不翦羽者異矣故云示不用也云生時志矢骨鏃卽爾雅所云是也此無鏃異於生與上獠矢生時用金鏃𠬸用骨鏃同義云

凡爲矢前重後輕也者張氏爾岐云鄭言此者欲明此軒輖中之異於生用耳姜氏兆錫云據矢人職一前二後二前三後之屬皆指矢笴之分數前短於後而言其前之分數所以皆短於後者鄭云爲其前有鐵重也而所以又別爲一前二後二前三後之屬者又爲鐵之重有差也此所以前之分數少者而謂之重後之分數多者而謂之輕也若不言其故則前重後輕之義未明并此章之義亦皆未明矣故謹發之○李氏云自君視斂至此記者更自前記之也

右記入壙用器弓矢之制

卷三十一終

儀禮正義卷三十二　鄭氏注

績溪胡培翬學

士虞禮第十四

鄭目錄云虞猶安也士旣葬其父母迎精而反日中而祭之於殯宮以安之之禮虞於五禮屬凶禮大戴第六小戴第十五別錄第十四

疏正義曰自虞猶至之禮俱從釋文集釋無旣字餘與釋文同凶下集釋有禮字先大父校證云案據士冠禮賈疏當作小戴第八第十五乃士喪禮臧氏庸本徑改爲小戴第八○云虞猶安也者易中孚初九虞吉荀爽注云虞安也廣雅釋詁亦云虞安也云士旣葬其父母迎精而反日中而祭之於殯宮以安之之禮者案旣夕三虞注云虞安也襍記報葬者報虞鄭注虞安神也何休公羊傳文二年注虞猶安神也釋名旣葬還祭於殯宮曰虞謂虞樂安神使還此也是虞爲安神之祭名或欲解虞爲度非矣問喪云送形而往迎精而反下記云日中而行事是鄭所本襍記云士三虞大夫五諸侯七公羊何注云虞祭天子九諸侯七卿大夫五士三其初虞皆與葬同日檀弓云旣封主人贈而祝宿虞尸

旣反哭主人與有司視虞牲有司以几筵舍奠于墓左反日中而虞又云葬日虞是也檀弓孔疏云士三虞卒哭同在一月初虞已葬日而用柔第二虞亦用柔日假令丁日葬葬日而虞則已日二虞後虞改用剛則庚日三虞也故鄭注士虞禮云士則庚日三虞壬日卒哭也士虞禮云明日祔于祖父則祭明日祔也士之三虞用四日則大夫五虞當八日諸侯七虞當十二日天子九虞當十六日最後一虞與卒哭例同用剛日今案此疏言士之三虞用四日則大夫五虞當八日云云本異義右春秋左氏說詳後記三虞卒哭他用剛日下又鄭知祭於殯宮者以旣夕反哭後遂適殯宮知之殯宮卽適寢鄭注喪服小記云虞于寢祔于祖廟賈疏虞卒哭在寢祔乃在廟是也殯宮亦謂之廟詳下此篇是士喪父母旣葬而虞虞之正禮也喪服小記父母之喪偕先葬者不虞祔待後事鄭注偕俱也謂同月若同日死也先葬者母也曾子問曰葬先輕而後重又曰反葬奠而後辭于殯遂修葬事其虞也先重而後輕待後事謂如此也今案先重後輕謂竝有喪先虞父後虞母乃禮之變者又主兄弟及婦喪朋友之喪亦有虞襍記凡主兄弟之喪雖疏亦虞之喪服小記婦之喪虞卒哭其夫若子主

之又大功者主人之喪有三年者則必爲之再祭朋友虞祔而已是也○禮經釋例云凡虞祭無肵俎不致爵不加爵獻尸畢不獻賓不旅酬不饎案士虞禮尸九飯時所舉肺脊尸牲體及魚腊皆實于篚注篚猶吉祭之有肵俎是虞祭無肵俎也賓三獻燔從如初儀無止爵均神惠于室中之事是虞祭不致爵也三獻後卽告利成是虞祭不加爵不獻賓不旅酬也尸出戶卽改饌陽厭賓出是虞祭不饎也蓋虞是葬畢迎精之祭與特牲少牢吉祭異故不能備禮也今案虞爲喪祭互詳旣夕三虞下及篇末

士虞禮特豕饋食

饋猶歸也 疏 正義曰自此至南順言陳虞祭牲酒器具之事○特豕一豕也自始死至葬皆奠而不祭至虞始立尸如祭禮故亦云饋食義詳特牲篇李氏云大夫士之祭曰饋食禩記上大夫之虞也少牢卒哭成事祔皆大牢下大夫之虞也犆牲卒哭成事附皆少牢則下大夫與士虞同牲方氏苞云曰特豕以別於吉祭也自小斂至祖皆用豚遣奠及虞始用豕今案賈疏據左傳卜日曰牲謂此虞爲喪祭又葬日虞無卜牲之禮故指豕體而言說亦可通儀禮吉祭云特牲故喪祭云特豕質言之但特牲特豕皆謂一豕散文亦通故

記又稱牲也注云饋猶歸也者說文饋餉也段氏注云饋之言歸也論語饋孔子豚古論作饋魯論作歸是二字通故鄭以歸釋之周禮膳夫凡王之饋食用六穀是生人飲食亦稱饋方氏苞云昏禮婦歸之明日以特豚饋子孫忠養之始也旣葬而虞以特豕饋食追養之始也此先王制禮事死如生事亾如存之義

側亨于廟門外之右東面

側亨亨一胖也亨於爨用鑊不於門東未可以吉也是日也以虞易奠祔而以吉祭易喪祭鬼神所在則曰廟尊言之

疏 正義曰注云側亨亨一胖也者謂左胖也詳下記李氏云吉禮左右胖皆亨虞無主人主婦及賓以下組亨一胖而巳方氏苞云吉祭敷筵設同几祖妣共之虞則或父或母卽竝有喪亦一先一後故義變於吉非有惱於牲體也吳氏廷華以特牲側殺例之謂側爲一豕案彼云側殺是殺一牲此云側亨明亨一胖吳說恐未然云亨於爨用鑊者以經但云亨不云爨故注明之亨必於爨必用鑊每爨一鑊下魚腊爨亦然詳特牲亨于門外東方下云不於門東未可以吉也者特牲吉祭亨于東方此云廟門外之右東面明在西方是變於吉也云是日也以虞易奠祔而以吉祭易喪祭者案檀弓云葬日虞弗忍一日離也是日也以虞易奠卒哭曰成事

是日也以吉祭易喪祭明日祔于祖父鄭彼注云虞喪祭
也卒哭吉祭下記三虞卒哭他用剛日注亦引檀弓而申
之云如是虞爲喪祭卒哭爲吉祭此注乃云祔而以吉祭
易喪祭者以卒哭與祔祭相連故幷祔言之其實吉祭之
稱亦無定萬氏斯大云未葬之前有奠無祭葬之日以虞
易奠謂之喪祭終虞之明日卒哭有祭乃謂之吉祭然考
喪大記有云禫而從御吉祭而復寢吉祭指四時常祭則
卒哭祔練祥禫雖稱吉祭而猶未卽同於吉葢視喪祭則
已爲吉視四時常祭則猶在喪中也坊記曰喪禮每加以
遠故始死及小斂之奠不席大斂後奠始有席虞祭不致
爵據曾子問經注練祭不旅酬大祥無無算爵以漸遠而
神之此孝子喪親奠祭之節次也案萬說頗詳故錄之云
鬼神所在則曰廟尊言之者此虞在殯宮實寢也而曰廟
故注云尊言之士喪禮巫止于廟門外注云凡宮有鬼神
曰廟是也

魚腊爨亞之北上爨竈疏正義曰云亞之次於豕爨也亦在西方吳氏章句云北北上
者豕最北魚次之腊又次之敖氏云于特豕云亨云東面
于魚腊云爨云北上文互見也　注爨竈詳特牲主婦視
饎爨下

饎爨在東壁西面炊黍稷曰饎饎北上上齊於屋宇於虞有亨饎之爨彌吉疏正義

曰特牲記饎爨在西壁此在東壁亦變於吉也注云炊黍稷曰饎饎北上上齊於屋宇俱詳特牲主婦視饎爨下云於虞有亨饎之爨彌吉者賈疏云小斂大斂未有黍稷朔月薦新之等始有黍稷向吉仍未有爨至此始有亨饎之爨故云彌吉吳氏廷華疑義云朔奠旣有黍稷斷無饎爨之理彼文略耳賈謂彼未有爨是以士喪禮所陳黍稷皆生矣豈不大誤且虞本喪祭烏得言吉彌字亦習語可厭今案吳說似有理存之

設洗于西階西南水在洗西篚在東反吉也亦當西榮南北以堂深疏正義曰篚在東在洗東也注云反吉也者吉禮設洗于阼階東南水在洗東篚在洗西此皆與之相反故云反吉也云亦當西榮南北以堂深者吉時設洗于阼階東南當東榮南北以堂深此設于西階西南亦宜當西榮其南北以堂深亦宜同也餘詳士冠禮

尊于室中北墉下當戶兩甒醴酒酒在東無禁冪用綌布加勺南枋酒在東上醴也綌布葛屬疏正義曰敖氏云祭而尊于室中且用一醴一酒皆異於吉也醴酒竝用者醴以饗神酒以飲尸亦見其未甚變於奠也兩甒西上亦以神席在西也尊之所上吉凶同郝氏云當戶尊在

室東北隅也室戶在東南隅當之向明也無禁尊著地也加勺冪上枋向南便取也方氏苞云虞所獻唯及祝佐食無室外之事故設尊不于堂上吳氏章句云禖記暢臼以椈杵以梧注謂喪祭所用此無㮚則士禮不用也　注云酒在東上醴也者尊以西爲上酒在東則醴在西故云上醴也吉祭玄酒在西此無玄酒以醴代之云綌布葛屬者賈疏云綌紛以葛爲之布以麻爲之綌布麻葛禖故有兩號吳氏廷華疑義云綌亦可言布何必以麻爲說王尙書經義述聞云冪用綌布者夏用綌冬用布也燕禮冪用綌若錫鄭彼注曰冬夏異也疏曰夏宜用綌冬宜用錫大射儀冪用錫若綌注曰錫細布也綌細葛也以此例之冪用綌布猶言冪用綌若布耳綌用於夏布用於冬不同物也少牢禮日用丁巳亦是或丁或巳唯其所用與此冪用綌布文義正同鄭合綌布爲一物非也今案賈以綌布爲麻葛禖說無所據吳氏駁之是矣至述聞分綌布爲二物似得之

素几葦席在西序下

有几始鬼神也【疏】正義曰周禮司几筵凡喪事設葦席右素几此陳于堂上西序下也或爲階下當序非　注云有几始鬼神也者檀弓曰虞而立尸有几筵生事畢而鬼事始已謂始以鬼神之禮事之注義本此但注唯言有几者以席則

大斂奠時已有几則至虞始設之故唯云有几也檀弓孔疏云虞祭而有几謂士大夫禮若天子諸侯則葬前有几故司几筵喪事素几鄭注謂殯奠時天子旣爾諸侯南面之君其事亦然

苴刌茅長五寸束之實于篚饌于西坫上

苴猶藉也

疏 正義曰注云苴猶藉也者下取黍稷祭于苴注云苴所以藉祭也刌切也斷也苴刌茅者謂斷茅以爲苴而置黍稷之祭於其上有藉義焉故謂苴爲藉必用茅者取其潔也易曰藉用白茅无咎苴亦作蒩說文蒩茅藉也周禮甸師祭祀共蕭茅鄭注茅以共祭之苴苴以藉祭鄉師共茅蒩鄭注蒩士虞禮所謂苴刌茅長五寸束之者是也祝設于几東席上命佐食取黍稷祭于苴三取膚祭祭如初此所以承祭旣祭蓋束而去之守祧職云旣祭藏其隋是歟司巫祭祀共蒩館鄭注蒩之言藉也祭食有當藉者館所以承蒩謂若今筐也士虞禮曰苴刌茅長五寸實于筐饌于西坫上又曰祝盥升取苴降洗之升入設于几東席上東縮今案鄭周禮注以蒩爲苴謂館若筐而引此經實于篚亦作筐字雖異而義則同西坫在堂上西南隅下祝升取苴取於此也

饌兩豆菹醢于西楹之東醢在西一鉶亞之

醢在西南

面取之得左取菹右取醢便其設之【疏】正義曰此兩豆尸前之正豆也醢在西則菹在東也一鉶亞之又在菹以東也賈疏云此餞繼西楹言之則以西楹爲主向東陳之其說是也敖氏謂鉶在醢西誤一鉶豕鉶也吳氏章句云下記豆實葵菹嬴醢從獻豆同○注云醢在西南面取之得左取菹右取醢便其設之者案設之謂設于室尸在室東面設者西面醢在北當尸之左菹在南當尸之右尸乃得右取菹擩于醢祭于豆閒此餞于堂醢西而菹東南面取之得左取菹右取醢入室西面設之亦得菹在南醢在北故云便其設之也

從獻豆兩亞之四籩亞之北上

豆從主人獻祝籩從主婦獻尸祝北上菹與棗不東陳別於正【疏】正義曰豆兩亞之次鉶以東也四籩亞之又次豆以東也北上謂兩豆四籩各自爲次也吳氏章句云下記籩實棗蒸栗擇四則各二也注云豆從主人獻祝籩從主婦獻尸祝者此釋經從獻之義也上兩豆設之以爲陰厭是正豆也此二豆主人獻祝乃薦故云從四籩則二籩從主婦獻尸二籩從主婦獻祝亦是獻訖乃薦故皆爲從獻也云北上菹與棗者以從獻兩豆在鉶東自爲一行菹在北醢在南四籩在豆東又自爲一行棗在北棗南栗栗東栗栗北棗是豆則菹在醢

北籩則棗在栗北故云北上者菹與棗也敖氏謂菹在鉶西籩在醢南亦誤云不東陳別於正者上兩正豆菹醢自西而東陳此從獻之豆籩以北爲上不東陳而南陳者所以別於正也

餕黍稷二敦于階間西上藉用葦席藉猶薦也古文藉爲席疏正義曰西上黍在西也黍稷必用藉者重之也敖氏據特牲藉用萑疑經席字爲衍文褚氏云古文藉爲席注雖不從然亦足見葦席席字非衍矣甒冪用絺而不用綌黍稷在下而有席藉祭有苴膚祭取左脇皆變於吉不必疑也　注云藉猶薦也者說文且薦也薦有承藉之義故訓藉爲薦云古文藉爲席者胡氏承珙云說文席藉也藉祭藉也管子山權數賦藉藏竈賦藉猶言布席故古文卽假席爲藉鄭以藉薦義近故從今文

匜水錯于槃中南流在西階之南簞巾在其東流匜吐水口也疏正義曰李氏云爲尸設盥也禮經釋例云凡祭尸不就洗別設槃匜待之案特牲禮祭日陳設尸盥匜水實于槃中簞巾在門內之右注設盥水及巾尸尊不就洗又不揮門內之右象洗在東統于門東西上是士祭尸盥槃匜設于門內之東也少牢禮祭日陳器小祝設槃匜與簞巾于西階東注爲尸將盥是

大夫祭尸盥槃匜設于西階之東也士虞禮匜水錯于槃
中南流在西階之南簞巾在其東注流匜吐水口也特牲
槃匜設于門內之東士虞設于西階之南者反吉也今案
錯置也匜水置于槃中即實于槃中也匜以盛水故經每
云匜水陳匜水必實于槃故又云槃匜匜吐水之口名流
南流者口向南也旣夕陳用器槃匜匜實于槃中南流注
槃匜盥器也流匜口也三禮圖引舊圖云匜受一斗流長
六寸漆赤中諸侯以象飾天子以黃金飾又云圖本又有
作流長三寸者于義爲近又引孔義云匜似羹魁柄中有
道可以沃盥洗手然則柄其流歟據儀禮經注及禮圖皆
以匜爲盥器內則敦牟卮匜匜非餕莫敢用鄭注卮匜酒漿
器似混釋文引左傳注云匜沃盥器也孔疏亦引左傳奉
匜沃盥證之蓋皆有疑於鄭注耳下記執槃西面注云槃
以承棄水爲濺污人也說文盥澡手也从臼水臨皿也槃
承槃也段氏注云承槃者承水器也古之盥手者以匜沃
水以槃承之故曰承槃內則注云槃承盥水者吳語注云
槃承盥器也據此則槃之承盥手棄水與洗同也匜之沃
水與枓同也凡行禮賓主敵者皆盥于洗洗東有罍水將
盥者以枓挹水所盥棄水有洗承之惟尸尊不就洗故特
設槃匜尸入則執以就尸盥執匜者自上注水于手奉槃

者以槃承盥手下注之水謂之沃盥官氏獻瑤云內則曰進盥少者奉槃長者奉水請沃盥盥卒授巾大約進盥於尊者之禮皆如此今案簞巾在其東在槃匜之東也簞竹器以簞盛巾故謂之簞巾凡設槃匜必有簞巾隨之備盥訖捝手也公食大夫禮小臣具槃匜在東堂下注云爲公盥也公尊不就洗亦與祭禮尸同也不言簞巾略耳餘詳特牲記○張氏惠言云在西階之南據下淳尸盥賈疏兩言在西階之東則與少牢同今案經文各本皆作南恐賈所見本偶誤

陳三鼎于門外之右北面北上設扃鼏門外之右門西也今文扃作鉉

疏正義曰李氏云鼎門外北面北上與士昏及特牲禮同惟陳于門外之右耳今案上側亨于廟門外之右故此陳鼎亦于門外之右近亨也　注云門外之右門西也者下鼎入設于西階前東面北上與吉祭之設于阼階前西面者亦異蓋皆變於吉每鼎皆設扃鼏設之先鼏後扃徹之先扃後鼏云今文扃爲鉉詳士冠禮乚

俎在西塾之西不饌於塾上統於鼎也塾有西者是室南鄉

疏正義曰注云不饌於塾上統於鼎也者下羞燔俎在內西塾上此云在西塾之西則不在塾上也王氏士讓云匕加于俎上鼎在門西故匕俎從鼎

亦在西云塾有西者是室南鄉者李氏云塾有東西有內外一門而塾四也外塾南鄉則內塾北鄉今案下云內西塾此不言內明是外西塾也故注云是室南鄉

羞燔俎在內西塾上南順南順於南面取

縮執之便也【疏】正義曰敖氏云燔炙肉也言羞見其非正肝俎在燔東也俎南順以羞之者當北面縮執之也少牢下篇言縮執匕湆俎之法乃當其下端然則縮執俎者其法同耳不言肝俎肝先進此時亦設之可知設肝俎當在燔西便其先取之也褚氏云南順者俎之上端在北下端在南執俎者于塾上向北執其下端也注云南面似失之肝俎先進先進者必近東故在燔東注是也今案褚說得之然經但言燔不言肝者燔之羞在肝後經故舉燔以該肝也又敖氏以塾爲有階褚氏謂內外塾俱無階案爾雅云門側之堂謂之塾有堂宜有階俟考方氏苞云牲爨在門外而燔俎乃在內塾者俟正俎既升然後以俎出受燔不相混也〇案凡陳列吉祭在東此多在西者皆有變於吉之意

右陳虞祭牲酒器具

主人及兄弟如葬服賓執事者如弔服皆即位于門外如朝夕臨位婦人及內兄弟服即位于堂亦如之葬服者旣夕曰丈夫髽散帶垂也賓執事者賓客來執事也　【疏】正義曰自此至宗人西階北面言主人及賓自門外入即位之事○朝夕臨位即士喪禮朝夕哭位也凡朝夕哭丈夫皆先即位于門外而後入門此亦如之其位丈夫門外西面北上外兄弟在其南南上賓繼之北上婦人即位于堂南上據此則主人及兄弟賓執事者位當西面北上婦人及內兄弟當在堂南上其服亦當如葬服也方氏苞云小斂後婦人即位于堂旣葬而仍朝夕奠之位何也主尚未作而遽入于房義無所處且尸入當哭踊也王氏士讓云送往之情虞祭亦一大節限故俱至與祭服前服也　注云葬服者旣夕曰丈夫髽散帶垂也者彼注云爲將啟變也此互文以相見耳髽婦人之變喪服小記曰男子免而婦人髽李氏云髽散帶垂自啟至葬之服也敖氏云葬服主人髻髮衆主人及兄弟免而大功以上者皆散帶垂也弔服疑衰素冠麻經帶也今案喪服小記云及虞則皆免注云皆免自主人至緦麻敖謂主人髻髮恐非此如葬服者以其

葬日反日中而虞故及三虞不易服也卒哭則變服矣云賓執事者賓客來執事也者案虞祭哀未忘主人未躬親故多以賓客執事萬氏斯大云考旣夕禮旣葬反哭賓致弔卽降出主人送于門外是賓已退矣此虞禮卽行于送賓之後別無宿賓迎賓之事而卽位獻酳復有賓執事何歟案襍記云相見也反哭而退朋友虞祔而退是反哭之後相見之賓已退朋友之賓尚畱故得卽與於執事不俟更宿也吳氏疑義云賓來執事卽曾子問所謂士則朋友奠也朋友不足雖取于大功上下然此言弔服則第言朋友可知如曲禮僚友執友交遊皆友也卽皆賓也今案萬氏吳氏申賓義甚詳賈疏僅以僚友言狹矣

祝免澡葛絰帶布席于室中東面祝亦執事免者祭祀之禮祝所親也澡治也治葛以爲首絰及帶接神宜變也然則士之屬官爲其長弔服加麻矣至於旣卒哭主人變服則除

右几降出及宗人卽位于門西東面南上右几於席近南也【疏】正義曰儀禮釋官云周禮喪祝職曰掌喪祭祝號注喪祭虞也然則此篇之祝亦喪祝矣又云周禮小宗伯職曰旣葬詔相喪祭之禮注喪祭虞祔也肆師職曰凡卿大夫之喪相其禮肆師屬宗伯然則此篇祝

宗人蓋亦公臣與今案士昏禮席于廟奧東面右几此布席于室中東面亦席于奧也降降堂出出門云及宗人者宗人本在門外祝先入室布席今乃出而與宗人同卽門外位也門西公有司位亦可見祝宗人爲公臣也李氏云南上祝爲上 注云祝亦執事免者祭祀之禮祝所親也者上賓執事者如弔服此祝亦執事之列而服免嫌太重故注明之張氏爾岐云祝執事而免者以其身親祭祀之禮不嫌於重也今案喪服小記云緦小功虞卒哭則免旣葬而不報虞則雖主人皆冠及虞則皆免爲兄弟報虞卒哭則免是免爲重服也云澡治也治葛以爲首經及帶接神宜變也者案喪服小功章澡麻帶經彼注云澡者治去莩垢澡麻爲輕服則澡葛又輕于葛可知故注云接神宜變也李氏云祝親祭宜進而從重接神宜變而之輕是也云然則士之屬官爲其長弔服加麻矣至於旣卒哭主人變服則除者以經但云祝免澡葛經帶則其餘皆弔服矣上賓執事者如弔服士之屬官亦在賓執事之內故知爲其長弔服加麻也此無正文以祝決之旣卒哭主人變服詳下記丈夫說經帶于廟門外下主人變服則屬官之弔服亦除云右右几於席近南也者布席東面則右在南故云於席近南也

宗人告有司具遂請

拜賓如臨入門哭婦人哭臨朝夕哭【疏】正義曰敖氏云告主人以有司已具遂請行祭事也拜賓如臨謂㚾三拜也今案士喪禮朝夕哭主人拜賓㚾三入門哭婦人踊踊亦哭也主人即位于堂眾主人及兄弟賓即位于西方如反哭位旣夕曰乃反哭入門升自西階東面眾主人堂下東面北上此則異於朝夕【疏】正義曰此主人即位于堂如反哭位則在西階上東面矣兄弟賓亦與眾主人同在堂下東面也注云此則異於朝夕者前門外位云如朝夕臨位此門內位云如反哭位是異於朝夕也士喪禮朝夕哭位主人堂下直東序西面祝入門左北面不與執事同位接神尊也【疏】正義曰祝入門左北面以主人在西階上也執事即上兄弟賓即位于西方者宗人西階前北面當詔主人及賓之事【疏】正義曰亦以主人在西階上也宗人當詔禮故近主人賈疏云此宗人在堂下是主人在堂時若主人在室宗人即升堂是以下記云主人在室則宗人升戶外北面注云當詔主人室事是也

右主人及賓自門外入即位

祝盥升取苴降洗之升入設于几東席上東縮降洗觶升止哭縮從也古文縮爲蹙[疏]正義曰自此至哭出復位言陰厭之事○禮經釋例云凡尸未入室之前設饌于奧謂之陰厭士虞禮祝布席于室中東面右几降出此爲神布席于奧也至主人及祝入室後贊薦菹醢醢在北此薦豆也又云俎入設于豆東魚亞之腊特此設俎也又云贊設二敦于俎南黍其東稷此設敦也又云設一鉶于豆南此設鉶也又云祝酌醴命佐食啟會佐食許諾啟會郤于敦南復位祝奠觶于鉶南復位此酌奠及啟會也又云主人再拜稽首祝饗此饗神也是虞祭陰厭惟薦豆設敦設鉶皆贊爲之不用主婦酌奠以醴不以酒及祝饗後有命佐食祭于苴之禮與特牲吉祭異餘皆大略同也詳特牲主人及祝升祝先入下又改饌西北隅爲陽厭詳於篇末上設苴在西坫上此祝盥手升堂于西坫上取之也降洗之者苴所以藉祭致其潔也洗而復升堂入室設于几東席上者前布席室中東面右几此設于席上而云几東則亦設于右在几前也東縮謂設之自西而東以西爲上也李氏云順神東面也吳氏紱云苴東縮則苴亦有首尾以首近神而尾向東也先設苴者以下祭黍稷膚祭皆

奠于苴上也洗觶以將酌醴升者俟主人入室乃從入也止哭爲將祭也　注云古文緬爲蹙詳鄉飲酒禮

主人倚杖入祝從在左西面　主人北旋倚杖西序乃入喪服小記曰虞杖不入於室祔杖不升於堂然則練杖不入於門明矣　疏　正義曰經云主人倚杖入而注知倚杖西序者以主人在西階上東面與西序近故知北旋倚杖西序乃入也引喪服小記者證虞祭杖不入室故倚之乃入又云然則練杖不入於門明矣者此無正文鄭以喪服小記推而知之也祝從在左西面者祝在主人之左與主人同面也方氏苞云凡吉祭祝先入而主人從先入以導主人也虞則人子以神事其親之始猶親在時朝夕御食不忍遽變其常故主人先而祝從也今案方說葢本下記尸入祝從尸注詳後

贊薦菹醢醢在北　主婦不薦齊斬之服不執事也曾子問曰士祭不足則取於兄弟大功以下者　疏　正義曰贊謂賓來助祭執事者也醢在北則菹在南從右取菹左擩醢之便也　注云主婦不薦齊斬之服不執事也者特牲主婦薦此使贊薦故云主婦不薦也引曾子問者證齊斬之服不執事也曾子問曰天子諸侯之喪祭也不斬衰者不與祭大夫齊衰者與祭士祭不足則取于兄弟大

功以下者李氏如圭云與祭謂執事也天子諸侯之執事者其臣也大夫辟正君其臣不執事兄弟齊衰者執事士卑不嫌與君同故使其屬執事不足則取于兄弟大功以下者不取齊衰者又辟大夫也賈疏云此齊斬不執事唯爲今時至于尸入之後亦執事兩籩棗栗設于會南至於祔祭雖陰厭亦主婦薦主人自執事也知者下記云其他如饋食案特牲云主人在右及佐食舉牲鼎是也

佐食及執事盥出舉長在左舉舉鼎也長在左在西方位也凡事宗人詔之

疏 正義曰佐食佐尸食者執事賓助祭者長卽賓長也敖氏云下云佐食及右人載是佐食非長也乃先言之者以其有常職故爾吳氏章句云舉者門內盥異於奠也特牲主人親舉此喪禮異也李氏云吉禮長在右今案注云長在左在西方位也者鼎北面以西爲左故知位在西方也云凡事宗人詔之者言凡則舉鼎載俎等事皆宗人詔也特牲曰宗人遣佐食及執事盥又曰宗人執畢先入

鼎入設于西階前東面北上匕俎從設左人抽扃鼏匕佐食及右人載載載於俎佐食載則亦在右矣今文扃爲鉉古文鼏爲密

疏 正義曰特牲鼎設于阼階前西面此設于

西階前東面亦異於吉也敖氏云此執匕俎者亦三人各兼執匕俎也從設從鼎入而各設於其鼎之東其設之法俎東順而匕西枋也左人亦抽扃予左手取鼏委于鼎北加扃乃執匕而匕匕惟言抽扃鼏匕文省耳吳氏章句云案襍記匕以桑長三尺或曰五尺畢用桑長三尺刻其柄與末注以爲喪祭所用則此亦當有畢鼏亦言抽因扃及之也匕者東面佐食及右人載北面　注云佐食載則亦在右矣者以經云左人匕右人載佐食與右人同載是亦在右也云今文扃爲鉉古文鼏爲密者詳士冠禮**卒杝者逆退復位**復賓位也疏正義曰盛氏云匕者卽左人也逆退匕腊鼎者先退也賓位在西方載者將設俎故未退**俎入設于豆東魚亞之腊特**亞次也今文無之疏正義曰盛氏云魚亞之又在豕東也豕魚二俎竝設而腊在豕北無偶故曰特　士昏禮云俎入設于豆東魚次腊特于俎北此宜亦如之　注云今文無之字者胡氏承珙云鄭以上文云一鉶亞之又云從獻豆兩亞之四籩亞之皆有之字故從古文**贊設二敦于俎南黍其東稷**簋實尊黍也疏正義曰設二敦于俎南西黍東稷是黍在豕南稷在魚南以西爲上故云尊黍也此敦實

也而注云簋實義詳特牲佐食分簋鉶下**設一鉶于豆南**鉶菜羹也疏正義曰豆南菹南也注云鉶菜羹也者對大羹湆不和以鹽菜言也詳聘禮亦鉶繼之下**佐食出立于戶西**餕已也今文無于戶西疏正義曰注云餕已也者以設餕已畢故暫出以待後事也然則上設俎者佐食云今文無于戶西者古文有于戶西三字今文無之賈疏云若無此文不知立之所在故不從也胡氏承珙云案特牲禮祝洗酌奠奠于鉶南遂命佐食啟會佐食啟會卻于敦南出立于戶西南面彼出立在啟會之後此則設俎後卽出立于戶西下乃啟會卻于敦南復位注云復位出立于戶西是此佐食有兩番出立與特牲異其戶西之位則同此不言南面故下記文又明之曰佐食無事則出戶負依南面鄭以彼決此故從古文**贊者徹鼎**反於門外疏正義曰前陳鼎在門外今徹之亦於門外故云反也**祝酌醴命佐食啟會佐食許諾啟會卻于敦南復位**會合也謂敦蓋也復位出立於戶西今文啟爲開疏正義曰李氏如圭云言酌醴不言酌奠此醴酒並有明所酌者醴也吉祭以玄酒配酒不嫌酌玄酒故言酌奠而已方氏苞云凡喪奠皆

醴酒並設蓋象親生時餕有所宜時有所欲而陰厭所酌惟醴以朝夕常饋醴列漿飲中親沒未久仍奉以人道也至卽遠而吉祭則薦馨致味必以酒爲宜矣今案下酳尸以酒吳氏章句云祝酌醴北面命佐食啟會尊南南面注云會合也謂敦蓋也者詳士喪禮朔月奠用瓦敦有蓋下復位出立於戶西解見上今文啟爲開詳士昏禮

祝奠觶于鉶南復位復位復主人之左疏正義曰敖氏云此酌醴用觶別于酳獻也先啟會乃奠亦異於吉上祝從在左在主人之左也故注以祝奠觶復位爲復主人之左位

主人再拜稽首疏正義曰敖氏云爲會具也方氏苞云自斂奠至遣奠主人惟哭踊至是而後拜何也子事父母之禮莫詳于內則未嘗有拜卽世子問寢視膳亦無拜禮蓋拜者君臣朋友則饗燕之禮也未葬親之魄體尚在宮中不忍父母而賓客之也至迎精而反則以神道事之故尸未入而陰厭爲主人祭拜之始

祝饗命佐食祭饗告神饗也此祭祭於苴也饗神辭記所謂哀子某哀顯相夙興夜處不寧下至適爾皇祖某甫尚饗是也疏正義曰注云饗告神饗也者謂告神饗此祭也云此祭祭於苴也者謂此命佐食祭卽下祭于苴是也吳氏章句云祝命亦南

面云饗神辭記所謂哀子某哀顯相夙興夜處不寧下至適爾皇祖某甫饗是也者謂饗神有辭其辭卽記所云也又下祝祝卒主人拜如初注云祝祝者釋孝子祭辭又迎尸後祭奠祝祝主人拜如初注云如初亦祝祝卒乃再拜稽首二者注皆未明言所祝何辭賈疏以此注引記爲陰厭饗神辭以下注云釋孝子祭辭爲當與少牢祝祝日孝孫某敢用柔毛剛鬣嘉薦普淖用薦歲事于皇祖伯某以某妃配某氏尙饗同但稱哀爲異以下記饗辭云哀子某圭爲而哀薦之饗爲迎尸後祝辭敖氏則以哀子某圭爲而哀薦之饗爲此節饗辭以哀子某哀顯相夙興夜處云云爲迎尸前祝辭其迎尸後祝辭敖未言所用徐氏乾學曰使三者尸果皆有辭則記文必備詳之矣胡爲列其二而遺其一愚謂經旣言祝祝則必有辭無疑若上所言祝饗則未必有辭也何以言之尸未入而告神止一事爾胡爲旣有饗辭而又有祝辭饗辭巳有潔牲剛鬣嘉薦普淖之語而祝辭復有柔毛剛鬣嘉薦普淖之語何辭之重而意之複也古人必無是禮也愚以爲經言祝饗不過祝以饗告神而未有辭至佐食代祭之後始讀祝以告神爾故今定以夙興夜處云云爲告神之辭以圭爲而哀薦之云云爲告尸之辭前說以告神故有適爾皇祖之語後說以告

尸故但言圭爲而哀薦之且前旣告以牲醴諸饌則於此不必復告也至於鄭賈以意妄補之說則斷斷不敢從焉今案經云祝饗係目其事下云祝祝卒乃是釋其辭注云告神饗者卽記所云適爾皇祖某甫饗是也引記哀子某哀顯相夙興夜處云云以明饗辭者乃是豫言之非謂此時卽釋此辭也故下祝祝卒注云祝祝者釋孝子祭辭而不更言何辭明所釋卽夙興夜處云云之辭也又記始虞用柔日曰哀子某哀顯相夙興夜處下注云曰辭也祝祝之辭也是亦可證鄭意固以祝祝所釋之辭卽上注所云饗神辭明矣徐氏謂告神止一辭甚是但謂祝饗未必有辭猶未確又解迎尸前祝辭爲如少牢孝孫某以下云云乃賈疏之說徐氏并以咎鄭亦非江氏筠云迎尸上祝辭疏謂宜與少牢同案記哀子某哀顯相云云卽其與少牢同者也彼吉祭故云孝孫云歲事云以某妃配此喪祭故云哀子云祫事云適爾皇祖彼大夫禮故有柔毛此士禮故惟剛鬣旣有此辭見之記矣何得別有辭同少牢乎案江氏駁賈之說是也又敖氏以圭爲而哀薦之爲此節饗辭褚氏云事神之辭宜詳事尸之辭宜略此辭宜用于尸不可易之于神褚氏駁敖之說亦是也至賈疏以圭爲而哀薦之爲迎尸後祝辭尚有根據詳後祭奠祝祝主人拜

如初下

佐食許諾鉤袒取黍稷祭于苴三取膚祭祭如初祝鉤袒如今擐衣**取奠觶祭亦如之不盡益反奠之主人再拜稽首**也苴所以藉祭也孝子始將納尸以事其親爲神疑於其位設苴以定之耳或曰苴主道也則特牲少牢當有主象而無何乎【疏】正義曰李氏云益反奠之復酌醴而還奠于鉶南也敖氏云祭爲神祭食也爲神祭當與尸祭異處故以苴藉之三者三祭之也每一祭畢則反取之祭膚祭如初亦于苴三也記曰膚祭三取諸左膉上神祭用膚亦別于尸也祝取奠觶祭于苴亦三注之不盡者三祭而不盡其醴也既祭更酌而益之乃反奠于之故處主人拜爲饗也方氏苞云此孝子躬祭于室中之始也鬼神依人而行故使祝佐食代祭冀迎精而反庶或陟降而馮之也悉奠無此禮尸柩尚在堂不忍使人代也吉祭陰厭無此禮儀見愾聞自致其怳惚可矣非若音容始隔不敢遽易朝夕御食之常也　注云鉤袒如今擐衣也者釋文擐作揎云手發衣曰揎說文擐貫也廣雅擐著也賈疏謂鉤袒若漢時人擐衣以露臂敖氏云鉤袒捲其袂以出臂然則鉤袒即肉袒也江氏永云凡經傳單言袒者袒而無衣肉袒也

言禓或連言禮禓者袒而有衣是也云苴所以藉祭也者
詳上苴刌茅下云孝子始將納尸以事其親爲神疑於其
位設苴以定之耳者此鄭解虞祭有苴之義也據下記無
尸者亦祭于苴賈疏謂天子諸侯吉祭亦有苴恐非鄭義
云或曰苴主道也則特牲少牢當有主象而無何乎者案
古者旣虞埋重乃作主故檀弓以重爲主道或因苴亦是
虞祭設之遂以苴爲主道如重然但鄭意謂大夫士無主
特牲少牢二篇不見有設主之文若苴爲主道則特牲少
牢亦當有主象而無主何乎此鄭破或之說也○案鄭氏
謂大夫士無主詳駁五經異義各書所引詳略不同今擇
要錄之五經異義曰今春秋公羊說祭有主者孝子以主
繫心夏后氏以松殷人以柏周人以栗古周禮說虞主用
桑練主用栗無夏后氏以松爲主之事許君謹案從周禮
說論語所云謂社主也又曰木主之狀四方穿中央以達
四方天子長尺二寸諸侯長尺皆刻謚于其背又曰今春
秋公羊說卿大夫士非有土子民之君不得祫享序昭穆
故無木主大夫束帛依神士結茅爲菆許君謹案春秋左
氏傳曰衞孔悝反祏于西圃祏石主也言大夫以石爲主
今山陽民俗祭皆以石爲主鄭君駁之曰大夫士無昭穆
不得有主少牢饋食大夫禮也束帛依神特牲饋食士祭

禮也結茅爲菆大夫以石爲主禮無明文孔悝之反祏有主者祭其所出之君爲之主耳鄭又曰主者神象也孝子旣葬心無所依所以虞而立主以事之惟天子諸侯有主卿大夫無主尊卑之差也卿大夫無主者依神以几筵故少牢之祭但有尸無主此鄭駁五經異義之說也說文祏宗廟主也一曰大夫以石爲主段氏玉裁云許以宗廟主爲祏字本義以大夫石主爲或義是許亦不以大夫有主爲定論也本禮經釋例云古禮大夫士無主公羊傳文公二年練主用栗何休注禮士虞記曰桑主不文吉主皆刻而諡之主蓋爲禘祫時別昭穆也旣云禘祫當亦指諸侯以上所引士虞記蓋禮之逸文魏徐邈王肅後魏淸河王懌皆以爲大夫士當有主然別無經傳可據惟左傳哀十六年孔悝一事耳考孔悝反祏鄭康成以爲所出君之主孔沖遠以爲僭禮孔說是也故司馬氏書儀亦不云大夫士有主但爲祠版之制而已朱氏家禮始有主近汪氏琬力持古主大夫士有主之說而排舊義夫古今異宜古禮之不行於今者多矣古禮大夫以下無主今有主亦禮緣義起者也倘以今時大夫以下有主遂強謂古亦有主則今時祭禮無尸亦謂古祭禮無尸乎又士虞記明日以其班祔賈云大夫士無木主以幣主其神他如士昏禮婦奠菜于禰廟

聘禮賓釋幣于禰皆不云有主不獨特牲少牢爲然也今案近儒萬氏斯大方氏苞皆謂大夫士有主然皆由重推之亦無確據故不錄其說焉

祝祝卒主人拜如初哭出復位

祝祝者釋孝子祭辭

疏 正義曰祝祝卒者謂祝讀饗辭畢也此與特牲陰厭言卒祝同饗辭卽上夙興夜處云云是也江氏筠云案祝辭于末必云饗故又或謂之饗辭饗辭祝二者經實通言非有二也是祝辭卽饗辭矣主人拜如初亦再拜稽首也方氏苞云吉祭尸未入室設餕祝神祝酌奠者一主人再拜稽首者二虞則祝祝奠觶者再主人再拜稽首者三形音未遠致其恍惚以與神明交於尸未入室詳也今案上祝奠觶于鉶南主人再拜稽首又祝取奠觶祭後益反奠之主人再拜稽首此祝祝卒主人又再拜稽首是祝奠觶者再主人再拜稽首者三亦異於吉也出復位者復西階上東面之位方氏苞云加哭于出之上見饗祝時不哭甫出戶而嗚咽不自禁也 注解詳上

右設餕饗神是爲陰厭

祝迎尸一人衰絰奉篚哭從尸

尸主也孝子之祭不見親之形象心無所繫立尸而

主意焉一人主人兄弟檀弓曰旣封主人贈而祝宿虞尸

疏 正義曰自此至尸拜遂坐言迎尸妥尸之事○吉祭無從尸者此有之亦變於吉篚以實牲體祭畢奉以出下尸卒食佐食受肺脊實于篚注云篚猶吉祭之有肵俎詳下 注云尸主也者爾雅釋詁文云孝子之祭不見親之形象心無所繫立尸而主意焉者此鄭解虞祭初立尸之意也 蘇氏軾云孝子求神而祭無主則不依無尸則不享朱子云古人于祭祀必立之尸因祖考遺體以凝聚祖考之氣氣與質合則散者庶乎復聚楊氏復云曾子問曰祭成喪者必有尸尸必以孫孫幼則使人抱之無孫則取於同姓可也不言適孫是容無適而用庶郝氏敬云旣饗神後迎尸神降而後尸入也餘詳特牲筮尸下云一人主人兄弟者以經云衰絰故知爲主人兄弟吳氏章句云兄弟大功以上者故衰絰而不免王氏士讓云從尸以主人之兄弟使神有所親也今案尸與從尸者皆亾者之親屬從尸者哭而尸不哭方氏苞謂象神不可以哀弛其敬是也云檀弓曰旣封主人贈而祝宿虞尸者彼注云贈以幣送死者于壙也于主人贈祝先歸孔疏旣封謂葬已下棺祝先歸宿戒虞尸鄭因此經無宿尸之事故引以證之明先宿尸而後迎尸也不筮尸者喪祭略也

尸入門

丈夫踊婦人踊踊不同文者有先後也尸入主人不降者喪事主哀不主敬疏正義曰經言踊不言哭者踊甚于哭也方氏苞云喪禮有哭而不踊無踊而不哭是也注云踊不同文者有先後也者賈疏云主人在西序東面眾主人西階下亦東面婦人堂上當東序西面故主人與兄弟見尸先踊婦人後見尸故後踊是有先後今案據特牲少牢尸入門左此不言左當亦如之故見有先後也云尸入主人不降者喪事主哀不主敬者以特牲少牢禮皆云主人降立于阼階東此不云降故注明之也**淳尸盥宗人授巾**淳沃也沃尸盥者賓執事者也疏正義曰詳特牲記沃尸盥者一人下**尸及階祝延尸**延進也告之以升疏正義曰詳特牲尸至于階祝延尸下**尸升宗人詔踊如初**言詔誦如初則凡踊宗人詔之疏正義曰注云言詔踊如初則凡踊宗人詔之者以經云如初明初入門時丈夫婦人踊亦宗人詔之王氏士讓云尸入門踊升階踊入戶踊凡三節皆宗人詔之經獨著之于尸升詳中間以該前後也吳氏章句云哀至而踊何待于詔蓋踊則舉止失常恐其厭于尸而不踊故詔以遂之**尸入戶踊如初哭止**哭止尊尸疏

正義曰以尸既入戶室中將行事尸之禮故哭止所以爲尊尸也

婦人入于房

辟執事者疏正義曰婦人位在堂上祭時執事者將由堂入室故辟之而入房也至三獻畢尸將出又復位而哭吳氏章句云婦人祭則在房此將祭有事于房故入不但辟執事者而已今案吳說亦通

主人及祝拜妥尸尸拜

遂坐

妥安坐也疏正義曰尸拜卽荅拜也特牲少牢尸皆荅拜此尸坐在拜妥尸後與特牲異與少牢同詳少牢禮注云妥安坐也詳特牲禮

右迎尸妥尸

從者錯篚于尸左席上立于其北

北席北也疏正義曰自此至反黍如初設言饗尸尸九飯之事○從者卽一人衰絰奉篚者也錯置也置篚于尸左席上便其實牲體也吳氏章句云不於右者右有几今案吉祭用肵俎主人自羞此用篚從者錯之亦異於吉 注云北席北也者經云立于其北明在席之北也必于席北者近篚敖氏云立俟其畢也方氏苞云室中尊嚴而從者久立于尸左何也不忍遽異於生也今案內

則云父母在朝夕恆食子婦佐餕父沒母存冢子御食此從者立于席北蓋亦如生時之有侍食者也

尸取奠左執之取菹擩于醢祭于豆閒

（疏）正義曰擩于醢特牲作㨎醢注云染于醢也案此字當作㨎說文㨎染也从手耎聲段氏注云㨎旁本从耎譌而从需周禮大祝九祭六曰㨎祭士虞禮特牲饋食禮少牢饋食禮有司徹四篇經文凡用㨎字二十唐石經周禮士虞皆作擩特牲少牢有司皆作㨎參差乖異此非經字不一乃周禮士虞經淺人妄改也互詳士喪禮渜濯棄于坎下張氏爾岐云尸取奠取祝所反奠于鉶南之觶也左執之者以右手將祭也郝氏敬云饌始菹醢豆近席尸自取俎敦遠祝命佐食取之今案命佐食取之下經是也豆閒詳特牲祝命挼祭下

祝命佐食隋祭

下祭曰隋隋之言猶墮下也周禮曰旣祭則藏其墮謂此也今文墮爲綏特牲少牢或爲羞失古正矣齊魯之閒謂祭爲隋

（疏）正義曰隋各本皆作墮惟集釋作隋注內六墮字各本皆同作墮集釋惟墮下字作墮餘五字皆作隋又各本言字在猶字下集釋作言猶釋文出猶隳二字張氏淳識誤云注曰墮之猶言墮下也案釋文云猶隳則言字當在猶字上墮下之墮當作隳今本以墮

解隋其誤不待辨從釋文戴氏震云儀禮作隋故注以墮解之若隳乃墮之俗體耳注文當作隋之言猶墮張氏不知上墮字與經竝應爲隋而改下墮字以從俗疎矣校勘記云儀禮隋祭或作墮或作隋諸本不能畫一說文隋裂肉也唐韻徒果切此字惟周禮有之他經罕見自隋以來俗爲隨字而本音本義亾矣此注以墮下釋隋祭世遂以墮代隋閒有作隋者據周禮正之可也今案周禮守祧旣祭則藏其隋鄭注隋尸所祭肺脊黍稷之屬藏之以依神小祝贊隋注隋尸之祭也字皆作隋說文隋裂肉也从肉隓省聲段氏注云衣部曰裂繒餘也引伸之凡餘皆曰裂裂肉謂尸所祭之餘也鄭注特牲少牢篇云周禮作隋隋與挼讀同又云挼讀爲隋注曾子問亦云綏周禮作隋爲鄭以隋爲正字與許同也今儀禮注隋皆作墮誤今案段說是也鄭於少牢同祭于豆祭注云將食神餘尊之而祭之又上佐食以挼祭注云將受嘏亦尊尸餘而祭之是其義亦與許同胡氏承珙古今文疏義謂說文訓裂肉與此無涉又謂鄭所見周禮本作墮皆非矣此經及注當以集釋本爲是今從之禮經釋例云凡尸未食前之祭謂之隋祭又謂之挼祭詳特牲祝命挼祭下　注云下祭曰隋隋之言猶墮下也者此鄭以墮釋隋也戴氏震云隓與墮同

案說文敗城阜曰隓又云墒篆文段氏注云小篆隓作墒隸變作墮俗作嶞隳隋本敗城阜之稱引申爲凡阤壞之稱是也惠氏士奇云說文作隓一作墮戰國策云趙孝成王方饋不墮飯白虎通曰坐尸而食之毀損其饌欣然若親之飽故尸祭謂之墮墮者毀也飯以手謂放飯於器曰墮春秋傳楚有宗祧之事將墮幣焉祭用幣謂奠幣於神曰墮士虞禮曰墮祭墮之爲言下也猶放飯於器也墮之爲言輸也猶奠幣於神也字當定作隓今案惠說甚詳但謂字當作隓非張氏爾岐云下祭曰隋謂從俎豆上取下當祭之物以授尸使之祭佐食但下之而已賈以爲向下祭之說引周禮者證守祧所謂隋即此隋祭之隋也云今文隋爲綏者鄭注特牲引上虞禮古文曰祝命佐食隋祭是古文作隋今文作綏鄭以隋爲正字故從古文也云特牲少牢或爲羞失古正矣者鄭以此字古文作隋爲正而特牲少牢今文或本又有作羞者尤失古文之正故特辨之章氏平云鄭以羞失正故特牲少牢注皆不見是也云齊魯之閒謂祭爲隋者此以方言釋經也○案賈疏舉經中不同五字墮授羞綏換又以特牲及此篇皆有換祭謂墮亦兼換解章氏云鄭注禮以黍稷肺爲墮祭不言菹醢爲墮祭是不兼換祭解也特牲疏云授下有祭無醢文義明

白此疏又兩岐今案章說是也儀禮經文士虞作隋俗本又作墮記作綏特牲作挼少牢有司皆作綏又特牲尸酢主人節佐食挼挼祭注云妥亦當爲挼又云今文或皆改妥作挼張氏淳據此謂經文挼蓋妥字是經又有作妥者鄭注有司徹云古文爲挼注少牢云古文爲肵是經又有作肵者不僅如賈疏所舉五字已也章氏云特牲注妥亦當爲挼當云挼亦當爲墮亦者亦上經祝命挼祭也今文或皆改妥作挼當云今文或皆改墮作挼皆者皆上經與此經也胡氏云古文墮有爲肵者以聲近而誤古文又有作挼者此又因挼字形近而誤挼祭與挼醢本屬兩事吳氏廷華以挼祭爲即擩祭誤矣又特牲佐食挼挼祭注出妥字賈士虞疏所舉五字獨不及妥疑此經文本作佐食挼綏祭鄭云綏亦當爲挼今文或皆改挼作綏耳作妥者又後人以綏字而誤并有傳寫以挼爲挼者敖繼公遂以挼祭爲挼挼祭尤誤之誤者矣今案章氏胡氏疑注妥字之誤似亦是今合諸注觀之鄭意是以隋爲正字以墮釋隋以挼字亦可通用其餘字皆鄭所不從說文挼推也玉篇韻會引皆作挼摧也段氏云摧亦有墮下之義故鄭於特牲篇不破挼爲隋至於下記不綏祭注云綏當爲墮少牢上佐食以綏祭注云綏或作挼挼讀爲墮其綏祭如主人

之禮注云綏亦當作挼有司徹其綏祭注云綏皆當作挼挼讀爲藏其隋之隋是皆以綏與隋義别故易字爲挼而義讀從隋章氏謂此注與特牲注隋與挼讀同者義歸畫一是也此篇今文亦作綏鄭從古文隋而於少牢有司二篇不從古文肵與挼者義已詳章氏胡氏說

佐食取黍稷肺祭授尸尸祭之祭奠祝祝主人拜如初尸嘗醴奠之如初亦祝祝卒乃再拜稽首

疏正義曰上祝命佐食隋祭卽命佐食取以授尸祭也黍稷肺之祭爲隋祭此與特牲祝命挼祭佐食取黍稷肺祭授尸尸祭之同吳氏章句云凡遠于尸者皆取而授之尊之也燕禮公祭膳宰贊授肺此肺祭祭肺也下肺脊則舉肺也祭奠先執後祭尊之蔡氏德晉云尸旣祭奠乃讀祝而勸之饗主人因拜尸乃嘗醴以示饗之也奠之復於故處也　注云如初亦祝祝卒乃再拜稽首者前陰厭時祝祝卒主人拜如初此經不言卒注以爲亦祝祝卒乃拜如彼也拜爲祝祝故尸不荅拜所祝之辭注無明文李氏云下記饗辭曰哀子某圭爲而哀薦之饗卽此祝祝辭蓋本賈前疏說也江氏筠云鄭於下記饗辭注云勸強尸之辭也又特牲祝饗在尸執奠後與此祝祝在尸祭奠後者其節略同而鄭於

彼注云其辭取於士虞記則賈以圭爲云云當之者明爲鄭義無疑今案江說是也**佐食舉肺脊授尸尸受振祭嚌之左手執之**右手將有事也尸食之時亦奠肺脊於豆 疏 正義曰特牲云舉肺脊以授尸尸受振祭嚌之左執之與此同詳特牲禮特牲又云乃食食舉少牢亦云食舉此經無食舉之文賈疏謂亦食舉非也方氏苞云虞之異於吉祭者不設肵俎不備庶羞尸不食舉佐食不舉魚腊亞飯舉魚腊實于篚而不以授尸祝不侑主人不拜蓋以主人心絕志摧不得已而虞以安神尸乃子屬與主人同憂惟九飯爲此饋食之大節不可減損賈疏又云特牲舉肺脊在邇敦後此舉肺脊在邇敦前者吉凶相變故也褚氏云肺脊不在三舉數中故在邇敦前 注云右手將有事也者釋經左手執之之義有事謂祭鉶嘗鉶云尸食之時亦奠肺脊於豆者此豆亦菹豆也詳特牲尸實舉于菹豆下**祝命佐食邇敦佐食舉黍錯于席上**邇近也 疏 正義曰錯置也餘詳特牲**尸祭鉶嘗鉶**右手也少牢曰以柶祭羊鉶遂以祭豕鉶嘗羊鉶 疏 正義曰注云右手也者謂以右手祭嘗也上注云右手將有事指此引少牢者證此經祭嘗亦用柶

也但此無羊鉶惟一豕鉶耳下記亦云鉶有柶**黍羹湇自門入設于鉶南胾四豆設于左**博異味也湇肉汁也胾切肉也【疏】正義曰士昏禮云大羹湇在爨此自門入蓋新自爨來欲其熱也方氏苞云飯以醬湇故湇必溫是以無尸則無黍羹湇也上經云設一鉶于豆南又云祝奠觶于鉶南則鉶南有觶而此云設于鉶南者賈疏云觶北預留空處以待黍羹是也然則上奠觶鉶南時因黍羹湇未設故繼鉶言之其實觶在湇南也李氏云昏禮公食禮大羹皆設于薦右虞未忍異於生敖氏云設湇于右亦因食生之禮又以別於吉祭也今案尸東面以南爲右此設于鉶南者設于右也特牲設大羹湇于醢北則在薦左矣互詳彼下胾四豆者四豆共一物故不言所上特牲庶羞四豆注云膮炙胾醢少牢四豆兩胾兩醢此庶羞惟用胾者敖氏云變於吉設於左者東面以北爲左少牢云設于薦豆之北此及特牲云設于左亦謂薦豆之北也薦豆謂菹醢正豆也庶羞爲加豆詳少牢上佐食羞胾兩瓦豆下　注云博異味也者以設湇與胾所以廣異味然喪祭雖設之亦不食若吉祭則食之矣少牢云尸又食食胾特牲尸實舉于菹豆注云爲將食庶羞是也云湇肉汁也者詳士昏禮云胾切肉也

者說文胾大臠也臠切肉也曲禮左殽右胾鄭注殽骨體也胾切肉也殽在俎胾在豆是也但彼經胾在右者孔疏謂爲卿大夫與客燕食之禮與此異也

尸飯播餘于篚　不反餘也古者飯用手吉時播餘於會古文播爲半

疏　正義曰少儀云小飯而亟之注云備噦噎雖侍食之法凡食皆然飯小則或取於敦者多而入於口者少故有餘飯○注云不反餘也者謂不可反之於敦故播于篚篚本以盛餘饌也云古者飯用手者曲禮共飯不澤手注云爲汙手不絜也禮飯以手是也云吉時播餘於會者會敦蓋也此篚之設本以代肵俎唯喪祭乃有之吉時無篚故知播餘於會也曲禮毋放飯注云去手餘飯於器中人所穢是亦謂著手餘飯不得反飯於本器中也孔疏謂當棄餘於篚無篚棄餘於會不知棄於會者正禮棄於篚者變禮儀禮特牲少牢不言播餘之法明播於會者其常喪祭播於篚非常禮故經特言之云古文播爲半者胡氏承珙云案播與半一聲之轉播布也散也此言尸飯放其餘於篚播義爲近故鄭從今文吳氏章句云一口爲一飯故播其餘始飯如此九飯可知

三飯佐食舉幹尸受振祭嚌之實于篚　飯閒啗肉安食氣

疏　正義曰蔡氏德晉云幹長脅也

舉幹以授尸尸受祭嚌而佐食受之以實于篚也吳氏章句云每三飯一舉不言獸幹喪禮略也注云飯閒啗肉安食氣者特牲舉肺脊以授尸注云先食啗之所以道食通氣少牢食舉注云舉牢肺正脊也先食啗之以爲道也彼皆未飯先啗故云先食啗之此三飯舉幹注云飯閒啗肉明初未食舉可知敖氏云不食舉未忍同於吉是也安食氣義與彼同褚氏云注飯閒啗肉安食氣取其意耳實不過嚌之蓋亦謂喪祭與吉祭異也

又三飯舉胳祭如初佐食舉魚腊實于篚尸不受魚腊以喪不備味【疏】正義曰舉胳亦佐食舉魚舉之也敖氏云初謂振祭嚌之下放此注云尸不受魚腊以喪不備味者案特牲少牢舉魚腊尸皆振祭嚌之此佐食舉魚腊即云實于篚不云尸受嚌之是不受魚腊與吉祭異故云以喪不備味也

又三飯舉肩祭如初後舉肩者貴要成也【疏】正義曰注云後舉肩者貴要成也者案祭統云周人貴肩故後舉之要其成也特牲注云舉先正脊後舉肩終始之次義與此同又敖氏以舉幹舉胳舉肩爲三舉禮經釋例則以舉脊舉膂舉胳舉肩爲四舉與鄭注舉先正脊之說合許少牢食舉下又此篇初舉即羞庶羞特牲少牢再舉始羞庶羞與此

異俱詳彼下

舉魚腊俎俎釋三个釋猶遺也遺之者君子不盡人之歡不竭人之忠个猶枚也今俗或名枚曰個音相近此腊亦七體如其牲也

【疏】正義曰賈疏云此經直舉魚腊俎盛于篚俎釋三个不言盛牲體者案下記云羹飪升左肩臂臑肫骼脊脅七體此上經佐食初舉脊次舉幹又舉骼終舉肩總舉四體唯有臂臑肫三者佐食即當俎釋三个不復盛牲體故直舉魚腊而已楊氏復云俎釋三个爲祭畢陽厭設于西北隅今案爲陽厭每俎皆釋三个經但言舉魚腊俎不言舉牲俎者以牲俎除前舉四體之外在俎止存三个故不復舉也盛氏世佐云此亦佐食舉之實于篚以賈疏證之則舉魚腊俎下似脫實于篚三字　注云釋猶遺也者案釋訓舍遺亦訓舍見呂覽注故注轉釋爲遺謂舍之不舉也遺訓又爲留謂留三个於俎以爲陽厭之用特牲注云俎釋三个爲改饌西北隅遺之是也云君子不盡人之歡不竭人之忠此曲禮上文彼注云歡謂飲食忠謂衣服與此不同鄭蓋取不盡不竭之義以明釋之爲留餘也云个猶枚也者詳特牲云此腊亦七體如其牲也者特牲記云腊如牲骨此牲七體故知腊亦七體也方氏苞云牲腊並七體魚七个佐食前所舉牲體四則留俎者惟臂臑肫三故腊亦舉四个

體魚腊四个而畱組者亦三个也舉者實于篚故畱者曰釋

尸卒食佐食受肺脊實于篚反黍如初設九飯而已士禮也篚猶吉祭之有肵組

疏正義曰禮經釋例云佐食受肺脊云受者蓋亦尸自菹豆操以授之今案上文佐食舉肺脊授尸注云尸食之時亦奠肺脊於豆明卒食尸還取所奠之授肺脊授佐食佐食受之以實于篚也詳特牲尸實舉于菹豆下江氏筠云楊信齋敖君善則云左手執以卒食而未嘗奠與注異褚氏寅亮云如其說則自祭鉶以後只用右手而左手始終執肺脊不動直至卒食始授佐食恐無此儀今案褚說是也互詳少牢上佐食受尸牢肺正脊加于肵下反黍如初設者亦佐食反之特牲反黍稷于其所注云佐食反之是也此黍之設本在俎南稷西上尸將食時佐食舉置席上今卒食復反故處故云如初設也　注云九飯而已士禮也者詳少牢尸始三飯下敖氏云尸九飯雖與吉祭同然其閒無告飽拜侑之事亦甚質威儀少也云篚猶吉祭之有肵組者案特牲少牢吉祭凡尸所食皆加于肵組卒食舉肺脊加于肵此虞祭無肵俎以篚代之凡尸所食皆實于篚卒食亦實肺脊于篚與肵組同故云猶吉祭之有肵組也詳特牲佐食舉幹尸受振祭嚌之佐

食受加于肵肵俎下禮經釋例云陳氏祥道曰士虞禮不以肵俎而以篚尙質故也竊謂肵俎載心舌篚不載心舌肵俎設于俎北篚設于席上肵俎主人親設篚則從者錯之其例亦小異是與肵俎同而不盡同也

右饗尸尸九飯

主人洗廢爵酌酒酳尸尸拜受爵主人北面荅拜尸祭酒嘗之爵無足曰廢爵酳安食也主人北面以酳酢變吉也凡異者皆變吉古文酳作酌疏正義曰自此至升堂復位言主人獻尸并獻祝及佐食之事○禮經釋例云凡卒食酳尸皆主人初獻主婦亞獻賓長三獻詳特牲吳氏章句云此獻也曰酳者示饋食不主飲以安食氣而已方氏苞云尸九飯畢而後主人進酒故義主於酳主婦賓長則主於進酒故竝曰獻褚氏寅亮云凡受者先拜雖祭禮亦然蔡氏德晉云主人北面荅於戶西北面荅拜也

注云爵無足曰廢爵者據下主婦洗足爵足爵爲有足者則此廢爵無足明矣以服重不敢用成器也凡無足曰廢此爵無足謂之廢爵猶敦無足謂之廢敦也云酳安食也者詳特牲禮主人洗角升酌酳尸下云主人北面以酳

酢者下主人獻祝注云獻祝因反西面位是酳尸時北面受尸酢亦北面也云變吉也者謂吉祭主人酳尸受尸酢皆西面拜此北面拜故云變吉也吉祭主人酳尸受酢皆西面詳特牲初獻主人拜送下云凡異者皆變吉者謂此初獻節內凡有異於吉祭者皆爲變吉也云古文酳作酌者酌當爲酳亦詳特牲

賓長以肝從實于俎縮右鹽縮從也從實肝炙於俎也喪祭進柢右鹽於俎近北便尸取之也縮執俎言右鹽則肝鹽併也【疏】正義曰以肝從從獻也禮經釋例云凡主人初獻從俎皆以肝主婦亞獻賓長三獻從俎皆以燔主人主婦獻祝亦如之詳特牲敖氏云實于俎縮右鹽言肝鹽在俎之法爾非謂此時方實之也今案此羞俎也羞俎在內西塾賓取以進俟尸受肝此俎仍反故處下云賓降反俎于西塾是也　注云縮從也從實肝炙於俎也者此從字讀爲縱橫之縱謂肝在俎縱設之也肝炙詳特牲云喪祭進柢者據下記載猶進柢也少牢吉祭進末此喪祭反吉故進柢柢本也謂以肝之本頭向尸也云右鹽於俎近北便尸取之也者張氏爾岐云右鹽於俎近北據執俎者而言左肝右鹽西面向尸則鹽在肝之北故云於俎近北尸右取肝左擩鹽爲便也云縮執俎言右鹽則肝鹽併也者

謂此俎縱執之經言右鹽則肝在左矣是肝鹽並列也凡正俎橫執羞俎縮執少牢賓長羞牢肝用俎縮執俎肝亦縮鹽在右與此同唯進末為異耳

尸左執爵右取肝擩鹽振祭嚌之加于俎賓降反俎于西塾復位

取肝右手也加于俎從其牲體也以嚌不志於味【疏】正義曰盛氏世佐云西塾內西塾上也云反俎則歸者於是取之可知也張氏爾岐云復位復西階前衆兄弟之南東面位可知 注云取肝右手也者以尸左手執爵則取肝為右手可知據此注似經本無右字經義述聞云右字後人所加是也若有右字鄭不須注矣云加于俎從其牲體也以嚌不志於味者李氏云特牲少牢尸嚌肝加于菹豆豆近而俎遠遠之者不志於味也敖氏云加于俎牲俎也張氏爾岐云加于俎盛牲體之俎賓所反則肝俎也方氏苞云吉祭之肝加于菹豆將合摶黍以嘏主人也虞無嘏故仍加于俎而反之禮經釋例云以特牲少牢經文校之則士虞加于俎俎字恐是菹字之誤蓋加于菹卽菹豆也然經文不敢臆改存此以質知者今案鄭注以加于俎為牲俎敖氏張氏從之方氏則以為仍加于羞肝之俎然據有司徹凡以羞俎降者皆是虛俎肝不應仍加其上至牲俎是正

俎祭畢將以改饌似不可以食餘之物加之釋例疑俎爲菹之誤始以是歟尸卒爵祝受不相爵主人拜尸荅拜不相爵喪祭於禮略相爵者特牲曰送爵皇尸卒爵疏正義曰注引特牲以證相爵之事明喪祭於禮略也敖氏云祝相爵者命主人拜送爵也此雖不相爵而主人猶先拜蓋其節宜然也

祝酌授尸尸以醋主人主人拜受爵尸荅拜醋報疏正義曰楊氏復云尸醋主人亦北面拜受坐祭卒爵及主人獻祝之時乃反西面位敖氏云尸無降席之禮故祝爲酌之蔡氏德晉云尸必醋主人者禮無不荅也今案醋同酢酢報爾雅釋詁文主人坐祭卒爵拜尸荅拜疏正義曰敖氏云孝子于是乃飲而卒爵者爲尊者之賜也吳氏紱云神賜不可不飲且獻祝及佐食皆承餕爵用之不卒爵則無以獻也亞獻足爵三獻繶爵竝同

筵祝南面祝接神尊也筵用萑席疏正義曰筵亦執事者設之敖氏云筵于北墉下尊之西也注云祝接神尊也者此解祝有席及先獻之故褚氏謂對佐食接尸而言是也云筵用萑席者李氏云萑如葦而細尸葦席祝萑席可也主人獻祝祝拜坐受

爵主人荅拜獻祝因反西面位疏正義曰敖氏云祝與佐食皆事尸者也故於酳尸獻尸之後因而獻焉不洗者下尸也坐受爵者因尸禮也或曰室中地迫隘故祝受爵授爵皆坐而不興方氏苞云虞惟祝佐食有獻何也哀痛方深不暇與賓兄弟爲禮也禮經釋例云凡獻尸畢皆獻祝及佐食虞祭與吉祭同詳特牲 注云獻祝因反西面位者敖氏云祝旣受爵主人乃反西面位而荅拜是也餘詳前主人洗廢爵酌酒酳尸下

薦菹醢設俎祝左執爵祭薦奠爵興取肺坐祭嚌之興加于俎祭酒嘗之肝從祝取肝擩鹽振祭嚌之加于俎卒爵拜主人荅拜祝坐授主人今文無擩鹽疏正義曰敖氏云祭薦亦右手以菹換醢祭于豆閒也先奠爵乃取肺以祭離肺用二手也祭不言絕文省郝氏敬云肝從次賓從薦也張氏爾岐云薦設皆執事者祝俎不升鼎詳見下記授主人者虛爵也王氏士讓云興取肺變於尸尸則佐食絕而授之祝則自取而絕之也今案祝取肝加于俎祝俎不敢饌加之無嫌也 注云今文無擩鹽案特牲少牢主人獻祝肝從祝皆取肝換于鹽振祭嚌

之則此亦當有擩鹽二字故鄭從古文也**主人酌獻佐食佐食北面拜坐受爵主人荅拜佐食祭酒卒爵拜主人荅拜受爵出實于篚升堂復位**篚在庭不復入事已也亦因取杖乃東面立

疏 正義曰獻佐食蔡氏德晉云于戶西北面獻之吳氏廷華章句云據下言出則亦室中獻矣吳氏紱云佐食不設席薦俎設于階間而不在室又無從佐食卑也吉祭亦然今案郝氏敬云主人受爵出以虛爵出室也方氏苞云出當作降蓋以篚在堂下故耳不知下言升堂則降堂可知舉升可以該降也方說非 注云篚在庭者上經云設洗于西階西南水在洗西篚在東是在庭也云不復入事已也者此釋經升堂復位之義謂升堂而不入室以室事已也云亦因取杖乃東面立者主人位本在西階上東面前入室時倚杖西序故知此時亦因取杖乃東面立鄭知復位必取杖者以虞祭杖不入室則在堂當杖也

右主人獻尸幷獻祝及佐食

主婦洗足爵于房中酌亞獻尸如主人儀爵有足輕者飾也昏禮曰內洗

在北堂直室東隅疏正義曰自此至入于房言主婦亞獻之事○如主人儀謂如上主人酳尸之儀也注云爵有足輕者飾也者案足亦所以爲爵飾輕者飾對服重者爵無足言也賈疏云主婦主人之婦爲舅姑齊衰是輕於主人或以主婦爲奴者之妻褚氏寅亮云祭祀之事夫奴則婦人不與即喪祭已然故內則曰舅沒則姑老今案褚說是也引昏禮者據經云洗足爵于房中則房中有洗經不言設洗之處故引昏禮爲證也吳氏廷華章句云房中未聞有尊據少牢主婦洗于房中出酌則酌室中之尊也

自反兩籩棗栗設于會南棗在西尚棗棗美疏正義曰李氏云自反反而取籩無贊之者也方氏苞云吉祭宗婦執兩籩戶外坐主婦受而設之虞則自反不忍遽變朝夕進食於舅姑之常今案此兩籩及下獻祝籩即上餕于堂上時亞豆東四籩也主婦旣獻尸自反堂上取籩入室設之故云自反敖氏疑反爲取之誤非矣又上陰厭贊薦菹醢注云主婦不薦齊斬之服不執事此自薦者李氏云獻己所有事非執事是也注云尚棗棗美者棗在西是以棗爲上也

尸祭籩祭酒如初賓以燔從如初尸祭燔卒爵如初酌獻祝

籩燔從獻佐食皆如初以虛爵入于房初主人儀疏正義曰敖氏云祭籩祭棗栗于豆閒也亦祝取而授之賓謂次賓燔從蒙如初者如肝從之儀也皆皆獻祝以下四事也盛氏世佐云以虛爵入于房著其異於初者也房中亦有篚盛此爵今案吉祭兄弟長以燔從喪祭兄弟亦在哀戚中故以賓代也注云初主人儀者上言如主人儀此言如初初亦指主人儀而言其實一也謂祭酒以下皆如主人獻尸之儀也○又案吉祭亞獻三獻皆有酢此不言酢亦喪祭禮殺也

右主婦亞獻

賓長洗繶爵三獻燔從如初儀繶爵口足之閒有篆文彌飾疏正義曰此一節言賓長三獻之事燔從亦次賓從薦也張氏爾岐云當亦乘獻祝及佐食　注云繶爵口足之閒有篆文通典篆下有文字當從之今本作又蓋文之訛依文義彌上不得加又也彌飾者案周禮屨人注云繶縫中紃也繶本以紃飾屨縫之名此名繶爵故知口足閒有篆文爲飾也上主婦用足爵已有飾此加以篆文故云彌飾

右賓長三獻

婦人復位復堂上西面位事已尸將出當哭踊疏正義曰自此至出門亦如之言祝告利成及尸出之事注云婦人復堂上西面位者上經云婦人及內兄弟服即位於堂故知此復位即復堂上西面位也云事已尸將出當哭踊者謂室事已尸將出故復位於堂以俟之方氏苞云吉祭婦人位在房中喪奠則位在堂上以尸柩在堂當要奠之升徹而踊也虞仍位於堂以要尸之入門入戶而踊也故尸入哭止則入于房三獻畢婦人復堂上之位以祝告利成主人哭則丈夫婦人皆哭尸出戶降堂出門皆踊如初也**祝出戶西面告利成主人哭**西面告告主人也利猶養也成畢也言養禮畢也不言養禮畢於尸間嫌疏正義曰主人哭者祭畢神將去也注云西面告告主人也者上主人獻畢升堂復位注以為東面此祝西面面是嚮主人告之故云告主人也云利猶養也者春秋繁露云利者體之養也是利不訓養而其義與養略同故鄭以猶養釋之云成畢也是言養禮畢也者案禮記聘義曰幾中而后禮成鄭注成禮畢也此利成亦是養禮畢故訓成為畢云不言養禮畢於

尸閒嫌者賈疏云若言養禮畢即于尸中閒有嫌諷去之或本閒作閑閑音以養尸事畢而尸空閑嫌諷去之今案此疏後說是說文閒隙也閑闌也古空閒字多作閒後人讀作閑音或又以閑代之特牲祝東面告利成賈疏云閒閒暇無事有遣己出之嫌故直言利成而已是也餘詳特牲○李氏云虞三獻而已特牲禮凡六獻三獻之後致爵於主人主婦主人獻賓酬賓奠觶其後賓舉以行旅酬賓兄弟弟子又各舉觶於其長行無算爵乃告利成曾子問曰小祥者主人練祭而不旅奠酬于賓賓不舉禮也昔者魯昭公練而舉酬行旅非禮也孝公大祥奠酬弗舉亦非禮也以次差之虞不致爵練不旅酬大祥無無算爵彌吉襍記又曰自諸侯達於士小祥之祭主人之酢也嚌之衆賓兄弟則皆啐之大祥主人啐之衆賓兄弟則皆飲之可也蓋謂致爵以後受酢則然其受尸酢雖虞主人猶卒爵重神惠今案虞無致爵以下事故三獻畢即告利成也李氏謂特牲凡六獻者蓋合加爵言之詳特牲長兄弟洗觚爲加爵下

皆哭 丈夫婦人於主人哭斯哭矣 疏 正義曰案上言主人哭此言皆哭明是主人以下凡丈夫婦人之在位者皆哭也

祝入尸謖 謖起也祝入而無事尸則知起矣不告尸者無遣尊者之道也古文

謖或爲休

疏正義曰注云謖起也者爾雅釋言文詩楚茨曰皇尸載起祭統尸謖君與卿四人餕君起大夫六人餕是謖與起同義也云祝入而無事尸則知起矣不告尸者無遺尊者之道也者言祝入而無事則尸自知起矣不待告也所以不告尸以無事者恐告之而尸起有似遣然故云無遺尊者之道也敖氏云祭旣畢矣尸必俟祝入乃起者禮之節當然也云古文謖或爲休者胡氏承珙云謖之爲休猶鬉之爲鍬縮之爲酋聲本同部王石臞先生云謖之爲休聲近而假借耳然則謖正字休假字故鄭不從古文或本也

從者奉篚哭如初

初哭從尸

疏正義曰從者卽前一人衰絰從尸入者也奉篚吳氏廷華云猶歸俎也　注云初哭從尸者謂如初入時哭從尸也

祝前尸出戶踊如初降堂踊如初出門亦如之

前道也如初者出如入降如升三者之節悲哀同

疏正義曰注云前道也者言祝前尸爲導尸也特牲注云前猶導也方氏苞云以尸入戶祝從尸後故特著前尸以明其先導也凡導及詔相必於前周官寺人職凡內人弔臨于外立于其前而詔相之今案方說是也前尸之儀詳下記云如初者出如入降如升三者之節悲哀同者案上經尸入門左

夫踊婦人踊尸升宗人詔踊如初尸入戶踊如初此出戶如入戶降堂如升堂出門如入門故云出如入降如升三者之節悲哀同也吳氏廷華章句云三言如明尸自出戶至門踊不絕也

右祝告利成尸出

祝反入徹設于西北隅如其設也几在南厞用席改設饌者不知鬼神之節改設之庶幾歆饗所以為厭飫也几在南變右文明東面不南面漸也厞隱也於厞隱之處從其幽闇

疏正義曰自此至贊闔牖戶言陽厭之事○禮經釋例云凡尸旣出室之後改饌于西北隅謂之陽厭詳特牲佐食徹尸薦俎敦設于西北隅下祝反入徹設于西北隅者謂祝送尸出門反而入室徹神前之饌改設于西北隅為陽厭也如其設也者謂改設西北隅之饌次第一如陰厭時設法也蔡氏德晉云特牲佐食改設此祝改設亦變於吉也　注云改設饌者不知鬼神之節改設之庶幾歆饗所以為厭飫也者此與特牲注略同謂改設饌所以求神冀其或饗於此也云几在南變右文明東面不南面者上經祝布席于室中東面右几東面而右几亦几在南矣此

不云右几而云几在南是變右文也必變右文者以特牲改饌東面有司徹不儐尸之禮改饌南面恐言右几則其爲東面爲南面不明言几在南則與特牲同東面可知故云明東面不南面也云漸也者以與特牲吉祭同東面爲向吉之漸也云厞隱也者爾雅釋言文云於厞隱之處從其幽闇者賈疏謂以席爲障使之隱張氏爾岐疑其與注有異今案特牲云厞用筵有司徹不儐尸之禮云厞用席鄭注皆云厞隱也又詩抑篇相在爾室尚不愧于屋漏毛傳西北隅謂之屋漏鄭箋禮祭于奧旣畢改設饌于西北隅而厞隱之處此祭之末也據此則鄭意以厞爲隱處非謂厞爲障也喪大記甸人取所徹廟之西北厞薪用爨之孔疏引熊氏云厞謂西北隅厞隱之處說文厞隱也段氏玉裁注云案室西北隅曰屋漏厞者又西北隅隱蔽之處也其說似皆本鄭義然則經云厞用席又而注云於厞隱之處從其幽闇者謂於厞隱之處用席以祭從乎鬼神尙幽闇之義耳張氏謂賈疏與注異是矣或曰經多言布席設席此獨言用席用者以也明是以席爲障蔽葢西北隅當室之白得戶明最爲室中明處故於祭時必障之以席使其幽闇亦求諸幽之義也此說與賈同今亦竝存之**祝薦席徹入于房祝自執其俎**

出徹薦席者執事者祝薦席則初自房來疏正義曰上主人獻祝云筵祝南面又云薦菹醢設俎主婦獻籩燔從是祝有薦有席有俎也今薦席則執事者徹之以入于房俎則自執以出者降於尸與賓也特牲注云尸俎賓俎有司歸之注知徹薦席是執事者以設與徹經未言其人當使執事爲之也　注云祝薦席則初自房來者以其本自房來故今仍徹入于房鄉飲記鄉射記皆云薦出自房公食記云筵出自房方氏苞云以此知佐食雖與祝同獻而席不設也**贊闔牖戶**鬼神尚居幽闇或諸遠人乎贊佐食者疏正義曰注云鬼神尚居幽闇者案有司徹司宮闔牖戶注云閉牖與戶爲鬼神或者欲幽闇與此注義同云或諸遠人乎者郊特牲文孔疏諸語辭此引之者謂鬼神或欲遠離人故闔之也云贊佐食者以特牲禮佐食闔牖戶故知此贊即佐食也

右改設陽厭

主人降賓出宗人詔主人降賓則出廟門疏正義曰自此至拜稽顙言禮畢送賓之事　注云宗人詔主人降者據下記也於主人降時賓則出廟門矣廟門殯宮門也**主人出門哭止皆復**

位門外未入位

疏正義曰主人出門亦出殯宮門也注云門外未入位者敖氏云謂殯宮門外未入時之位今案即上經主人及兄弟賓皆即位于門外如朝夕臨位者是也

宗人告事畢賓出主人送拜稽顙送拜者明於大門外也賓執事者皆去即徹室中之饌者兄弟也

疏正義曰主人送拜稽顙者蔡氏德晉云襍記朋友虞祔而退此助虞祭之賓皆親之執友既送葬又助虞祭故重拜以謝之也今案稽顙喪拜未即吉也注云送拜者明於大門外也者以此時賓已出大門則主人亦出送於大門外可知方氏苞云再言賓出前所出廟門也故主人出門則哭止而賓主人皆復未入時序列之位俟宗人告事畢然後賓出大門而主人拜送於大門外也云賓執事者皆去即徹室中之饌者兄弟也者即集釋作則古即則字通謂室中改設之饌兄弟徹之吳氏廷華疑義云少牢下篇婦人徹室中之饌則此亦婦人徹之可知注因曾子問取於兄弟語故爲此說而不知例在少牢也今案吳說是也○李氏云荀子曰几筵饋薦告祝如或饗之物取而皆祭之如或嘗之毋利舉爵主人有尊如或觴之賓出主人拜送反易服即位而哭如或去之謂喪祭也毋利舉爵謂佐食不獻尸主人有尊

謂納一尊于西北隅易服楊倞謂易祭服蓋謂練祥之祭也當攷今案易服楊注謂易祭服反喪服考虞禮經文至拜送賓而止卽記亦未及送賓以後儀節但虞祭主人服葬服則易服當爲易葬服喪服小記云旣葬而不報虞則雖主人皆冠及虞則皆免然則葬而卽虞者似當服之以終三虞無所謂易也閒傳云斬衰三升旣虞卒哭受以成布六升冠七升荀子所謂易服其指此乎楊注謂爲易祭服固混李氏以爲練祥祭服亦無可徵且練祥與所云喪祭亦未合也至册利舉爵李氏謂佐食不獻尸是矣主人有尊李氏謂納一尊于西北隅則非蓋吉祭設尊在室外至陽厭改設一尊于室故特牲云納一尊有司徹不儐尸之禮云納一尊于室中納者自外而內也此虞祭本設尊于室中無所謂納不若楊注但云主人設尊酌以獻尸之爲愈也

右禮畢送賓

卷三十二終

儀禮正義卷三十三　鄭氏注

績溪胡培翬學

記

虞沐浴不櫛 沐浴者將祭自絜清不櫛未在於飾也唯三年之喪不櫛期以下櫛可也今文曰沐浴

疏 正義曰注云沐浴者將祭自絜清不櫛未在於飾也者襍記凡喪小功以上非虞祔練祥無沐浴家語孔子荅子夏問云祭之沐浴爲齊絜也非爲飾也是虞而沐浴爲將祭絜清其體若櫛則近飾矣故不櫛也云唯三年之喪不櫛期以下櫛可也者此虞祭不櫛係據主人言之下祔祭云沐浴櫛是主人至祔亦櫛矣李氏云三年者至祔而櫛則期虞而櫛可云今文曰沐浴者胡氏承珙古今文疏義云敖氏曰鄭從古文原無沐今本記與注首皆云沐浴葢傳寫者誤衍之盧氏文弨曰沐浴當倒爲浴沐賈疏云期以下虞而浴沐櫛可證許氏宗彥曰今文曰沐浴葢無不櫛二字異於古文耳觀後經文沐浴櫛搔揃注曰今文曰沐浴搔揃對勘自明矣葢後注言今文無櫛字此注言

今文無不櫛二字以後證前豪無可疑諸校者皆誤承珙案許說是也惟後注亦係今文曰沐浴爲句蚤鬋屬下或爲蚤揃六字爲句許以今文曰沐浴蚤鬋連句微誤今案王尚書經義述聞云喪服四制三月而沐鄭注沐謂將虞祭時也則虞之沐浴明矣又唐石經及䙡記喪服四制正義通典禮四十七下沐浴櫛搔翦賈疏引此文皆作沐浴不櫛是唐人所見本皆有沐字而敖以爲衍文謬此辨敖之誤也又校勘記引單疏陳本要義俱作虞而沐浴櫛并不作浴沐則盧據誤本疏文以證經尤不足辨矣注衡齋先生云古文作沐浴不櫛今文作沐浴無不櫛二字所異在不櫛之有無不在沐浴之增減也言尤簡切鄭以古文有不櫛二字義較備故不從今文也

陳牲于廟門外北首西上寢右言牲腊在其中西上變吉寢右者當升左胖也腊用棜檀弓曰旣反哭主人與有司視虞牲

疏正義曰廟殯宮也吳氏廷華章句云陳牲于廟門外亦門右 注云言牲腊在其中者以經云西上故知牲中兼有腊也云西上變吉者案少牢東上此西上是變吉又特牲腊東首牲北首此云北首西上則牲與腊同北首可知亦變於吉也云寢右者當升左胖也者特牲用右胖故牲北首而東足寢左也此寢右以虞

用左胖也云腊用楸者楸制詳特牲鄭蓋據彼言之褚氏寅亮云牲未殺故寢於地腊乾物必置於楸乃無不潔之嫌敖氏謂腊不用楸非也引檀弓者證主人虞祭視牲之事

日中而行事朝葬日中而虞君子舉事必用辰正也再虞三虞皆質明疏正義曰葬日虞朝有葬事故須日中虞也褚氏寅亮云注云舉事必用辰正統指三虞言日出日入日中皆爲辰正而辰正之中又取質明今以當日有葬事不得用質明故用日中亦辰正也若再虞三虞祭日無事必用質明矣敖氏云日中行事亦變於吉祭也三虞皆然盛氏世佐以敖說近是謂虞必以日中者未卒哭以前朝夕有哭臨之事不欲其妨也今案褚說申注義極明但記渾言日中未分別始虞再虞三虞故敖說亦竝存之

右記沐浴陳牲及舉事之期

殺于廟門西主人不視豚解主人視牲不視殺凡爲喪事略也豚解解前後脛脊脅而已熟乃體解升於鼎也今文無廟疏正義曰廟門西亦廟門外之西也注云主人視牲不視殺凡爲喪事略

也者案上注引檀弓曰主人與有司視虞牲是視牲也此殺於廟門西云主人不視是不視殺也特牲祭之前一日夕賓主人皆復外位宗人視牲告充又夙興主人立于門外東方南面視側殺則吉祭視牲又視殺矣此不視殺以喪略於儀也凡者舉例之辭言虞之異吉爲喪事略卽此可見例也云豚解解前後脛脊脅而已熟乃體解升於鼎也者案豚解七體體解二十一體詳特牲及少牢上利升羊下此云前後脛卽前後足謂解前後四足及一脊二脅爲七體與士喪禮小斂陳鼎實云四鬄兩胉一脊同至熟乃解爲二十一體升於鼎也鄭必知熟乃體解者據下升左肩臂臑肫骼則每脛已析爲三故知是體解也云今文無廟者鄭以古文有廟字較詳故不從今文也**羹飪**

升左肩臂臑肫骼脊脅離肺膚祭三取諸左膉上肺祭一實于上鼎肉謂之羹飪熟也脊脅正脊正脅也喪祭略七體耳離肺舉肺也少牢饋食禮曰舉肺一長終肺祭肺三皆刌膉脰肉也古文曰左股上此字從肉殳殳矛之殳聲

疏 正義曰升者自鑊升於鼎左者謂肩臂以下皆用左也禮經釋例云凡牲皆用右胖唯變禮反吉用左胖故虞用左詳鄉飲記肩臂臑爲前脛骨肫骼爲後脛

骨詳特牲記不言髀不升者於腊見之膚祭三卽尸未入前佐食取爲神祭于苴者是也上鼎北一鼎也 注云肉謂之羹爾雅釋器文飪熟也釋言文云脊脅正脊正脅也者脊前爲正中爲脡後爲橫脅前爲代中爲正後爲短俱詳特牲記鄭必知爲正脊正脅者以禮雖略當用其正卽特牲注不貶正脊不奪正也之義云喪祭略七體耳者自肩至脅爲七體喪祭略止升七體對特牲加以橫脊短脅爲九體少牢又加以脡脊代脅爲十一體而言也此七體與豚解七體異豚解之七體指全牲言此七體則指體解中左胖之六及正脊一體爲七也云離肺擧肺也者離肺謂之擧肺祭肺謂之刌肺亦詳特牲記此經云肺祭卽祭肺也李氏云離肺與脊同擧者肺祭尸所祭蓋卽隋祭時所祭也張氏爾岐云引少牢禮明此擧肺祭肺之制亦然云膉脰肉也者說文脰項也左傳襄十八年兩矢夾脰注云脰頸也是膉爲項頸膚祭取諸此以近首貴也必取左與肩臂等同也云古文曰左股上此字從肉殳殳矛之殳聲者賈疏云鄭疊古文從經今文又說古文解之者鄭欲兩從故也但字從肉義可知而以殳與股不是形聲之類其理未審段氏玉裁云鄭意謂股者髀也禮經多言髀不升則取諸左股爲膚祭非也𢑴古文用字之例假股爲膉

正與假脾爲髀假肫膊爲臑假胳爲骼假頭爲脰皆以異物同音相假假佾股與臑當是同音蓋從肉役省聲如投疫殺皆從役省聲之比役與益同部此股非股肱字注當云此字從肉從役省聲非從殳矛之殳聲今本脫誤不完據賈疏云鄭以殳與股不是形聲之類其理未審賈實錔解而可證有非字今本又奪非字則更不可通矣今案段說是也

升魚鱄鮒九實于中鼎差減之疏正義曰或用鱄或用鮒不定故兩言之非鱄鮒並用也詳士喪禮陳三鼎于門外北上下中鼎次于上鼎謂在上鼎下鼎之中也賈疏云案特牲魚十有五今爲喪祭略而用九故云差減之也今案士喪禮陳大斂奠云魚鱄鮒九則亦用九也

升腊左胖髀不升實于下鼎腊亦七體牲之類疏正義曰下鼎南一鼎也注云腊亦七體牲之類者上牲升左胖自肩至脅七體此腊亦然故云牲之類也特牲記云腊如牲骨是也

皆設扃鼏陳之嫌旣陳乃設扃鼏也今文扃作鉉古文鼏作密疏正義曰注云嫌旣陳乃設扃鼏也者賈疏云經云陳三鼎後言設扃鼏有嫌故記人辨之皆先設後陳也今文古文云云詳士冠禮

載猶進柢魚進鬐猶猶士喪旣夕言未可以

吉也柢本也鬐脊也今文柢爲胝古文鬐爲耆【疏】正義曰載謂自鼎載於俎也敖氏云喪奠於牲則進柢魚則進鬐始者但以未忍異于生之故而爲之其後遂因之以別於吉祭故三虞之時雖祭而不奠猶未變於初也今案士喪小斂奠牲用豚云皆覆進柢注柢本也進本者未異於生也大斂奠云魚進鬐腊進柢注鬐脊也進鬐亦未異於生也凡未異於生者不致死也旣夕遷柩朝祖云奠設如初還柩車設祖奠云奠如初則亦進柢進鬐可知故注云猶猶士喪旣夕也若吉祭則牲及腊進下魚進腴詳少牢禮凡喪奠之所以進柢進鬐者以未忍異於生若卽吉則異於生而有致死其親之意矣故注云言未可以吉也然則喪禮之必反吉者始以此敖氏說淺得制禮精意故特錄之餘詳公食禮盛氏世佐云柢猶腠也變腠云柢者對吉祭之下而言也鄉飲鄉射公食皆云進腠與此同

祝俎髀脰脊脅離肺陳于階間敦東不升於鼎賤也統於敦明神惠也祭以離肺下尸【疏】正義曰敖氏云髀亦左髀也脊脅其亦脡脊代脅歟尸三俎用豕魚腊祝之俎實惟用豕者亦變於吉也郝氏敬云脰頸肉卽脇也吳氏疑義云上膚取諸左脇則此脰右脰也　注云不升於鼎賤也者此祝之俎實自鑊

而徑載於俎不復升於鼎與上尸俎升于鼎而後載于俎者異故云賤也云統於敦明神惠也者上經云饌黍稷二敦于階閒西上此記云陳于階閒敦東明此俎繼敦而東故注以為統於敦也然階閒是陳俎常處特牲亦云執事之俎陳于階閒而敦在西堂則統於敦之說不可通矣褚氏寅亮曰云敦東明不正在東西之中也注謂統於敦明神惠似可商蓋亦有疑於注說也

右記牲殺體數鼎俎陳設之法

淳尸盥執槃西面執匜東面執巾在其北東面宗人授巾南面槃以盛棄水為淺污人也執巾不授巾卑也疏正義曰記以經但云淳尸盥宗人授巾不言面位故特明之詳特牲記　注云槃以盛棄水為淺污人也者謂沃盥棄水注於地恐淺污人故以槃盛之釋文淺音箭張氏爾岐云音義如濺是也詳上經匜水錯于槃中南流下云執巾不授巾卑也者詳特牲記

右記沃尸面位

主人在室則宗人升戶外北面當詔主人室事疏正義曰盛氏世佐云案主人在堂則宗人立階前主人在室則宗人立戶外詔禮者宜近其人也皆北面鄉之今案記以經但言主人在堂時宗人面位未及主人在室時面位故特明之戶外室戶外也注云當詔主人室事者以主人入室宗人當升堂詔主人室中事也**佐食無事則出戶負依南面**室中尊不空立戶牖之間謂之依疏正義曰敖氏云負依南面明與宗人不相統也佐食室中無正位故立於此吳氏廷華云佐食無事輒出經已屢言之此特詳其面位也今案上經饗神時云佐食出立于戶西又佐食啟會卻于敦南復位注云復位出立于戶西此負依之位與戶西一也又特牲記云佐食當事則戶外南面無事則中庭北面此出戶負依南面與戶外南面亦一也但彼言當事又言無事與此異者此言無事謂室中事暫已而尚有後事故出立於此以俟之與特牲言當事同至特牲所言無事則是未有事之先及事已俱畢時也互詳特牲記　注云室中尊不空立者此解佐食有事方入室無事卽暫出不空立室中故出立於戶外也云戶牖之間謂之依者爾雅釋宮文戶牖之間戶西牖東也詳覲禮天子

設斧依下

右記宗人佐食面位

鉶芼用苦若薇有滑夏用葵冬用荁有柶苦苦荼也荁堇類也乾則滑夏秋用生葵冬春用乾荁古文苦爲枯今文或作芐 疏 正義曰注今文或作芐作釋文作爲嚴本作作芐閩葛俱誤作⿱竹下毛本誤⿱竹下嚴徐釋文集釋俱作芐　云古文苦爲枯者胡氏承珙云苦枯同聲假借云今文或作芐者則今文正本作苦矣餘俱詳公食禮記

豆實葵菹菹以西蠃醢籩棗烝栗擇棗烝栗擇則菹刌也棗烝栗擇則豆不毼籩有縢也 疏 正義曰此記豆籩所實之物敖氏云經惟言菹醢此則見其所用之物是也云以西者係據上饌于西楹之東醢在西時言之若設于室則醢在北矣棗烝栗擇詳聘禮夫人勞聘賓下　注云棗烝栗擇則菹刌也棗烝栗擇則豆不毼籩有縢也者案刌謂切也士喪禮大斂奠云毼豆兩其實葵菹芋蠃醢兩籩無縢布巾其實栗不擇脯四脡案葵菹言芋不切也毼白也縢緣也葵菹芋栗不擇是喪奠麤略之

意豆白而籩無緣是用素不飾之意今籩實旣用棗烝栗擇與喪奠之栗不擇者異則菹亦切之可知豆亦不白籩亦有緣可知故鄭云然也敖氏云記惟言棗烝栗擇則是豆籩之類皆未變也此時尸用葦席素几主人酳以廢爵則其他可知矣褚氏寅亮云籩實旣與吉祭同矣何妨用稍有飾之豆籩注是也

右記鉶芼與豆籩之實

尸入祝從尸 祝在主人前也嫌如初時主人倚杖入祝從之初時主人之心尚若親存宜自親之今旣接神祝當詔侑尸也 疏 正義曰注云祝在主人前也嫌如初時主人倚杖入祝從之者案上經陰厭時主人倚杖入祝從是主人在祝前也今記者以尸入祝當從尸故特記此以明祝在主人前嫌如初時主人在祝前也云初時主人之心尚若親存宜自親之者此解陰厭時主人先入之意也云今旣接神祝當詔侑尸也者此解尸入祝當在主人前之義也詔侑尸者卽上經尸及階祝延尸是也敖氏云入謂入門也言祝從尸者嫌其如迎尸之時猶先行也祝始出迎尸先行入門及尸入祝乃居後而從之少牢饋食禮曰祝先入門右尸入門左亦辟尸使先行也入門

如是則入戶亦從尸可知褚氏寅亮云記有二義一以明迎尸時祝在前而尸在後旣入門則尸在前而祝在後也一以明陰厭時主人尚若親存故先入室而祝從之至尸入室則祝以接神故先從入室而主人從之也敖說可參用盛氏世佐云案經云尸及階祝延尸由後詔相之曰延則自入門已後祝卽轉居尸後矣言此者明其與出時異也尸出之之時祝前今案鄭以此記爲對陰厭時言敖以此記爲對迎尸時言褚氏所謂記有二義也盛氏以爲對尸出祝前言則又一義也今並存之

尸坐不說屨

侍神不敢燕惰也今文說爲稅

疏 正義曰注云侍神不敢燕惰也者敖氏云禮有敬事則不說屨而坐少儀曰凡祭于室中堂上無跣燕則有之鄭注祭不跣者主敬也燕則有跣爲歡也孔疏凡祭謂天子至士悉然也跣說屨也今案彼注云主敬卽此不敢燕惰之義今文說爲稅詳士昏禮

尸謖祝前鄉尸

前道也祝道尸必先鄉之爲之節

疏 正義曰此以下記前尸之儀也祝前祝在尸前也鄉面尸也 注云前道也者詳上經祝前尸出戶下云祝道尸必先鄉之爲之節者總解記內鄉尸之義也此鄉尸在出戶前也

還出戶又鄉尸還過主人又鄉尸還降階

又鄉尸過主人則西階上不言及階明主人見尸有踧踖之敬疏正義曰還轉也與旋同張氏爾岐云祝之道尸必先以面鄉尸乃轉身前行謂之還還是也還出戶謂轉身前行出戶也前後皆以戶階門爲節與上經同但彼止言踊未及道尸之儀故記詳言之此言還降階又鄉尸下復言降階者敖氏云上降階者祝也下降階者尸也祝先降而鄉尸及尸旣降祝乃反面而行張氏爾岐云上降階謂正降時此時祝以面鄉尸下降階謂旣降時祝則轉身前行方氏苞云再言降階而後言還者祝先降鄉尸立待尸之盡階而後還也今案方說與敖同似勝張說此注解記不言及階而言過主人之義也斯時主人在西階上過主人則及階矣不言及階而言過主人兼以明主人見尸有踧踖之容也敖氏云祝出戶而西行當階而南行乃過主人也吳氏疑義云此以過主人爲鄉尸之節也

降階還及門如出戶及至也言還至門明其間無節也降階如升時將出門如出戶時皆還鄉尸也每將還必有辟退之容凡前尸之禮儀在此疏正義曰降階義詳上門廟門也經義述聞云下降階二字行文當以降階又鄉尸還六字連讀上文經尸及階祝延尸賈疏引此已作降階還則其誤久矣敖繼公曰上降階

者祝也下降階者尸也案降階若分祝與尸則記當云祝降階又鄉尸尸降階還文義方明何得上下兩言降階而不爲之區別乎上文出戶過主人亦是祝先尸後何以不兩言出戶兩言過主人乎敖說非也又案注內降階如升時五字當是後人所加降階時祝在尸前升階則祝在尸後是升之與降絕不相同安得曰降階如升時乎此必非鄭注原文也今案記疊降階二字卽如敖氏說亦尙可至注降階如升時五字則斷爲衍文無疑蓋降時祝在尸前故云降階又鄉尸若升則祝在尸後安得鄉尸面乎此必因上經祝前尸出戶踊如初注云如初者出如入降如升此注又有將出門如出戶語淺人遂加降階如升時五字於其上而賈不察輒爲作疏沿誤至今述聞之辨爲功經義不淺矣此還及門下當云又鄉尸還出門而記以如出戶括之此省字之法所云如者謂如出戶之先鄉尸還出戶非謂如出戶之後又鄉尸故注以將出門言之若出門後則祝送尸而反矣無所謂鄉尸也上注云祝道尸必先鄉之爲之節者方氏苞云鄉尸雖無辭若告尸以行與轉之節其說是也如出戶之先鄉尸若告以將出戶過主人之先鄉尸若告以過主人降階之先鄉尸若告以將降階至降階後又鄉尸者若恐尸之降階或有顚躓而又鄉之

必待其降階乃還也及門又鄉尸若告以將出門此鄭所謂節也記云及門如出戶是謂及門時如出戶之先鄉尸明矣　注云及至也言還至門明其閒無節也者謂自階至門中閒無鄉尸之節也云將出門如出戶時皆還鄉尸也者謂將出門如將出戶二者皆還尸也此注還字與記還字義異葢祝在尸前其鄉尸時亦必先轉身以面鄉尸故云還鄉尸至記還字在鄉尸後則謂旣鄉尸乃轉身前行義實不同或謂注言還鄉尸與記文背非矣云毋將還必有辟退之容者此總釋記中還字義避退卽逡巡之意謂不敢徑遂直行也云凡前尸之禮儀在此者謂諸篇中言道尸之儀節莫備於此特牲尸謖祝前

尸出祝反入門

注云前尸之儀士虞禮備矣卽謂此也

左北面復位然後宗人詔降

疏 正義曰上經入門卽位之初云祝入門左北面故此云復位復門左北面之位也詔降詔主人降也記以經但云祝反入徹設于西北隅又云祝自執其俎出不見有復位之事又但云主人降不言宗人詔故特明之盛氏世佐云經主人之降在陽厭後云復位然後宗人詔降然後綏辭言此以別於吉祭也特牲禮尸謖祝前主人降○張氏惠言讀儀禮記云據此記似祝入未徹宗人卽詔降與經

不合蓋記言尸出祝反入卽謂入徹也旣徹執其俎出則未便出門之門左復位北面宗人乃詔主人降耳記於經所言皆略之故不言徹也下記無尸云旣徹祝佐食降復位宗人詔降如初可互明今案據張說則記當以祝反入爲句也

尸服卒者之上服上服者如特牲士玄端也不以爵弁服爲上者祭於君之服非所以自配鬼神士之妻則宵衣耳

疏正義曰周禮守祧掌守先王先公之廟祧其遺衣服藏焉若將祭祀則各以其服授尸鄭注遺衣服大斂之餘是尸服卒者之服也注云上服者如特牲士玄端也者案特牲記云尸服玄端故鄭以此上服爲玄端如特牲也江氏筠云案褖衣爲善衣之次則玄端得上稱褚氏云士有上中下三等則玄端服有玄裳黃裳襍裳之異各視卒者之等以爲服也云不以爵弁服爲上者祭於君之服非所以自配鬼神者案爵弁服士服以助祭於君襍記所謂士弁而祭於公是也至特牲自祭亦服玄端不服爵弁服故云非所以自配鬼神也曾子問曰尸弁冕而出鄭注爲君尸或弁者先祖或有爲大夫士者孔疏云大夫士卑屈於人君故尸服父祖自祭之上服人君禮伸故尸服助祭之上服然則士尸不得服助祭之服也云士之妻則宵衣耳者以虞祭有女尸故弁

言之云宵衣者據特牲主婦祭服纚笄宵衣言也敖氏云卒者士也其上服則爵弁服是亦異於吉祭者也吉祭之尸服玄端王氏士讓云士喪陳襲衣三稱爵弁服爲上記明言卒者之上服則是爵弁服明矣蓋士之冠昏服爵弁服人道於此始士之襲斂以爵弁服人道於此終尸象神也虞迎精而反象其上服所以安之也若歲祀常事則尸亦但服玄端常服今案敖氏以反吉言似有理王氏之說甚辨故竝存之又案盛氏世佐云士妻則祿衣歟蓋亦有疑於宵衣之說也

男男尸女女尸必使異姓不使賤者異姓婦也賤者謂庶孫之妾也尸配尊者必使適也

疏 正義曰李氏云曾子問曰祭成喪者必有尸自禫祭以前男女別尸吉祭云以某妃配則男女共尸鄭曰雖合葬及同時在殯皆異几體實不同祭於廟同几精氣合今案此鄭氏司几筵注也李引之以證喪祭之異尸義亦猶此儀禮紃解引何氏克思云吉祭有男尸無女尸陰統於陽也抑亦以有男尸則不使更立女尸也虞卒哭祔練祥禫若女喪則男不可以爲女尸故須別立或竝喪則其虞祔等祭亦必有先後也餘詳特牲筮尸下注云異姓婦也者以記云必使異姓明是以孫列之婦爲之不使女孫也敖氏云據夫家而言之

故曰異姓吳氏章句云女孫雖親不得承祖母之重故用婦云賤者謂庶孫之妾也尸配尊者必使適也者案鄭意蓋以尸不用庶與妾故又申之曰尸配尊者必使適也庶孫之妾尤賤故特舉以言之賈疏謂無適孫妻使適孫妾又無乃使庶孫妻似失鄭意又記必使異姓不使賤者二語緊相承接故注以爲皆指女尸言盛氏世佐謂不使賤者兼男女尸言非矣

右記虞尸儀服與侍尸之儀爲尸之人

無尸則禮及薦饌皆如初無尸謂無孫列可使者也殤亦是也禮謂衣服即位升降疏正義曰此以下記虞祭無尸之儀也注云無尸謂無孫列可使者也殤亦是也者案曾子問云尸必以孫無孫則取於同姓可也孔疏謂取同姓昭穆孫行適者今云無尸是無孫列可使者也曾子問又云祭成喪而無尸是殤之也則祭殤無尸可知故云殤亦是也盛氏世佐云無尸者禮之窮也蓋尸不使賤又必取諸無父者若是則成人之喪而闕焉者蓋有矣非直爲殤祭也郝氏因之爲殤虞誤云禮謂衣服即位升降者謂衣服及面位升降之儀蔡氏

德音云薦饌謂神席前俎豆之類如初謂與有尸者同○方氏苞云世儒多謂古祭用尸不若後世無尸爲安不知無尸則儀節不得不簡而羣義皆無由而見惟旣葬日中而虞各致其哀而退尚若可行若時祭如此則與奠告無異於追養爲率慢而不足以萃祖考之精神於親賓爲涼薄而不足以盡十倫之義類矣

旣饗祭于苴祝祝卒記異者之節 疏 正義曰饗卽上經祝饗是也祭于苴卽上經佐食取黍稷祭于苴三是也祝祝卒卽上經主人再拜稽首祝祝卒是也旣者起下之辭注云記異者之節者蓋有尸者此後有迎尸及綏祭等事無尸則無迎尸以下事是饗神與有尸者同而饗神以後與有尸者異故記特言旣饗祭于苴祝祝卒以明此後乃言其異者故云記異者之節也

不綏祭無黍羹湆胾從獻不綏言獻記終始也事尸之禮始於綏祭終於從獻綏當爲墮 疏 正義曰綏祭卽上經尸入祝命佐食墮祭佐食取黍稷肺祭授尸尸祭之者是今無尸則不綏祭也黍羹湆胾卽上經黍羹湆自門入設于鉶南胾四豆設于左是也楊氏復云黍羹湆胾爲尸加也從獻卽上經主人獻尸賓長以肝從主婦亞獻尸賓長三獻尸皆以燔從是也今無尸則不用加亦不獻故無黍

羹無胾無從獻，賈疏謂三事皆蒙無字解之是也。王氏士讓云：餕無尸不行獻禮，則祝佐食亦無獻可知。　注云不綏言獻記終始也者，謂記言不綏言獻，是舉終始言之，故卽中之日事尸之禮始於綏祭終於從獻，此鄭解記舉四事以明異於有尸者之義也。云綏當爲墮者，詳上經祝命佐食墮祭下。

主人哭出復位　於祝祝卒

【疏】正義曰：注云於祝祝卒者，謂主人於祝祝卒時卽哭而出，復西階上東面位也。案上經祝祝卒，主人拜如初，哭出復位，在迎尸隋祭以前，今記於不綏祭無黍羹湇胾從獻之後者，蓋亦記異者之節，以主人出而祝闔牖戶，其事相因，故記於此，以起下祝闔牖戶之文也。

祝闔牖戶降復位于門西　門西北面位也

【疏】正義曰：方氏苞云：有尸則主人復位而祝迎尸，餕無尸則事神之事畢矣，於孝子徬徨周浹之心未能慊也，故闔牖戶，冀神之憺安而久留於斯，以致其思成之慤焉。　注云門西北面位也者，案上經卽位之初云祝入門左北面，故知復位復門左北面位也。此云門西者，北面以西爲左，門西與門左一也。

男女拾踊三　拾更也三更踊

【疏】正義曰：敖氏云：是時婦人亦在堂也，不入於房，與有尸者異。方氏苞云：男女兼朋友與內外宗也。有尸則尸入門踊升堂踊入戶踊出及降亦如之無尸則總爲拾踊今案襍記云公七踊大夫五踊婦人居閒士三踊婦人皆居閒鄭注婦人居閒者踊必拾主人踊婦人踊賓乃踊方氏苞據彼注故以爲兼朋友也　注云拾更也者詳鄉射禮謂更迭而踊也云三更踊者謂拾踊凡三次襍記孔疏云每踊輒三三者三爲九而謂爲一也

如食閒隱之如尸一食九飯之頃也【疏】正義曰賈疏云隱之者謂闔牖戶也九飯之頃時節也敖氏云象神食之也

祝升止哭聲三啓戶聲者噫歆也將啓戶警覺神也今文啓爲開【疏】正義曰祝升由門西啓戶祝啓之也　注云聲者噫歆也者詳既夕禮云將啓戶警覺神也者敖氏云謂欲令神知其將啓戶也云今文啓爲開詳士昏禮

主人入親之【疏】正義曰賈疏云主人親至神所恭敬之事也儀禮紃解云無尸則不行三獻禮主婦與賓皆不入故於將徹時主人又入以致其敬今案主人入亦倚杖乃入也

祝從啓牖鄉如初牖先闔後啓扇在內也鄉牖一名也如初者主人入祝從在左【疏】正義曰注云牖先闔後啓扇在內也者以闔則先牖後戶啓則先戶後牖明必入戶乃可啓牖是牖之扇在內也云鄉牖一名也者鄭意蓋謂牖亦名鄉

一物二名非謂室北別有牖也然上闔牖戶不言鄉則啟牖亦不得兼鄉言之云如初者主人入祝從在左者謂上經陰厭時主人倚杖入祝從在左此亦如之然據此則如初二字當在祝從下又不得在啟牖鄉下矣金氏榜云注鄉牖一名也案記云闔牖戶又云啟戶啟牖文實相應不得別出鄉名單言如初亦嫌無指實也江氏筠云啟牖鄉鄉字注連上讀敖連下讀注云鄉牖一名也賈謂是北出牖室本北墉無牖經亦無于牖兼二名者故敖謂鄉猶面也祝在主人之左皆西鄉然記於前文未言面鄉則先不見有初何如之有今定此本是饗字特因磨滅其半而致誤耳又前文鄉尸字凡四見或字相涉而誤金氏榜又云士虞禮祭于苴曰祝饗迎尸前曰祝祝墮祭曰祝祝皆有祝辭記載其辭曰哀子某哀顯相夙興夜處不寧敢用潔牲剛鬣香合嘉薦普淖明齊溲酒哀薦祫事適爾皇祖某甫饗載饗辭曰哀子某圭爲而哀薦之饗咸未著其所用之節鄭君於特牲祝饗注云其辭取於士虞記則宜云孝孫某圭爲而哀薦之饗由是推之士虞記所謂哀子某哀顯相之辭卽迎尸前之祝祝是也記所謂饗辭卽墮祭之祝祝是也諸侯遷廟禮曰祝聲三曰孝嗣侯某敢用嘉幣告于皇考某侯今月吉日可以徙于新廟敢告辟如食間

擯者請反位君反位祝從在左祝聲三曰孝嗣侯某絜爲而明薦之饗言如食閒者庶幾神之饗是故又祝饗以勸強之是無尸者亦備祝辭饗辭禮也士虞記無尸則禮及薦饌皆如初旣饗祭于苴祝祝卒主人哭出復位祝闔牖戶如食閒祝聲三啟戶主人入祝從啟牖鄉如初主人哭出復位吾友江震蒼筠云鄉當爲饗案聘禮公于賓再饗注云今文饗作鄉公食大夫禮設洗如饗注云古文饗或作鄉是饗鄉古通用字也虞禮祝饗在隋祭時無尸者不墮猶祝饗與有尸同故曰饗如初前云禮及薦饌如初後云宗人詔降如初皆謂其與有尸同禮上云祝祝卒主人哭出復位此云饗如初主人哭出復位先祝後饗禮與諸侯遷廟相符唯祭于苴祝饗其辭別無考見鄭君以哀子某哀顯相之辭當之因以下經祝祝卒者爲釋孝子祭辭此始非也今案江氏以鄉如初之鄉爲饗字之誤金氏因據大戴諸侯遷廟禮無尸者亦祝辭饗辭俱有以上祝祝卒爲祝以此饗如初爲祝饗其說似確至謂祭于苴祝饗其辭別無考見辨已詳上經祝饗命佐食祭下

主人哭出復位　堂上位也　疏　正義曰復堂上東面位

卒徹祝佐食降復位　祝復門西北面位佐食復西方位不復設西北隅者重閉牖戶褻也

疏正義曰注云祝復門西北面位者詳上復位于門西下云佐食復西方位者上經入門時衆主人及兄弟賓卽位于西方此佐食賓也故知復西方位云不復設西北隅者重閉牖戶褻也者案有尸者有陰厭有陽厭陽厭時贊闔牖戶今無尸者正祭已闔牖戶若又改饌西北隅重闔牖戶懼其褻故不復設也

宗人詔降如初初贊闔牖戶宗人詔主人降之疏正義曰注云初贊闔牖戶宗人詔主人降之者上經贊闔牖戶主人降記明之曰尸出祝反復位然後宗人詔降是有尸者祭畢主人降宗人詔之也此祝佐食復位後亦宗人詔降與有尸者同故云如初也

右記虞祭無尸之儀

始虞用柔日葬之日日中虞欲安之柔日陰陰取其靜疏正義曰此以下記三虞卒哭祝辭及用日不同之事○敖氏云柔日乙丁己辛癸也柔日言用則固非葬日矣蔡氏德晉云葬以柔日卽於葬日始虞而言用柔日者對下三虞卒哭用剛日也江氏筠云此言用者乃對下用剛日立文敖以其言用而謂非葬日誤矣今案蔡

氏江氏之說是也張氏爾岐云古人葬日例用柔日今案葬之日日中虞是始虞用柔日也　注云欲安之柔日陰陰取其靜者此解葬及虞所以用柔日之義柔屬陰靜不動故安也**曰哀子某哀顯相夙興夜處不寧**曰辭也祝祝之辭也喪祭稱哀顯相助祭者也顯明也相助也詩云於穆清廟肅雍顯相不寧悲思不安〔疏〕正義曰敖氏云哀子主人也哀顯相衆主人以下也方氏苞云如稱亞獻之主婦則不得云顯稱三獻之賓長則不得云哀薦謂衆子及嗣孫也弟副兄孫承祖皆天之顯道故云哀顯相吳氏章句云主人之外衆主人皆助主人祭者也故與主人竝曰哀助祭不名略也悲思之至無時自安今案注云顯相助祭者也未言何人敖氏方氏吳氏之說近是夙興夜處不寧猶詩之言明發不寐耳**敢用絜牲剛鬣**敢冒昧之辭豕曰剛鬣〔疏〕正義曰賈疏云凡言敢者皆是以卑觸尊不自明之意故云冒昧之辭云豕曰剛鬣者下曲禮文**香合**黍也大夫士於黍稷之號合言普淖而已此言香合蓋記者誤爾辭次黍又不得在薦上〔疏〕正義曰注云黍曰香合也者謂此香合爲黍也曲禮黍曰薌合粱曰薌其稷曰明粢稻曰嘉疏是也黍所以名香合者禮記孔疏云夫穀秫

者曰黍秫既軟而相合氣息又香故曰香合也云大夫士於黍稷之號合言普淖而已此言香合蓋記者誤爾者賈疏云特牲少牢黍稷合言普淖此別號黍爲香合故知記誤也云云辭次黍又不得在薦上者賈疏云依設薦法先設葅醢次設俎後設黍稷今黍在嘉薦之上此亦記者之誤故鄭非之也○方氏苞云尸所飯惟黍故獨舉香合籩豆之薦陸產水草之和具備正所謂嘉薦普淖也辭意本不待釋而明注誤以曲禮剛鬣香合等爲人君祝號而不知其爲上下之通稱由此曲生枝節王氏士讓云案首敘牲次敘盛郎篇首所云特豕饋食盛氏世佐云祭時黍稷俱有唯言黍者舉其尊也此祝辭但以物之輕重爲先後初不依設薦之次若依設薦之次則豕俎亦不當在薦上矣先言俎者賈疏云祭以牲爲主故也然則黍稷之馨香獨非祭之所重乎記固未可輕訾也今案此記牲物之號與少牢等篇不同說者紛紛今仍依鄭釋之而附載各家說於下俟後人考定焉

嘉薦普淖嘉薦菹醢也普淖黍稷也普大也淖和也德能大和乃有黍稷故以爲號云

【疏】正義曰注云嘉薦菹醢也者薦兼籩豆言士冠禮注云嘉薦脯醢也是也此云菹醢者以正祭時唯說菹醢二豆四籩則用以從獻故止云菹醢也云普淖黍

稷也普大也淖和也德能大和乃有黍稷故以爲號云者此鄭解普淖爲黍稷而又申言其義如是也少牢注亦略同彼注又引左傳絜粢豐盛謂其三時不害而民和年豐也以證德能大和乃有黍稷之義○盛氏世佐云案上旣言香合則普淖必非黍稷之謂以文次考之葢謂一鉶也鉶和羹也故以是名之歟今案方氏以嘉薦普淖爲一物詳上

明齊溲酒明齊新水也言以新水溲釀此酒也郊特牲曰明水涗齊貴新也或曰當爲明視謂兔腊也今文曰明粢粢稷也皆非其次今文溲爲酸也

疏正義曰注云明齊新水也言以新水溲釀此酒也者案鄭以新水釋明齊而又云以新水溲釀此酒則是以明齊溲酒爲一物也云郊特牲曰明水涗齊貴新也者彼注云涗猶清也五齊濁泲之使清謂之涗涗齊及取明水皆貴新也據彼注則明水與涗齊爲二物賈疏申之云鄭引之直取新義是同故引爲證非謂爲一物也云或曰當爲明視謂兔腊也今文曰明粢粢稷也皆非其次者賈疏云士祭有兔腊是故或有人作如此說若以明齊當爲明視作兔腊解者應在上與牲爲次何因退在下今文又爲稷解者上已云普淖兼黍稷何用又見稷也故知二者皆非其次也胡氏承珙云臧氏琳曰鄭以普淖爲黍稷故從禮經古文以明

齊爲新水作明粢者乃聲近之誤鄭所不從鄭司農注太祝齍號引士虞禮剛鬣香合而不引明齊溲酒是先鄭亦不以明齊爲明粢案臧說是也周禮小宗伯辨六齍之名物注曰齍讀爲粢說文齍黍稷器所以祀者从皿齊聲齍又省作齊司尊彝鬱齊獻酌鄭君云故書齊爲齍鄭司農云齍讀皆爲齊和之齊杜子春云齊讀皆爲粢故今文以明齊爲明粢曲禮孔疏據此以爲當有稷曰明粢句駁王邵之非臧氏申王駁孔其說甚辨是曲禮本無稷曰明粢足見今文以明齊爲明粢之誤矣孔氏廣森禮學巵言云案周官五齊杜子春讀齊皆爲粢禮運粢醍在堂粢醍者醍齊也然則今文字雖爲粢義亦訓齊以粢爲稷說今文者之誤曲禮稷曰明粢亦治今文儀禮者加之故隋秘書監王劭立八疑十二證謂晉宋古本皆無稷曰明粢句又云惠氏周禮古義曰太祝齍號注所引亦無是句當在十二證之一也又蔡氏獨斷載宗廟禮牲之別名及祭號等皆與曲禮同獨無稷曰明粢一句今案孔氏申王劭之說甚確故竝引之云今文溲爲醙者胡氏承珙云說文溲浸沃也从水叜聲鄭云溲釀與浸沃義合說文酉部無醙字聘禮醙黍清皆兩壺注云醙白酒也與此溲酒爲溲釀無涉故今文作醙亦鄭所不從也○敖氏云明齊蓋言醴也

郊特牲曰縮酌用茅明酌也又曰明水涚齊貴新也蓋用明水涚醴齊故曰明齊也祝祝之時奠用醴而已不用酒也云溲酒似衍文盛氏世佐云明齊謂醴溲酒謂酒記文甚明酒以酳尸尸卽神象也祝祝之時言醴而升及於酒不亦宜乎褚氏寅亮云注以明齊溲酒爲酒而無醴敖氏謂有醴而無酒不可從下云普薦溲酒專言酒不及醴斯可知無醴矣經義述聞云案水不可謂之齊郊特牲云明水涚齊又云祭齊加明水則明水與齊爲二不得謂明水爲明齊也敖繼公以明齊爲醴齊案下文之溲酒舉酒以該醴也祔祝辭但言溲酒而不言醴與此同明齊非謂醴也古無謂醴齊爲明齊者溲酒之溲今文作醙鄭注聘禮云醙白酒也下祔祝辭單言溲酒則溲酒乃酒名不連明齊爲義亦不得云以新水溲釀此酒也明齊二字疑當在香合之上寫者錯亂在下耳絜牲剛鬣明齊香合相對爲文據今文作明粢則齊爲粢盛之粢明甚字通作齍春官大祝辨六號四曰牲號五曰齍號此云絜牲剛鬣所謂牲號也明齊香合所謂齍號也剛鬣香合乃其專號絜牲明齊則其總號也明猶絜也明齊絜粢也桓六年左傳絜粢豐盛是也周官司烜氏共祭祀之明齍明燭鄭注曰欲得陰陽之絜氣也明齍與明齊同小雅甫田篇以我齊明與

我饗羊以社以方傳曰器實曰齍在器曰盛箋曰以絜齊豐盛與我純色之羊秋祭社與四方齊明卽明齊倒文以爲韻耳明齊兼有黍稷而但曰香合者舉黍以該稷也簋實尊黍言其尊者耳特牲饋食禮佐食摶黍授祝注曰獨用黍者食之主是黍尊於稷也明齊香合已言黍矣不得又以普淖爲黍稷淖者濡且溷之稱廣雅淖溼也又曰淖溷也爾雅釋言釋文引字林曰淖濡甚也管子水地篇夫淖水弱以淸呂氏春秋別類篇漆淖水淖合兩淖則爲蹇溼之則爲乾金柔錫柔合兩柔則爲剛燔之則爲淖淮南原道篇甚淖而滒高誘注曰饘粥多瀋者謂之淖是淖爲濡且溷之稱也釋名曰羹汪也汁汪郎也是羹爲濡且溷之物也淖又訓和和味者莫如羹商頌烈祖曰亦有和羹鄭司農注亨人曰大羹不致五味也鉶羹加鹽菜矣是鉶羹乃和五味普淖之名非鉶羹不足以當之也經曰設一鉶鉶于豆南豆則嘉薦鉶則普淖也故祝辭連言之鉶羹已謂之普淖矣則祔祝辭之普薦非鉶羹也黍稷謂之明齊今云普薦則亦非兩敦黍稷也房中之饌豆籩鉶俎設于豆東敦設于俎南尹祭爲籩實嘉薦爲豆實普淖爲鉶實則普薦爲俎實歟特牲饋食禮俎入設于豆東魚次腊特于俎北祔禮如特牲饋食則所謂普薦者當謂牲與魚腊

之俎也虞祝言絜牲剛鬣則不言普薦祔祝言普薦則不言牲明普薦中已兼有牲矣祭義曰薦其薦俎周語王公立飫則有房烝宣十六年左傳作享有體薦正義曰注國語者皆云半解其體而升於俎謂之房烝傳言體薦卽房烝也是俎亦得謂之薦今案敖氏之說諸家辨之是矣至述聞以明齊爲齍號以普淖爲鉶羹以祔祝辭之普薦爲俎實說可竝存故詳錄焉

哀薦祫事始虞謂之祫事者主欲其祫先祖也以與先祖合爲安今文曰古事

正義曰禮經釋例云祫字見於禮經唯此一事耳至於

疏 春秋文公二年八月丁卯大事于大廟躋僖公公羊傳大事者何大祫也大祫者何合祭也其合祭柰何毀廟之主陳于大祖未毀廟之主皆升合食于大祖五年而再殷祭王制天子犆礿祫禘祫嘗祫烝諸侯礿犆禘一犆一祫嘗祫烝祫曾子問祫祭于祖大傳干祫及其高祖周禮大宗伯以肆獻祼享先生以饋食享先生後鄭注肆獻祼饋食在四時之上則是祫也禘也又司尊彝凡四時之閒祀追享朝享鄭司農云追享朝享謂禘祫也在四時之閒故曰閒祀則皆傳注之文於經蓋無徵也士虞記始虞謂之祫再虞謂之虞三虞謂之成然則祫者蓋始虞之祭耳若禮緯云三年一祫五年一禘則皆指王者之大祭而言而

禮經無明文故後儒多聚訟矣　注云始虞謂之祫事者
主欲其祫先祖也以與先祖合爲安者此鄭解始虞稱祫
之義也白虎通云祫者合也鄭注禮記亦云祫合也此注
云與先祖合者據下文適爾皇祖某甫言也云今文曰古
事者校勘記云集釋古作合周學健云祫之
言合也作合字文義方協今案周說是也

適爾皇祖某甫

爾女也女汝者告之以適皇祖所以安
之也皇君也某甫皇祖字也若言尼甫

疏 正義曰注云爾女也者詳
士冠禮云告之以適皇祖所以安之也者虞祭主安告之
以適皇祖正所以安之也敖氏云尸柩已去則神宜在廟
爲神未欲遽離其室故於三虞皆告之以此義亦可通云
皇君也者詳特牲○案哀薦祫事適爾皇祖某甫十字後
人多疑爲祔辭之錯簡似有理吳氏章句云此本虞祭當
如下再虞之辭曰哀薦虞事安有始祭不言虞反言祫至
再祭始言虞事之理此應在以其班祔之下蓋祔辭錯簡
於此爾適爾皇祖某甫亦祔祖之辭重出於此經義迷聞
云案下文卒哭祝辭曰哀子某來日某隮祔爾于爾皇祖
某甫是卒哭之祭始告以明日祔于皇祖不應始虞而已
言之也且凡祭之祝言薦某事者皆謂此日祭祀之事不
應舍此日之虞而稱將來之祫也始虞爲虞之始而不稱

虞事至再虞而後稱之始虞去祔祭甚遠而預稱祫事再虞三虞卒哭去祔漸近矣而反不稱祫事而稱虞事成事先王制禮豈有如是之顛倒者乎今案哀薦祫事祫當作虞葬日虞爲虞之始故曰哀薦虞事也始虞曰哀薦虞事下文再虞三虞又曰哀薦虞事明始虞再虞三虞祝無異辭猶下文朞而小祥古文曰薦此祥事又朞而大祥亦曰薦此祥事所以明其同也其薦祫事之文則當在祔祭祝辭內錯亂在此耳皇祖當爲皇考曲禮曰祭父曰皇考然則虞祭當稱皇考矣蓋本作適爾皇考某甫因下祔祝適爾皇祖某甫之文而誤也云適爾皇考者謂以此虞事適爾皇考之寢而薦之猶特牲饋食禮云諏此某事適其皇祖某子也爾爾皇考也今案述聞之說與吳氏小異互詳下祔辭適爾皇祖某甫以隮祔爾孫某甫下

饗勸彊之也疏正義曰詳特牲尸荅拜執奠祝祝饗下敖氏云以祔祭之辭例之當云尚饗蓋庶其饗此祭也

再虞皆如初曰哀薦虞事丁日葬則已日再虞其祝辭異者一言耳疏正義曰蔡氏德晉云皆如初者謂用柔日與祝辭也吳氏章句云如初用柔日以下皆字包三虞言今案經義述聞以下三虞二字當在皆如初上詳下云虞事者盛氏世佐云虞安也若曰適爾皇祖

則神乃安矣敖訓爲度非　注云丁日葬則己日再虞者賈疏云初虞再虞皆用柔日始虞用丁日隔戊日故知再虞用己日蔡氏德晉云再虞後於始虞二日是也云其祝辭異者一言耳者案有以一句爲一言者論語詩三百一言以蔽之曰思無邪是也有以一字爲一言者論語子貢問曰有一言而可以終身行之者乎子曰其恕乎是也上始虞云哀薦祫事此云哀薦虞事不過一字之異故云異者一言耳也

三虞卒哭他用剛日亦如初曰哀薦成事當祔於祖廟爲神安於此後虞改用剛日剛日陽也陽取其動也士則庚日三虞壬日卒哭其祝辭異者亦一言耳他謂不及時而葬者喪服小記曰報葬者報虞三月而後卒哭然則虞卒哭之間有祭事者亦用剛日其祭無名謂之他者假設言之文不在卒哭上者以其非常也令正者自相亞也檀弓曰葬日中而虞弗忍一日離也是日也以虞易奠卒哭曰成事是日也以吉祭易喪祭明日祔於祖父如是虞爲喪祭卒哭爲吉祭今文他爲它　疏　正義曰褚氏寅亮云他字絕句三虞也卒哭也他也皆用剛日也吳氏紱云三虞曰成事禮成於三也卒哭亦曰成事因於三虞也吳氏廷華云卒哭曰成事亦哭寢之禮成也方氏苞云初曰祫

事以當祔於祖告乃異日祫祭於祖廟之始事也再曰虞事魄體有歸得從先人於廟則靈魂可安也卒曰成事詰旦而祔禮終事備也今案亦如初謂祝辭與始虞亦同也注云當祔祔於祖廟爲神安於此後虞改用剛日剛日陽也陽取其動也者謂神以祔祔廟乃安故後虞改用剛日取陽動之意以將祔廟也云士則庚日三虞壬日卒哭者以三虞卒哭皆用剛日故己日再虞則庚日三虞壬日卒哭也云其祝辭異者亦一言耳者以易虞事爲成事亦一言之異也云他謂不及時而葬者喪服小記曰報葬者報虞三月而後卒哭然則虞卒哭之閒有祭事者亦用剛日其祭無名謂之他者假設言之者案鄭注喪服小記云報讀爲赴疾之赴謂不及期而葬也旣葬卽虞虞安神也卒哭之祭待哀殺也孔疏赴猶急疾也急葬謂貧者或用事故奴而卽葬不得待三月卽此注所謂不及時而葬也孔疏又云急虞謂亦葬竟急設虞雖急卽虞而不卽卒哭卒哭猶待三月所以然者卒哭是奪於哀痛故不忍急而待哀殺也今案襍記云士三月而葬是月也卒哭是士之常禮葬與虞卒哭皆在三月今急葬急虞不待三月而卒哭猶待三月故虞與卒哭爲日旣遠其閒容有當祭之事以無定名故謂之爲他也檀弓曰其變而之吉祭也比至於祔

必於是日也接不忍一日未有所歸也彼注亦引他用剛日釋之孔疏虞禮謂之他此經謂之變其義一也皆據速葬速虞者言之也云文不在卒哭上者以其非常也令正者自相亞也者案他祭在虞卒哭之閒文當在卒哭上今在卒哭下者以虞卒哭是正禮令其相次他祭非常禮故退在下此鄭解記先言卒哭而後言他之意也禮經釋例云賈疏云前有人解云三虞與卒哭同爲一事襍記云上大夫之虞也少牢卒哭成事祔皆太牢鄭注云卒哭成事祔言皆則卒哭成事祔與虞異矣是微破前人三虞與卒哭同解者也是三虞一祭卒哭一祭他又一祭皆謂之成事也敖氏繼公曰他者變易之辭猶今言別也不用柔日而用剛日故云他也近吳氏廷華主其說張氏爾岐曰他字殆羨文竝與注異又敖氏以三虞爲卽卒哭則鄭賈已棄之說不可從今案襍記孔疏云先儒以此三虞卒哭同是一事鄭因此經云上大夫虞用少牢卒哭用大牢其牢既別明卒哭與虞不同盛氏世佐猶欲存敖說非矣引檀弓者證辭稱成事之義云如是虞爲喪祭卒哭爲吉祭者係據檀弓以吉祭易喪祭之文言之李氏云下云中月而禫是月也吉祭猶未配卒哭對虞爲吉祭對禫後吉祭則猶爲喪祭互詳前側亨于廟外門之右下云今文他爲它

者胡氏承珙云說文它虫也上古艸居患它故相問無它乎引申之爲無他故之義經典又相承假負何之佗爲之俗又作他此經古文當本作佗今文作它鄭以經典通用從古文作佗故注檀弓引儀禮此文亦作佗也○經義述聞云萬氏充宗儀禮商曰詳玩記文始虞用柔日再虞皆如初包有三虞故於哀薦虞事下出三虞二字以足之三虞不與下卒哭連讀檀弓曰卒哭曰成事故祝辭曰哀薦成事也謹案萬說近之矣而文義未安也始虞者第一虞再虞者第二虞也不得包有三虞三虞者第三虞也亦非統舉上文之辭上喪禮下篇猶朝夕哭不奠三虞彼三虞乃總括前後虞祭之辭此三虞承始虞再虞言之則最後一虞且不得但曰三虞而不言其禮也今三復記文三虞二字當在皆如初上寫者錯亂在下耳再虞三虞是兩事故曰皆如初皆者統兩事而言之也若止再虞一事則但云如初可矣何得言皆乎然則再虞皆如初當爲再虞三虞皆如初明甚鄭不悟三虞爲錯亂在下之文而以三虞卒哭連讀於是用柔日之三虞誤以爲用剛日矣襍記注曰卒哭成事附言皆則卒哭成事附與虞異矣是鄭亦謂卒哭成事不與虞同然則三虞當與始虞再虞同用柔日而稱虞事斷無與卒哭同用剛日而稱成事之理也學者

據禘記之注以正此注可矣又云案三虞二字誤置於卒哭他用剛日之上故漢世說虞祭者皆以最後一虞爲用剛日而虞祭所歷之日遂少一日五經異義引古春秋左氏說曰天子九虞十六日也諸侯七虞十二日也大夫五虞八日也士三虞四日也見曲禮正義葢謂始虞以下用柔日最後一虞用剛日則天子之弟九虞在弟八虞之明日而爲十六日諸侯之弟七虞在弟六虞之明日而爲十二日大夫之弟五虞在弟四虞之明日而爲八日士之弟三虞在弟二虞之明日而爲四日矣其實虞祭始終皆用柔日天子九虞凡十七日諸侯七虞凡十三日大夫五虞凡九日士三虞凡五日也如天子九虞丁日始虞則己日再虞辛日三虞癸日四虞乙日五虞丁日六虞己日七虞辛日八虞案九虞當在癸日始終皆用柔日也自始虞至九虞凡十七日諸侯以下準此推之又云卒哭他用剛日敖繼公曰他者變易之詞猶今言別也不用柔日而用剛日故云他也謹案鄭謂他爲不及時而葬者之祭在虞卒哭之閒其說誠不安矣敖以他爲變易之詞若然則經文但云卒哭用剛日已別於虞之用柔日何必枝蔓其辭而云他乎案上文始虞用柔日再虞皆如初注曰丁日葬則己日再虞是始虞與再虞閒一日矣以是例之則三虞與

再虞亦當間一日己日再虞則辛日三虞可知其三虞之
明日爲壬日卽是剛日似可卒哭矣然士喪禮下篇曰三
虞卒哭明日以其班祔檀弓曰卒哭曰成事是日也以吉
祭易喪祭明日祔於祖父其變而之吉祭也比至於祔必
於是日也接不忍一日末有所歸也士喪禮及檀弓皆言
祔在卒哭之明日而不言卒哭在三虞之明日是卒哭之
日與三虞之日不相接也蓋三虞之明日雖爲剛日而不
以之卒哭必用明日以後之剛日乃爲卒哭之日故不直
日用剛日而曰他用剛日明所用者他日非明日也如用
三虞之明日則當依明日以其班祔之例而云三虞明日
卒哭文義始明不用三虞之明日則當遠言之若但云用
剛日則明日正是剛日無以見所用者之非明日也此經
文之所以云他也他用剛日蓋三虞以後之第二剛日也
如辛日三虞則甲日卒哭以其差遠於明日之壬日則謂
之他矣或曰三虞以後剛日尚多何以知其必爲第二剛
日也曰日無常則當卜筮今卒哭不聞諏日是有常日矣
三虞以後避去明日不用則所用者非第二剛日而何曰
始虞再虞三虞皆間一日而三虞與卒哭乃間二日何也
曰孝子思親朝夕悲哀不忍卒哭之速故間二日而後卒
哭也且始虞再虞三虞皆虞也故皆間一日卒哭成事則

變而之吉祭矣故閒二日以別之襍記曰士三月而葬是月也卒哭大夫三月而葬五月而卒哭諸侯五月而葬七月而卒哭檀弓正義曰大夫以上卒哭者去虞相校兩月則虞祭旣終不得與卒哭相接是大夫以上三虞與卒哭相隔且以月計士卑禮殺故相隔以二日也說此者必尋討士喪禮檀弓之文而知卒哭之日非三虞之明日而後經文他字之義較然明耳今案述聞以三虞二字當在再虞下三虞亦用柔日以卒哭他用剛日亦如初曰哀薦成事作一事解又解他字爲他日之義皆與注異檀弓卒哭曰成事鄭注旣虞之後卒哭而祭其辭蓋曰哀薦成事成祭事也祭以吉爲成孔疏虞祭之時以其尚凶祭禮未成今旣卒無時之哭唯有朝夕二哭漸就於吉故云成事祭以吉爲成故也又曾子問云卒哭成事而后主各反其廟襍記亦云卒哭成事據此則成事之辭唯用於卒哭而不用於虞祭明矣吳氏章句云卒哭他用剛日謂惟卒哭用剛日蓋卒哭之明日卽祔祔祭重於卒哭當用柔日故卒哭不得不用剛日也是亦以三虞爲用柔日矣江氏筠云敖氏謂不用柔日而別用剛日故曰他筠謂改柔爲剛不必言他蓋不用相連接之剛日而用其後者故言他用猶他日之義云爾諸說皆與述聞合故並錄焉又案述聞以

虞祭始終皆用柔日謂天子九虞凡十七日諸侯七虞凡十三日大夫五虞凡九日士三虞凡五日據禮記四曲禮下引異義古春秋左氏說原有九虞者以柔日之句則十六日十二日八日四日乃計日之偶誤附識於此

右記三虞卒哭用日不同及祝辭之異者

獻畢未徹乃餞卒哭之祭既三獻也餞送行者之酒詩云出宿于泲飲餞于禰尸且將始祔於皇祖是以餞送之古文餞爲踐

疏 正義曰此以下記餞尸之事與無尸者送神之禮也○徹謂祭畢徹薦俎之屬云未徹乃餞者明餞尸之禮即於卒哭之日相接爲之也注云卒哭之祭既三獻也者以上云卒哭亦如初是卒哭與虞祭同三獻卒哭在虞祭後故知此云獻畢謂卒哭祭三獻之禮畢也云餞送行者之酒者文選注引韓詩章句云送行飲酒曰餞詩崧高箋云餞送行飲酒也引詩出宿于泲飲餞于禰者邶風泉水篇文毛傳云祖而舍軷飲酒于其側曰餞案彼是生人餞行此祭祀餞尸禮異而名餞之義同故引爲證也云尸且將始祔於皇祖是以餞送之者下云明日以其班祔是尸詰朝將祔故云且對以餞行於卒哭後已逮日晏言也虞卒哭在寢祔乃在廟此餞亦在

寢爲神將移於廟故餞送之張氏爾岐云卒哭祭之明日將祔于廟故卒哭祭畢餞之於寢門之外是也云古文餞爲踐者胡氏承珙云案司尊彝朝踐注云故書踐作餞是古二字互相假借鄭以此爲餞送故不從古文作踐

尊兩甒于廟門外之右少南水尊在酒西勺北枋少南將有事於北有玄酒即吉也此在西尚凶也言水者褻質無鼏不久陳古文甒爲廡也疏正義曰廟門寢門也寢門而曰廟門者詳卷首側亭于廟門外之右下吳氏章句云祖廟在東而餞於寢門之西尊尸東鄉也水尊在酒西西上也與吉禮同　注云少南將有事於北者以下行禮在尊北也云有玄酒即吉也者案水尊玄酒之尊也虞祭兩甒一醴一酒此無醴而有玄酒與吉祭同故云即吉也云此在西尚凶也者吉祭尊於戶東此在門外不於門東而於門西仍變於吉故云尚凶也李氏云凶禮反吉洗篚亨爨皆在西方是也云言水者褻質者凡吉禮謂水爲玄酒此言水是質言之也云無鼏不久陳者以餞尸僅有三獻無酬酢及陰厭陽厭之事是不久陳也云古文甒爲廡也者詳士冠禮

洗在尊東南水在洗東篚在西在門之左又少南疏正義曰篚在西在洗

之西也　注云在門之左又少南者以記云洗在尊東南故知又少南於尊也敖氏云洗取節於尊是猶未離於廟門外之西方也吳氏章句云洗與尊並在門西注謂在門之左若然則當言門不必言尊矣盛氏世佐云是三者亦皆在廟門外之右但與尊爲少東耳注說非褚氏寅亮云水東而篚西略仿堂下直東榮之處矣故注云在門之左未必在西方今案楊圖水洗篚皆不遠於尊張氏惠言圖則皆在門外之東矣疑故諸說並存焉　**饌籩豆脯四脡**酒宏脯也古文脡爲梃　疏　正義曰盛氏世佐云虞祭兩豆菹醢餞則一豆一籩是其異也脯籩實也不言豆實亦醢可知吳氏疑義云醴亦用脯士冠禮已然注說非也今案注云酒宏脯也者據鄉飲鄉射皆用脯言之彼五脡此四脡李氏以爲大夫士之異敖氏以爲變於吉似敖說是也云古文脡爲梃者各本作挺毛本作梃胡氏承珙云毛本不誤詳鄉射記　**有乾肉折俎二尹縮祭半尹在西塾**乾肉牲體之脯也如今涼州烏翅矣折以爲俎實優尸也尹正也雖其折之必使正縮從也古文縮爲蹙　疏　正義曰在西塾兼籩豆折俎言也　注云乾肉牲體之脯也如今涼州烏翅矣者周禮腊人掌乾肉鄭注大物解肆乾之謂之

乾肉若今涼州烏翅矣彼疏云若今涼州烏翅者解肉乾之狀也云折以爲俎實者謂折乾肉以爲俎實詳士冠禮云優尸也者以餞主於飲故無牲今有乾肉折俎是優之也云尹正也者雖其折之必使正者尹正爾雅釋言文此解乾肉稱尹之義云縮從也古文縮爲蹙者詳鄉飲記李氏云從置半尹於上以爲祭敖氏云二尹云縮則祭半尹橫矣是李讀縮字屬下爲句敖讀屬上爲句今案據鄉飲記云薦脯五脡橫祭于其上鄉射記云薦脯用籩五職祭半職橫于上上橫皆指祭言之則此縮亦指祭言明矣蓋二尹者正體二方無所謂橫縱也縮祭半尹者又截正體之半以備授祭而縮置於其上也若如敖讀則記文爲不辭矣

尸出執几從席從

祝入亦告利成入前尸尸乃出几席素几葦席也以几席從執事也

疏 正義曰從謂從尸出也盛氏世佐云尸出自室出也几席卽前設於奧者分言之見其執者二人几先席後也吳氏章句云几從席從不言篚從可知今案下餞畢尸謖從者執篚哭從之明此時亦有篚從也 注云祝入亦告利成入前尸尸乃出者上入字是衍文謂卒哭之祭祝亦告利成入室前尸尸乃出室也云几席素几葦席也者上虞祭用素几葦席尸卒哭與虞同此卽用卒哭祭之几席故知是素几

葦席也云以几席從執事也者謂執几執席以從者皆賓執事者也**尸出門右南面**侇設席也疏正義曰此尸出寢門也　注云侇設席也者據下尸即席坐當東面此時席尚未設故暫立於門右南面以侇之也**席設于尊西北東面几在南賓出復位**將入臨之位士喪禮賓繼兄弟北上門東北面西上門西北面東上西方東面北上疏正義曰蔡氏德晉云几在南在席之南也今案几在南是右几也亦鍇筵於尸左可知此賓出及下主人婦人出皆出寢門也上虞祭賓執事者皆先即位於門外如朝夕臨位乃入門卒哭與虞祭同故知此賓出復位即復其初時門外之位引士喪禮者證賓門外將入臨之位如此也**主人出即位于門東少南婦人出即位于主人之北皆西面哭不止**婦人出者重餞尸疏正義曰敖氏云主人位少南者為婦人當位於其北也眾主人以下亦在主人之南如臨位云哭不止見其哭而出也方氏苞云即位後皆哭無停聲以侇尸之即席親將離其室故哀更淒今案婦人位亦當南上統於主人皆西面鄉尸也李氏云喪之常婦人無外位今出寢門之外故注以為重餞尸也

或曰主婦須亞獻故出是亦重餞之義

尸卽席坐唯主人不哭洗廢爵酌獻尸尸拜受主人拜送哭復位薦脯醢設俎于薦東胸在南

胸脯及乾肉之屈也

疏　正義曰敖氏云是時唯主人不哭爲將行禮也然則亞獻三獻之時主婦賓長亦不哭特於此見之也吳氏章句云拜受東面拜送北面方氏苞云尸卽席主人將有事故以敬抑哀旣拜送則獻事畢哀心不能自抑矣曰哭復位者號泣而行別於卽位而後哭也又云餞則喪祭旣終而吉祭以始故用吉祭之辭而曰拜送今案餞尸初獻用廢爵亞獻用足爵三獻用繶爵與虞禮同　注云胸脯及乾肉之屈也者據記云設俎于薦東胸在南則胸專指乾肉言矣注兼言脯者案曲禮以脯脩置者左胸右末彼注云屈中曰胸則脯及乾肉之屈者均謂之胸也廖氏云申者爲脡屈者爲胸云屈者在南變於吉者賈疏云曲禮左胸右末則吉時屈者在左今尸東面而云胸在南是凶禮屈者在右末頭在左故云變於吉也

尸左執爵取脯擩醢祭之佐食授嚌

授乾肉之祭

疏　正義曰注云授乾肉之祭者謂佐食所授卽俎內乾肉之

祭也李氏云旣祭
嚌之故謂祭爲嚌尸受振祭嚌反之祭酒卒爵奠于南方
反之反於佐食佐食反疏正義曰蔡氏德晉云南方薦之
之於俎尸奠爵禮有終南也盛氏世佐云鄉飲記凡奠
者于左將舉于右此不舉而奠于右亦變吉也吳氏紱云
禮祭祀賓客無以虛爵奠者以虛爵奠惟此　注云反之
反於佐食佐食反之於俎者以上取於俎以授尸祭者是
佐食故知然也云尸奠爵禮有終者謂卒爵不拜不酢而
奠之示禮有終方氏苞云吉祭卒爵獻者拜尸荅拜象祖
考康樂嘉孝子之追養也虞以安神故承用其儀若餞則
獻者哭男女衆賓皆踊而用從容
獻酢之儀則悖人情而失禮義矣主人及兄弟踊婦人亦
如之主婦洗足爵亞獻如主人儀無從踊如初賓長洗繶
爵三獻如亞獻踊如初佐食取俎實于篚尸謖從者奉篚
哭從之祝前哭者皆從及大門內踊如初男女從尸男由
左女由右及至
也從尸不出大門者由廟門外疏正義曰敖氏云如主人
無事尸之禮也古文謖作休　儀謂自薦脯醢至反之

之外皆如之也從從獻者也如燔之類盛氏世佐云案餕尸之禮主人旣不以肝從獻則主婦之不以燔從可知不待言也此云無從者謂籩也上經云自反兩籩棗栗設于會南以其繼爵而進亦得云從并此而無之禮尤殺也今案盛說是也方氏苞云初獻尸卒爵主人及兄弟踊婦人亦如之亞獻主婦及婦人踊如初則主人及兄弟亦如之三獻則凡在列者皆踊哭之久踊之多幾與殯前啟後等哀親之體魄旣藏而靈魂亦將離其室也今案取俎謂取俎中之乾肉以實于篚也　注云男女從尸男由左女由右者上虞祭尸謖亦哭此哭而從者以餞之禮宜送也云哭者皆從則男女皆從尸矣上即位西面婦人在主人之北是男在左女在右今轉而南行亦男由左女由右爲便與王制言道路之禮男子由右婦人由左異也云及至也從尸不出大門者由廟門外無事尸之禮也者以記云及大門內是不出大門也賈疏云在廟以廟門爲限在寢門外以大門爲限正祭在廟廟門外無事尸之禮今餞在寢門外則大門外無事尸之禮故從尸不出大門也云古文謖作休者詳前

尸出門哭者止以餞於外大門猶廟門

【疏】正義曰此尸出大門也　注云以餞於外大門猶廟門者亦以大門外無事尸之禮故尸出哭

止而不送也**賓出主人送拜稽顙**送賓拜於大門外 疏 正義曰此賓出大門故知送拜在大門外也稽顙義詳前**主婦亦拜賓**女賓也不言出不言送拜之於闈門之內闈門如今東西掖門 疏 正義曰注云女賓也者上主人拜送男賓明此主婦所拜是女賓也云不言出不言送拜之於闈門之內者對上言賓出主人送明拜送於大門外此不言出不言送故以爲拜於闈門之內春秋傳所謂婦人送迎不出門是也云闈門如今東西掖門者賈疏云漢時宮中掖門在東西若人左右掖故舉以爲況也蔡氏德晉云主婦拜女賓蓋在大門之內今案爾雅釋宮云宮中之門謂之闈郭注謂相通小門也說文闈宮中之門也周禮保氏鄭注闈宮中之巷門據此則闈門在宮中當在寢門之內此餕尸在寢門外不應復入寢門而拜之於此故蔡疑爲在大門內也然釋鄭注云闈門如今東西掖門則似寢門外別有東西二門左傳哀十四年齊子我屬徒攻闈與大門似闈亦可通於外非僅宮中相通之小門謂之闈也**丈夫說經帶于廟門外**既卒哭當變麻受之以葛也夕日則服葛者爲祔期今文說爲稅 疏 正義曰敖氏云葛服之始經帶先加故於將變之始亦先說之今案

經帶要經也閒傳曰男子重首婦人重帶下云婦人說首經則此爲要經明矣于廟門外明餞畢卽說也　注云旣卒哭當變麻受之以葛者閒傳曰斬衰三升旣虞卒哭受以成布六升冠七升爲母疏衰四升受以成布七升冠八升去麻服葛案去麻服葛卽指經帶言之是鄭說所本也又喪服注云凡天子諸侯卿大夫旣虞士卒哭而受服則大夫以上與士異也云夕日則服葛者爲祔期者案卒哭而餞餞畢卽說經帶變麻服葛是卒哭之夕日卽服葛也所以然者明日祔祔前日之夕有爲期之禮李氏云夕當爲祔期故前爲期而受服是也云今文說爲稅者詳士昏禮

入徹主人不與入徹者兄弟大功以下言主人不與則知丈夫婦人在其中古文與爲豫

疏正義曰注云入徹者兄弟大功以下者以記云主人不與明兄弟大功以下爲之也曾子問曰士祭不足則取於兄弟大功以下者故鄭據言之云言主人不與則知丈夫婦人在其中者謂丈夫婦人亦在不徹之中也李氏云不徹者齊斬之服不執事也吉祭則君婦廢徹方氏苞云文立於丈夫脫經帶之後婦人脫首經之前以見婦人不與徹也餞設於大門之外非婦人所宜有事褚氏寅亮云齊斬旣不與饋則亦不與徹可知注是也

婦人說首

經不說帶不說帶齊斬婦人帶不變也婦人少變而重帶帶下體之上也大功小功者葛帶時亦不說者未可以輕文變於主婦之質至祔葛帶以卽位檀弓曰婦人不葛帶疏正義曰郝氏敬云婦人重要經男子重首經易服先輕者故卒哭男子以葛易帶婦人以葛易首經男不脫首經婦不脫要帶至小祥男子乃去首經而帶如故婦人乃去帶而首經如故所謂除服先除重也注云不說帶齊斬婦人帶不變也者謂齊斬婦人帶有除無變始終皆麻也云婦人少變而重帶帶下體之上也者如喪服小記婦人齊衰惡笄以終喪及箭笄終喪三年有除無變之皆是少變之服之事男子服重上婦人服重下而帶爲下體之上故重之云大功小功者葛帶時亦不說者未可以輕文變於主婦之質至祔葛帶以卽位者謂大功以下變麻服葛矣但此卒哭之夕仍服麻者變者文不變者質是時主婦不說故大功以下亦不說言未可以輕文變於主婦之質也至明日祔則易葛帶以卽位矣引檀弓者證不說帶之義也案檀弓婦人不葛帶鄭注婦人質不變重者至期除之卒哭變經而已少儀葛經而麻帶鄭注謂旣虞卒哭也帶所以自結束也婦人質少變於喪之帶有除而無變又閒傳注婦人葛經不葛帶孔疏云士虞禮婦人不

說帶注云齊斬婦人帶不變也其大功以下婦人亦葛帶也故喪服大功章男女竝陳及其變服三月受以小功衰即葛九月是男女共焉即知大功婦人亦變葛也此節賈疏云案大功章云布衰裳牡麻絰纓布帶三月受以小功衰即葛九月者又小功章云布衰裳澡麻帶絰即葛五月者二者章內皆男女竝陳明大功小功婦人皆葛帶可知是皆據此注申之也敖氏則以不說帶兼五服言云婦人重帶有除無變其三年者至小祥而除之齊衰期以至小功則皆終喪而除之其緦麻者此時亦不說旣還則除之歟今案喪服大功小功二章無婦人葛帶之文所謂即葛者或即指首絰言之據少儀云葛絰而麻帶檀弓云婦人不葛帶竝未分別齊斬與功服之異則敖氏說似亦可竝存耳

無尸則不餕猶出几席設如初拾踊三以餕尸者本爲送神也丈夫婦人亦從几席而出古文席爲筵

疏 正義曰無尸義詳前郝氏敬云拾踊三丈夫婦人賓客更迭踊三者三也盛氏世佐云不餕則不獻設如初者謂席設於廟門外之西東面几在南　注云以餕尸者本爲送神也者謂餕本爲送神故雖無尸可餕而設几席送神不異也云丈夫婦人亦從几席而出者鄭意蓋以猶出几席爲句以記未言丈夫

婦人故補言之方氏苞云上記尸出門右几席餞設賓出復位主人出卽位於門東婦人出卽位於主人之北故此記明雖不餞而主人主婦及賓猶出也猶出斷句几席設如初斷句又云日拾踊三則賓亦出可知矣虞祔而還之賓義比於兄弟故與衆主人同踊今案方說是也

哭止告事畢賓出 疏 正義曰盛氏世佐云案告者亦宗人也言此者見哭止之後無他禮且與下賓出爲節也吳氏章句云此言告則上餞者可知

右記卒哭祭畢餞尸與無尸可餞者送神之禮

死三日而殯三月而葬遂卒哭 謂士也襍記曰大夫三月而葬五月而卒哭諸侯五月而葬七月而卒哭此記更從死起異人之間其義或殊 疏 正義曰三日而殯三月而葬亦見王制但彼文大夫士同此注云謂士也者據記云遂卒哭者謂三月而葬遂於葬月卒哭也襍記曰士三月而葬是月也卒哭是此記指士言也若大夫以上卒哭與葬異月矣故又引襍記以明之記不言三虞者三虞在卒哭前舉卒哭可以該之也注云此記更從死起異人之間其義或殊者以記記者不一人故言有更端也方氏苞云前記至告事畢賓出而止

後記別一人所爲故始於叔三日而殯終於祥禫吉祭凡禮事禮辭爲前記記所未備者則以所聞補之是也**將旦而祔則薦**薦謂卒哭之祭疏正義曰旦明日之旦以將旦而祔故於前夕薦此薦爲祔設也吳氏章句云薦與餞同謂餞於卒哭之夕方氏苞云薦卽餞也以音同而訛今案吳氏方氏以薦爲餞是也但字本作薦不必改字上餞尸之禮薦脯醢設折俎而無牲故但以薦言王制大夫士宗廟之祭有田則祭無田則薦是薦略於祭且無尸者不餞亦設几席以送神故此記變言薦以包無尸不餞之禮必以薦爲餞之訛則非矣注云薦謂卒哭之祭者以卒哭獻畢未徹乃餞則餞尸之禮卽於卒哭之末行之故亦以爲卒哭之祭也敖氏則謂旣餞而復薦於寢告以祔期是旣餞送於門外而復薦於寢中顚倒甚矣且同日之閒旣卒哭而餞尸又薦告不亦黷乎方氏褚氏駁之是也**卒辭曰哀子某來日某隮祔爾于爾皇祖某甫尚饗**卒辭卒哭之祝辭隮升也尚庶幾也不稱饌明主爲告祔也今文隮爲齊疏正義曰哀子某某名也來日某某甲子也黃氏幹云卒哭是以吉祭易喪祭合稱孝子今尚稱哀者豈孝子不忍忘其哀至祔而神之乃稱孝歟

注云卒辭卒哭之祝辭者以薦在卒哭祭未徹之時故亦以卒哭言之其實卒哭自有辭上記云卒哭他用剛日亦如初曰哀薦成事是也不得又以此爲卒哭祝辭敖氏云卒謂已薦也已薦則祝告以此辭盛氏世佐云卒辭卒祝之辭也金氏榜云此著其與虞辭所易者故曰卒辭特牲卒曰筮子爲某尸注云卒曰者著其辭所易也與此同義今案卒字略逗敖說得之卒辭者謂已薦而告以將祔之辭也上虞辭云適爾皇祖某甫已告以將祔矣此則於餞送時復告以祔期也云隮升也者孫入祖廟故曰升云尚庶幾也者詳特牲云不稱饎明主爲告祔也者鄭意以主爲告祔故不稱牲饎然餞尸之禮止有脯醢乾肉而無牲是本無饎故不稱饎也云今文隮爲齊者胡氏承珙云詩朝隮于西傳云隮升周禮眡祲九曰隮司農注云隮者升氣也說文作躋廣韻隮與躋同禮記樂記地氣上齊孔子閒居至于湯齊二齊字鄭注皆讀爲躋而訓以升也此隮祔亦升義故不從今文作齊

女子曰皇祖妣某氏女孫祔於祖母

疏 正義曰此著其所易之辭謂祔女子則辭當云隮祔爾于爾皇祖妣某氏某祖妣姓氏也注云女孫祔於祖母者鄭以此記主爲女孫祔於祖母者言也記云女子對主祔者言之賈疏云此女

子謂未嫁而死或出而歸或未廟見而死歸葬女氏之家旣葬祔於祖母也

婦曰孫婦于皇祖姑某氏不言爾曰孫婦婦差疏也今文無某氏

疏正義曰此亦著其所易之辭謂祔婦則辭當云隮祔孫婦于皇祖姑某氏也喪服小記云婦之喪虞卒哭其夫若子主之祔則舅主之又云婦祔於祖姑祖姑有三人則祔於親者注云不言爾曰孫婦婦差疏也者凡祝辭稱爾爲親親辭婦差疏故不言爾也褚氏寅亮云記文孫婦二字卽以代男子之爾字蓋對所祔者而言故曰孫婦也云今文無某氏者案祖姑或非一人必須言某氏以別之上祔女子云皇祖妣某氏此亦當有某氏二字今文無之故鄭不從也

其他辭一也來日某隮祔尚饗

疏正義曰祔女子祔婦所易之辭已見於上其他辭則與祔男子同故注以來日某隮祔尚饗言也江氏筠云注謂來日隮祔尚饗案此似不須言且尚有哀子某三字則辭亦未能一竊謂句當於他字略斷其他者以男言之如祔諸父及昆弟之類以女言之則或有歸宗姑姊妹及妾祔於妾祖姑之類其辭總皆以皇祖皇祖妣皇祖姑爲稱是之謂一蓋卽下以其班三字之疏義耳今案江說亦可通存之

饗辭曰哀子某圭爲而

哀薦之饗饗辭勸強尸之辭也圭絜也詩曰吉圭爲饎凡吉祭饗尸曰孝子疏正義曰此記饗尸之辭也上經虞祭尸入九飯節佐食取黍稷肺祭授尸尸祭之祭奠祝祝即用此辭也此饗辭三虞卒哭及祔練祥吉祭祭皆用之故鄭於特牲尸入九飯節尸即席坐主人拜妥尸尸荅拜執奠祝饗下亦引此辭以爲祝饗之辭也鄭上注解饗爲勸強之故以饗辭爲勸強尸之辭也云勸強尸則鄭意不以此辭爲饗神之辭明矣　注云圭絜也詩曰吉圭爲饎者敖氏云大戴禮云孝嗣侯某潔爲而明薦之亨注豈據此而訓圭爲絜歟今案圭本有絜義敖說非也絜與潔通孟子必有圭田趙注訓圭爲絜廣雅釋詁圭潔也引詩者小雅天保篇吉蠲爲饎韓詩作圭戴氏震云鄭注周禮秋官蜡氏除不蠲云蠲讀如吉圭惟饎之圭箋詩吉蠲爲饎云蠲絜也至此注引詩則爲與惟圭與蠲互異陸德明置此注所引吉圭弗釋而於詩吉蠲周禮不蠲皆云古玄反舊音圭竟若未見本文有作圭者宋董逌摭廣川詩故其時韓嬰章句尚存知韓詩作吉圭因以鄭注周禮之吉圭惟饎證明圭字作蠲音足補箋疏釋文所未備據此是韓詩作圭也云凡吉祭饗尸曰孝子者鄭以此饗尸之辭吉祭用之則改哀爲孝襍記曰祭稱孝子孝孫喪

稱哀子哀孫是也

右記卒哭薦告祔之辭與饗尸之辭

明日以其班祔卒哭之明日也班次也喪服小記曰祔必以其昭穆亾則中一以上凡祔已復於寢如旣祫主反其廟練而後遷廟古文班或爲辨辨氏姓或然今文爲胖疏正義曰注云卒哭之明日也者謂記云明日是卒哭之明日也旣夕注云祔卒哭之明日祭名祔猶屬也祭昭穆之次而屬之爾雅釋詁祔祪祖也郭注祔付也付新死者於祖廟說文祔後死者合食于先祖釋名又祭曰祔祔祭于祖廟以後死孫祔于祖也字或作付或作附以祔爲正周禮大祝付練祥鄭注付當爲祔襍記上下篇言附者非一鄭注竝云附皆當爲祔是也云班次也小爾雅文云喪服小記曰祔必以其昭穆亾則中一以上者言祔有一定之次昭祔昭穆祔穆設若所祔之昭無可祔則閒穆一代而仍祔於昭所謂祔必以其昭穆亾則中一以上也但小記原文本云妾祔於妾祖姑亾則中一以上而祔祔必以其昭穆葢祖妾之有無不定故有中一以上而祔之禮彼注云中猶閒也此注引祔必以其昭穆而

并引亾則中一以上者正以見祔必以其班之義檀弓曰
明日祔於祖父孫與祖昭穆同班卽此以其班祔者祔之
正禮也喪服小記襍記等篇所言多祔之變禮然亦必以
昭穆言學者依文求之可矣云凡祔已復於寢如旣祫主
反其廟者此鄭推言天子諸侯之禮故云凡也文二年公
羊傳曰大事者何大祫也大祫者何合祭也毀廟之主陳
于大祖未毀廟之主皆升合食于大祖曾子問曰祫祭于
祖則祝迎四廟之主主出廟入廟必蹕蓋祭畢毀廟之主
仍藏于太祖廟未毀廟之主則各反其廟是以有出廟入
廟之儀今此祔祭於祖廟祭訖主仍反於寢有似祫然故
以爲況也僖三十三年左傳云凡君薨卒哭而祔祔而作
主特祀于主服氏注云特祀于主謂在寢則固與鄭說同
矣陳氏祥道云先儒謂旣祔主反其寢大夫士無主以幣
告然坊記曰喪禮毎加以遠荀卿曰喪事動而遠故將葬
而旣祖柩不可反孰謂將祔而旣餞主可反乎萬氏斯大
亦據坊記喪禮毎加以遠檀弓喪事有進無退二語以駁
祔已主反於寢之說然鄭注朱子實取之嘗云吉凶之祭
其變有漸故始死全用事生之禮旣卒哭祔廟然後神之
然猶未忍盡變故主復於寢而以事生之禮事之又云旣
祔之後主不當復於寢陸子靜力主此說子壽疑之皆以

書來問余以儀禮注告之子靜謂非經之本文不足據信今更言之大戴禮諸侯遷廟篇云君及從者皆玄服則是大祥之後除喪而遷矣其初言祔不言遷則既祔之後主復於寢至此方遷於廟矣徐氏乾學云遷廟篇中載君先至廟告徙卽告於殯宮之几筵也士虞禮注鬼神所在則言廟是寢亦可得稱廟矣中有奉衣服至碑語據賈聘禮疏謂寢內亦有碑則遷廟篇中所云出廟門其爲出殯宮無疑近張氏履云遷廟篇出廟門奉衣服者升車君升車從者皆就車也凡出入門及大溝渠祝下撌桼諸侯廟制五廟竝列每門有隔牆隔牆有通門謂之閤門從廟之廟出所祔廟過一閤門卽入新廟矣又安用車卽曰車以尊神也而記曰國君下宗廟則君車無入廟門閤門之理也今曰君升車從者皆就車則是君若臣皆於閤門之中廟門之前乘車也而豈有是哉且一牆之隔又安得有大溝渠乎哉由君臣皆車及大溝渠之文而知主之從寢之廟明也從寢之廟而祔後之復於寢又明也寢則曷爲亦名廟曰盧注謂廟殯宮時葬久矣神所棲卽廟也今案以大戴禮遷廟篇證鄭注自朱子始其說自確篇中雖但言奉衣服不言奉主然不可以是臆斷爲無主爵人已辨之矣張氏又云古者事神之道必多其方以求之記曰設祭於

堂爲祊乎外於彼乎於此乎故喪之鎮也在寢而又別有下室之饋今以神之將依於祖乎則爲之餞其尸而祔祭之以神之或猶安於寢乎則爲之反其主而特祀之魂氣無不之之非神之一進不可復還一遠不可復近比也江氏筠云曾子問已葬而世子生孔子曰大宰大宗從大祝而告於禰此未知其去葬久近其文承君薨而下則所謂禰者其卽上所云殯宮無疑也而下云三月乃名於禰夫諸侯五月而葬七月而卒哭周卒哭而祔則其在祔後也明矣而其文乃不異且下云以名徧告及社稷宗廟山川別言宗廟豈非復反於寢之明驗邪金氏榜云或有疑復寢之說曰七廟無虛主又曰喪事有進而無退禮毋加以遠榜謂曾子問之文爲取七廟之主以行者言之非謂主本在寢者爲不可反之於寢也檀弓之言有進無退所以明反柩之失坊記之言毋加以遠所以立不葬之坊其文皆據尸柩而言與廟主不相涉凡此皆申明注祔已復寢之義也云練而後遷廟者賈疏謂鄭據穀梁傳云作主壞廟有時日於練焉壞廟壞廟之道易檐可也改塗可也是練而遷廟與左傳特祀于主烝嘗禘于廟服注云三年喪畢遭烝嘗則行祭皆於廟者不同又據周禮冢人廟用卣以爲練而遷廟之祭又謂練祭在廟祭訖主反於寢案朱

子云穀梁但言壞舊廟不言遷新主則安知其非於練而遷舊主於三年而納新主邪至於禮疏所據周禮廟用卣一句亦非明驗故朱子主三年遷廟之說徐氏讀禮通考亦斷以遷廟當在三年吉禘之時吳氏章句據穀梁疏云作主在十三月壞廟在三年喪畢遂謂鄭誤解傳說今案鄭云練而後遷廟明有後字謂練後乃可遷廟非謂練即遷廟也公羊傳曰虞主用桑練主用栗是古者虞時作桑主練時作栗主既作栗主則埋虞主於道左見鄭駁五經異義虞主不可用以遷廟故必俟既練作栗主之後乃可遷廟此注言練而後遷廟之義也然則祔時已復寢者固由孝子之意不忍盡變事生之禮實亦以祔時用虞主虞主不可藏於廟故祔祭訖主反於寢也公羊傳又曰用栗者藏主也是可證矣朱子云祔與遷自是兩事又據大戴禮遷廟篇君及從者皆玄服謂遷廟在大祥除喪之後是也近儒謂接神之道不可以純凶故遷廟用玄服皆由讀此注忽卻後字謂練而遷廟故爲此牽合附會耳遷廟既在除喪後則練祥禫之祭自當在寢行之賈疏謂練祭在廟祭訖主反於寢則是祔時主反於寢練而遷廟祭訖仍反於寢將來又必遷廟禮豈有如是之煩瀆者乎其必不然矣云古文班或爲辨辨氏姓或然者惠氏棟云古辨字或

讀爲班故古文班亦作辨史記五帝紀云辯于羣臣徐廣曰辯音班春秋傳襄二十五年男女以班賂晉侯此今文也哀元年云蔡人男女以辯此古文也說見劉光伯規過胡氏承珙云班或爲辨是古文有兩本漢書王莽傳音義引孟康曰辨或作班故鄭以古文班爲辨者其義或然云今文爲胖者旣夕注亦云今文班爲胖周禮司士掌羣臣之版故書版爲班鄭司農云班書或爲版又腊人膴胖注鄭大夫云胖讀爲判杜子春讀胖爲版版旣爲班胖亦可讀班故今文借胖爲班鄭所不從也○檀弓曰殷練而祔周卒哭而祔孔子善殷朱子云期年而神之揆之人情亦爲允愜但其節文次第今不可考而儀禮自始死以至祥禫度數詳焉故溫公書儀雖記孔子之言而卒從儀禮之制爾今案死者體魄以葬爲歸死者魂氣以廟爲歸周制虞而作主卒哭祔廟奉新死者之主祭於祖廟幷祭其祖使魂氣相連屬故祔不於練而於卒哭焉欲其神之早得所歸也然人子居廬哭泣不忍遽以爲神而遠之故祔訖反主於寢且亦以舊廟未毀新廟未成主不可以遽入也至練更作栗主主於寢祭之自是而祥禫皆然以喪祭不可行於祖廟中也至三年喪畢乃遷栗主於新廟而四時之祭行焉又以體死者不忍遽毀其祖廟之意而遷廟必於

三年焉則周制亦善矣

沐浴櫛搔翦彌自飾也搔當音爪今文曰沐浴搔翦或爲蚤揃揃或爲鬋

疏正義曰注云彌自飾也者虞時不櫛此則櫛而更加以搔翦是彌自飾也胡氏承珙云注云搔當爲爪者鄭於士喪禮蚤揃如他日注云蚤讀爲爪古人多以覆手之爪爲叉甲之叉說已見前蓋手足甲謂之爪爪斷手足甲亦謂之爪喪大記小臣爪足注云爪足斷足爪也內則疾痛苛養敬抑搔之與斷手足甲義無涉故鄭正其字曰搔當爲爪今文曰沐浴無櫛字鄭所不從說已見前云搔翦或爲蚤揃揃或爲鬋者此皆據別本搔蚤皆假借字揃者說文云揃搣也段氏玉裁云急就篇沐浴揃搣寡合同莊子皆搣可以休老本亦作揃搣揃搣者道家修養之法手部⿱此手下云一曰⿱此手搣頰旁也⿱此手搣卽莊子之眥媙謂摩其頰旁養生家之一法也若士喪禮士虞禮之蚤揃蚤讀爲爪謂斷爪揃許作剃謂剃須也案說文剃齊斷也經典多偕翦爲之故爾雅釋言及魯頌毛傳皆云翦齊也此經翦或爲揃者鄭於士喪禮注不云揃當爲翦故於此或作亦復存之揃或爲鬋者鬋亦翦之假偕字鄭意蓋以爪與翦爲正字蚤搔揃鬋皆所不從也今案此經正文作翦士喪禮作揃生人法容或有理其須而翦之使齊者若爭奴則斷無

覈須之理互詳士喪禮蚤揃如他日下

用專膚爲折俎取諸脰膉

專猶厚也折俎謂主婦以下俎也體盡人多折骨以爲之今以脰膉貶於純吉今文字爲折俎而說以爲肵俎亦甚誣矣古文脰膉爲頭嗌也

疏 正義曰敖氏云惟云取諸脰膉是不分左右皆用之矣褚氏云既虛右胖不用雖脰膉亦取連左胖者今案祔亦當與虞同記不言左省文褚說是也注云專猶厚也者膚有厚薄此云用專膚明是取其厚也云折俎謂主婦以下俎也者李氏云特牲禮主婦佐食皆觳折今案不言胙俎鄭意蓋以爲用正體也云體盡人多折骨以爲之者此鄭解吉祭折俎之義也云今以脰膉貶於純吉者案虞無折俎祔有之已漸即吉但不用體而用膚是貶於純吉也褚氏云虞不致爵祔不旅酬在虞練之間容得致爵故主婦以下有俎云今文字爲折俎而說以爲肵俎亦甚誣矣者蓋當時今文家有解折俎爲肵俎者故鄭辨之吳氏廷華謂膚用專爲尸俎案虞祭尸俎用七體祔何獨用膚乎其不然明矣云古文脰膉爲頭嗌也者臧氏琳云說文無膉字口部嗌咽也𦬸籒文上象口下象頸脈理也則嗌字當從古文今亦從今文小誤胡氏承珙云案說文脰項也項頭後也古文以頭爲脰同音假借嗌爲正

字鄭注取諸左膉上云膉脰肉也此注於脰不從古文假頭而於嗌又從今文假膉者始當時頭脰殊別嗌膉通偺學者所易曉歟

其他如饋食

如特牲饋食之事或云以左胖虞右胖祔今此如饋食則尸俎肵俎皆有肩臂豈復用虞臂乎其不然明矣

疏

正義曰賈疏云知不如士虞饋食禮者虞不致爵則夫婦無俎矣上文有俎則祔時夫婦致爵其辭稱孝與特牲同故云如特牲饋食之事也王氏士讓云練尚不旅則祔祭只有獻致爵而不旅可知云其他如者亦大槩之辭徐氏兼義云喪之有祭始於虞故儀禮有士虞之文其再虞三虞及卒哭之祭皆倣初虞爲之矣至卒哭之後尚有祔練祥禫四祭而儀禮俱無其文何哉蓋士虞記篇末略陳祔祭之禮而以其他如饋食一語括之所謂饋食者即特牲饋食禮也士之祔祭倣之則練祥禫三祭自倣特牲可知云或云以左胖虞右胖祔者當時有人解云虞與祔共用一牲以左胖爲虞祭右胖爲祔祭故鄭破之云今此如饋食則尸俎肵俎皆有肩臂豈復用虞臂乎其不然明矣者李氏云特牲饋食禮尸俎右臂阼俎臂用左阼俎主人俎也今阼作肵非經義述聞云注肵俎當爲阼俎今作肵俎者涉上注而誤肵俎心舌安得有臂乎肩衍字也特牲記曰尸俎右肩臂

胙俎臂是尸俎胙俎皆有臂也若肩則尸俎有而胙俎無不得云皆有今案李氏及述聞之說是也鄭以如饋食則尸俎胙俎皆有臂豈復取虞祭之臂而用之乎此以決其不然也

用嗣尸虞祔尚質未暇筮尸

疏正義曰蔡氏德晉云嗣繼也卽虞卒哭之尸相繼用之江氏筠云自虞訖祔理宜專用一尸若更易之則神失所主矣然獨於此言之者以上祭猶是閒日此則連日恐或思有以息之又或因餕之門外之故而疑禮得更端故特明之王氏士讓云敖氏謂祔用子行之次子爲虞尸者是虞祔異尸誤矣記言餕尸正爲祔廟而餕之豈有餕者一尸祔者又一尸乎李寶之指嗣爲主人嗣之子不知凡喪主人或年少未必盡有嗣且亦未可以特牲之嗣舉奠例也注云虞祔尚質未暇筮尸者此鄭解用一尸之義也喪服小記云練筮日筮尸是練祥以後之祭皆筮尸矣

曰孝子某孝顯相夙興夜處小心畏忌不惰其身不寧稱孝者吉祭

疏正義曰此記祔祭之辭也敖氏云此祭兩告之而辭乃惟以孝子爲稱者蓋主於祔者也蔡氏德晉云小心畏忌不惰言中心之敬不敢稍怠也其身不寧言敬形于身踧踖而不安也今案當以小心畏忌爲句不惰其身爲句

言心常存畏忌而身不敢惰慢也前虞辭云夙興夜處不寧此更增此八字耳方氏苞云春秋傳曰祝史陳信于鬼神無愧辭若主喪者及衆主人心無畏忌身實懈惰夙興夜寐無甚不安而以此告於先靈能不怵然內愧而怍於婣族友黨乎先王制哭踊之節正薦告之辭皆所以振發人之本心而俾自循省也○經義述聞云孝子某子當爲孫下文適爾皇祖某甫以隮附爾孫某甫皆告祖之辭猶金縢言若爾三王惟爾元孫某也自稱當言孝孫不當言孝子蓋因上文三言哀子某而誤曲禮祭王父曰皇祖考今所祭之祖于祭者曾祖也而但謂之皇祖者王父以上亦得稱爲皇祖魯頌閟宮美僖公享祀曰皇祖后稷又曰周公皇祖哀二年左傳衛太子蒯聵禱曰敢昭告皇祖文王則自始祖以下皆得稱皇祖也對皇祖言之則曰孝孫矣又云兩爾字皆稱其祖非上爾其父下爾其祖也鄭注以爲兩告之非是上文卒辭曰隮祔爾于爾皇祖某甫已告其父矣至祔祭則統于尊而告祖不得兩告也適爾皇祖謂孝孫以此祫事適皇祖之廟而薦之非謂其父適皇祖之廟也下隮祔爾孫始謂祔其父于皇祖耳今案述聞之說特精竝錄存焉　注云尹祭脯也大夫士祭稱孝者吉祭者謂易哀爲孝

用尹祭

無云脯者今不言牲

號而云尹祭亦記者誤矣疏正義曰曲禮脯曰尹祭故知尹祭爲脯也鄭意以曲禮所云是天子諸矦稱號云大夫士祭無云脯者據特牲少牢言也上虞辭云絜牲剛鬣是牲號故云云今不言牲號而云尹祭亦記者之誤賈疏云亦者亦上文香合也或曰尹正也謂用吉祭之正禮或曰用上當有敢字

嘉薦普淖普薦溲酒

普薦鉶羹不稱牲記其異者今文溲爲酸疏正義曰注云普薦鉶羹者賈疏云虞禮一鉶此云如饋食與特牲同二鉶故云普薦也敖氏云普薦未詳則不以賈說爲然矣云不稱牲記其異者以鉶有羊鉶豕鉶此不稱牲而言普薦是記其名之異者云今文溲爲酸詳前○今案經義述聞以尹祭爲籩實嘉薦爲豆實普淖爲鉶實普薦爲俎實詳前明齊溲酒下

適爾皇祖某甫以隮祔爾孫某甫尚饗

欲其祔合兩告之曾子問曰天子崩國君薨則祝取羣廟之主而藏諸祖廟禮也卒哭成事而後主各反其廟然則士之皇祖於卒哭亦反其廟無主則反廟之禮未聞以其幣告之乎疏正義曰注云欲其祔合兩告之者旣夕注云祔猶屬也祔之祭欲祔者與所祔者神相屬故兩告之蔡氏德晉云適爾皇祖某甫以告祔者隮祔爾孫某甫以告皇祖今案兩

告之而用一尸者方氏苞云像新歿者進見于祖祖之尸不必設也引曾子問而云然則士之皇祖於卒哭亦反其廟無主則反廟之禮未聞以其幣告之乎者褚氏寅亮云祝取羣廟之主藏于太祖卒哭成事而後主各反其廟此天子諸侯之禮也大夫士無主則無藏主反主之禮故云未聞禮經釋例云詳注意天子諸侯有主則祔廟反寢及反廟皆以主大夫士無主則皆以幣告之卽許氏慎束帛依神之謂也今案崔氏靈恩云大夫士無主以幣帛祔祔竟竝還殯宮至小祥而入廟也其卽本此注言之歟又江氏筠云卒哭反廟乃天子諸侯禮注謂士之皇祖亦然非也案士之一廟者無羣廟卽二廟者亦止祖廟禰祖無太祖廟說似難通矣○經義述聞云適爾皇祖之上當云薦此祫事祫者合也合于皇祖也薦此祫事適爾皇祖某甫謂以此祫事適皇祖之廟而薦之猶特牲云諏此某事適其皇祖某子少牢云敢用柔毛剛鬣嘉薦普淖用薦歲事于皇祖伯某也且虞稱虞事卒哭稱成事小祥大祥稱祥事而祔獨不稱所薦之事非祝辭之例矣故薦此祫事之當在祔祭可以他祭比類而得之也薦祫事不言哀者上文祝稱孝子已是吉祭之辭不得復稱哀薦當與祥祭皆稱薦此蓋薦此某事之文祔與祥同所不同者或稱祫或

稱祥耳薦此祫事適爾皇祖某甫與始虞之哀薦虞事適爾皇考某甫相亂遂至脫于此而反見于彼于是始虞之祝與祔祭無別解者雖曲爲之說而終不可通矣今案互詳始虞祝辭適爾皇祖某甫下

右記祔祭之禮與告祔之辭

朞而小祥小祥祭名祥吉也檀弓曰歸祥肉古文朞皆作基

疏正義曰杜氏佑云周制士喪周而小祥今案周卽朞年也　注云小祥祭名祥吉也者釋名云期而小祥亦祭名也孝子除首服服練冠也祥善也加小善之飾也吳氏紱云此卽練祭也以一朞言則曰小祥以服變除之節言則曰練左傳特祀于主以此推之祥禫皆特祭則於寢行之可知敖氏謂特祭于祖廟不可從今案喪服四制云期而練又云十三月而練冠檀弓曰練練衣黃裏縓緣葛要絰繩屨無絇角瑱鹿裘衡長袪袪裼之可也喪服小記云練筮日筮尸視濯皆要絰杖繩屨有司告具而后去杖筮日筮尸有司告事畢而後杖拜送賓孔疏練謂小祥也曾子問曰孔子曰聞之小祥者主人練祭而不旅奠酬于賓賓弗舉禮也昔者魯昭公練而舉酬行旅非禮也孝公大祥奠酬弗舉亦非禮也鄭注奠無尸虞不

致爵小祥不旅酬大祥無無算爵彌吉禯記曰期之喪十一月而練十三月而祥十五月而禫案練小祥也祥大祥也十一月而練此父在爲母之禮萬氏斯大云卒哭祔祭于三虞後相繼而行故日與尸不更筮賓不更宿小祥之去祔大祥之去小祥爲日遠矣日也尸也賓也無不筮不宿可知考虞禮記第云薦此某事不著二祥之禮此當放特牲饋食禮爲節自筮日筮尸宿賓至獻兄弟及私臣內兄弟小祥之節也不旅旅酬自筮日筮尸宿賓至賓主黨旅酬交錯大祥之節也無無算爵冠服用練祥所宜不得端玄耳萬氏斯大云禯記云自諸侯達諸士小祥之祭主人之酢也嚌之衆賓兄弟則皆啐之大祥主人啐之衆賓兄弟飲之考士虞禮喪祭也尸酢主人主人飲卒爵練祥喪祭何反止于嚌啐孔疏云此主人嚌之啐之謂正祭之後主人獻賓長賓長酢主人時也衆賓兄弟啐之飲之謂祭末受獻時也賓長之酢止于嚌啐而尸酢反卒爵者神惠重賓酢輕也通練祥二祭于特牲禮者不可不知云檀弓曰歸祥肉者引以證祥爲祭名也檀弓本云饋此云歸者古饋與歸通云古文朞皆作基者皆下又朞而大祥也惠氏棟云案堯母碑朞字亦作基胡氏承珙云士喪禮兆基之基古文又作期蓋古文二字互僭鄭各取本義故皆從

今文**曰薦此常事**祝辭之異者言常者朞而祭禮也古文常爲祥疏正義曰注云祝辭之異者祝辭與祔同惟薦此常事爲異耳云言常者朞而祭禮也者案期而祭禮也喪服小記文彼注云此謂練祭也孔疏歲序改易隨時悽感故一期而爲練祭于禮當然是以言常也云古文常爲祥者胡氏承珙云言常事者此爲小祥當與大祥辭别故鄭不從古文○經義述聞云常當依古文作祥大小祥大祥皆祥也大祥曰薦此祥事小祥不當有異特以祥常聲近故誤爲常耳曾子問曰宗子爲士庶子爲大夫其祭也以上牲祭于宗子之家祝曰孝子某爲介子某薦其常事若宗子有罪居于他國庶子爲大夫其祭也祝曰孝子某使介子某執其常事然則常事乃春秋祭祀之通稱小祥不得稱常事明矣今案吳氏疑義云喪祭皆非常之事此言常者誤也當以古文作祥爲是與述聞說合

又朞而大祥曰薦此祥事又復也疏正義曰釋名云又期而大祥亦祭名也孝子除縗服服朝服縞冠加大善之飾也杜氏佑云周制自小祥又周而大祥蔡氏德晉云三年之喪二十五月而大祥今案喪服小記曰大祥吉服而筮尸襍記曰祥主人之除也于夕爲期朝服祥因其故服玉藻曰縞冠素紕旣祥之冠

也注云又復也者詩小宛天命不又毛傳云又復也

復朞則天道再變故行大祥之祭而其辭曰薦此祥事

中月而禫中猶閒也禫祭名也與大祥閒一月自喪至此凡二十七月禫之言澹澹然平安意也古文禫或爲導

疏正義曰注云中猶閒也謂閒隔也云禫祭名也與大祥閒一月自喪至此凡二十七月者禫大祥後除服祭名三年之喪二十五月而大祥二十七月而禫猶期之喪十三月而大祥十五月而禫皆與大祥閒一月故云自喪至此凡二十七月也云禫之言澹澹然平安意也者澹與淡通謂哀痛慘切之今至此漸平向之夙夜不安者至此稍安也釋名云閒月而禫亦祭名也孝子之意澹然哀思益衰也說與鄭同檀弓曰祥而縞是月禫徙月樂祥而縞謂二十五月也是月禫二十七月也徙月樂二十八月也戴德喪服變除禮云二十五月大祥二十七月而禫白虎通云二十五月而大祥飲醴酒食乾肉二十七月而禫通祭宗廟去喪之殺也鄭志荅趙商云祥謂大祥二十五月是月禫謂二十七月非謂上祥之月也自王肅誤讀祥而縞是月禫之文以禫亦在二十五月祥禫同月又以士虞禮中月而禫爲月中而禫謂在祥月之中與鄭異說其詳載檀弓孟獻子禫節疏內李氏云聘禮記士中日則

二雙喪服小記亾則中一以上而祔學記中年考校中皆
謂閒也王肅謂禫在祥是月之中讀此中月與文王中身
享國之中同案是月禫自爲下生文猶子于是日哭則不
歌是日之文亦上無所屬王義非也汪氏琬云案禮親喪
外除兄弟之喪內除杖期猶祥禫閒月豈三年重服而反
祥禫同月乎春秋文二年冬公子遂如齊納幣葢僖公之
喪已二十六月矣而公羊氏譏其喪娶由此言之當從鄭
義無疑金氏榜云三年問曰三年之喪二十五月而畢者
謂至親以期斷加隆焉使倍之故再期也明喪三年者爲
再期喪服小記亦云再期之喪三年也據再期言之爲二
十五月通數禫月爲二十七月義本相通杜氏通典載鄭
學之徒曰伯叔無禫十三月而除爲母妻有禫則十五月
而畢爲君無禫二十五月而畢爲父長子有禫二十七月
而畢明所云喪以期斷者禫不在期中也禮記二十五月
畢者則禫不在祥月三年之喪二十五月而畢者論其正
二十七月而禫者明其加又云通典承用鄭義謂二十五
月終而大祥受以祥服素縞麻衣二十六月終而禫受以
禫服二十七月終而吉吉而除榜謂襍記注云祥祭朝服
始即吉正祭服也喪服小記曰除成喪者其祭也朝服縞
冠是也祭猶縞冠未純吉也旣祭乃服大祥素縞麻衣釋

禫之禮云玄衣黃裳則是禫祭玄冠矣黃裳者未大吉也
旣祭乃服禫服朝服綅冠踰月吉祭乃玄冠朝服旣祭玄
端而居復平常也是通典言二十七月終而吉與鄭義合
祥禫異月兩漢經師更相傳授者無異說也自子雍好爲
野言浮辨蜂起雖鄭學之徒申明之學者猶或依違其閒
甚矣禮學之難明易晦也今案禮記閒傳曰期而小祥食
菜果又期而大祥有醯醬中月而禫禫而飲醴酒始飲酒
者先飲醴酒始食肉者先食乾肉又曰期而小祥居堊室
寢有席又期而大祥居復寢中月而禫禫而牀又曰期而
小祥練冠縓緣要絰不除又期而大祥素縞麻衣中月而
禫禫而纖無所不佩據閒傳凡三言中月而禫與期而小
祥又期而太祥皆爲特起之辭文不相屬則禫與大祥異
月明甚若如王肅之說則必改中月之文爲月中而後可
且一月之中旣舉祥祭又舉禫祭不嫌于數乎䙰記云期
之喪十一月而練十三月而祥十五月而禫是禫與祥異
月之明證不得謂十五月而禫者禫亦在祥月中也禮文
章顯如是而後人猶有謂王說實本于禮親喪宜厚故鄭
說沿用至今何歟云古文禫或爲導者說文於𠧪字棪字
下皆云讀若三年導服之導於㝭字下云讀若禮三年導
服之導惠氏棟云導服卽禫服从古文故曰導近有人作

字書名正字通斥許君說爲妄是未讀儀禮段氏玉裁云士虞禮注曰古文禫或爲導檀弓喪大記注皆曰禫或作道是今文禮作禫古文禮作導鄭從今文故見古文於注許從古文故谷部木部穴部皆云三年導服而示部無禫今有者後人增也導服者導凶之吉也不云讀若導而云三年導服之導者三年導服之導古語蓋讀如澹故今文變爲禫字是其音不與凡導同也胡氏承珙云經典皆相承作禫故鄭從今文此注云古文禫或爲導是古文本亦有作禫者也徐氏乾學云禫祭之禮全用特牲饋食篇之儀蓋小祥不旅酬大祥無無算爵禫則旣加以旅酬又加以無算爵一如特牲禮行之

是月也吉祭猶未配

是月是禫月也當四時之祭月則祭猶未以某妃配某氏哀未忘也少牢饋食禮祝祝曰孝孫某敢用柔毛剛鬣嘉薦普淖用薦歲事于皇祖伯某以某妃配某氏尚饗

【疏】正義曰吉祭四時之常祭曰吉者對禫以前爲喪祭言也褚氏寅亮云吉祭兼祖在內猶未配則專指新奴之父而母先沒者言　注云是月是禫月也當四時之祭月則祭者此指吉祭在禫月者言之謂禫月而當四時之祭月則旣禫之後行吉祭如常也吉祭與禫同月一月而兩祭者禫專祭新奴者于寢吉祭則在廟也云猶

未以某妃配某氏哀未忘也者吳氏章句云吉祭必以某妃配此未配者爲父祔而母先卒者言之蓋死者初遷廟生者初除喪餘哀尚在不敢純用吉禮也盛氏世佐云婦人無廟其妃之先卒者祔于皇祖姑俟其夫遷廟之後乃合食焉所謂配也未配則但祭考而已江氏筠云注引少牢禮祝辭特以證明配字耳又云猶未配蓋主于母之先亾者言萬季野謂無因子孫之除喪而去祖妣不配之理其言是矣而又云所謂配者以新死者配之案士祫祭之禮未聞此但祫祭祖禰而不以新死者之主配食于祖禰且卽祫食于祖禰亦不得言配其說非也今案吉祭猶未配謂前此喪祭固未以母配今吉祭在禫月猶未以母配也若禫月後而遇吉祭則當以母配矣配字之義諸家指母先亾者言之甚是互詳特牲筮日宰自主人之左贊命下

右記小祥大祥禫祭吉祭之節與祝辭之異

卷三十三終

儀禮正義卷三十四　鄭氏注

績溪胡培翬學

特牲饋食禮第十五

鄭目錄云特牲饋食之禮謂諸侯之士以歲時祭其祖禰之禮於五禮屬吉禮大戴第七小戴第十三別錄第十五〔疏〕正義曰先大夫目錄校證云賈疏本作謂諸侯之士祭祖禰無以歲時及其及之禮六字此依釋文所引增釋文禰作廟賈本於五禮上又有非天子之士而六字是因疏文訛入大戴以下十四字舊脫吳氏澄補據士冠禮疏當作小戴第十第十三乃士喪禮戴氏震云似釋文所引乃鄭目錄本文阮氏校勘記云釋文廟字誤當從賈作禰臧氏庸校本祖禰下增廟字又經作小戴第十今俱從校證本○李氏如圭云特牲一豕也韋昭曰凡牲一為特二為牢官氏獻瑤云大夫曰少牢饋食所以別於天子國君之大牢也士曰特牲饋食所以別於卿大夫之少牢也蔡氏德晉云士喪遺奠用羊豕是士之祭亦有用少牢者蓋特牲其常而少牢乃其盛禮也賈疏申鄭義謂曲禮大夫以索牛士以羊豕為天子大夫

士此儀禮特牲少牢爲諸侯大夫士似未盡是詳少牢禮萬氏斯大云大傳云大夫士有大事省于其君干祫及其高祖干求也祫合祭也必求於君而後得祫則其常時但得特祭而不得合祭可知考此特牲少牢二篇祝祠及命筮之詞惟及皇祖而自稱孝孫此常時之祭也其爲特祭昭昭矣蓋舉皇祖以爲例其祭高曾也以此推之其祭禰也亦以此推之又云先儒謂大夫士惟得祭祖禰何其泥歟今案此篇所言儀節器物祭祖與祭禰同但祭禰則易其皇祖孝孫之詞耳萬氏以爲常時之特祭非合祭又謂舉皇祖以爲例其說皆是惟推之以及高曾謂祭祖禰之說爲泥則非士祭及高曾惟祫祭爾鄭注大傳云干猶空也空祫謂無廟祫祭之于壇墠蓋士止有一廟二廟其高曾則無廟故鄭以爲祫祭于壇墠此篇是言廟祭則不得推及高曾故鄭云祭祖禰也云以歲時祭則是時享非祫也饋食義詳下士廟制詳少牢篇首云云於五禮屬吉禮者大宗伯云以吉禮事邦國之鬼神示故知屬吉禮也郝氏敬云士虞後繼以特牲者自凶趨吉也特牲後繼以少牢者自殺趨隆也皆記禮之序盛氏世佐辨之云諸篇次弟皆出于漢儒所定未必合作經者之舊今案儀禮全經當有天

子諸侯祭禮今皆亾惟此及少牢篇僅存大夫士祭禮則已殘闕不完又二戴與劉氏次弟皆不同鄭氏據今本以言序謬矣○萬氏斯大云曲禮曰大夫無故不徹縣士無故不徹琴瑟衆仲言羽數大夫四士二是大夫士皆有樂舞矣特牲少牢皆不用樂何歟嘗攷之郊特牲云饗禘有樂而食嘗無樂凡飲養陽氣也故有樂食養陰氣也故無聲竊意特牲少牢皆用食禮故名曰饋食而無樂也汪衡齋先生亦主此說今附錄於此俟攷吳氏紱云古者大夫士四時之祭用燕禮則有樂用食禮則無樂觀特牲尸九飯少牢尸十一飯則用食禮明矣

特牲饋食之禮不諏日祭祀自孰始曰饋食饋食者食道也諏謀也士賤職褻時至事暇可以祭則筮其日矣不如少牢大夫先與有司於廟門諏丁巳之日今文諏皆為詛【疏】正義曰張氏爾岐云自此以下筮日筮尸宿尸宿賓視濯與牲凡五節皆祭前戒備之事　注云祭祀自孰始曰饋食饋食者古熟字多作孰先大父目錄校證云周禮大宗伯以肆獻祼享先王以饋食享先王鄭注肆者進所解牲體謂薦孰時也獻獻醴謂薦血

腥也。祼之言灌，灌以鬱鬯，謂始獻尸求神時也。言饋食者，著有黍稷，蓋天子諸侯宗廟之祭，先祼獻而後薦熟，薦黍稷；大夫士之祭，直自饋熟始，無祼獻之禮，故曰饋食。今案司尊彝云祼云朝踐，朝踐卽謂薦血腥之；又云饋獻，卽謂薦熟。是宗廟之祭，始祼神，次薦腥，次薦熟，故禮運曰「腥其俎，孰其殽」，鄭注「腥其俎，謂豚解而腥之，及血毛，法大古也；孰其殽，謂體解而爓之，法中古也」。周禮肆獻祼饋食分三節，祼爲一節，獻爲一節，肆與饋食共爲一節。以薦孰言曰肆，以薦黍稷言曰饋食，實一時事，故鄭云「祭祀自孰始曰饋食也」。又周禮籩人有朝事之籩、饋食之籩，朝事卽朝踐，鄭注「朝事，謂祭宗廟薦血腥之事；饋食，薦孰也」。今吉禮存者特牲、少牢，諸侯之大夫士祭禮也，不祼，不薦血腥，而自薦孰始，是以皆云饋食之禮，義與此同也。云「饋食者，食道也」者，食道謂生人飲食之道。檀弓曰「不以食道，用美焉爾」，鄭注「食道褻」。禮器曰「禮之近人情者，非其至者也。郊血，大饗腥，三獻爓，一獻孰」，鄭注「近人情者褻，而遠之者敬」。又郊特牲曰「至敬不饗味而貴氣臭也」。是祭祀用食道，褻近爲殺；用血腥，法古爲隆。鄭言此者，欲見大夫士以食道事神，無薦腥以上事，爲殺於天子諸侯也。萬氏斯大云：特牲、少牢二禮，不曰祭而曰饋食者，祭以粢盛爲重也。就二禮考之尸者祭祀之主會飯惟尸而他人不及嘏者受福之重嘏惟用黍而他物不及此會之所以重而特舉以為名也士虞禮尸入之後亦先九飯而後三獻略與特牲禮同故篇首亦曰特豕饋食今案萬說即大宗伯注言饋食者著有黍稷之義諏謀詳下江氏筠云此云不諏日而下筮日云諏此某事者此諏為人謀下諏為鬼謀也云士賤職褻時至事暇可以祭則筮其日矣不如少牢大夫先與有司於廟門諏丁巳之日者案少牢云日用丁巳彼注云必先諏此日明日乃筮是所諏者為祭之日非筮之日也敖氏云諏日謂諏其筮日之日張氏爾岐云不諏日者不預諏前月下旬之丁巳以筮來月上旬之丁巳似誤江氏筠云少牢之于祭日先諏之而後筮之此則即筮為始耳今案大夫以上先諏日而後筮日士則但筮日而不諏日亦尊者禮詳卑者禮略鄭必云士賤職褻時至事暇可以祭則筮者蓋君祭大夫士均有事焉大夫祭士或又有事焉此所以職褻事繁不能預諏祭日但可以祭即擇日而筮之亦不必定用丁巳之日也乃賈因士不諏日于少牢疏云士只有致齊無散齊其說亦非吳氏疑義云據祭統散齊七日致齊三日則祭前十日為齊期故必筮于十日之前周禮大宰祀五帝前期十日卜日遂戒少牢筮旬有一日皆

此義也士雖卑于大夫旣立之廟使祭其先卽職業叢宂而大禮必不可廢豈有不事七日三日之齊遽行廟祭之禮恐非先生所以體羣臣之意據此則士之筮日亦當在十日之前也云今文諏皆爲詛者胡氏承珙云說文諏聚謀也詛訓也訓詛也訓卽今之呪字詛訓互訓與諏義別今案今文始假詛爲諏故鄭不從皆者皆下諏此某事也

及筮日主人冠端玄卽位于門外西面冠端玄玄冠玄端下言玄者玄冠有不玄端者〔疏〕正義曰筮日敖氏以爲筮之日江氏筠云筮門謂廟門日目下事也下文云筮尸如求日之儀則此可知矣今案據經言及敖說似亦可通李氏如圭云筮日者孝子不知鬼神降格之期故因卜筮以請敬之至也敖氏云士筮當朝服今乃玄端者不可踰其祭服也禮經釋例云特牲饋食禮筮日筮尸用玄端蓋士禮士冠禮用朝服如少牢筮日者冠禮攝盛故也然則敖氏謂士筮當朝服非矣蔡氏德晉云門外西面主位也　注云冠端玄玄冠玄端下言玄者玄冠有不玄端者賈疏云不玄端則朝服下記云助祭者朝服不著玄端故也若然玄端一冠冠兩服也江氏永鄉黨圖考云朝服玄端深衣皆用玄冠又云朝服素韠玄端爵韠又云大夫以上玄端衣用侈袂本

周禮司服注皆與朝服異者也禮經釋例云案素裳白屨
則爲朝服玄裳黄裳襍裳黑屨則爲玄端餘皆同也蓋據
士言之也云門謂廟門者賈疏云士冠禮
筮于廟門此爲祭廟筮在廟門可知也**子姓兄弟如主**
人之服立于主人之南西面北上所祭者之子孫言子姓
者子之所生小宗祭而
兄弟皆來與焉宗
子祭則族人皆侍【疏】正義曰子姓兄弟如主人服亦玄冠
玄端也立于主人之南西面北上統
於主人也李氏如圭云兄弟猶言族親也祭統曰有事於
大廟則羣昭羣穆咸在而不失其倫此之謂親疏之殺
注云所祭者之子孫言子姓者子之所生者案白虎通云
姓者生也人稟天氣所以生者也故鄭注禮記亦云姓之
言生也盛氏世佐云變孫言姓者子孫止於二世言子所
生則曾玄而下皆該之矣先子姓而後兄弟者子姓據所
祭者而言兄弟據主祭者而言是也官氏獻瑤云子姓者
依主人之嗣子立文也兄弟者伯叔父及其他上下行皆
該焉退兄弟於子姓之後者觀下文嗣舉奠而兄弟不得
與焉祭畢餕嗣爲上而兄弟不敢躐焉今案鄭意以子姓
兄弟皆爲所祭者之後人祭時咸來故下又云小宗祭而
兄弟皆來與焉宗子祭則族人皆侍也若以爲依主人之

嗣子立文，是以子姓爲主人之子姓，不若鄭義之該括。云小宗祭而兄弟皆來與焉者，白虎通曰：宗其爲始祖後者爲大宗，此百世之所宗也；宗其爲高祖後者，五世而遷者也；宗其爲曾祖後者爲曾祖宗，宗其爲祖後者爲祖宗，宗其爲父後者爲父宗；父宗以上至高祖宗，皆爲小宗。所謂小宗有四，大宗有一。鄭注喪服小記云：小宗有四，或繼高祖，或繼曾祖，或繼祖，或繼禰，皆至五世則遷。蓋本班說。此云來與，謂來與於祭也。如祭禰則同禰者皆來，祭祖則同祖者皆來，祭曾祖、高祖則同曾祖、同高祖者皆來也。云宗子祭則族人皆侍者，即白虎通所謂大宗也。族人是與宗子同始祖者也。故白虎通引禮曰：宗人將有事，族人皆侍。尙書大傳曰：宗室有事，族人皆侍終日。詩湛露毛傳云：宗子將有事，則族人皆侍。是皆鄭所本也。有事，謂祀事也。

有司羣執事如兄弟服，東面北上。士之屬吏也。疏 正義曰：儀禮釋官云：此經上有子姓兄弟，則有司不兼子弟可知。賈疏引左傳「士有隸子弟」，非也。不直云有司而兼云羣執事，蓋公有司、私臣皆統之矣。有司、羣執事分言之，凡職有專司者謂之有司，無專司而臨事來助祭者謂之羣執事。士虞禮「有賓執事者」，注謂「賓客來執事者」。統言之，則自主人以下凡有事於廟中者皆可以執事稱之下云執事之俎陳于階間二列北上注云執事謂有司及兄弟祝主人主婦之俎亦存焉是也今案如兄弟服亦玄冠玄端也方氏苞云玄冠玄端同而於有司羣執事則曰如兄弟於尸於賓則曰如主人尊卑各以其倫亦言之序敖氏云此時未有賓故有司羣執事皆如賓位西方東面北上○注屬吏說詳士冠禮

席于門中闑西閾外爲筮人設之也古文闑作槷閾作蹙疏正義曰賈疏云士冠禮云筮與席所封者具饌于西塾乃言布席于門中筮人執筴抽上韇兼執之此不言具饌于西塾但言席于門中取筮于西塾又不云抽上韇者皆是互見省文之義注云爲筮人設之也者因上未言筮席故特明之餘詳士冠禮

筮人取筮于西塾執之東面受命于主人筮人官名也筮問也取其所用問神明者謂蓍也疏正義曰筮陳在西塾故就取之執之亦抽上韇兼執之也少牢饋食禮云東面受命于主人與此同士冠禮不言東面省文注云筮人官名詳士冠禮云筮問也取其所用問神明者謂蓍也者鄭意以經云取筮係謂蓍而云筮者筮之義爲問而所用以問吉凶於神明者是蓍故謂取蓍爲取筮也詩氓爾卜爾筮毛傳云蓍

曰筮蓋用著以筮因即謂著爲筮也鄭注周禮云問著曰筮又注士冠禮筮與席云筮所以問吉凶謂著也義與此同曲禮孔疏引劉氏亦云筮問也

宰自主人之左贊命命曰孝孫某筮來日某諏此某事適其皇祖某子尚饗

宰羣吏之長自由也贊佐也達也贊命由左者爲神求變也士祭曰歲事此言某事又不言妃者容大祥之後禫月之吉祭皇君也言君祖者尊之也某子者祖字也伯子仲子也尚庶幾也

疏

正義曰命曰以下主人爲祭命筮之辭某主人名也郊特牲曰祭稱孝孫孝子以其義稱也爾雅釋詁曰適往也適其皇祖某子謂往祭於其廟也

注云宰羣吏之長自由也贊佐也達也者俱詳士冠禮云贊命由左者爲神求變也者敖氏云儀禮他篇凡贊命皆言自右與少儀詔辭自右合此經言自左似無他義蓋字誤耳左當作右褚氏寅亮云贊命在左猶祭禮祝釋辭而在左事神之禮宜然與冠不同敖氏改左爲右謬云士祭曰歲事此言某事又不言妃者容大祥之後禫月之吉祭者謂士祭當曰歲事此言某事空其文蔦氏斯大云士虞禮記曰中月而禫是月也吉祭猶未配考少牢禮祝辭曰薦歲事于皇祖伯某以某妃配某氏此禮祝

辭不及配故知爲禫月吉祭也毓曰吉祭則四時常祭矣
何以不及配在禫月也禫月何以不及配喪終矣哀未忘
也因父喪之禫而廢祖之配可乎曰喪三年不祭竝廢久
矣至是而始復焉復以其漸也江氏筠云士虞記注云當
四時之祭月則祭猶未以某妃配某氏哀未忘也蓋主於
亾者言之非謂其祭祖然也卽特牲不配注云容大祥之
後禫月之吉祭亦謂祖喪之禫月耳非謂禫月爲父喪而
祭祖之禮如此也自疏以羣廟爲言而後之讀者遂誤以
祭祖不配妣爲注義抑思襍記云男子附於王父則配祔
且猶配何況禫後蓋母先亾則值父禫之月猶未以母配祔
吉祭若母禫在父亾後其不卽以配父而祭可知祖喪之
禫亦然不忍遽同之於吉也今案此云某事而下宿賓又
云歲事可見周公作經係設言其禮如此四時常祭用之
禫月之吉祭亦用之故經文辭多互見萬氏申鄭義頗詳
但因父喪而廢祖之配於理未合江氏以爲祖喪之禫月
是也蓋此禮士歲時祭祖用之祭禰亦用之父喪禫月之
吉祭用之適孫承重祖喪禫月之吉祭亦用之經特舉其
一以爲例耳或謂某事卽歲事如春曰祠事秋曰嘗事之
類因時異名故空其文然經不言以某妃配又何義乎鄭
氏之說固未可易也云皇君也者釋詁文云某子者祖字

也伯子仲子也者賈疏云以其某在子上爲男子美稱故以某爲伯仲叔季五十字下篇云皇祖伯某鄭注云伯某且字也不爲五十字者以某在伯下故爲且字解之與此異也方氏云大射於大夫曰某子士之祭稱某子以該其祖之爲大夫者大夫之祭稱伯某以該其祖之爲士者今案此與少牢云伯某皆假設之詞耳據聘禮記云皇祖某甫皇考某子亦兩稱互備方說似亦可通云尚庶幾也者說文同葢願望之詞敖氏云謂其日若吉則庶幾其神饗之也下筮尸放此盛氏世佐云緣孝子孝孫之心以神歆其祀爲吉也

筮者許諾還即席西面坐卦者在左卒筮寫卦筮者執以示主人

士之筮者坐著短由便卦者主畫地識爻爻備以方寫之【疏】正義曰據此經則是卦者寫卦筮者執以示主人士冠禮當亦同但文有詳略耳餘詳士冠禮　注云士之筮者坐著短由便者賈疏云決下少牢云乃釋櫝立筮與士不同知著有長短者案三正記云天子筮長九尺諸侯七尺大夫五尺士三尺是也又少牢注云云卿大夫之著長五尺立筮由便賈疏云長五尺大戴禮三正記皆有此文立筮由便以其筮長立筮爲便對士之著三尺坐筮爲便若然諸侯著七尺天子著九

凡立筮可知云卦者主畫地識爻者詳士冠禮云爻備以方寫之者謂六爻備成卦乃寫之方版也**主人受視反之**還反**筮者還東面長占卒告于主人占曰吉**長占以其年之長幼旅占之【疏】正義曰占曰吉告主人之辭餘詳士冠禮注云長占以其年之長幼旅占之者謂以年之長幼次第旅占之此云長占亦旅占士冠禮云旅占亦長占互文見義也**若不吉則筮遠日如初儀**遠日句之外日【疏】正義曰此經及注俱與士冠禮同賈氏彼疏云曲禮吉事先近日此冠禮是吉事故先筮近日不吉乃更筮遠日是上旬不吉乃更筮中旬又不吉乃更筮下旬是已而又謂曲禮旬之內日近某日爲指祭禮特牲旬內筮日言旬之外日遠某日爲指少牢筮旬有一日言此疏說亦略同誤甚案曲禮曰凡卜筮日旬之外曰遠某日旬之內曰近某日喪事先遠日吉事先近日鄭注旬十日也喪事葬與練祥也吉事祭祀冠取之屬也據經遠日近日即承上遠某日近某日言據注冠取與祭祀同亦不言尊卑有異若如賈說則經所謂遠某日者係專指大夫言之近某日係專指士言之而大夫之吉事亦先遠日則大夫無先近日之事經所謂喪事先遠日吉

事先近日皆爲士言矣豈其然蓋旬之外旬之內皆據上
旬言之每月三旬惟初旬可云旬若再旬爲二十日三旬
爲三十日卽不得僅云旬矣古人卜筮日之法皆以此月
之下旬卜筮來月之日如吉事則以此月之下旬先卜筮
來月之上旬不吉卜筮中旬又不吉卜筮下旬喪事則以
此月之下旬先卜筮來月之下旬不吉卜筮中旬又不吉
卜筮上旬此所謂喪事先遠日吉事先近日也孔疏釋喪
事先遠日二句尙無大謬而於旬之外曰遠某日二句亦
據特牲少牢言之則是經文遠某日近某日與下遠日近
日分作兩解誤與賈同總由誤以少牢筮旬有一日爲遠
日也不知士與大夫之異在諏日不筮日而筮日則皆在
祭期十日之前所以然者祭前散齊七日致齊三日則無論
尊卑皆同故皆以此月之下旬筮來月之上旬所謂旬之
內也不吉筮中旬下旬則爲旬之外矣少牢言筮旬有一
日而特牲不言者省文互見非有異耳孔疏亦謂士於旬
初卽筮旬內之日豈非誤以少牢筮旬有一日爲遠日幷
誤以士與大夫異乎至賈氏士冠禮疏謂士筮初旬不吉
卽筮中旬中旬不吉卽筮下旬同日預筮三旬大夫則不
幷筮於前月筮來月之上旬不吉至上旬又筮中旬不吉
至中旬又筮下旬據少牢云若不吉則及遠日又筮日如

初與此經云若不吉則筮遠日如初儀者異其說尙是然少牢疏又引曲禮吉事先近日謂近日卽上旬丁巳則與前說以近某日爲指特牲筮日言者又相矛盾其誤益見矣經云如初儀者張氏爾岐云大夫諏日而筮上旬不吉必待上旬乃更筮之其云如初乃自筮于廟門以下至告吉也此特牲及士冠禮若筮上旬不吉卽筮中旬不更待他日其云如初儀止從進受命於主人以下今案張氏謂大夫諏日而筮與筴是矣其云初儀從進受命於主人以下未密詳士冠禮曲禮曰卜筮不過三鄭注求吉不過三魯四卜郊春秋譏之賈孔皆謂三不吉則止不祭張橫渠云祭之筮日若再不吉則止諏日而祭更不筮據儀禮唯有筮遠日之文不云三筮筮日之禮只是二筮先筮近日後筮遠日不從則直諏用下旬遠日蓋亦足以致聽於鬼神之意而祀則不可廢褚氏寅亮云先儒皆以三卜不吉則止不祭故春秋有免牲之文其廢祭也順鬼神之意也且可思鬼神所以不歆之故而恐懼修省也若如橫渠之說則筮爲虛文恐未然今案褚氏之說似得經旨恐懼修省一層尤於聖人神道設教之義有合然揆諸仁人孝子之心廢祭究有所不安則張子之言亦自可從耳

宗人告事畢

疏 正義曰敖氏云亦徹筮席乃告

右筮日

前期三日之朝筮尸如求日之儀命筮曰孝孫某諏此某事適其皇祖某子筮某之某爲尸尚饗三日者容宿賓視濯也某之某者字尸父而名尸連言其親庶幾其馮依之也大夫士以孫之倫爲尸

疏正義曰爾雅釋詁云朝早也鄭注禮記奔喪云朝旦也前期三日之朝謂祭前三日之早旦明時也敖氏云如求日之儀兼若不吉而改筮者言也命筮之辭異故特見之明其餘皆同也　注云三日者容宿賓視濯也者鄭解所以必前期三日之故爲容宿尸宿賓視濯視牲之事也宿賓與宿尸同日視濯與視牲同日故言宿賓視濯以該之褚氏寅亮云祭前三日筮尸前二日宿尸兼宿賓前一日視濯與牲經文次第最分明今案下文夙興主人視側殺是祭日也又厥明夕視濯視牲是祭前一日也宿尸宿賓在厥明夕之前是祭前二日也云某之某者字尸父而名尸者解經上某爲尸父字下某爲尸名也尸之父所以必稱字者賈疏云曲禮云爲人子者祭祀不爲尸彼注云尊者之處爲其失子之道然則尸卜筮無父者

曲禮又云卒哭乃諱諱則不稱名也少牢注云字尸父尊
鬼神也亦爲其已死故尊之不稱名也云連言其親庶幾
其馮依之也者張氏爾岐云尸父與祭者彌親連言尸之
父欲其神馮依之也云大夫士以孫之倫爲尸者曲禮曰
君子抱孫不抱子此言孫可以爲王父尸子不可以爲父
尸曾子問曰祭成喪者必有尸尸必以孫孫幼則使人抱
之祭統曰夫祭之道孫爲王父尸所使爲尸者於祭者子
行也父北面而事之所以明子事父之道也鄭注祭祖則
用孫列皆取於同姓之適孫也是以孫之倫爲尸也據祭
統言人君祭禮而亦云孫爲王父尸則天子諸侯與大夫
士同矣此注舉大夫士言者以儀禮所載是大夫士祭禮
故也大戴禮曰無祿者稷饋稷饋者無尸爲庶人言之也
又士虞禮記曰男男尸女女尸此吉祭惟有男尸官氏獻
瑤云宗廟之尸必以同姓取其精氣合也必以孫之倫昭
穆同也必以適不敢以賤者依吾親也必以無父者兩無
妨其尊也此數者喪祭吉祭同也其有不同者喪祭不筮
尸尙質也練與大祥亦筮尸漸而之吉也吉祭無女尸喪
祭有之以婦人喪不可以男子爲尸也吉祭而後同几有
胖合之道焉陽統陰陰從陽斯不用女尸矣祭成喪者必
有尸無尸則不挼祭不嘏不旅其禮之略至與殤祭同子

孫而觴其祖考可乎今案官氏說甚詳明公羊傳宣八年何休注云禮天子以卿爲尸諸侯以大夫爲尸卿大夫以下以孫爲尸案鄭注祭統但云取於同姓之適不云取有爵者爲尸則鄭意不與何同詩旣醉公尸嘉告毛傳公尸天子以卿言諸侯也鄭箋諸侯有功德者入爲天子卿大夫故云公尸公君也此葢就毛傳申之孔疏引白虎通王者祭宗廟以卿爲尸射以公爲耦不以公爲尸何避嫌也而又引祭統孫爲王父尸云云謂天子諸侯宗廟之祭其尸用同姓於同姓中用其適者非宗廟之祭則其尸不必同姓石渠論云周公祭天用太公爲尸是用異姓也白虎通又云周公祭泰山用召公爲尸葢天地山川得用公也據此則孔亦以祭統注爲正不取白虎通之說矣

右筮尸

乃宿尸 宿讀爲肅肅進也進之者使知祭日當來古文宿皆作羞凡宿或作速記作肅周禮亦作宿 疏

正義曰賈疏云乃緩辭則與筮尸別日矣今案凡宿必先戒詳士冠禮此不言戒文不具下宿賓亦然　注云宿讀爲肅肅進也者宿之義爲久宿故宿訓爲豫又宿與夙同故凡先期豫戒者爲宿又禮之大例先戒後宿故又引申

爲再戒申戒之義鄉飲酒禮記不宿戒注云再戒爲宿又公食大夫禮注云申戒爲宿是也此宿尸鄭意謂進之使來故讀爲肅而以進訓之肅進也爾雅釋詁文謂進之使知祭日當來少牢注宿讀爲肅肅義與此同又祭統宮宰宿夫人鄭注宿讀爲肅肅猶戒也戒輕肅重也是取宿戒之義讀同而義微別然進之使來亦是戒告進之則宿實兼二義矣古宿肅速三字經典多通用鄭注士冠禮云宿進也下宿賓注云今特肅之皆不云讀爲肅是徑以宿爲肅矣爾雅釋詁云肅速也是肅又通速矣故鄭於此注發其凡云宿或作速記作肅周禮亦作宿者謂字雖有異義實同也賈疏云宿或作速若公食大夫速賓之類禮經釋例云鄉飲酒禮主人速賓鄉射禮主人朝服乃速賓速即宿也特牲注凡宿或作速此其證也賈疏又引曲禮主人肅客而入證宿作肅賈意始以注云記謂禮記也周禮亦作宿者若大宗伯宿眡滌濯太史戒及宿之日是也云古文宿皆作羞者胡氏承珙云爾雅羞進也漢書百官公卿表上林苑有御羞顏師古曰今長安城南御宿川也羞宿聲相近今案羞雖亦訓進而各經宿戒字無作羞者故鄭不從古文也

主人立于尸外門外子姓兄弟立于主人之後北面

東上 不東面者來不爲賓客子姓立于主人之後上當其後 疏 正義曰子姓兄弟立于主人之後北面則主人亦北面可知蔡氏德晉云主人親宿尸子姓兄弟皆從往重其事也北面事神之禮 注云不東面者來不爲賓客者凡賓客在門外東面此宿尸不敢爲賓客故北面也或曰注爲字當讀去聲此來係爲尸不爲賓客對下宿賓主人東面也云上當其後者賈疏云東頭爲上者不得過主人故爲上者當主人之後也 **尸如主人服出門左西面** 不敢南面當尊 疏 正義曰主人宿尸不言服蓋亦玄冠玄端也出門左在門外之東西面迎賓之位 注云不敢南面當尊者上主人北面宿尸是以尊者之禮事之擬尸以南面臨己今尸不南面而西面面是不敢以尊禮自居也 **主人辟皆東面北上** 順尸 疏 正義曰辟逡遁避位也敖氏云辟者起敬也蓋在尸出門時皆皆子姓兄弟也是時子姓兄弟亦立于主人之後而上當其後也今案注云順尸者蓋尸不南面而西面面故主人亦易北面爲東面順之也 **主人再拜尸荅拜** 主人先拜尊尸 疏 正義曰少牢云主人再拜稽首此不言稽首省文 注云主人先拜尊尸者下宿賓賓先拜此主人先拜是尊尸也

宗人擯辭如初卒曰筮子爲某尸占曰吉敢宿宗人擯者釋主人之辭如初者如宰贊命筮尸之辭卒曰者著其辭所易也今文無敢

疏正義曰凡釋辭皆擯者事故云宗人擯辭某尸或言祖尸或言禰尸不稱名與字也注云如初者如宰贊命筮尸之辭卒曰者著其辭所易也者賈疏云以其云筮尸如求日之儀筮日時有宰贊命則筮尸時亦有宰贊命可知故此得如之也張氏爾岐云如初如初筮尸曰孝孫某諏此某事適其皇祖某子乃易去下二語而曰筮子爲某尸占者吉敢宿蔡氏德晉云卒語末也語末以筮子爲某尸占曰吉敢宿易前筮某之某爲尸尚饗餘竝同也云今文無敢者胡氏承珙云案下文宿賓辭曰敢宿少牢禮宿尸辭亦曰敢宿則此有敢爲是故鄭從古文

祝許諾致命受宗人辭許之傳命於尸始宗人祝北面至於傳命皆西面受命東面釋之

疏正義曰注云受宗人辭許之傳命於尸者謂祝受宗人辭許諾遂致主人之命於尸也云始宗人祝北面至於傳命皆西面受命東面釋之者謂始時主人與子姓兄弟立於尸門外北面則宗人祝從之亦北面可知尸出門西面主人轉而東面其時宗人祝仍北面至於傳命則宗人西面受命

於主人東面傳於祝祝西面受於宗人東面傳於尸故云皆面面受命東面釋之也

尸許諾主人再拜稽首其許亦宗人受於祝而告主人[疏]正義曰尸不禮辭而許諾者高氏愈云爲尸重典不可以筮吉而苟易故也敖氏云拜稽首亦尊尸也尸旣許諾則成爲尸故於此不荅拜　注云其許亦宗人受於祝而告主人者以上祝受宗人辭傳之於尸明此亦祝受尸辭傳之於宗人宗人以告主人也祝事尸者故使爲尸傳辭也

尸入主人退相揖而去尸不拜送尸尊[疏]正義曰此經當云主人退尸入而序尸入於上者見主人與退同時也凡送賓之法送者必俟退者之遠去而後入故經每云賓不顧也此則同時入退故注以爲相揖而去亦以著尸之尊也少牢宿尸尸云主人退尸送一揖不拜彼注云尸不拜者尸尊此注云尸不拜送尸尊義一耳士冠禮宿賓及下宿賓賓皆拜送此尸送不拜故注云尸尊此與少牢文有詳略皆互文見耳此經云尸入主人退則知少牢亦入退同時矣少牢云尸送揖不拜則知此尸送亦不拜矣此經不云揖注云揖者卽據少牢言之注云尸不拜送者謂尸不拜而送耳非謂不送也不拜亦據少牢言之賈疏誤以爲尸不送遂有士卑大夫尊之說皆鄭義所無不可從

敖氏以爲變于大夫又謂先入而不揖皆非也

右宿尸

宿賓賓如主人服出門左西面再拜主人東面荅再拜宗人擯曰某薦歲事吾子將涖之敢宿薦進也涖臨也言吾子將臨之知賓在有司中今特肅之尊賓耳

疏 正義曰賓如主人服亦玄冠玄端也出門左西面再拜主人東面荅再拜皆與士冠禮同惟此宗人擯辭爲異耳云歲事者謂祠禴嘗烝四時之祭每歲皆行之故曰歲事書洛誥曰王在新邑烝祭歲是也吾子將涖之敢宿亦與士冠禮宿賓之辭同據彼注云宿者必先戒則宿賓前有戒賓之事明矣少牢言戒而此不言戒文不具也李氏如圭云不筮賓者主人爲獻主賓助祭而已 注云薦進也者爾雅釋詁文云涖臨也言吾子將臨之知賓在有司中今特肅之尊賓耳者張氏爾岐云士前祭二日選屬吏爲賓特肅一人以備三獻屬吏必來助祭故云吾子將涖之此申注有司之義也今案士冠禮主人戒賓注云賓主人之僚友又宿贊冠者一人注

云謂賓若他官之屬中士若下士此經助祭亦有公有司則賓不必定在有司私臣中也云今特肅之尊賓耳者鄭意蓋謂衆賓則不宿也士冠禮注云其不宿者爲衆賓義與此同又經云宿而注云肅者蓋卽以宿爲肅義見前賈疏云宿尸與宿賓中無厥明之文則二者同日明矣其說是也

賓曰某敢不敬從主人再拜賓荅拜主人退賓拜送

疏 正義曰某賓名也士冠禮賓辭曰某敢不夙與此云敬從者祭與冠異故其辭加虔也自主人再拜以下文俱與彼同又冠禮戒賓宿賓等辭俱總錄於經後此篇及少牢禮卽於序事之閒出之又一例也

右宿賓

厥明夕陳鼎于門外北面北上有鼏

厥其也宿賓之明日夕門外北面當門也古文鼏爲密

疏 正義曰鼏詳士冠禮他篇陳鼎多云設扃鼏此獨云有鼏者著其潔其實亦有扃也禮經釋例云凡陳鼎大夫士門外北面北上諸侯門外南面西上反吉則西面 注云厥其也宿賓之明日夕者鄭以厥明夕

爲宿賓明日之夕是祭前一日之夕也云門外北面當門也者或以少牢陳鼎在門東謂此亦在門外東方褚氏寅亮云經不言門之左右東西則當門可知注義爲長當門辟大夫也不南面辟君也古文鼏爲密詳士冠禮

棜在其南南順實獸于其上東首 順猶從也棜之制如今大木轝矣上有四周下無足獸腊也

[疏]正義曰棜在其南在鼎南也南順向南直陳也方氏苞云獸腊去毛不空置地上故加於棜排其足於棜上爲伏狀故但言東首不言足所鄉與牲異注云順猶從也者鄭注樂記云從順也二字互訓云棜之制如大木轝矣上有四周下無足者鄭以漢制爲況旣夕記注亦云棜今之轝也段氏玉裁說文轝字注云案左傳云陳畚梮梮者土轝漢五行志作萅溝洫志山行則梮韋昭曰梮木器如今轝牀人轝以行也然則萅之制四方如車之輿故曰轝或作轝今案鄭以棜制同轝是亦四方如輿也云上有四周則其上四旁似皆有木爲欄也下無足亦與轝同此獸棜也又有承饌之棜承尊之棜旣夕記設棜于東堂下脯醢醴酒皆饌于其上不專以承尊此承饌之棜也注亦云今之轝則與獸棜制同禮器大夫士棜禁鄭注棜斯禁也謂之棜者無足有似於棜或因名云耳玉藻大

夫側尊用棜注略同此則承尊之斯禁謂之棜特以其無足相似而名之注不云今之轝則與此獸棜之制有異矣禮器孔疏以爲長方而有畫飾詳下記壺棜禁饌于東序下云獸腊也者士腊用兔鄭注周禮腊人云小物全乾爲腊是也

牲在其西北首東足其西棜西也東足者尚右也牲不用棜以其生〔疏〕正義曰牲在獸西獸東首而牲北首者褚氏寅亮云獸橫而牲縱也北首而東足則寢左矣吉祭用右胖故寢左凡不用之胖寢於地據此是東足爲尚右也牲豕也以其生故但縛之而寢於地不用棜也

設洗于阼階東南

壺禁在東序豆籩鉶在東房南上几席兩敦在西堂東房房中之東當夾北西堂西夾之前近南耳〔疏〕正義曰設洗詳少牢饋食禮壺禁詳下記豆籩鉶虛器未實在東房南上自南陳而北也敖氏云豆在南籩次之此未實之故南上之文惟主於器褚氏寅亮云少牢之豆籩及篚自東而至西此則自南而至北彼橫陳此縱陳也今案几席用以安神兩敦用以盛黍稷亦未實也　注云東房房中之東當夾北者賈疏以大夫士直有東房西室故士冠禮陳服于房中昏禮側尊甒醴于房中皆不言東以其直有一房不

嫌非東房今此經特言東房明房內近東邊故云東房也
李氏釋宮云注曰房中之東當夾北則東夾之北通爲房
中矣其有兩房者則西夾之北通爲右房也歟江氏永云
夾北有壁隔之與房東房西相當不相通也近洪頤煊作
宮室荅問謂夾北有戶以通于房不知夾之近北處爲室
若夾北有戶則不成室制且顧命設席于夾聘禮設餼于
夾若有戶則其設之或當戶或于戶東或于戶西經注何
以無一語及之又考大射儀乃命執冪者鄭注羞膳者從
而東曰堂東升自北階立于房中案堂東即東堂下也羞
膳者旣至堂東不徑從東夾以達于房而必轉而之北升
北階以至于房則夾與房固不相通江氏之說信矣孔氏
廣森云經之東房不當釋爲房中之東然據鄭意以東夾
之北通爲房中可見夾室是在房前之偏故東房戶必近
西西房戶必近東乃可以達於堂而東房內之東西房內
之西則皆正當夾室牆後也近世或以兩夾與房室平列
作五閒此必不然今案鄭氏注禮以人君左右房大夫士
東房西室故於此經東房解爲房中之東然箋詩以東房
西室爲燕寢之制則大夫士宗廟正寢亦有東房西房矣
說詳大射儀此注解東房未旳而言夾制甚精釋名云夾
室在堂兩頭故曰夾夾之在正堂東西此定論也宋楊氏

儀禮圖始圖夾室於東房之東西房之西與房室竝列說者謂其誤始於崔靈恩三禮義宗然禮記內則疏引崔氏云宮室之制中央爲正室正室左右爲房房外有序序外有夾室夫房外有序謂房之南外也序外有夾室謂堂之東西序外也崔氏言房外有序序外有夾室而不言房之左右爲夾夾則固不以夾與房平列矣古人謂房之南爲房外士昏禮席于房外南面注房外房戶外之西又云母南面于房外可證也堂上之東西序牆在房南故云房外有序近人論夾室以楊圖爲據多由誤讀崔氏房外一語耳云西堂西夾之前近南耳者案下記其餘在東堂注亦云東堂東夾之前近南蓋夾有室有堂夾是總名近北爲室近南爲堂此二注取精嘗考東夾西夾之制東夾在堂東序之東西夾在堂西序之西皆南鄉其北有墉接東房西房東夾之東西夾之西亦皆有墉東夾西夾一名東箱西箱又名左个右个左達右達左即東也右即西也夾也箱也个也達也異名而同實統言之爲東夾西夾分言之則夾之近北者爲室近南者爲堂故有夾室與東堂西堂之稱書顧命云西夾南鄉聘禮云堂上之饌八西夾六又云西夾六豆設于西墉下北上公食禮云大夫立于東夾南宰東夾北皆言東夾西夾不云夾室萬氏斯大云東西序

外之屋分言之則前堂後室統言之皆夾也所以名爲夾者以夾輔乎中堂也鄭氏注聘禮餼于東方云東方東夾室蓋以下有西北上之文謂設餼當在北墉下夾之近後處故云東夾室謂東夾之室耳注禮記內則天子之閣左達五右達五云達夾室蓋以閣庋食物設之當在夾之近後處故指言室然不云達夾爲一而云達夾室則似達之專爲夾室名矣說文夾夾持也夾在堂之兩旁有左右夾持之象故云夾又謂之箱者說文箱大車牝服也鄭氏注考工記釋牝服爲較較在車之兩旁與夾在堂之兩旁同又謂之个者射侯有左右个鄭氏鄉射記注云居兩旁謂之个个居侯之兩旁亦猶夾居堂之兩旁故得通稱夫以在兩旁之義而謂之爲个爲箱則个與箱自當統夾之前後明之覲禮記曰几俟于東箱東箱卽東夾也注乃云東箱東夾之前是以東箱爲東堂分夾與箱而二之矣案爾雅釋宮云室有東西箱曰廟無東西箱有室曰寢如以東西箱爲專指東西堂則是室之有東西箱者爲無後室而僅有前堂室之無東西箱者爲無前堂而尙有後室可乎其說之非不待辨而明矣爾雅東西箱郭注云夾室前堂蓋亦沿覲禮注之誤互詳聘禮設飧西夾六下

主人及子姓兄弟卽位于門東如初

初筮位也【疏】正義曰此及下門西謂廟門外之東西也

賓及衆賓卽位于門西東面北上

不蒙如初者以宰在而宗人祝不在【疏】正義曰此東面北上卽上筮日有司羣執事之位也似當蒙主人及子姓兄弟之文言如初　注云不蒙如初者以宰在而宗人祝不在者李氏如圭云筮時祝宗人在其中惟宰在門東今宰在衆賓中祝宗人別自爲位與筮位異此所以不蒙上如初之文也劉氏台拱云案上文有司羣執事但云東面北上而不曰門西蓋與子姓兄弟東面對立而不得與主人相對也至立賓之後賓與主人一東一西相對矣此所以不蒙如初今案劉說甚精又敖氏云此時方修祭事助祭之賓宜來視之以其不在鄉者有司羣執事之中故此雖東面北上而不蒙如初之文賓旣位於此則公臣私臣不敢與之齒而位於他所矣引下記公有司門西北面私臣門東北面爲證案此說似是而實非蓋助祭之賓與衆賓俱于公有司私臣中選之上筮日時未立賓故但言有司羣執事此時已立賓故以賓主相對爲文至記所云門西北面門東北面乃祭時門內之位非門外之位門外之位則但有賓主兩行凡非子姓兄弟皆列賓行公有司私臣當在賓之下與賓同東面經不言者衆賓中

足以該之矣詳主人及賓兄弟羣執事卽位於門外如初下**宗人祝立于賓西北東面南上**事彌至位彌異宗人祝於祭宜近廟 疏 正義曰宗人及祝立賓西北稍遻居賓後也以南爲上變於賓也注云事彌至位彌異者以上筵時不別言宗人祝之位此別言之故云事彌至位彌異也云宗人祝於祭宜近廟者樂記曰宗祝辨乎宗廟之禮以其宜近廟故異於賓也**主人再拜賓答再拜三拜衆賓衆賓答再拜**衆賓再拜者士賤旅之得備禮也 疏 正義曰敖氏云衆賓答一拜言再者字誤也盛氏世佐云此士旅拜法敖說非褚氏寅亮云鄉飮酒衆賓荅一拜者大夫爲主人也有司徹之荅一拜者大夫爲祭主也此士禮安得以彼相例而妄改經文乎下經主人拜賓如初亦同 注云衆賓再拜者士賤旅之得備禮也者對大夫之賓一拜爲不備禮也賈疏以一一獨荅拜與一時拜爲言非詳訂疑**主人揖入兄弟從賓及衆賓從卽位于堂下如外位**爲視濯也 疏 正義曰云卽位于堂下如外位則此時亦主賓分爲兩行一在阼階前西面一在西階前東面不必有門東門西之位以外位不云北面

位可證也不言子姓及宗人視省文也高氏愈云視濯省牲之類不惟主人親之而且賓與衆賓監視之敬之至也

宗人升自西階視壺濯及豆籩反降東北面告濯具濯溉也不言敦鉶者省文也東北面告緣賓意欲聞也言濯具不言絜以有几席

疏 正義曰吳氏紱云宗人先視壺濯祭以酌獻爲先也獻而後祭薦故豆籩次之褚氏云洗者則告濯不洗者則告具敖謂所濯者已具偏矣注云濯溉義見前云不言敦鉶者省文也者注意以敦鉶亦須濯經不言者以壺統之也據上文所陳尚有几席注不與敦鉶兼及者以几席不須濯也云東北面告緣賓意欲聞也者以斯時主人西面宗人不東面告主人而東北面告者以賓在西亦欲聞之也云言濯具不言絜以有几席者告濯是言已洗濯告具是言已具列言絜則專爲濯者言之言濯與具則兼爲不濯者言之也

賓出主人出皆復外位爲視牲也今文復爲反

疏 正義曰出出廟門也經惟言賓主人出文又省矣注云今文復爲反者復反義亦通但此篇惟記云賓從尸俎出廟門乃反位其餘皆言復位故鄭從古文也

宗人視牲告充雍正作豕充猶肥也雍正官名

也北面以策動作豕視聲氣 疏正義曰注云充猶肥也者充之義爲盈爲滿盈滿則肥也鄭注周禮充人亦云充猶肥也左傳曰博碩肥腯云雍正官名也者儀禮釋官云雍正私臣掌割亨者雍正卽雍人也少牢有雍人又有雍正故雍正爲雍人之長此士之官當止一人也云北面以策動作豕視聲氣者北面在牲之南爲不背主賓也豕縛而寢於地故必以策動作之乃可視其聲氣以知疾否也宗人視牲而雍正作豕者猶周禮充人展牲則告牷碩牲則贊也

宗人舉獸尾告備舉鼎鼏告絜

備具 疏正義曰獸兔也牲由豢養以充爲美獸獵而得之恐有傷闕故必以備爲貴鄭訓備爲具謂完具無殘闕也廣雅亦云備具也吳氏廷華云必以尾告者卽小以見大也鼎亦濯以在門外故別言之

請期曰羹飪

肉謂之羹飪熟也謂明日質明時而曰肉熟重豫勞賓宗人旣得期西北面告賓有司 疏正義曰宗人請而主人告以羹飪也此期主人自告之亦異於少牢者 注云肉謂之羹飪熟也義見前云謂明日質明時而曰肉熟重豫勞賓者凡祭皆質明行事今不云質明而云肉熟者士之賓多僚友故重豫勞之肉熟以煮肉熟爲節也云宗人旣得期西北面告賓有司者以期由

主人出故不須告主人而惟告賓有司也賓有司皆東面此西北面告者亦欲兄弟共聞之王氏士讓云案祭義云孝子將祭慮事不可以不豫比時具物不可以不備此告濯具告充告備告絜而後請期即豫與備也

告事畢賓出主人拜送　疏　正義曰告事畢亦宗人告也周禮大宗伯曰眡滌濯小宗伯曰大祭禮省牲眡滌濯告時于王告備于王肆師曰凡祭祀禮成則告事畢是祀事皆宗官主之故此亦宗人主其事也賓出出外門也送亦送於外門外也○方氏苞云祭前一日設器陳牲省牲視濯之儀主人兄弟賓長衆賓之位具詳於特牲而少牢則闕焉牲體之數實鼎升俎之人陳俎執匕割制升載之法具詳於少牢而特牲則闕焉何也牲牢鼎俎豆籩至大夫而倍加於士自宜詳於少牢設器陳牲省牲視濯上下同之主人承祀而兄弟子姓從賓長備獻而衆賓助亦上下同之匹士以上始得廟祭其儀自宜具於特牲也

右視濯視牲

夙興主人服如初立于門外東方南面視側殺　夙早也興起也主人

服如初則其餘有不玄【疏】正義曰張氏爾岐云自此至立于中庭言祭日陳設及位次之事○夙興祭日之早也東方蓋當東塾少南　注云夙早也爾雅釋詁文興起也爾雅釋言及說文同云主人服如初則其餘有不玄端者服如初玄冠玄端也若其餘有不玄端者謂賓及兄弟皆朝服也惟尸祝佐食與主人同玄端詳下記云側殺殺一牲也者謂豕也士虞禮側亨于廟門外之右注云側亨一胖也義雖異其以側為一同也士冠禮側尊一甒醴于服北注云側猶特也無偶曰側是也賈疏引國語禘郊之事天子必自射其牲諸侯宗廟之事必自射其牲周禮司弓矢凡祭祀共射牲之弓矢謂天子尊於郊射牲諸侯降天子故宗廟亦親殺大夫士不敢與君同故不親殺褚氏寅亮云天子諸侯饋食前有朝踐薦毛血之禮故牲必親殺大夫士祭自饋熟始故惟視殺而已非以辟君故

主婦視饎爨于西堂下　炊黍稷曰饎宗婦為之爨竈也西堂下者堂之西下也近西壁南齊於坫古文饎作糦周禮作䊠

【疏】正義曰高氏愈云主人視側殺主婦視饎爨所謂共承宗廟夫婦親之內外之義也　注云炊黍稷曰饎士虞注同又云古文饎作糦周禮作䊠者胡氏承珙云案說文饎酒

食也从食喜聲詩曰可以饙饎䭫饎或从巸糦饎或从米
今毛詩天保泂酌皆作饎傳皆曰饎酒食也與爾雅釋訓
同惟商頌烈祖作糦箋云糦黍稷也此特牲注云炊黍稷
曰饎雖依文生訓其義相因黍稷所以爲酒食者酒食曰
饎因而黍稷曰饎炊黍稷亦曰饎故下記注又云饎炊也
周禮地官饎人注云故書饎作䭫說文以䭫糦皆爲或作
鄭注禮經從今文作饎以糦爲古文其箋詩七月大田等
又云喜讀爲饎此又古文假喜爲饎也今案說文作䭫周
禮注作䭫後人傳寫加灬耳云宗婦爲之者周禮饎人掌
凡祭祀共盛鄭注炊而共之其下有奄二人女饎八人奚
四十人士無饎人之官故使宗婦爲之其下亦當有女饎
之屬也云爨竈也者士虞注同周禮亨人職外內饔之爨
亨煮鄭注云爨今之竈主於其竈煮物賈氏此疏及士虞疏
遂謂周公時謂之爨孔子時謂之竈前後異名故鄭舉後
決前并引論語媚于竈爲證但據說文爨炊也炊爨也二
字互訓則爨之義爲炊竈是其所炊之處因炊必於竈故
謂竈爲爨也云西堂下者堂之西下也近西壁南齊於坫
者西堂詳前鄭意西堂下非西堂之南下乃西堂之西下
故又近西壁南齊於坫謂在坫之北其南與坫齊也李氏
如圭云坫在堂角旣夕記曰設棜于東堂下南順齊于坫

知在東西堂下者皆齊於坫下記饎爨在西壁注云西壁堂之西牆下是與經云西堂下同又引舊說云南北直屋梠稷在南謂黍爨在北稷爨在南其南上與屋梠齊也士虞禮饎爨在東壁西面注云饎北上上齊於屋宇案北上者亦謂黍爨在北云上齊於屋宇者謂爨之南下與坫齊其上則與屋宇齊也屋宇卽屋梠與記注所引舊說同但特牲在西壁士虞則在東壁虞禮反吉耳然皆在門內者以婦人主之故也此士禮也大夫則廩人掌之在門外少牢禮廩爨在雍爨之北是也○賈疏云主婦視饎爨猶主人視殺牲故易歸妹上六云女承筐无實士刲羊无血鄭注宗廟之禮主婦奉筐米如饎之時兼視之可知

亨于門外東方西面北上

亨煮也煮豕魚腊以鑊各一爨詩云誰能亨魚溉之釜鬵

【疏】正義曰少牢云雍爨在門東南北上此云亨于門外東方西面北上據下記云牲爨在廟門外東南魚腊爨在其南則亦在廟門外之東南也敖氏云北上豕爨在北魚腊亞之案士虞禮側亨于廟門外之右東面魚腊爨亞之是亨於西方變於吉也　注云亨煮也煮豕魚腊以鑊各一爨者禮經釋例云凡亨牲體之器曰鑊凡升牲體之器曰鼎是亨於鑊而後升於鼎也少牢有羊鑊豕鑊則以鑊者亦豕魚

膳各一鑊故各一爨也引詩者證亨須以鑊也**羹飪實鼎陳于門外如初**初視濯也疏正義曰實鼎各自其鑊以實於其鼎也吳氏廷華云此又言陳則舉鼎就爨旣實復陳之門外也　注云初視濯也者謂如視濯時陳鼎北面北上也姜氏兆錫云凡言如初卽謂厥明夕之故位也若改位卽不言如初矣**尊于戶東玄酒在西**戶東室戶東玄酒在西尚之凡尊酌者在左疏正義曰尊卽壺也吳氏廷華云尊本在東序此乃實而設之不言禁及冪省文　注云戶東室戶東者凡堂上設尊多在房戶之閒房戶閒謂房西室戶東故知此尊於戶東爲室戶東也云玄酒在西尚之者以西爲上也張氏爾岐云鄭注云凡尊酌者在左玄酒不酌故在右是以東西爲左右少儀云尊者以酌者之左爲上尊又據酌者北面臨尊而言左右以西爲左其位置雖同而言有殊也**實豆籩鉶陳于房中如初**如初者取而實之旣而反之疏正義曰前此豆籩鉶之屬皆虛設至此則以脯醢和羹之屬實而陳之　注云如初者取而實之旣而反之者豆籩鉶初在房中南上今取而實之旣實仍反於房中亦南上故云如初也鄭言此者決上尊于戶東非反其故處也**執**

事之俎陳于階閒二列北上執事謂有司及兄弟二列者因其位在東西祝主人主婦之俎亦存焉不升鼎者異於神疏正義曰蔡氏德晉云執事與祭者皆有俎陳于兩階閒分爲二列東西相竝自北陳而南也注云執事謂有司及兄弟者此有司謂賓也鄭意以賓亦在有司中故擧有司爲言又以該凡助祭者也云二列者因其位在東西者賓之屬在西兄弟之屬東也云祝主人主婦之俎亦存焉者以祝是接神者主人主婦是共承祭者恐人疑其俎不在執事之列故特明之敖氏云此執事之文所包者廣與前後所云者不同是也云不升鼎者異於神者吳氏疑義云尸俎用右胖升于鼎內俎隨鼎入匕而載之此皆用左胖自鑊升俎而不升鼎故不隨鼎入而先設于階閒耳高氏愈云此時尸俎之外凡有十三俎主人俎也主婦俎也祝俎也佐食俎也賓俎也長兄弟俎也宗人俎也衆賓俎也衆兄弟俎也內賓俎也宗婦俎也公有司俎也私臣俎也蓋皆得以執事名之者也

盛兩敦陳于西堂藉用萑几席陳于西堂如初盛黍稷者宗婦也萑細葦古文用爲于疏正義曰兩敦一盛黍一盛稷也藉之用萑重黍稷以其爲祭主也前兩敦几席在西

堂今仍陳於此故云如初也吳氏廷華云几席復言陳者因諸器而連及之也今案以上各器視濯時已詳言所在矣此復言之者以祭日有加實及易置之事易置則不言如初不易置者須言如初以別之此几席仍陳於西堂故言如初敖氏疑上有脫文非也　注云盛黍稷者宗婦也者以炊黍稷係宗婦主其事故知盛之者亦宗婦也云古文用爲于者胡氏承珙云案士虞禮饌黍稷二敦于階閒西上藉用葦席有司徹右几厞用席皆作用不作于故鄭從今文

尸盥匜水實于槃中簞巾在門內之右

設盥水及巾尸尊不就洗又不揮門內之右象洗在東統於門東西上凡鄉內以入爲左右鄉外以出爲左右

疏正義曰云尸盥者以槃匜之屬爲尸盥設也張氏爾岐云以匜貯水而置之槃待尸盥則執匜沃水而槃承之簞巾簞中貯巾也門內之右門東也餘詳士虞禮匜水鍇于槃中南流下　注云設盥水及巾尸尊不就洗又不揮者以不就洗故須設盥水不揮故須設巾也揮振去水使手乾也云門內之右象洗在東統於門東西上者以洗設于阼階東南匜槃之設亦在東方是象洗也西上則匜槃在簞巾之西也云凡鄉內以入爲左右鄉外以出爲左右此申言門右爲東據鄉內言之

也○盛氏世佐云案下經云尸入門左北面盥則槃匜之屬在門內之西明矣門西曰右者從堂上視之也必在門西者取其便於尸盥且與洗位相變也郝氏以西爲右之說得之吴氏廷華云鄉內鄉外以人言此陳器自當以堂爲斷況此與少牢尸盥竝在西何匜水獨有東西之別乎今案盛氏吴氏說似亦可從竝附錄焉

祝筵几于室中東面爲神敷席也此使祝接神　至　疏　正義曰李氏如圭云祭統曰鋪筵設同几爲依神也筵于室中西南隅今案西南隅奧也凡布席于奧者東面敖氏云几亦右之前此視濯視牲祝未有事今爲神筵几于室中故注云此使祝接神也　至

主婦纚笄宵衣立于房中南面主婦主人之妻雖姑存猶使之主祭祀纚笄首服宵綺屬也此衣染之以黑其繒本名曰宵詩有素衣朱宵記有玄宵衣凡婦人助祭者同服也內則曰舅沒則姑老家婦所祭祀賓客每事必請於姑　疏　正義曰纚以韜髮笄以安髮詳士冠禮纚笄宵衣士妻之常服也昏禮曰夙興婦沐浴纚笄宵衣以俟見房中東房中也婦人入廟其位在此　注云主婦主人之妻雖姑存猶使之主祭祀者以經言主婦是有夫之稱故云主人之妻也姑主人之母禮七十老而傳家事故

雖姑存亦使其妻主之祭統曰夫祭也者必夫婦親之所以備外內之官是也若舅沒而姑年未七十亦傳家事於婦內則所謂舅沒則姑老也但姑雖傳家事婦猶必稟命焉故內則又云冢婦所祭祀賓客每事必請於姑是鄭取證內則之義也云纚笄首服詳前云宵綺屬此衣染之以黑其繒本名曰宵詩有素衣朱宵記有玄宵衣者案詩唐風揚之水素衣朱襮素衣朱繡毛傳諸侯繡黼丹朱中衣鄭箋繡當爲綃綃黼丹朱中衣中衣以綃黼爲領丹朱爲純也禮記郊特牲繡黼丹朱中衣鄭注繡讀爲綃綃繒名也詩云素衣朱綃玉藻君子狐青裘豹褎玄綃衣以裼之注綃綺屬也染之以玄於狐青裘相宜士昏禮姆纚笄宵衣注云宵讀爲詩素衣朱綃之綃魯詩以綃爲綺屬也姆亦玄衣以綃爲領因以爲名且相別耳少牢饋食禮主婦被錫衣侈袂注云不纚笄者大夫妻尊亦衣綃衣而侈其袂耳考鄭各注皆以宵爲綃說文綃生絲也段氏注云生絲未湅之絲也以此生絲織繒曰綃仍從絲得名也故或云繒名或云綺屬綺卽文繒也宵假借字今案鄭云綃綺屬郊特牲注又云繒名故段釋之周禮內司服六服褖衣爲下鄭注內司服云男子之褖衣黑則是亦黑也又云其夫孤也則服鞠衣其夫卿大夫也則服展衣其夫士也則

服褖衣又注追師云外內命婦非王祭禮賓客佐后之禮自於其家則亦降焉引少牢主婦髮鬄衣移袂及此經主婦纚笄宵衣爲證又云移袂褖衣之袂鄭意以大夫妻得服展衣自祭降服褖衣士妻服褖衣自祭降服宵衣則宵衣其褖衣之次歟然鄭注少牢云大夫妻亦衣綃衣而侈其袂與追師注又異詳少牢禮此注以宵衣爲黑色者士昏禮注及玉藻注皆以宵爲玄玄亦黑類也又士昏禮注云玄衣以綃爲領因以爲名然則宵衣惟領用繒耳此注不言義亦略同據士昏禮文知純衣注以純衣爲絲衣則宵衣非絲衣明矣蓋昏禮攝盛士親迎服爵弁故士妻服純衣此祭士服玄端故妻服宵衣敖氏云宵衣用布爲之盛氏世佐云男子唯爵弁服用絲其餘朝服玄端皆用布則婦人褖衣宵衣亦用布可知其說是也用布而領緣以綃故曰宵衣注云其繒本名曰宵謂宵卽綃也又引詩禮記證綃之義字俱作宵者蓋鄭於士昏禮注已讀宵爲綃其義已明故此注卽以宵爲綃段氏謂宵爲綃之假借是也盛氏謂宵時所衣故名宵又解宵爲小皆穿鑿不可從至賈疏并謂詩禮記本文皆作宵字則又緣注而誤戴氏校集釋已辨之詳訂疑云凡婦人助祭者同服也者少牢主婦贊者亦髮鬄衣侈袂與主婦同是同服可知秦氏蕙

田云案內司服天子諸侯王后以下助祭不同者尊則有降卑則無降是也**主人及賓兄弟羣執事即位于門外如初宗人告有司具**具猶辦也疏正義曰敖氏云此於賓兄弟之下言羣執事則是指公有司私臣而言也今案此說是上視濯時言賓及衆賓即位于門西東面而不言羣執事此言羣執事而不言衆賓蓋互文見義要皆兼公有司私臣在內但初時門外止有東面位無北面位敖氏仍以門東門西言非矣敖又云告告主人也旣告反於賓西北是也**主人拜賓如初揖入即位如初**初視濯也疏正義曰注云初視濯也者據主人與賓言之也此時公有司私臣未選爲賓與衆賓者入門當就門東門西北面之位經未言故下記補之**佐食北面立于中庭**佐食賓佐尸食者立於宗人之西疏正義曰賈疏云下記佐食當事則戶外南面無事則中庭北面據此而言則此經謂無事時也　注云佐食賓佐尸食者敖氏據下記云佐食于旅齒于兄弟以佐食爲主人兄弟之屬今案佐食非兄弟而與兄弟齒故記特言之若本兄弟之屬則不必言矣盛氏世佐以佐食爲私臣蓋本下記賈疏謂佐食於私臣之中

擇爲賓使佐尸食也說不背注可從云立於宗人之西者李氏如圭云虞禮主人卽位于堂如反哭東面宗人西階前北面詔主人此禮主人位堂下西面宗人當在阼階南擯主人故知佐食在宗人之西

右祭日陳設及位次

卷三十四終

儀禮正義卷三十五　鄭氏注

績溪胡培翬學

主人及祝升祝先入主人從西面于戶內祝先入接神宜在前也少牢饋食禮曰祝盥于洗升自西階主人盥升自阼階祝先入南面

疏 正義曰張氏爾岐云自此至主人再拜稽首言主人主婦祝佐食初行陰厭之祭禮經釋例云凡尸未入室之前設饌于奧謂之陰厭尸既出室之後改饌于西北隅謂之陽厭案特牲佐食徹尸薦俎敦設于西北隅注此所謂當室之白陽厭也則尸未入之前爲陰厭矣曾子問曰殤不備祭何謂陰厭陽厭也賈疏云凡言厭者謂無尸直厭飫神尸未入之前祭于奧中不得戶明故名陰厭尸謖之後改饌于西北隅以向戶明故爲陽厭引曾子問謂宗子有陰厭無陽厭凡殤有陽厭無陰厭證成人陰厭陽厭竝有之義也是鄭賈皆以設饌于奧在尸未入之前爲陰厭也有特牲祝筵几于室中東面此爲神布席于奧也在室中西南隅東面至主人及祝入室後主婦盥于房中薦兩豆葵菹蝸醢醢在北此薦豆也主人降舉鼎載俎畢升

入復位俎入設于豆東魚次腊特于俎北此設俎也又云主婦設兩敦黍稷于俎南西上此設敦也又云及兩鉶芼設于豆南南陳此設鉶也又云祝洗酌奠奠于鉶南此酌奠也又云遂命佐食啟會佐食啟會卻于敦南出立于戶西南面此啟會也又云主人再拜稽首祝在左卒祝主人再拜稽首此饗神也皆尸未入室之前設饌于奧以饗神者所謂陰厭也少牢陰厭布席薦豆設俎設敦酌奠啟會饗神皆與特牲同惟不設鉶者少牢無太羹湆故兩鉶至尸入飯時始設之與特牲不同也士虞禮陰厭惟薦豆設敦設鉶皆贊為之不用主婦酌奠以醴不以酒及祝饗後有命佐食祭于苴之禮與特牲吉祭異餘皆大略同也今案熊氏朋來云陰厭於室之奧陽厭於室之屋漏厭者言神厭飫之陰厭未迎尸陽厭尸巳謖故二厭之時無尸大戴禮曰無尸者厭也郝氏敬云尸未入神先降故有陰厭尸旣出神未徹故有陽厭此二說申明陰厭陽厭之義甚精後儒猶有以鄭注為非者辨見篇末陽厭下云主人及祝升則主人蓋先升後入也入入室也○張氏爾岐云注引少牢者明此經主人及祝盥升面位亦與彼同也吳氏疑義云祝室中位有二詔佐食等在北墉下南面相主人則負東壁西面此亦盥如少牢文省耳

主婦盥

于房中薦兩豆葵菹蝸醢醢在北主婦盥盥於內洗昏禮婦洗在北室直室東隅

【疏】正義曰薦兩豆薦於室也葵菹蝸醢詳士冠禮方氏苞云饋食之饌惟主婦為最先以生時盥饋主婦職也注詳士昏禮

宗人遣佐食及執事盥出命之盥出當助主人及賓舉鼎

【疏】正義曰宗人主禮事故遣之敖氏云此執事謂左人及取俎匕者賤於右人故先出盛氏云宗人旣遣佐食及執事亦遂盥而出矣故下經云宗人執畢先入

主人降及賓盥出主人在右及佐食舉牲鼎賓長在右及執事舉魚腊鼎除鼏及與也主人在右統於東主人與佐食者賓尊不載少牢饋食禮魚用鮒腊用麋士腊用兔

【疏】正義曰出出舉鼎也每鼎二人舉主人與賓皆在右尊右也主人舉牲鼎鼎以牲為正也少牢則主人迎而不親舉敖氏云賓長在右謂長賓在魚鼎之右衆賓長在腊鼎之右也凡吉事除鼏鼎於外凶事除鼏於內除鼏亦右人注云及與也爾雅釋詁文云主人在右統於東者鼎北面以東為右主人在東舉鼎者統於主人故云統於東也云主人與佐食者賓尊不載者李氏如圭云賓不偶主人者左

人當載載賤者之事故主人與佐食同舉也云少牢饋食禮魚用鮒腊用麋士腊用兔者以經不言魚腊所用故引少牢以明之腊用兔與大夫異魚用鮒與大夫同鮒詳士喪禮曲禮兔曰明視

宗人執畢先入當阼階南面

畢狀如叉蓋爲其似畢星取名焉主人親舉宗人則執畢導之旣錯又以畢臨匕載備失脫也襍記曰枇用桑長三尺畢用桑長三尺刊其本與末枇畢同材明矣今此枇用棘心則畢亦用棘心舊說云畢似御他神物神物惡桑叉則少牢饋食及虞無叉何哉此無叉者乃主人不親舉耳少牢大夫祭不親舉虞喪祭也主人未執事祔練祥執事用桑叉自此純吉用棘心叉

疏 正義曰先入先鼎而入也鼎設于阼階前故宗人執畢當阼階南面以便指畫助載 注云畢狀如叉蓋爲其似畢星取名焉者說文叉手指相錯也段氏注云凡岐頭皆曰畢叉爾雅釋天濁謂之畢郝氏懿行義疏云畢者八星纍貫兩叉出天官書云畢曰罕車爲邊兵主弋獵然則此畢如叉蓋爲岐頭之狀有似畢星之叉出故取名焉又掩取禽獸之畢亦因畢星得名說文畢田网也郭注爾雅云掩兔之畢或呼爲濁因星形以名詩大東有捄天畢毛傳畢所以掩兔者孔疏引孫毓云祭器之畢狀如畢星名象所出

也畢弋之畢又取象焉而因施綱於其上是也云主人親舉宗人則執畢導之旣錯又以畢臨匕載備失脫也者大射儀小臣師設楅司馬正東面以弓爲畢注云畢所以教助執事者是其言導之義也鄭箋詩云祭器有畢者所以助載鼎實注䘵記云畢所以助主人載者是其言臨匕載備失脫之義也褚氏寅亮云注言主人親載執畢導之是解經先入之故又言旣錯以畢臨匕載是解經南面而立之故下記云棘心匕刻鄭欲以朼之用棘決畢亦用棘故引䘵記以明朼畢同材喪祭同用桑吉祭同用棘也記文作刊其柄與末此引作刊其本與末本與柄一也又引舊說而辨之舊說云畢似御他神物神物惡桑又如其說則少牢饋食及虞何以無又葢他篇無畢此獨用畢者以主人親舉重其事也少牢大夫祭不親舉虞祭主人未執事故皆無又至祔練祥之祭主人執事則用桑又䘵記所言是也此篇吉祭當用棘心又與喪祭別也

鼎西面錯右人抽扃委于鼎北

右人謂主人及二賓旣錯

疏 正義曰鼎錯于東方西面扃委于鼎北者鼎西面以北爲右故就近委之 注云右人謂主人及二賓者牲鼎則主人魚鼎腊鼎則賓在右故云二賓也云旣錯皆西面俟也者對下載時左人北

面此時則皆西面也**贊者錯俎加匕**贊者執俎及匕從鼎入者其錯俎東縮加匕東柄旣則退而左人北面也【疏】正義曰蔡氏德晉云錯俎錯之於鼎西加匕加之於俎上　注云贊者執俎及匕從鼎入者每鼎一俎一匕士喪禮則俎匕皆舉者執之此云贊者錯俎加匕故知俎及匕贊者執以從鼎入非舉者自執亦吉凶相變也云其錯俎東縮加匕東柄者東縮謂自東至西陳之於東西為縮於南北為橫也少牢云俎皆設于鼎西西肆又云匕皆加于鼎東柄與此一也云旣則退而左人北面也者賈疏云以其俎從於鼎西其人當北面於其南載之便是以昏禮亦云北面載執而俟是也退謂贊者退也**乃朼**右人也尊者於事指使可也左人載之【疏】正義曰朼與匕同詳士喪禮　注云右人也者謂朼者右人也右人南面朼左人北面載　經義述聞云今本經尾脫載字注首脫朼字下文之卒載卽承載字言之周官御僕注引此正作乃匕載士喪禮亦作乃匕載注云乃朼以朼次出牲體右人也載受而載於俎左人也說與此注同則此注亦當作朼右人也明矣今案朼謂朼而出之於鼎載謂受而載之於俎　是朼與載之別也**佐食升肵俎鼏之設于阼階西**肵謂心舌之俎也郊

特牲曰肵之爲言敬也言主人之所以敬尸之俎古文鼏皆作密【疏】正義曰注云肵謂心古之俎也者禮經釋例云肵俎雖爲盛牲魚腊之器並非虛俎皆先載心舌於其上今案下記云肵俎心舌皆去本末午割之實于牲鼎載心立舌縮俎是也云郊特牲曰肵之爲言敬也言主人之所以敬尸之俎者鄭引郊特牲之文以明肵俎所以敬尸也古文鼏皆作密詳士冠禮吳氏廷華云此肵俎主人自羞且當歸尸故特升之今案他俎不言鼏此獨言鼏者以其設于阼階西恐有塵汙他俎升訖即入設于室也禮經釋例云凡肵俎尸未入先設于阼階西特牲少牢皆然先設于阼階西者事未至也尸旣入主人乃親設之于俎北

卒載加匕于鼎卒已也已載畢亦加焉【疏】正義曰卒載謂三鼎之實盡載於俎也所載則下記詳之云已載畢亦加焉者謂宗人執畢載訖亦加于鼎也

主人升入復位俎入設于豆東魚次腊特于俎北入設俎載者腊特饌要方也凡饌必方者明食味人之性所以正【疏】正義曰前此主人入室位於戶內西面爲舉鼎降今事畢乃升堂入室而復其戶內之位俎入謂自阼階入室而設於尸位之前特于俎北謂在豕俎魚俎之北賈疏云

知載人設俎者以其經卒載下鄭云入設不見別人明是載者設之可知云腊特餜要方也者張氏爾岐云俎入設于豆東豕俎當菹豆之東也魚次魚又次豕東也腊特俎北則與醢相直而正方今案鄭云明會味人之性所以正者是解餜要方之義也鄉黨割不正不食義亦由此

主婦設兩敦黍稷于俎南西上及兩鉶鉶芼設于豆南南陳宗婦不贊敦鉶者以其少可親之芼菜也【疏】正義曰校勘記云唐石經重鉶字張氏曰監本云及兩鉶鉶芼多一鉶字從諸本經義述聞云作兩鉶鉶芼者是也上鉶是盛羹之器下鉶即羹也鉶所以盛羹故因謂羹芼爲鉶芼尸祭鉶嘗之注云鉶肉味之有菜和者引曲禮客絮羹主人辭不能亨然則兩鉶鉶芼猶言兩鉶羹芼必重一鉶字而義始明若云兩鉶芼則是兩鉶中有芼而無羹於文爲不備矣召南采蘩正義引此亦作兩鉶鉶芼是唐人所見本皆重一鉶字當從唐石經謹案述聞之說是也菜羹盛於鉶因即謂羹爲鉶詳聘禮六鉶繼之下黍稷設于俎南云西上者黍在西稷在東也云及者謂兩敦兩鉶皆主婦設之也吳氏廷華云此鉶當菹豆之南南鉶又以次而南席前豆鉶各二四以爲列左豆而右鉶也　注云宗婦不贊

敦鉶者以其少可親之者案少牢主婦設金敦宗婦贊三敦是其贊敦之事特牲不使宗婦贊者以少牢四敦特牲兩敦少故主婦可親之也兼言贊鉶者有司徹主婦取一羊鉶坐奠于韭菹西主婦贊者執豕鉶以從主婦不興受設于羊鉶之西是其贊鉶之事云芼菜也者鄭注少牢祝內則同又詩關雎左右芼之毛傳訓芼爲擇義與此別**祝洗酌奠奠于鉶南遂命佐食啟會佐食啟會卻于敦南出立于戶西南面**酌奠奠其爵觶少牢饋食禮啟會乃奠之疏正義曰奠于鉶南下文嗣舉奠即此所奠者儀禮釋官云周禮小祝贊奠賈疏云贊奠者大祝酌酒奠于鉶南小祝贊之大夫以上祝官不止一人士之祝當止一人而已李氏如圭云會敦蓋也卻仰也郝氏敬云立于室戶西南面士虞記所謂負依也　注云酌奠奠其爵觶也者章氏平云注謂上奠是其爵觶今案少牢祝酌奠注云酌奠酌酒爲神奠之此經重一奠字者上奠目其事下奠則言所奠之地也章說似非云少牢饋食禮啟會乃奠之者吳氏疑義云少牢先言酌奠後言啟會與此經同此注以彼爲啟會乃奠何也今案士虞禮啟會在奠觶先注恐誤記**主人再拜稽首祝在**

左稽首服之甚者祝在左當爲主人釋辭於神也祝祝曰孝孫某敢用剛鬣嘉薦普淖用薦某事于皇祖某子尚饗

疏 正義曰盛氏世佐云此下不云祝祝及其辭蓋闕文也 注云稽首服之甚者郊特牲文云祝在左當爲主人釋辭於神也者以下云卒祝故知此在左爲主人釋辭也祝祝曰以下則約少牢之文云用薦某事于皇祖某子不云配則仍篇首之文也

卒祝主人再拜稽首

疏 正義曰卒祝祝謂祝畢也官氏獻瑤云九拜惟稽首最重此經凡五節始宿尸尸許諾而稽首成其尸也繼設祭祝祝兩稽首冀其享也旣尸入祝饗而稽首喜其格也旣酳尸尸親嘏而稽首拜其福也

右陰厭

祝迎尸于門外尸自外來代主人接之就其次而請不拜不敢與尊者爲禮周禮掌次凡祭祀張尸次

疏 正義曰張氏爾岐云自此以下言迎尸入行正祭初尸食九飯次主人酳尸次主婦亞獻尸次賓長三獻尸次獻賓及兄弟次長兄弟爲加爵次衆賓長爲加爵次嗣舉奠次旅酬次佐食獻尸凡十節事尸者八節其獻賓

及兄弟與旅酬皆承尸意而行神惠者也此九飯節內有妥尸祝饗有挼祭有初三飯有再三飯有終三飯有盛肵俎又其六細節○今案門廟門也郊特牲曰尸神象也祝將命也故事尸之事祝主之周禮小祝送逆尸　注云尸自外來代主人接之者以主人不迎尸故使祝代也云就其次而請不拜不敢與尊者爲禮者謂尸來先入次祝就次而請乃出次凡平常賓主禮主人出迎拜賓賓荅拜此但云迎尸于門外而不云拜是尸尊不敢與爲禮也引周禮者證門外有次也次詳士冠禮

主人降立于阼階東主人不迎尸成尸尊尸所祭者之孫也祖之尸則主人乃宗子禰之尸則主人乃父道事神之禮廟中而已出迎則爲厭

疏正義曰主人降立蓋端拱以俟也方氏苞云主人雖不迎而亦不敢安於堂上也注云主人不迎尸成尸尊者案祭統曰君迎牲而不迎尸別嫌也尸在廟門外則疑於臣在廟中則全於君君在廟門外則疑於君入廟門則全於臣全於子鄭注不迎尸者欲全其尊也尸神象也鬼神之尊在廟中人君之尊出廟門則伸是不迎尸成尸尊之義也彼祭統是人君之禮此士禮尸亦卑於主人故鄭復云尸所祭者之孫也祖之尸則主人乃宗子禰之尸則主人乃父道也尸必以孫爲之

宗子兼大宗小宗義俱見前云事神之禮廟中而已出迎則爲厭者以尸卑於主人入廟中乃得伸其尊在廟門外不得伸其尊故出迎則爲厭也秦氏蕙田云厭是君厭臣尊厭卑之義敖氏欲改爲屈其義反狹

尸入門左北面盥宗人授巾侍盥者執其器就之執簞者不授巾賤也宗人授巾庭長尊少牢饋食禮曰祝先入門右尸入門左

疏 正義曰注云侍盥者執其器就之者李氏如圭云尸盥在門右侍盥盥者執以之門左就尸云執簞者不授巾賤也宗人授巾庭長尊者上經簞巾在門內之右巾在簞巾執簞卽執巾者也下記云沃尸盥者一人奉盤者東面執匜者西面淳沃執巾者在匜北宗人東面取巾振之三南面授尸卒執巾者受是執巾者不授巾宗人代之授宗人爲庭長尊也凡庭中之事皆宗人指畫之故謂爲庭長引少牢者此經不言祝先入門右省文故引少牢證之明此與彼同也

尸至于階祝延尸尸升入祝先主人從延進在後詔侑曰延禮器所謂詔侑武方者也少牢饋食禮曰尸升自西階入祝從主人升自阼階祝先入主人從

疏 正義曰入入室也祝先于主人而後于尸是其入之序也周禮大祝相尸禮彼注云延其出入詔其坐作卽據

此經言也　注云延進者爾雅釋詁文云在後詔侑曰延者樂記云宗祝辨乎宗廟之禮故後尸覲禮注云在後詔禮曰延此在後詔之使升士虞禮云尸及階祝延尸注云延進也告之以升與此同也士虞記又云尸謖祝前鄉尸注前道也是尸升入祝在後尸謖祝在前一前一後無常故鄭以禮器所謂詔侑武方者此也彼注云武當爲無聲之誤也方猶常也告尸行節勸尸飲食若孝子就養無方引少牢者證尸祝主人入室次序竝升階之法與彼同也

尸即席坐主人拜妥尸妥安坐也【疏】正義曰禮器曰周坐尸又曰夏立尸而卒祭殷坐尸鄭注夏禮尸有事乃坐殷無事猶坐周因於殷郊特牲曰古者尸無事則立有事而后坐也鄭注古謂夏時也是尸人而坐周因於殷之禮也　注云妥安坐也者爾雅釋詁文詩楚茨以妥以侑毛傳亦云妥安坐也郊特牲曰詔妥尸彼注云妥安坐也尸即至尊之坐或時不自安則以拜安之是也士虞禮主人及祝拜妥尸少牢祝主人皆拜妥尸禮經釋例云特牲不云祝拜妥尸文不具也

尸荅拜執奠祝饗主人拜如初饗勸彊之也其辭取於士虞記則宜云孝孫某圭爲孝薦之饗舊說云明薦之【疏】正義曰執奠尸取祝所奠鉶南觶執

之也敖氏云饗饗神也凡饗祝之辭雖或言於尸之前實主爲神也如初再拜稽首也今案少牢無祝饗之禮此有之者士賤不嫌與君同 注云饗勸彊之也勸彊之者謂祈其饗也云其辭取於士虞記則宜云孝孫某圭爲而孝薦之饗者案士虞饗辭曰哀子某圭爲而哀薦之饗彼注云饗辭勸强尸之辭也圭絜也凡吉祭饗尸曰孝子禩記曰祭稱孝子孝孫喪稱哀子哀孫此特牲係吉祭故鄭謂宜云孝也云舊說云明薦之者賈疏謂引證圭爲潔明之義江氏筠云所謂舊說乃大戴禮云孝嗣侯某潔爲而明薦之享是也鄭以喪祭稱哀吉祭宜稱孝故改明爲孝又欲見明孝或得兩稱故存舊說蓋爲孝字記異非爲圭字作證也若欲證圭爲潔則舊說明有潔爲之文鄭何不引之乎今案江說是也

○以上妥尸祝饗

祝命挼祭尸左執觶右取菹擩于醢祭于豆間命詔尸也挼祭祭神食也士虞禮古文曰祝命佐食墮祭周禮曰旣祭則藏其墮墮與挼讀同耳今文改挼皆爲綏古文此皆爲挼祭也挼醢者染於醢

【疏】正義曰禮經釋例云凡尸未食前之祭謂之墮祭又謂之挼祭特牲主人拜妥尸後祝命挼祭尸左執觶右取菹擩醢祭于豆間此祭豆也又云佐食取黍稷肺祭授尸

尸祭之祭酒啐酒告旨此祭黍稷抈肺祭酒也又云祭鉶
嘗之告旨此祭鉶也爾敦及設大羹湆後舉肺脊以授尸
尸受振祭嚌之此祭離肺正脊也祭黍稷肺爲授祭其餘
皆統於挼祭也祭肺脊在尸未食之前統於挼祭與祭幹
祭骼祭肩不同故尸亦奠肺脊于菹豆不于肵俎也少牢
祝主人拜妥尸後尸取韭菹辯擩于三豆祭于豆間此祭
豆也又云上佐食取黍稷于四敦下佐食取牢一切肺于
俎以授上佐食上佐食兼與黍以授尸尸受同祭于豆祭
此祭黍稷切肺也又云上佐食舉尸牢肺正脊以授尸此
祭離肺正脊也爾敦及羞肵俎後上佐食羞兩鉶尸扱以
柶祭羊鉶遂以祭豕鉶嘗羊鉶此祭鉶也唯祭鉶在祭肺
脊之後及不祭酒與特牲小異餘皆同也士虞主人及祝
拜妥尸後尸取奠左執之取菹擩于醢祭于豆間此祭豆
也又云祝命佐食墮祭佐食取黍稷肺祭授尸尸祭之此
祭黍稷切肺也又云祭奠祝祝主人拜如初尸嘗醴奠之
此祭奠也奠醴也猶吉祭之祭酒也又云佐食舉肺脊授
尸尸受振祭嚌之此祭離肺正脊也爾敦後尸祭鉶嘗鉶
此祭鉶也士虞特牲皆士禮特牲命授祭在祭豆之前士
虞命墮祭在祭豆之後特牲祭肺脊在爾敦之後士虞祭
肺脊在爾敦之前特牲祭鉶在祭肺脊之前士虞祭鉶在

祭肺脊之後此則虞祭異於吉祭者也特牲士虞大羹湆皆不祭祭者大羹不爲神也又主人受尸嘏尸酢主婦亦按祭詳後方氏苞云豆間兩豆間之隙地也自冠昏至大射皆不言祭所委之地脯醢則于豆旁肺則于俎旁不待言也惟公食曰上豆之間以有六豆也士虞特牲皆兩豆故曰豆間少牢四豆亦曰豆間以取韭菹辨擩于三豆祭于豆間則于上豆之間不待言矣○注士虞禮士字毛本誤古隋祭嚴本及各本皆作墮唯集釋作隋下同張氏識誤云案釋文釋按祭云音墮後隋祭按祭皆放此後少牢饋食禮經曰隋祭爾敦案釋文亦作隋許規反下同注又曰按讀爲墮墮案釋文音綏字注云隋亦放此有司注曰按讀爲藏其墮之墮案釋文音綏字注云并注按及隋皆許恚反後放此然則三篇之墮皆隋字也與周禮守祧之文合至於士虞禮之墮祭與舉周禮之文釋文於彼自作墮並從釋文校勘記云案墮祭當概作隋祭釋文字例襍糅張氏曲從之非是今案校勘記之說是也詳士虞禮祝命佐食隋祭下校勘記又云自今文至祭也十五字今本脫徐本集釋楊賈士虞疏引亦有但按祭誤作擩祭校勘記謂賈疏引作擩故有五字不同之說非也賈彼疏自據有司徹注古文爲擩言之耳

云命詔尸也者褚氏寅亮云據

士虞禮則祝命佐食也此注云詔尸似與彼異然祝詔尸挼祭佐食卽取黍稷肺挼尸矣實一也今案或以尸尊不宜言命爲疑案爾雅釋詁云命告也詔亦訓告言詔兼有詔相義鄭於彼經命字無注於此言之欲見命佐食亦兼詔尸是補經所未及非與經有異褚說是矣褚氏又云下經佐食授挼祭則授與挼兩字兩義敖乃混爲一而云授誤爲挼謬褚說亦是也云挼祭祭神食也者鄉者設饌厭飫神今尸將食神餘故祭之鄭注少牢云將食神餘尊之而祭之是也云士虞禮古文曰祝命佐食隋祭周禮曰旣祭則藏其隋隋與挼讀同耳今文改挼皆爲綏古文此皆爲挼祭也者段氏玉裁云古音隋聲妥聲同說文挼从妥聲是隋與挼讀同也鄭意以隋祭當從士虞古文及周禮作隋但隋與挼讀亦同故仍用古文不破挼爲隋耳又鄭不直云士虞禮曰隋祭而云士虞禮古文者蓋此字各篇古文多不同士虞古文作隋此篇古文作挼故云古文此皆爲挼祭也皆者皆下文佐食挼挼祭言之也少牢古文又作肵有司徹古文又作擩是此字各篇古文多不同也此注云今文改挼爲綏而後注有云今文或皆改妥作挼少牢注亦云綏或作挼是各篇今文亦多不同故校勘記謂此字古今文參差不一也云擩醢者染於醢者詳士虞

禮
佐食取黍稷肺祭授尸尸祭之祭酒啐酒告旨主人拜
尸奠觶荅拜肺祭刌肺也旨美也祭酒穀味之芬芳者齊敬共之惟恐不美告之美達其心明神享之
疏正義曰此佐食授祭當亦祝命之詳上郊特牲云祭黍稷加肺報陰也孔疏云謂尸綏祭之時祭黍稷加之以肺肺陰類親形魄歸地以陰物祭之故云報陰主人拜者拜其享也　注云肺祭刌肺也者下記云刌肺三李氏如圭云尸俎具有離肺刌肺此所祭者刌肺郊特牲曰祭肺肝心貴氣主也明堂位曰夏后氏祭心殷祭肝周祭肺今案刌肺亦謂之切肺詳下記云旨美也者說文毛傳同云祭酒穀味之芬芳者月令曰秫稻必齊水泉必香左傳曰馨香無讒慝是也
祭鉶嘗之告旨主人拜尸荅拜鉶肉味之有菜和者曲禮客絮羹主人辭不能亨
疏正義曰祭鉶鉶是羹經直云鉶者賈疏云以其盛之鉶器因號羹爲鉶是也云鉶肉味之有菜和者對大羹湆無菜和言也菜卽下記所云鉶芼用苦若薇皆有滑是也引曲禮者證調和之義彼注云絮猶調也○以上尸挼祭
祝命爾敦佐食爾黍稷于席上爾近也近之便尸之食也疏

正義曰：盛氏世佐云此爾敦並及稷者吉祭之禮務詳也

先大父樸齋先生三禮札記云賈疏於特牲佐食摶黍稷

祝節疏云案上文云爾黍于席上不云爾稷者以稷雖五

穀之長不如黍之美於皆取舉祭食祭舉乃食祭鉶食舉

節疏云前正祭之時佐食爾黍于席上是無稷字也於少

牢上佐食爾上敦黍于筵上疏又云案特牲黍稷此及虞

皆不云稷者文不具其實亦爾之也據此似當時有二本

一本爾黍下無稷字一本有稷字與今本同賈疏並引之

而不顧其說之矛盾何哉經義述聞云稷衍字也因上文

佐食取黍稷而衍特牲設黍稷兩敦必爾黍者黍在西爲

上敦爾其居上者耳黍必居上者黍爲食之主也少牢特

牲之敦皆以西爲上少牢爾上敦黍則特牲所爾之黍亦

上敦也上敦有黍而無稷不得兼言爾稷明矣且士虞云

祝命佐食爾敦佐食舉黍錯于席上亦但爾黍而不爾稷

稷非上敦也又士昏云贊設黍于醬東稷在其東又云贊

爾黍亦是爾在西之黍不應特牲又爾稷也當如下疏所

引作爾黍于席上無稷字爲是又下文反黍稷于其所亦

不當有稷字佐食所爾者惟盛黍之敦則所反者亦惟盛

黍之敦士虞云反黍如初設但言反黍而不言反稷是其

例也蓋經文爾黍下已衍稷字後人不知其誤又據以增

稷字於反黍下耳以士昏士虞少牢三篇合考之則此篇之衍字顯然喪大記正義引此亦作爾黍于席無稷字謹案述聞之說是也若如盛氏所云吉祭之禮務詳則少牢亦吉祭何不竝云爾稷邪

設大羹湇于醢北

大羹湇煑肉汁也不和貴其質設之所以敬尸也不祭不嚌大羹不爲神非盛者也士虞禮曰大羹湇自門入今文湇皆爲汁（疏）正義曰賈疏云醢北爲薦左案公食昏禮大羹湇皆在薦右此在左者神禮變於生人士虞禮大羹湇設于鉶南在右與生人同不忍異於生故也褚氏寅亮云設之遙繼醢不逼近豫留羞四豆之地　注云大羹湇煑肉汁也不和貴其質者桓二年左氏傳云大羹不和謂不和以鹽菜也云設之所以敬尸也者士虞記曰無尸則無大羹湇是設之爲敬尸也云不祭不嚌大羹不爲神非盛者也者以前隋祭是重神餘而祭之此大羹湇不爲神設故不祭亦不嚌也嚌嘗也云士虞禮曰大羹湇自門入者以俎豆敦鉶皆先設之惟大羹湇必俟尸入卽席後乃自門入設故引士虞爲證也云今文湇皆爲汁詳士昏禮

舉肺脊以授尸尸受振祭嚌之左執之

肺氣之主也脊正體之貴者先食啗之所以導食通氣（疏）正義曰舉肺脊以授尸亦

佐食舉以授之也李氏如圭云肺離肺也周禮九祭五曰振祭六曰擩祭擩祭者擩於醢以祭不食也振祭者將食旣擩必振乃祭也黍稷牢肉魚皆擩於醢 注云先食啗之所以導食通氣者是預解下文說文啗食也褚氏寅亮云嚌後以左手兼執肺脊以右手先取肺食次取脊食注所謂先食啗之也略食後仍左手兼執至將食庶羞乃實于菹豆焉

乃食食舉 舉言食者明凡解體皆連肉 疏 正義曰李氏如圭云食舉卽肺脊也食必先舉之故曰舉以其可食故又曰食舉凡體皆連肉以骨爲主耳今案賈疏以其乃食謂食肺食舉謂正脊後儒糾其誤者甚多但或以乃食爲飯或以乃食爲食舉俱非惟褚氏以乃食爲目下事之詞食舉爲兼食肺脊得之褚又云設肵俎乃三飯此三飯前之節次是也○白虎通曰祭所以有尸者何鬼神聽之無聲視之無形升自阼階仰視榱桷俯視几筵其器存其人亾虛無寂寞思慕哀傷無所寫泄故座尸而食之毀損其饌欣然若親之飽尸醉若神之醉矣卽此經尸食之義也

主人羞肵俎于腊北 肵俎主於尸主人親羞敬也神俎不親設者貴得賓客以神事其先 疏 正義曰腊北腊俎之北也吉祭有肵俎虞祭以篚代之但此設於舉肺脊之後士虞禮尸未隋

祭從者卽鍇簠于席上與吉祭異也詳士虞禮敖氏云不言降與升文省少牢禮曰主人羞肵俎升自阼階○禮經釋例云祭禮所以用肵俎者不獨尸所倉之魚肉不可反于俎故加于肵俎葢亦因神俎須釋三分留爲養及陽厭之用故其餘別用肵俎盛之以歸于尸非如賓客之禮盡卷其俎而歸之不釋故不別用俎也今案據此是肵俎主于尸也肵俎親羞而神俎不親設者一則主于敬尸一則貴得尊賓嘉客以祀其先故使賓客設之義各有當也

尸三飯告飽祝侑主人拜三飯告飽禮一成也侑勸也或曰又勸之使又倉少牢饋倉禮侑辭曰皇尸未實侑也

疏 正義曰主人拜亦以侑也禮經釋例云士祭尸三飯卽侑大夫祭尸七飯始侑士祭祝主人共侑大夫祭祝主人更侑皆隆殺之義也注云三飯告飽禮一成也者禮成于三故尸三飯則告飽也云侑勸也或曰又勸之使又倉者詩楚茨以妥以侑毛傳侑勸也卽此經言侑之義也引或曰者鄭以或解侑爲又謂勸之使又倉義亦可通引少牢禮者以此經不言侑辭故引以證之彼注云實猶飽也○尸三飯

佐倉舉幹尸受振祭嚌之佐倉受加于肵俎舉獸幹魚一亦如之

幹長脅也獸腊其體數與牲同疏正義曰魚一者每舉一魚也亦如之謂獸魚亦祭嚌佐食受加于肵俎也敖氏云凡于尸每食必舉牲體若骨者明主人以此供尸食也官氏獻瑤云尸此時左手仍執肺脊其受之佐食而振祭嚌之者皆右手也嚌畢仍授佐食加于肵俎者既嚌則不可以反于神俎且將爲祭畢佐食徹尸俎有司歸尸地也禮經釋例云凡尸所食皆加于肵俎若虞祭則以篚代之特牲禮尸食舉主人羞肵俎于腊北尸三飯後佐食舉幹尸受振祭嚌之佐食受加于肵俎舉獸幹魚一亦如之又三飯後舉骼及獸魚如初終三飯後舉肩及獸魚如初卒食佐食盛肵俎俎釋三个注俎釋三个爲改饌于西北隅遺之盛畢舉肺脊加于肵俎主婦亞獻兄弟長以燔從尸受振祭嚌之反之羞燔者受加于肵賓三獻燔從如初此燔亦加于肵前主人初獻賓長以肝從尸加于葅豆不加于肵者將以嘏主人故也祝告利成尸謖後佐食徹尸俎俎出于廟門此所謂尸俎卽所盛肵俎也肵俎出于廟門庶羞則徹于西序下室中神俎唯釋三个在耳餕者餕此俎改饌陽厭者亦此俎其餘皆盛于肵俎以歸尸也少牢禮尸入主人羞肵俎升自阼階置于膚北尸三飯後上佐食舉尸牢幹尸受振祭嚌之佐食受加于肵尸又食上佐

食舉尸一魚尸受振祭嚌之佐食受加于肵橫之又食上佐食舉尸腊肩尸受振祭嚌之上佐食受加于肵又食上佐食舉尸牢骼如初尸八飯後上佐食舉尸牢肩尸受振祭嚌之佐食受加于肵尸十一飯後上佐食受尸牢肺正脊加于肵祭畢祝主人入于室復位祝命佐食徹肵俎降設于堂下阼階南注徹肵俎不出門將儐尸也有司徹不儐尸之禮尸八飯後乃盛俎臑臂肫脡脊橫脊短脅代脅皆牢魚七腊辯無髀注盛者盛于肵俎也卒盛乃舉牢肩尸受振祭嚌之佐食受加于肵尸十一飯後佐食受牢舉如儐張氏爾岐云盛于肵俎將以歸尸特牲尸食訖乃盛賓尸則不盛全以歸尸故也賓尸不陽厭故不釋三个是尸所食皆加于肵俎而特牲及不儐尸之禮除神俎所釋其餘亦盛于肵俎也士虞禮尸坐從者錯篚于尸左席上尸飯播餘于篚三飯佐食舉幹尸受振祭嚌之實于篚又三飯舉胳祭如初佐食舉魚腊實于篚又三飯舉肩祭如初舉魚腊俎俎釋三个尸卒食佐食受肺脊實于篚注篚猶吉祭之有肵俎是虞祭以篚代肵俎也又云少牢賓尸雖不陽厭而亦餕故尸所食亦加于肵俎俟餕畢然後斂肵俎及尸俎而厭之于堂也至于不賓尸之禮則亦俎釋三个以爲饗及陽厭之用與特牲禮同也餘詳士虞禮

注云幹長脅也者見下記李氏如圭云正脅曰幹此禮無正脅則幹者通謂長脅公羊傳曰擠幹而殺之今案長脅即正脅也云獸腊其體數與牲同者謂經所云獸卽腊也下記云腊如牲骨

尸實舉于菹豆

爲將食庶羞舉謂肺脊

〔疏〕正義曰蔡氏德晉云實舉于菹豆者前所舉肺脊尸食之不盡者則以實之于菹豆也褚氏寅亮云尸實舉于菹豆士虞禮亦然彼注云尸食之時亦奠肺脊于豆禮經釋例云凡尸所食之肺脊必先奠于菹豆尸卒食佐食始受之加于肵俎案牲體尸祭嚌畢卽加于肵俎唯肺脊不然特牲禮佐食舉肺脊以授尸尸受振祭嚌之左執之乃食食舉至三飯後佐食舉幹時尸實舉于菹豆注爲將食庶羞舉謂肺脊尸卒食佐食盛肵俎畢舉肺脊加于肵俎注尸授佐食佐食受而加之肺脊初在菹豆是肺脊先奠于菹豆尸卒食始加于肵俎也菹豆者特牲兩豆蓋葵菹之豆也少牢禮尸十一飯後上佐食受尸牢肺正脊加于肵注言受者尸授之也尸受牢幹而實舉于菹豆食畢操以授佐食焉有司徹不儐尸之禮尸十一飯後佐食受牢舉如儐注舉肺脊敖氏云儐者指賓尸之禮也是少牢儐尸及不儐尸其肺脊先奠于菹豆後加于肵俎之例皆與特牲同也士虞禮佐食舉肺脊授尸

尸受振祭嚌之左手執之注尸食之時亦奠肺脊于豆尸卒食佐食受肺脊實于篚經云受薦亦尸自菹豆操以授之是士虞肺脊亦先奠于菹豆後實于篚也少牢士虞經不云尸實舉于菹豆者文不具也又云尸舉肺脊必先奠于菹豆者薦肺脊之祭在尸飯之前肵俎未設猶統於墮祭故別奠于菹豆示與舉幹以下異也敖氏以為少牢肺脊尸未嘗奠之說與注違不可從

佐食羞庶羞四豆設于左南上有醢

庶衆也衆羞以豕肉所以為異味四豆者膮炙胾醢南上者以膮炙為上以有醢不得綪也

疏 正義曰尸東面以北為左經但云設于左注亦未言所設之地楊氏復云豆籩鉶敦厭祭時已設之矣及迎尸饋食主人始羞肵俎于腊北佐食始羞庶羞四豆設于兩豆之左是以為在醢北矣上文設大羹湆于醢北褚氏謂不逼近醢豫留羞四豆之地是也或因經注無明文楊圖近刻又有舛錯遂以為湆北案大羹湆不過陳之而已尸不祭不嚌則固宜庶羞近而湆遠也是庶羞四豆設于兩豆之左亦從其類少牢羞胾醢亦設于薦豆之北當以在湆南醢北為是 注云庶衆也衆羞以豕肉所以為異味者謂庶羞以廣異味而皆以豕肉為之所謂庶羞不踰牲也云四豆者膮炙胾醢者

謂膮爲豕膮炙爲豕炙胾爲豕胾也敖氏謂少牢羞兩胾兩醢此當放之褚氏寅亮云依少牢庶羞四豆兩胾兩醢則士亦當然而注以爲膮炙胾醢者蓋庶者多品之名大夫兩胾兼用羊豕則不得云寡故彼注云尚牲不尚味士惟得用豕苟兩豆皆豕胾則非庶羞之義故郎取豕肉爲膮爲炙爲胾以示多品而實未嘗踰牲也旣有三物一醢足矣經云有醢見醢止一豆也注極精細未可破今案褚說是也云南上者以膮炙爲上以有醢不得緈也者據經云南上則膮炙胾醢以次北陳四豆一列自不得緈也注以爲有醢不得緈未詳賈說亦未明析

尸又三飯告飽祝侑之如初禮再成也疏正義曰如初謂主人拜○尸又三飯**舉骼及獸魚如初尸又三飯告飽祝侑之如初**禮三成獸魚如初者獸骼魚一也疏正義曰注云獸魚如初獸骼魚一也者以牲舉骼則獸亦舉骼可知經但言獸魚不言獸骼魚一故注明之下亦獸肩魚一注不言者可知也**舉肩及獸魚如初**不復飯者三三者士之禮大成也舉先正脊後肩自上而卻下緈而前終始之次也疏正義曰此及上云舉亦佐食舉以授尸也○徐氏鈴民云凡所祭之物觶在鉶

南鉶在菹南菹在醢南皆近尸尸能自取不待佐食取授也肺俎在菹醢東去尸遠黍稷在鉶東去尸遠故敦則邇之而凡肺脊幹骼肩在俎者一一授之也 注云不復飯者三三三者士之禮大成也者以每三飯告飽爲一成此三次告飽三三三而九飯故云士之禮大成也禮經釋例云凡士祭尸九飯大夫祭尸十一飯詳少牢禮尸始三飯下云舉先正脊後肩自上而卻下綧而前終始之次也者李氏如圭云案少牢禮載牲體之次肩臂臑膊骼在俎兩端脊脅肺在上其序肩脊脅骼先舉正脊自上也次舉脅卻也後舉骼下綧也終舉肩前也尸舉牲骵加綧也今案尸飯始舉脊次舉脅次舉骼終舉肩是其終始之次也士與大夫同詳少牢禮○尸又三飯不復飯

佐食盛肵俎俎釋三个 佐食取牲魚腊之餘盛於肵俎將以歸尸俎釋三个爲改饌於西北隅遺之所釋者牲腊則正脊一骨長脅一骨及臑也魚則三頭而已个猶枚也今俗言物數有云若干個者此讀然 疏 正義曰注云佐食取牲魚腊之餘盛於肵俎將以歸尸者謂於神俎中取尸所食之餘盛于肵俎以歸之下祭畢徹尸俎俎出于廟門卽歸尸之事也云俎釋三个爲改饌於西北隅遺之者遺亦訓畱詳士虞禮謂每俎舍三个不取畱以改饌西

北隅爲陽厭非如賓客之禮盡卷其俎而歸之也公食禮曰有司卷三牲之俎歸于賓館不釋也云所釋者牲腊則正脊一骨長脅一骨及臑也魚則三頭而已者李氏如圭云案下記尸俎右肩臂臑肫胳正脊二骨橫脊長脅二骨短脅今已舉肩骼正脊一骨長脅一骨前脛宂盛臂後一脛宂盛肫脊脅宂盛橫脊短脅知所釋者正脊一骨長脅一骨及臑今案李說略本賈疏而較明顯又楊氏復云前已舉四體今宂盛臂肫橫脊短脅故知所釋者唯此耳說與李同云个猶枚也今俗言物數有云若干個者此讀然者案個當作箇個俗字說文箇竹枚也从竹固聲箇或作个段氏注云一枚謂之一箇方言箇枚也是也个與箇同但經傳多作个鄭據當時言物數有若干箇之語故舉以曉人謂此个讀同箇也史記曰竹竿萬个大射及士虞注云个猶枚也今俗或名枚曰個音相近義與此同

舉肺脊加于肵俎反黍稷于其所 尸授佐食佐食受而加之反之也肺脊初在菹豆 疏

正義曰其所俎南也前自俎南爾于席上今尸食訖仍反於俎南也經義述聞云稷衍字徐氏鈴民云凡所祭之物觶在鉶南鉶在菹南菹在醢南皆近尸尸能自取不待佐食取授也肺俎在菹醢東去尸遠黍稷在鉶東去尸遠故

敦則邇之而凡脊幹骼肩在俎者一一授之也官氏獻瑤云舉肺脊授尸與舉肺脊加肵相爲終始邇敦與反敦亦相爲終始祭以特牲饋食爲名所重在此也自是而獻禮乃行　注云尸授佐食佐食受而加之反之也者謂肺脊佐食受而加之黍稷佐食反之也云肺脊初在菹豆詳前尸實舉于菹豆下鄭言此者明肺脊自菹豆加于肵俎也鄭必知尸取以授佐食者約少牢云上佐食受尸牢肺正脊加于肵是也○佐食盛肵俎

右尸入九飯

主人洗角升酌酳尸酳猶衍也是獻尸也謂之酳者尸既卒食又欲頤衍養樂之不用爵者下大夫也因父子之道質而用角角加人事略者今文酳皆爲酌【疏】正義曰自此至升入復位言主人初獻之事○張氏爾岐云此初獻節內有主人獻尸有尸酢主人且親嘏有主人獻祝主人獻佐食凡四細節禮經釋例云凡卒食酳尸皆主人初獻主婦亞獻賓長三獻案特牲禮尸九飯後主人洗角升酌酳尸賓長以肝從此主人初獻也獻畢尸酢主人主人獻祝及佐食又云主婦洗酌于房酌亞獻尸宗婦執兩籩兄弟長以燔從此主婦亞獻也獻畢尸

酢主婦主婦獻祝及佐食又云賓三獻如初燔從如初爵止此賓長三獻也此爵未舉至主婦致爵于主人及主人致爵于主婦後尸始卒爵酢賓長賓長始獻祝及佐食也少牢禮尸十一飯後主人降洗爵升北面酌酒乃酳尸賓長羞牢肝此主人初獻也獻畢尸酢主人主人獻祝及兩佐食又云主婦洗于房中出酌入戶西面拜獻尸此主婦亞獻也獻畢尸酢主婦主婦獻祝及兩佐食又云賓長洗爵獻于尸此賓長三獻也獻畢尸酢賓長賓長獻祝不及兩佐食者儐尸禮異也有司徹不儐尸之禮尸十一飯後亦主人初獻主婦亞獻賓長三獻其賓長三獻爵止惟無主人致爵于主婦之儀與特牲異餘皆大約同也是卒食酳尸士大夫祭禮皆主人初獻主婦亞獻賓長三獻也士虞禮尸九飯後主人洗廢爵酌酒酳尸賓長以肝從此主人初獻也獻畢尸醋主人主人獻祝及佐食又云主婦洗足爵于房中酌亞獻尸自反兩籩棗栗賓以燔從酌獻祝籩燔從獻佐食皆如初此主婦亞獻也又云賓長洗繶爵三獻燔從如初儀此賓長三獻也是虞祭尸卒食三獻之禮與吉祭同也至於有司徹祭畢儐尸于堂及士虞記卒哭祭畢餞尸亦皆備三獻之禮也敖氏云不言降以升見之也　注云酳猶衍也是獻尸也謂之酳者尸旣卒食又

欲頤衍養樂之者案曲禮注云以酒曰酳士昏禮注云酳漱也酳之言演也安也漱所以潔口且演安其所食士虞禮注云酳安食也少牢禮注云酳猶羨也旣食之而又飲之所以樂之案演有潤之義羨有饒溢之義衍與演與羨義一也頤亦養也下主婦亞獻賓長三獻故知此亦獻尸也而謂之酳者以尸方卒食而飲之有衍引頤樂之義故謂之酳也云不用爵者下大夫也因父子之道質而用角角加人事略者李氏如圭云凡觴一升曰爵二升曰觚三升曰觶四升曰角五升曰散少牢酳尸用爵此辟大夫不用爵不當用觚而用角者角用功少象質也今案爵觚等升數詳下記云今文酳皆爲酌者錢氏大昕云少牢士虞注竝云古文酳作酌酌當爲酌說文酌少少飲也音與酳同許君從古文以酌爲酳學者多聞酌少聞酌故注文譌爲酌特牲注今文亦當爲古文之譌釋文於酌無音葢陸所見本已譌爲酌矣段氏玉裁云案儀禮禮記皆作酳許書作酌玉篇云酌酳同字是也考士虞禮注少牢禮注皆云古文酳作酌特牲注云今文則古文之誤酌皆酌之誤許於此字用古文禮故從酌禮多用今文禮故作酳胡氏承珙云案漢書賈山傳後漢明帝詔執爵而酳皆作酳是今文酳字學者相承通用故鄭從今文今案說文有酌

字有酌字酌从酉勺聲酌从酉勺聲酌與酳音同義近酌則音義全別錢段以三注酌字俱為酌之譌是也○禮經釋例云注酳猶衍也小雅伐木篇釃酒有衍毛傳衍美貌以詩與禮證之則大祝九祭中之衍祭蓋謂祭酒也

尸拜受主人拜送尸祭酒啐酒賓長以肝從肝肝炙也今文曰啐之古文無長

疏正義曰賈疏云此直言肝從亦當如少牢賓長羞牢肝用俎縮執俎肝亦縮進末鹽在右不言者文不具也禮經釋例云凡主人初獻從俎皆以肝主婦亞獻賓長三獻從俎皆以燔主人主婦獻祝亦如之案特牲主人初獻賓長以肝從主人獻祝亦肝從主婦亞獻兄弟長以燔從主婦獻祝亦燔從賓三獻燔從如初賓獻祝不云燔從者禮殺也士虞禮主人初獻賓長以肝從主人獻祝亦肝從主婦亞獻賓以燔從主婦獻祝亦燔從賓長三獻燔從如初儀不云獻祝者文不具也此士禮也有司徹下大夫不儐尸之禮主人初獻賓羞肝即以肝從也主人獻祝皆如儐謂如少牢羞牢肝也主婦亞獻次賓羞牢燔主婦獻祝次賓羞燔如尸禮賓三獻不云從者辟人君也特牲賓三獻以燔從者士卑不嫌故也此大夫禮也不儐尸之禮大約與士同惟三獻無從為異耳賓獻祝不以燔從如亞

獻者禮殺也少牢禮主人初獻賓長羞牢肝主人獻祝亦牢肝從主婦亞獻賓長三獻皆無從者上大夫祭畢將儐尸故正祭之禮殺也又云案特牲賓三獻主婦致爵于主人肝從燔亦如之主人致爵于主婦俎從獻皆如主人賓酌致于主人主婦燔從皆如初注如亞獻及主人主婦致爵也士祭不儐尸故致爵於三獻時行之從獻肝燔士卑不嫌與人君同故盛其禮也有司徹下大夫不儐尸之禮賓三獻主婦致爵於主人及賓致爵于主人主婦皆無從敖氏曰無從與士禮異者其辟尊者之禮歟有司徹儐尸之禮主人獻尸獻侑受尸酢又主婦受尸酢皆次賓羞羊燔主婦獻尸獻侑致爵于主人皆次賓羞豕燔儐尸有燔無肝者下正祭也賓三獻羞湆魚而已魚無燔與羊豕異故三獻經不云從也大夫正祭羞肝儐尸羞燔互相成也

注云肝肝炙也者詩行葦或燔或炙箋云燔用肉炙用肝故云肝肝炙也餘詳長兄弟以燔從下云今文曰啐之古文無長者胡氏承珙云案少牢禮云尸祭酒啐酒賓長羞牢肝用俎鄭以彼決此故於啐酒從古文於賓長從今文也

尸左執角右取肝擩于鹽振祭嚌之加于菹豆卒角祝受尸角曰送爵皇尸卒爵主

人拜尸答拜曰送爵者節主人拜疏正義曰肝加于菹豆者褚氏寅亮云尸於從獻之肝燔不加于俎者以此俎徹後猶設於西北隅不可以食餘之物加之也祝俎無嫌故可加之　注云曰送爵者節主人拜者吳氏疑義云告主人言所送爵尸已卒爵也卒爵應拜故曰節主人拜○主人獻尸

祝酌授尸尸以酳主人酳報也祝酌不洗尸不親酌尊尸也尸親酳相報之義古文酳作酢疏正義曰注云酳報也者釋詁文云祝酌不洗尸不親酌尸尊也者言尸尊不親洗酌也云尸親酳相報之義者言尸親酳以報主人之獻也云古文酳作酢者胡氏承珙云案說文酳客酌主人也从酉昝聲酢醶也从酉乍聲經典每多以酢爲酳惟禮經閒有酳字鄭於此必作酳不作酢從其正字也其有古今文皆作酢者則姑存之不復改耳

主人拜受角

尸拜送主人退佐食授挼祭退者進受爵反位安亦當爲挼尸將嘏主人佐食受之挼祭亦使祭尸食也其授祭亦取黍稷肺祭今文或皆改妥作挼疏正義曰禮經釋例云凡主人受尸嘏挼祭尸酢主婦亦挼祭特牲主人初獻尸酳主人佐食授挼祭主人坐左執角受祭祭之佐食摶黍授祝祝授尸尸執以親嘏

主人少牢尸酳主人上佐食取四敦黍稷下佐食取牢一切肺以授上佐食上佐食以綏祭主人左執爵右受佐食坐祭之二佐食各取黍于一敦上佐食兼受摶之以授尸尸執以命祝祝受以嘏于主人是主人受尸嘏則授祭也特牲主婦亞獻尸酢如主人儀主婦適房南面佐食授祭主婦左執爵右撫祭少牢尸酢主婦上佐食綏祭主婦西面于主人之北受祭祭之其綏祭如主人之禮不嘏是尸酢主婦亦挼祭也挼祭祭即綏祭惟尸與主人主婦有之曾子問曰攝主不綏祭者辟正主也今案敖氏前以挼祭爲授祭諸儒辨其誤者多矣此因授挼連文不得以挼爲授遂謂挼爲衍文何其武斷邪注云退者進受爵反位者以受爵宜進故知經云主人退者謂退而反位也云尸將嘏主人佐食授之挼祭亦使祭尸食也其挼祭亦取黍稷肺祭者上尸挼祭注云祭神食也是祭神所食之餘此主人挼祭是祭尸所食之餘又上文佐食取黍稷肺祭授尸此佐食授挼祭亦是取黍稷肺祭授主人故注俱云亦也官氏獻瑤云祭以牲牢黍稷爲等差故墮祭黍稷肺明其重也宗廟之中尸最尊主人主婦次之其隋祭得如尸禮自祝以下則僅有肺而無黍稷且無祭肺而僅有嚌肺葢特牲黍盛惟主祭者得與所祭者共之者也云妥亦當爲

授又云今文或皆改妥作授者楊氏本反位下有受亦當爲授五字疑妥受相似而誤授字今文類多作綏此則或本有改作授者故注云然胡氏承珙疑妥字爲誤詳士虞禮祝命佐食隋祭下

主人坐左執角受祭祭之祭酒啐酒進聽嘏聽猶待也受福曰嘏嘏長也大也待尸授之以長大之福也

疏正義曰左執角受祭祭之者謂以左手執角右手受佐食所授之挼祭而祭之也　注云聽猶待也者聽有靜義有受義此注訓爲待謂尸將傳神意以嘏主人主人因進于尸前而靜以待之蓋以聽爲靜受之意不以爲聽聞之聽也云受福曰嘏嘏長也大也待尸授之以長大之福也者案嘏長也大也郊特牲文注訓聽爲待遂以待尸嘏言之禮運修其祝嘏注嘏祝爲尸致福於主人之辭也孔疏下云嘏以慈告詩小雅云錫爾純嘏子孫其湛是致福於主人之詞也

佐食搏黍授祝祝授尸尸受以菹豆執以親嘏主人獨用黍者食之主其辭則少牢饋食禮有焉

疏正義曰搏訓團亦訓聚郝氏謂搏黍飯成團是也此尸親嘏少牢則祝傳尸嘏者大夫儀多士質故直親嘏耳賈疏謂尸有尊卑非也士虞禮不嘏者虞祭未純吉也　注云

獨用黍者食之主者謂古人以黍爲食之主故禮運謂禮之初始燔黍玊藻子卯稷食程氏瑤田九穀考云凡經言疏食者稷食也稷形大故得疏稱是稷疏不如黍矣少牢二佐食各取黍于一敦上佐食兼受摶之以授尸則亦獨用黍也云其辭則少牢饋食禮有嘏者辭嘏辭卽少牢云皇尸命工祝承致多福無疆于女孝孫來女孝孫使女受祿于天宜稼于田眉壽萬年勿替引之是也張氏爾岐云少牢命祝致嘏故云皇尸命工祝此尸親嘏當省去此語直用承致多福以下

主人左執角再拜稽首受復位詩懷之實于左袂挂于季指卒角拜尸荅拜詩猶承也謂奉納之懷中季小也實于左袂挂袪以小指者便卒角也少牢饋食禮曰興受黍坐振祭嚌之古文挂作卦

〔疏〕正義曰受亦右手上云進聽嘏此嘏訖故退而復尸內西面之位也吳氏廷華云受時暫奉之懷然後實之袖右手實故在左袖也敖氏云主人拜受黍而尸不荅拜者以其受神惠故也　注云詩猶承也謂奉納之懷中者李氏如圭云內則曰詩負之詩含神霧曰詩持也以手維持則承奉之義惠氏棟云內則注云詩之言承也春秋說題辭云詩之爲言志也詩緯含神霧云詩者持也然則

詩有三訓褚氏云李以內則孔疏維持之義解詩字足補注未備云季小也者季爲幼小之辭故以季爲小云實于左袂挂袪以小指者便卒角也者謂以右手挂左袂於左手小指閒袂袖也袪袖口敖氏云古者袪狹于袂然猶挂之者慮拜時或遺落也章氏平云注便卒角案經下文云卒角拜荅便拜非便卒角也注卒角下當脫拜字引少牢者證此經亦興受坐祭嚌也盛氏世佐云凡拜必奠爵慮傾出也此不言奠角興者文略也或以拜不奠爵受黍不祭爲異於大夫非矣云古文挂作卦者段氏玉裁云說文挂畫也六書故云唐本作縣玉篇亦作懸然古本多作畫者挂有分別畫出之意陸德明云掛別也後人乃云懸掛俗製掛字耳繫辭傳再扐而後掛釋文云京作卦說文扐下引易再扐而後卦與京同胡氏承珙云案禮經挂于季指挂正字古文作卦者借字說文卦筮也廣雅卦挂也音義竝通鄭用其正字故從今文

主人出寫嗇于房祝以籩受

變黍言嗇因事託戒欲其重稼嗇嗇者農力之成功

疏 正義曰主人出謂出室而至于房也籩蓋虛籩以籩受受嗇也寫者嗇自左袂傳之籩也寫有自彼傳此之義曲禮曰器之溉者不寫其餘皆寫是也案此黍耳經不言黍而變言嗇故注明之少

牢注云收斂曰嗇嗇卽穡也毛傳云斂之曰穡說文穀可收曰穡穀至收斂之時是農力之成功也段氏玉裁云古多假嗇爲穡秦氏蕙田云少牢言嗇黍此單言嗇語有詳略耳無異義○尸酳主人且親嘏

筵祝南面

主人自房還時【疏】正義曰謂主人自房還入室時筵之也

主人酌獻祝祝拜受角主人拜送設菹醢俎

行神惠也先獻祝以接神尊之菹醢皆主婦設之佐食設俎【疏】正義曰禮經釋例云凡獻尸畢皆獻祝及佐食特牲主人初獻尸嘏主人畢主婦亞獻尸酳主婦畢賓三獻主人主婦致爵後尸酢賓畢皆獻祝及佐食也士虞禮主人初獻尸酳主人畢主婦亞獻尸畢皆言獻祝及佐食賓長三獻但云燔從如初儀張氏爾岐云當亦獻祝及佐食是士禮吉祭虞祭每獻尸畢必獻祝及佐食也有司徹不儐尸之禮主人初獻畢其獻祝祝與二佐食如儐主婦亞獻賓長三獻畢亦獻祝及二佐食是大夫祭每獻尸畢必獻祝及二佐食也少牢主人初獻尸畢主婦亞獻尸畢皆獻祝及二佐食賓長三獻尸畢獻祝不卒爵又不獻佐食者注云啐酒而不卒爵祭事畢示醉也不獻佐食將儐尸禮殺蓋特牲士祭及少牢下大夫祭皆不儐尸則三獻之禮隆上大夫祭畢別

行儐尸于堂之禮則三獻之禮殺故注云然也敖氏云士虞少牢皆云祝與佐食坐受爵此不言坐如之可知今案下云興取肺明此亦坐受也　注云行神惠也者下賓三獻爵止注云三獻禮成欲神惠之均于室中此主人獻祝是行神惠之始也云先獻祝以接神尊之者對佐食接尸後獻也云菹醢皆主婦設之佐食設俎者李氏如圭云神坐及亞獻致爵之籩豆皆主婦設之少牢禮主人獻祝佐食設俎

祝左執角祭豆興取肺坐祭嚌之興加于俎坐祭酒啐酒以肝從祝左執角右取肝擩于鹽振祭嚌之加于俎卒角拜主人荅拜受角酌獻佐食佐食北面拜受角主人拜送佐食坐祭卒角拜主人荅拜受角降反于篚升入復位

疏　正義曰李氏如圭云下記祝俎離肺則祝絕肺以祭此不見者省文今案從獻之肝燔尸祭嚌後不加于正俎者以正俎神俎也其餘若祝等之俎則可加耳詳前主人酳尸節尸加于菹豆下敖氏以爲辟尊者禮未旳獻佐食不言俎者下賓獻祝及佐食注云凡獻佐食皆無從

其薦俎獻兄弟以齒設之是也盛氏世佐云無從殺于祝也受角降反于篚者郝氏敬云角實于篚在堂下旣獻反之升堂入室復戶內西向之位○主人獻祝及佐食

右主人初獻

主婦洗爵于房酌亞獻尸 亞次也次猶貳主婦貳獻不俠拜者士妻儀簡耳【疏】正義曰自此至以爵入于房言主婦亞獻之事○張氏爾岐云此亞獻節內有獻尸有尸酢有獻祝有獻佐食亦四節方氏苞云此篇無房中設洗置篚之文者互見少牢今案此云洗爵于房下獻祝及佐食畢云以爵入于房則房中有洗與篚明矣敖氏云亞獻更用爵正禮也褚氏云庭篚惟一角主人獻佐食巳實于篚矣故敖氏郎指此經之爵爲爵也或曰內篚亦有角經不具耳如主人用角獻而主婦反用爵則失尊卑之義盛氏云此爵亦角也變角言爵見其不仍初獻之器耳初獻用角爲下於大夫則主婦獨不當辟內子邪敖說蓋誤今案褚所引或說及盛說是也注下經賓三獻則主婦二獻矣經不云貳而云亞故鄭展轉申釋也云不俠拜者士妻儀簡耳者賈疏云此決少牢

主婦亞獻尸時夾拜此士妻下之故云儀簡耳李氏如圭云少牢禮主婦拜獻尸尸拜受主婦拜送**尸拜受**

主婦北面拜送北面拜者辟內子也大夫之妻拜於主人北西面【疏】正義曰注云北面拜者辟內子也大夫之妻拜於主人之北西面者案少牢云主婦洗于房中出酌入戶西面拜獻尸尸拜受主婦主人之北西面拜送爵是大夫之妻西面拜也彼注云不北面者辟人君夫人也是大夫之妻辟君夫人不北面士妻不辟故北面拜亦如特牲有嗣舉奠之禮少牢無之所謂士賤不嫌與君同也此注又以爲辟內子未免迂曲**宗婦**

執兩籩戶外坐主婦受設于敦南兩籩棗栗棗在西【疏】正義曰李氏如圭云士虞禮主婦亞獻尸自反兩籩棗栗設于會南棗在西周禮九嬪凡祭祀贊玉齍贊后薦徹豆籩敖氏云宗婦贊豆籩戶外坐士祭禮然也少牢禮主婦與贊者授受于室中亦異者也士虞禮籩設于會南此宜如之乃不云會者可知也蔡氏德晉云宗婦同宗之婦來助祭者春官職有內宗外宗皆是也**祝贊籩祭尸受祭之**

祭酒啐酒籩祭棗栗之祭其祭之亦於豆祭【疏】正義曰李氏如圭云祝贊者猶前命挼祭也官氏獻

瑤云籩稍遠於豆故須祝贊授 注云其祭之亦於豆祭者上經尸挼祭取菹擩于醢祭于豆閒此棗栗之祭亦于豆閒祭之故注云亦也

兄弟長以燔從尸受振祭嚌之反之燔炙肉也 疏 正義曰士虞禮主婦獻尸賓以燔從此則兄弟長者亦吉祭變於虞祭也反之賈疏謂反燔于長兄弟敖氏謂反燔于俎一也 注云燔炙肉也者詩楚茨曰執爨踖踖爲俎孔碩或燔或炙毛傳燔取膟膋炙炙肉也鄭箋云燔燔肉也炙炙肝炙也皆從獻之俎也即據此經主人獻肝從主婦獻燔從之事以易傳孔疏云夏官量人云凡祭祀制其從獻脯燔之數量是從獻之文也褚氏寅亮云骨體陳于俎旣獻酒又以燔炙從之非尸賓常俎故爲從獻是也但彼注言燔肉此言炙肉不同者燔與炙對文異詩瓠葉傳云加火曰燔炕火曰炙孔疏云炕舉也謂以物貫之而舉于火上以炙之是也散文亦通說文燔肉之燔作繙云宗廟火炙肉字从炙是也鄭注禮運云燔加於火上也炙貫之火上也義亦同毛於此經則辨肉與肝異不以燔與炙對故解肝曰肝炙燔曰炙肉楚茨但言燔炙而不言肝故必辨之曰燔燔肉炙肝炙也行葦箋亦然

羞燔者受加于肵出出者俟後事也 疏 正義曰官

氏獻瑤云尸加肝于葅豆者爲嗣舉奠將以授之也燔則嚌之而不復用矣然不可加于正俎故加于肵今案葅豆近故尸自加之肵俎在腦北稍遠故羞燔者受而加之也羞燔者郎長兄弟也禮經釋例云賓三獻燔從如初此燔亦加于肵前主人初獻賓長以肝從尸加于葅豆不加于肵者將以嘏主人故也　注云俟後事也者賈疏謂俟主婦獻祝之時更當羞燔于祝

尸卒爵祝受爵命送如初　送者送卒爵　疏正義曰郝氏敬云祝命送命主婦拜也郎前云送爵皇尸卒爵命主婦拜如主人也○主婦獻尸

酢如主人儀　尸酢主婦如主人儀者自祝酌至尸拜送如酢主人也不易爵辟內子　疏正義曰注云自祝酌至尸拜送如酢主人也者謂以上與酢主人同佐食授挼祭以下則其儀之異者也云不易爵辟內子者吳氏疑義云少牢不嘏但曰易爵此經第言酢如主人上尸嘏主人不易爵故注以爲不易爵辟內子耳然據少牢易爵注謂男女不相襲爵此祭統文所謂酢必易爵明夫婦之別非謂內子尊故易之也若第以男女不相襲言則此亦男女豈爲辟內子而遂可亂其男女之理且據祭統夫人易爵今內子不辟夫人士妻乃辟內子邪蓋經雖曰如主人儀其中原有不同

處如少牢禮主人嘏主婦不嘏此主人嘏主婦當亦不嘏豈因經言酢如主人而遂可謂之親嘏主婦邪以此證之益見注說之謬矣今案男女不相襲爵禮之通例此亦當如少牢尸酢主婦易爵經未細別耳吳說是也

主婦適房南面佐食授祭主婦左執爵右撫祭祭酒啐酒入卒爵如主人儀撫授祭示親祭佐食不授而祭於地亦儀簡也入室卒爵於尊者前成禮明受惠也

疏正義曰授祭惟尸主人主婦有之詳前主婦不西面祭于室而適房南面又不親祭而但撫祭皆與大夫妻異也如主人儀敖氏云謂卒爵拜尸荅拜也　注云佐食不授而祭於地亦儀簡也者少牢禮主婦受祭祭之此但撫之而已故云亦儀簡賈疏云亦者亦前不夾拜也云入室卒爵於尊者前成禮明受惠也者此尸酢主人亦是傳神惠故於室中飲之也

○尸酢主婦

獻祝籩燔從如初儀及佐食如初卒以爵入于房及佐食如初如其獻佐食則拜主人之北西面也

疏正義曰少牢云主婦洗酌獻祝此亦當更爵洗于房中乃獻也敖氏云初儀卽主人獻祝之禮籩與豆燔與肝雖異其祭之之儀則同祝亦兩籩其設之棗在

菹而栗在棗南及佐食謂獻及之也盛氏云以虛爵入房仍奠于内篚　注云如其獻佐食則拜主人之北西面也者張氏爾岐云如初如主人獻佐食之拜位獻尸獻祝皆北面此獨西面者以佐食北面不宜同面拜送也○主婦獻祝獻佐食

右主婦亞獻

賓三獻如初燔從如初爵止初亞獻也尸止爵者三獻禮成欲神惠之均於室中是以奠而待之　疏　正義曰自此至卒復位言賓長三獻之事○此內有十一爵主婦致爵于主人一也主人酢主婦二也主人致爵于主婦三也主婦酢主人四也尸舉奠爵五也酢賓長六也賓長獻祝七也又獻佐食八也賓又致爵于主人九也又致爵于主婦十也賓受主人酢十一也張氏爾岐云自主婦致爵主人以下皆所謂均神惠于室中者約略分之爲六節○賓三獻如初謂拜受拜送之儀如初也復云燔從如初者上主婦亞獻薦兩籩此無籩但有燔從而已故言燔從如初以別之也　注云初亞獻也者以三獻承亞獻後且初獻係肝從非燔從故以爲如亞獻

也云尸止爵者三獻禮成欲神惠之均於室中是以奠而待之者止爵謂賓所獻之爵尸奠之而不舉蓋欲主人以下皆舉受爵之禮而後神惠均於室中上初獻亞獻時祝佐食皆已得獻主人主婦但得一酢而已未得獻是神惠未均故奠而待之也禮經釋例云凡不儐尸之祭賓三獻爵止則均神惠於室加爵者爵止則均神惠於庭案特牲禮賓三獻爵止注云欲神惠之均於室中考此三獻節內主婦致爵于主人及自酢主人致爵于主婦及自酢尸作止爵及酢賓賓三獻祝佐食致爵于主人主婦及受主人酢共十一爵是三獻爵止神惠均於室也賓三獻畢主人獻賓于西階上自酢及獻衆賓亦于西階上獻長兄弟衆兄弟皆于阼階上獻內兄弟于房中此因室中而兼及堂上房中也其獻衆賓後酬賓在西階前爲旅酬發端則室事終而庭事起矣又長兄弟加爵畢衆賓長爲加爵如初爵止注云尸爵止者欲神惠之均於在庭賈疏云賓及兄弟雖得一獻未得旅酬故停之使庭行旅酬考此爵至旅酬時賓酬衆兄弟旅西階前一觶畢經云爲加爵者作止爵如長兄弟之儀注于旅酬之閒言作止爵明禮殺並作又作止爵畢長兄弟酬賓始旅阼階前一觶是加爵者爵止神惠均於庭也有司徹不儐尸之禮賓長洗爵獻于尸

尸拜受賓戶西北面荅拜爵止此三獻節內主婦致爵于主人及自酢尸作止爵及酢賓賓獻祝獻兩佐食致爵于主人主婦及受主人酢共十爵三獻畢主人獻衆賓兄弟內賓私人皆如儐禮亦三獻爵止均神惠於室而兼及堂上房中也不儐尸之禮賓長獻于尸爵不止者下大夫與士異也又云有司徹儐尸于堂賓三獻尸奠爵于薦左注奠爵爵止也此爵至主人酬尸主人獻長賓于西階上辯獻衆賓自酢于長賓皆在西階上唯酬賓于西階南爲無算爵發端獻兄弟于阼階上獻內賓于房中獻私人于阼階上畢尸乃作三獻之爵卒爵後賓獻侑致爵于主人及受尸酢於是三獻禮成而神惠均於堂上及房中矣儐尸無室中之事故致爵于獻尸侑時行之也賓三獻畢二人舉觶于尸侑爲旅酬始衆賓及兄弟飲于堂上私人飲于堂下已均于神惠於庭矣而賓長加獻于尸後賓一人舉爵于尸更行旅酬者儐尸之禮盛威儀多也少牢禮正祭賓三獻尸卽卒爵酢賓不止爵者祭畢將儐尸故也○賓獻尸尸暫止尸爵

席于戶內爲主人鋪之西面席自房來

疏正義曰敖氏云席亦南上未受爵而設席變於大夫　注云爲主人鋪之者以主婦將致爵於主人也知西面者戶內西面是主人之位也禮經釋例云凡致

爵皆在賓三獻之閒特牲禮主婦致爵于主人及自酢共二爵主人致爵于主婦及自酢共二爵賓致爵于主人主婦及自酢于主人共三爵是為七爵皆行于賓三獻之閒合尸作止爵及酢賓獻祝獻佐食又四爵為十一爵也此士禮也有司徹不儐尸之禮主婦致爵于主人及自酢共二爵賓致爵于主人主婦及自酢于主人共三爵是為五爵皆行于賓三獻之閒合尸作止爵及酢賓獻祝獻上下兩佐食又五爵為十爵方之特牲少主人致爵于主婦及自酢二爵多獻下佐食一爵此下大夫禮也是致爵皆在賓三獻之閒也士虞不致爵者不備禮也有司徹儐尸主婦及賓皆于獻尸侑後致爵于主人故少牢正祭賓三獻不致爵也釋例又云案少牢禮賓長洗爵獻于尸節賈疏云特牲賓長獻爵止待夫婦致爵此大夫禮或有儐尸者故不致爵爵不止也若然有司徹尸作止爵三獻致爵于主人主人不酢又不致爵于主婦下大夫不儐尸賓獻尸止爵主婦致爵于主人酢主婦主人不改爵于主婦特牲主人與主婦交相致爵參差不同者此以尊卑為差等之數故有異也上大夫得儐尸故不致爵辟人君下大夫不儐尸故增酢主婦而已士卑不嫌與君同故致爵具也此疏言致爵之禮異同甚詳然下大夫賓亦致爵于主婦不

止增酢主婦也祭必致爵于主人者所以致敬於主祭者也釋例又云加爵亦致爵詳後長兄弟洗觚爲加爵下

主婦洗爵酌致爵于主人主人拜受爵主婦拜送爵

主婦拜拜於北面也今文曰主婦洗酌爵 疏 正義曰敖氏云酒乃己物不可以獻爲名故謂之致爵高氏愈云未獻賓而主人主婦親相致爵者蓋夫婦和而後家道成主人主婦親相致爵則皇尸其樂之矣 注云主婦拜拜於北面也者以上亞獻尸西面拜故知此北面拜也云今文曰主婦洗酌爵者洗者洗爵也今文二字誤倒故從古文

宗婦贊豆如初主婦受設兩豆兩籩

初贊亞獻也主婦薦兩豆籩東面也 疏 正義曰宗婦贊豆兼贊籩經但云贊豆者籩亦可名豆也旣授兩豆復取兩籩于房授之豆籩皆宗婦婦贊主婦受以設也 注云初贊亞獻也者上亞獻時宗婦婦執兩籩戶外坐此亦如之故云如初也云主婦薦兩豆籩東面也者褚氏云凡設豆籩等必向席設主人席西面向故注云東面設無南面設之理敖說非也

俎入設

佐食設之 疏 正義曰俎入設謂入設於室也云佐食設之者約有司徹下大夫不儐尸者主婦致爵主人時佐食設俎知之也

主人

左執爵祭薦宗人贊祭奠爵興取肺坐絕祭嚌之興加于俎坐挩手祭酒啐酒絕肺祭之者以離肺長也少儀曰牛羊之肺離而不提心豕亦然挩拭也挩手者爲絕肺染污也刌肺不挩手古文挩皆作說

疏

正義曰敖氏云此贊祭薦葅以籩祭授之祭離肺之儀鄉飲酒禮備之矣吳氏廷華云肺言取則不授也今案肺惟主人自取之故取肺云興加于俎亦云興也　注云絕肺祭之者以離肺長也者禮經釋例云離者午割之離而不殊畱中央少許相連祭時以右手絕而祭之其餘在左手者則嚌之也是離肺離而未絕中央相連故長也云少儀曰牛羊之肺離而不提心豕亦然者案鄭注少儀云提猶絕也到離之不絕中央少許者使易絕以祭耳是引以證離肺離而未絕也彼少儀但言牛羊未言豕故注云豕亦然云挩拭也挩手者爲絕肺染污也刌肺不挩手者李氏如圭云刌肺刌切之直取以祭離肺四面離割之不絕其中央少許祭時絕之以祭下記主人以下俎皆離肺無刌肺是刌肺不須絕故不挩手也云古文挩皆作說詳鄉飲酒禮

肝從左執爵取肝擩于鹽坐振祭嚌之宗人受加于俎

燔亦如之興席末坐卒爵拜於席末坐卒爵敬也一酌而備再從而次之亦均 疏

正義曰坐振祭李氏如圭云重出坐字疑敖氏云衍吳氏澄云上文云坐挩手至此向未興興不當復言坐褚氏云少牢賓尸次賓羞燔亦曰坐振祭豈兩處皆衍乎少儀曰有折俎者取祭不坐燔亦如之知凡從獻之肝燔必興而取坐而祭經言坐祭正見其興而取也盛氏云凡振祭皆坐特於此見之耳敖云衍非 注云於席末坐卒爵敬也者上尸祝卒爵亦於席上此於席末故云敬也官氏獻瑤云鄉飲射禮啐酒于席末卒爵于階上此飲於室中故啐酒於席上而卒爵於席末所以別於尸祝云一酌而備再從而次之亦均者上初獻尸肝從亞獻尸燔從今致爵主人肝燔俱有是一酌而備再從也惠氏棟云次之亦均者謂先肝次燔亦與尸均也

主婦荅拜受爵酌醋左執爵拜主人荅拜坐祭立飲卒爵拜主人荅拜 疏

正義曰李氏如圭云主婦醋不更爵殺也敖氏云主婦自酢者主人辟尸不敢酢主婦吳氏廷華云以下皆自酢辟尸也祭統夫婦酢必易爵此文不具今案吳說皆是也祭統但言酢必易爵明夫婦之別不云婦酢不更爵是其禮

不專爲男子言也鄭因此經無更爵之文遂生異解此注及下注似俱未確敖氏又據內則凡女拜尚右手決經左字爲誤郝氏敬云主婦左執爵拜不奠爵婦人立拜也盛氏云左執爵而拜者肅拜也敖以爲誤非○主婦致爵於主人因自酢

主婦出反于房主人降洗酌致爵于主婦席于房中南面主婦拜受爵主人西面答拜宗婦薦豆俎從獻皆如主人主人更爵酌醋卒爵降實爵于篚入復位主人更爵自酢男子不承婦人爵也祭統曰夫婦相授受不相襲處酢必易爵明夫婦之別古文更爲受

疏 正義曰主婦出者謂出室至堂由堂而入房也于房言反者房是婦人常處也凡婦人入廟位在房故此致爵主婦亦席于房中不于室也主人降洗酌者謂降而洗爵升而酌酒也敖氏云不言升酌文省耳主人於主婦亦謂之致爵者夫妻一體也主婦席南面變於大夫不賓尸之禮也豆亦兩豆兩籩俎牲俎也從獻肝燔也又云主人酢亦在房中西面其他儀皆與主婦自醋者略同以有成禮故略而不見之卒爵則坐惟此與主婦異耳位室中位李氏如圭云更爵更房內之

爵也庭篚惟有二爵其一獻尸爵止其一主人致爵于主婦少牢下篇云賓致爵于主婦之俎亦佐食設之今案主人取下篚之爵致于主婦主婦飲訖奠于內篚主人別取內篚之爵自酢飲訖降奠于下篚是爲更易其爵也注云主人更爵自酢男子不承婦人爵也者鄭意以上主婦自酢不更爵此更爵故云然其實主婦自酢亦易爵說詳上引祭統者證酢必易爵之義云古文更爲受詳燕禮○主人致爵於主婦更爵自酢

三獻作止爵賓也謂三獻者以事命之作起也舊說云賓入戶北面曰皇尸請舉爵 疏 正義曰蔡氏德晉云三獻指賓而言也初賓三獻尸爵止及主人主婦致爵畢乃請尸飲所止之爵

尸卒爵酢 疏 正義曰張氏爾岐云其酢當亦祝酌尸拜送盛氏云尸酢賓如其酢主人與主婦禮郝氏云賓自酢非○賓作爵尸酢賓

酌獻祝及佐食 疏 正義曰楊氏復云案上文賓三獻尸止爵不舉故未得獻祝與佐食待主人主婦致爵與酢神惠已均賓乃作止爵尸卒爵酢賓賓遂獻祝及佐食事之序也○賓獻祝及佐食

洗爵酌致于主人主婦燔從皆如初更爵酢于主人卒復位洗乃致爵爲異事新之燔從皆

如初者如亞獻及主人主婦致爵也凡獻佐食皆無從其薦俎獻兄弟以齒設之賓更爵自酢亦不承婦人爵今文曰洗致古文更爲受【疏】正義曰賓致爵主人主婦乃惟酢主人者禮主於尊者猶主人徧獻衆賓而惟酢於賓長也官氏獻瑤云少牢儐尸賓酌致主人而不致主婦不儐尸則賓代主人致爵于主婦此則主人主婦交致爵而賓酌致主人仍酌主婦皆禮之互變也主人不先獻賓而賓先酌主人何也立賓所以事尸尸方欲行室中之惠則賓之致爵亦所以承尸意也夫而後室中之禮成而庭中之禮起矣盛氏云賓自酢訖亦以爵奠于篚乃復位郝氏云復位復堂下東面之位 注云洗乃致爵爲異事新之者此決上獻祝及佐食皆不洗也楊氏復云上文主人主婦獻皆至祝佐食而止今賓獻祝佐食畢又致爵于主人主婦故洗爵酌致爲異事新之也云燔從皆如初者如亞獻主及主人主婦致爵也者案主婦亞獻尸燔從主人主婦致爵肝燔俱有賈疏云雖云如初則無肝從故經釋云燔從皆如初是也云凡獻佐食皆無從者賈疏云謂主人主婦及賓長獻佐食皆無從故云凡鄭言此者以經燔從皆如初在獻佐食下嫌獻佐食亦有燔從故辨之云其薦俎獻兄弟以齒設之者李氏如圭云下記佐食旅旅齒于兄弟

故其薦俎亦然云賓更爵自酢亦不承婦人爵者上主人致爵于主婦更爵自酌彼注以爲不承婦人爵此亦然也云今文曰洗致者胡氏承珙云案有司徹云賓獻祝及二佐食洗致爵于主人彼旣有爵字雖無酌字不言可知也今文於此但言洗致幷無爵字文不備故鄭從古文○經文燔從皆如初敖氏云皆皆尸卒爵以下也自尸卒爵以至及佐食如主人酢獻之禮也致于主人者如主婦致爵之禮也致于主婦者如主人致爵之禮也燔從者如亞獻祝及致于主人主婦之禮也言此則是其從獻之物僅有此耳亦見其殺於初者也盛氏云案燔從謂獻祝及致爵于主人主婦也祝之從獻無籩主人主婦之從獻無肵皆異於初者故特見之今案敖氏盛氏說雖異於注而分析較細故錄附焉○賓致爵主人主婦更爵自酢

右賓三獻

主人降阼階西面拜賓如初洗 拜賓而洗爵爲將獻之如初視濯時主人再拜賓荅拜三拜衆賓衆賓荅再拜者 疏 正義曰張氏爾岐云此下獻賓獻衆賓設尊酬賓獻長兄弟獻衆兄弟獻內兄

弟凡六節以三獻尸訖事神禮成順神意以逹惠六節共爲一科其設尊兩階先以酬賓又所以爲旅酬發端也○禮經釋例云三獻爵止神惠均於室也主人獻賓于西階上自酢及獻衆賓亦于西階上獻長兄弟衆兄弟皆于阼階上獻內兄弟于房中此因室中而兼及堂上房中也敖氏云初謂三拜衆賓衆賓皆荅一拜也秦氏蕙田云敖與注荅再拜之文不同案鄭據本篇陳鼎拜賓時文敖據有司徹文彼大夫禮與士禮自有異仍當依鄭今案秦說是也

賓辭洗卒洗揖讓升酌西階上獻賓賓北面拜受爵主人在右荅拜

就賓拜者此禮不主於尊也賓卑則不專階主人在右統於其位今文無洗

疏正義曰蔡氏德晉云西階上獻賓主人就賓也主人在右北面以東爲右也 注云就賓拜者此禮不主於尊也者謂鄉飲酒鄉射以賓爲尊獻酢皆賓于西階上拜主人于阼階上拜鄉飲酒獻介及介酢皆介于西階上拜主人于介右拜此就賓拜與鄉飲酒獻介同是不主於尊賓也云賓卑則不專階者鄭意以賓爲有司故謂賓爲卑也云主人在右統於其位者主人位在東階在賓右即在賓東故云統於其位也盛氏云案是禮主於祭不主於賓至獻賓而禮

已殺矣故賓主同階注云賓卑非禮經釋例云凡賓主人禮盛者專階不盛者不專階特牲禮主人獻賓受爵送爵卒爵及酌酢賓皆于西階上拜主人于賓右拜祭畢飲酒殺於飲酒正禮故不專階也與盛說同義似長云今文無洗者胡氏承珙云案鄭從古文有洗者亦以其文備

薦脯醢設折俎　凡節解者皆曰折俎不言其體略云折俎非貴體也上賓骼衆賓儀公有司設之

疏　正義曰薦脯醢謂薦籩豆也脯籩實醢豆實　注云凡節解者皆曰折俎者以各篇言折俎者多故總釋之節解謂如肩臂臑肫膞骼之類逐節解之即所謂體解也云不言其體略云折俎非貴體也者貴體謂如脊脅之類經每言之此不言故知非貴體也云上賓骼衆賓儀者李氏如圭云少牢下篇曰司士設賓俎羊骼衆賓其脅體儀也儀者儀度可用者用之云公有司設之者下記云公有司門西是也

賓左執爵祭豆奠爵興取肺坐絕祭嚌之興加于俎坐捝手祭酒卒爵拜主人荅拜受爵酌酢奠爵拜賓荅拜　主人酌自酢者賓不敢敵主人主人達其意

疏　正義曰注謂賓不敢敵主人主人達其意者亦是以賓爲卑之意說

詳有司徹主人坐祭卒爵拜賓荅拜揖執祭以降西面奠于其位位如初薦俎從設位如初復其位東面少牢饋食禮宰夫執薦以從設於祭東司士執俎以從設於薦東是則皆公有司爲之與疏正義曰李氏如圭云祭脯肺敖氏云執祭脯也似李爲長盛氏云祭謂脯及肺之置於地者必執以降敬也且示其將復位於下然而主人之羣吏遂執其薦俎以從之也必復位於下者辟後之受獻者也注云位如初復其位東面者以上云西面奠于其位復云位如初故知復其位東面也引少牢禮者證薦俎從設之處衆賓升拜受爵坐祭立飲薦俎設于其位辯主人備荅拜焉降實爵于篚衆賓立飲賤不備禮鄉飲酒記曰立卒爵者不拜既爵備盡盡人之荅拜疏正義曰李氏如圭云坊記曰尸飲三衆賓飲一示民有上下也因其酒肉聚其宗族以敎民睦也蔡氏德晉云升升西階也辯謂皆有薦俎也盛氏云案其位在西階下賓南薦俎不先設于西階上而卽設于其位殺於賓也降實爵于篚亦謂主人也然則衆賓每一人飲訖輒以爵授主人矣不言者文不具也鄉飲禮云坐祭立飲

不拜旣爵授主人爵降復位又案注盡人之荅拜之字當
在荅拜之下今案此注云備盡下尸備荅拜焉注云備猶
盡也說文葡具也備愼也从人葡聲今則葡具字通用備
備荅拜謂一一具荅拜之鄭以盡義較顯故解爲盡盡人
之荅拜盧氏文弨疑之爲衍文盛氏謂**尊兩壺于阼階東**
之字在荅拜下是也○獻賓及衆賓
爲酬賓及兄弟行神惠不酌上尊
加勺南枋西方亦如之卑異之就其位尊之兩壺皆酒優
之先尊東方示惠由疏正義曰阼階之東爲東方西階之
近禮運曰澄酒在下西爲西方經互言之東西方各兩
壺則庭中凡四壺也此尊亦北面酌加勺于尊上而枋向
南便執也　注云爲酬賓及兄弟行神惠不酌上尊卑異
之就其位尊之者李氏如圭云旅酬禮褻不敢與神靈共
尊故就賓及兄弟之位尊之不用玄酒澄酒在下人君禮
也案司尊彝四時之祭皆有罍諸臣之所酢少牢禮上下
大夫堂下皆無尊辟人君士卑不嫌與人君同王氏士讓
云案祭尸崇不與于旅酬則酬時不得用尸尊故賓兄弟
有堂下尊內賓宗婦有房中尊也若有司徹儐尸尸亦與
旅酬則酬時得用尸尊矣云兩壺皆酒優之者玉藻唯饗
野人皆酒彼注云飲賤者不備禮與此注異者此祭末行

酬所以合歡故以優之爲義優之者謂兩壺皆酒可以盡醉且以別於堂上尊也云先尊東方示惠由近者東方爲主人位見行神惠由近始也禮運澄酒在下據鄭志荅趙商田瓊問澄爲沈齊酒爲三酒引之者證堂下設尊之事也

主人洗觶酌于西方之尊西階前北面酬賓賓在左先酌西方者尊賓之義

疏正義曰盛氏云禮成于酬故以是終獻賓之禮且爲旅酬發端也賓在左如其在階上之位也吳氏紱云鄉飲酬賓賓在階上此在階下者以賓位本在下也飲射主於燕賓則賓在堂上祭禮主於事尸則賓在堂下　注云先酌西方固爲尊賓且酬賓酌西方之尊酬主人酌東方之尊亦爲近其位便也

主人奠觶拜賓荅拜主人坐祭卒觶拜賓荅拜主人洗觶賓辭主人對卒洗酌西面賓北面拜西面者鄉賓位立於西階之前賓所荅拜之東北

疏正義曰此主人酌而自飲以導賓飲也　注云西面者鄉賓位者賓位東面故知此西面鄉之也云立於西階之前賓所荅拜之東北北者賓北面拜而主人西面故知立於賓所荅拜之東北也

主人奠觶于薦北

奠酬於薦左，非爲其不舉，行神惠不可同於飲酒。【疏】正義曰：敖氏云：不授而奠，酬之正禮。經釋例云：凡酬酒先自飲，復酌奠而不授，薦北薦左也。吳氏疑義云：此暫奠以待賓之取，下賓奠于薦南則正奠也。鄉飲酒酬爵不舉，主人初奠于薦西，右也，賓取之乃奠于薦東，左也，此酬爵當舉，主人初奠于薦北，左也，賓取之奠于薦南，右也，則兩經之例一耳。注曰不同，疏曰相變，則覔不知下有薦南之奠矣。案鄉飲記云：凡奠者于左，將舉于右。此奠觶于薦左，有似於不舉，故鄭辨之云：奠酬酒於薦左，非爲其不舉，以方行神惠，與飲酒禮異也。官氏獻瑤云：凡鄉飲射燕無舉奠酬者，祭則有之。蒸鄉飲射燕皆正賓也，不可以盡人之賓歡，祭則尸爲主賓，非正也，不可不廣神之惠。其說是也。

賓坐取觶，還東面拜，主人荅拜。賓奠觶于薦南，揖，復位。還東面就其位薦西，奠觶薦南，明將舉。【疏】正義曰：戴校集釋云：東面下各本衍拜字。考上經賓北面拜，主人奠觶于薦北，下云主人荅拜，荅賓北面之拜也。賓坐取觶，還東面，下乃云賓奠觶于薦南。賓方執觶在手，不得一拜明矣。汪氏中儀禮校本刪拜字，謂無賓兩拜主人止荅一拜之理。今案敖氏、姜氏、蔡氏皆以奠觶於薦北下拜文，蓋亦疑經賓兩拜主人正荅一拜而不知還東面下之拜爲衍字也禮經釋例經義述聞皆同戴說揖復位郝氏敬云揖揖主人復位復東向之初位敖氏云復位主人復阼階下西面位也秦氏蕙田以敖爲是　注云還東面就其位薦西者以賓位本在薦西東面取觶時西面今還東面故知就其薦西之位也云奠觶薦南明將舉者謂下旅酬時賓取以酬長兄弟是將舉也薦南薦右也○設尊酬賓以啟旅酬

主人洗爵獻長兄弟于阼階上如賓儀

酬賓乃獻長兄弟者獻之禮成於酬先成賓禮此主人之義亦有薦脀設於位私人爲之與

疏 正義曰獻于阼階上則酌于堂上尊也云如賓儀則自洗至薦俎從設皆如賓可知張氏爾岐云注疏皆不言酢既云如賓儀當亦主人自酢是也　注云酬賓乃獻長兄弟者獻之禮成於酬者如鄉飲酒禮主人獻賓賓酢主人主人酬賓乃獻介是也云亦有薦脀設於位者賈疏云長兄弟初受獻于阼階上時亦薦脯醢設折俎于阼階上祭訖乃執以降設于下位皆當如賓儀言亦者亦賓云私人爲之與者私人卽私臣李氏如圭云下記公有司獻次衆賓私臣獻次衆兄弟賓薦俎蓋公有司設之兄弟薦俎蓋私臣設之

洗獻衆兄弟如衆賓儀

獻卑而必爲之洗者顯神惠此言如衆賓儀則知獻衆賓洗明矣疏正義曰郝氏敬云如衆賓儀拜受坐祭立飲薦俎設于其位位偏同也佐食在衆兄弟中薦俎亦設於此時注云獻卑而必爲之洗者顯神惠者衆兄弟分卑獻必爲之洗者以行神惠爲重也云此言如衆賓儀則知獻衆賓洗明矣者上獻衆賓雖不言洗但此獻衆兄弟洗二者儀同則獻衆賓亦洗可知不言者文略耳○獻長兄弟及衆兄弟

洗獻內兄弟于房中如獻衆兄弟之儀內兄弟內賓宗婦也如衆兄弟如其拜受坐祭立飲設薦俎於其位而立內賓其位在房中之尊北不殊其長略婦人也有司徹曰主人洗獻內賓于房中南面拜受爵疏正義曰注云內兄弟內賓宗婦也者賈疏云此總云內兄弟下記云內賓宗婦案彼注云內賓姑姊妹宗婦族人之婦若然兄弟者服名故號婦人爲兄弟是也云如衆兄弟如其拜受坐祭立飲設薦俎於其位而立者或曰立當爲偏之譌謂設薦俎于其位而偏也今案此經云如獻衆兄弟之儀上獻衆兄弟云如衆賓儀據前獻衆賓云拜受爵坐祭立飲薦俎設于其位辯或說似是章氏平云立爲己之誤則以立己形似故也云內賓其位在房中之尊北者下記云尊兩壺于房

中西墉下南上是房中有尊也又云內賓立于其北東面南上宗婦北堂東面北上是其位在尊北也云不姝其長略婦人也者賈疏云決上文獻賓于西階上獻兄弟于阼階上皆姝其長也不姝故云略之引有司徹者欲見此內賓受獻時亦南面拜受爵蔡氏云南面統於堂也褚氏云獻內兄弟之先後經無明文觀下注云內賓之長亦南面荅拜知先獻內賓而酢者惟長一人矣主人酢畢出房主婦乃洗爵酬內賓之長爲房中旅酬始獻必主人統於主祭也酬必主婦以洽歡心男女之倫不可瀆也

主人西面荅拜更爵酢卒爵降實爵于篚入復位

爵辯乃自酢以初不姝其長也內賓之長亦南面荅拜

疏 正義曰盛氏云更爵爵亦于下篚必更之者男女不相襲也江氏筠云案男子多不承婦人爵婦人則有襲用男子爵者上文尸酢主婦鄭注云不易爵又致爵主人經云主婦荅拜受爵酌醋又三獻酌致于主人主婦皆是也然此獻內兄弟承獻衆兄弟自酢之後而必爲之洗則宜爲之更爵明矣今案上云洗獻于房中則更爵自明故經於獻不言更爵於酢言更爵也至男女不相襲爵禮之大例經或不言更爵者文偶不具耳江說徇注未旳方氏苞云入復位復室中西面之位

也以是見主婦長賓有事于室中主人皆不離其位至旅酬則室中侍尸者惟主人故尸將謖然後主人出　注云爵辯乃自酢以初不殊其長也者初謂獻時鄭知必爵辯乃酢者以內兄弟多主人惟爲酢一爵也云內賓之長亦南面荅拜者上注引有司徹云南面拜受此亦南面荅拜亦者亦上注也○獻內兄弟

右獻賓與兄弟

長兄弟洗觚爲加爵如初儀不及佐食洗致如初無從大夫士三獻而禮成多之爲加也不及佐食無從殺也致致於主人主婦【疏】正義曰張氏爾岐云此三獻之外復爲加爵云如初儀者如賓長三獻之儀但賓長獻十一爵此長兄弟加獻唯六爵洗觚獻尸一也尸酢長兄弟二也獻祝三也致爵主人四也致爵主婦五也受主人酢六也本賈疏禮經釋例云凡士祭正獻後加爵三下大夫祭正獻後加爵二儐尸則正獻後加爵一特牲長兄弟洗觚爲加爵一也衆賓長爲加爵二也又旅酬無算爵畢利洗散獻于尸利佐食也獻卽加爵此佐食加爵三也是士祭正獻後加爵三也有司徹不儐尸之禮主人獻私人畢賓長獻于

尸此賓長加爵一也又又無算爵畢利洗爵獻于尸此佐食加爵二也是下大夫祭正獻後加爵二也有司徹儐尸之禮兄弟後生舉觶畢賓長獻于尸此賓長加爵于尸是儐尸正獻後後加爵一也陳氏祥道云士禮主人主婦賓三獻又爵三長兄弟賓長利獻之也下大夫主人主婦賓三獻又爵二賓長與利獻之也上大夫特主人主婦賓三獻而已益士與下大夫無儐尸故有加爵上大夫有儐尸故無加爵天子諸侯有繹祭又有加爵禮所以隆于尊者也考陳氏所謂上大夫無加爵者指少牢上篇正祭而言若儐尸三獻後賓長亦加爵也又有司徹儐尸賓長加爵後賓一人舉爵于尸如初亦遂之於下此爵蓋為旅酬發端如舉觶之禮非加爵也釋例又云凡致爵皆在賓三獻之間加爵亦致若儐尸則于堂上獻尸侑時行之特牲長兄弟洗觚為加爵如初儀洗致如初注致致爵于主人主婦又云衆賓長為加爵如初有司徹不儐尸之禮賓長獻于尸尸醋獻祝致醋注致謂致爵于主人主婦是加爵亦致也又有司徹舉觶後賓長獻于尸如初無湆爵不止注如初如其獻侑酌致主人受尸酢也則儐尸加爵亦致也今案上云如初儀謂長兄弟加爵獻尸拜受拜送諸儀如賓三獻也下云如初謂洗爵酌致于主人主婦如賓三獻也洗

觚不及佐食無從是別言其異於初者無從謂無從獻之肝燔也　注云大夫士三獻而禮成多之爲加也者賈疏云飲酒禮卿大夫三獻士唯一獻而已祭禮士與大夫同三獻者攝盛是以多之爲加也高氏愈云主人及賓已獻尸而長兄弟及衆賓長未嘗致爵以是爲䚡故復爲加爵以厭飫之然必長兄弟先爲加爵而後及衆賓者猶主人初獻而賓爲三獻之意官氏獻瑤云加爵之義有二一比於侑食勸飽之意一使長兄弟衆賓長得以伸其敬也及祝不及佐食者佐食與旅而祝不與旅非但禮殺而已加爵而後致爵亦以伸一敬於主祭也加爵用觚別於正獻也致爵于主婦既乃更一觚以自酢故篚實二觚焉酢訖降奠于篚○賈疏云天子大祫十有二獻四時與禘唯有九獻上公亦九獻侯伯七獻子男五獻吳氏疑義云周禮司尊彝注以禘小於祫而重於時祭此幷以禘與四時祭同則更謬矣以理論之天子凡祭皆應十二獻也

右長兄弟爲加爵

衆賓長爲加爵如初爵止尸爵止者欲神惠之均於在庭〔疏〕正義曰張氏爾岐云此衆

賓長爲加爵衆賓長非三獻之賓在庭衆賓中之長者也云如初亦如賓長二獻但尸受爵祭啐之後即止而不飲待旅酬西階一觶畢加爵者乃請尸舉爵盛氏世佐云此加爵不言其器蒙長兄弟之文也獻用爵加爵用觚旅酬用觶禮之差也敖氏云此加爵當用觶非○賈疏云庭賓及兄弟雖得一獻未得旅酬故停之使庭行旅酬是欲神惠之均於在庭也官氏獻瑤云少牢大夫賓尸尸作三獻之爵遂繼之以旅酬是尸自行其惠於廟中也士不賓尸則尸不出堂而行旅酬之禮矣故於加爵而爵止以示致惠之意禮經釋例云特牲賓三獻故爵止注云欲神惠之均于室中考此三獻節內共十一爵是神惠均于室也又長兄弟加爵畢衆賓長爲加爵如初爵止注云欲神惠之均于在庭考此爵至旅酬時賓酬衆兄弟旅西階前一觶畢經云爲加爵者作止爵畢長兄弟酬賓始旅阼階前一觶是神惠均于庭也有司徹不儐尸之禮賓長獻于尸爵不止者下大夫與士異也少牢正祭賓三獻尸即卒爵酢賓不止爵者祭畢將儐尸故也

右衆賓長加爵

嗣舉奠盥入北面再拜稽首嗣主人將爲後者舉猶飲也使嗣子飲奠者將傳重累之也大夫之嗣子不舉奠辟諸侯疏正義曰自此至出復位言主人嗣子飲奠獻尸之事○孔氏穎達云奠者初尸未入之前祝酌奠于鉶南尸入祭奠不飲至此乃嗣子舉之今案盥入盥手乃入室也北面辟主人而面之位也再拜稽首重神貺也廟中再拜稽首者唯主人耳嗣繼體故亦如之張氏爾岐云舉奠者舉前陰厭時祝所奠于鉶南之爵而飲之舉奠本言其事下文遂以目其人謂嗣爲舉奠　注云嗣主人將爲後者案鄭注文王世子云上嗣君之適長子與此注似異者適長正也無則庶子及同宗爲後者皆可稱嗣此注云將爲後者兼無適長者言也云舉猶飲也者賈疏云非謂訓舉爲飲直是嗣子舉而飲之耳是也云使嗣子飲奠者將傳重累之也者官氏獻瑤云以傳宗廟之重言之曰受重以承祖宗之旣言之曰舉奠祭祀之陳餜以奠而成嗣舉奠則雖在子弟之列而已付以他日祭祀之事矣其舉奠必在加爵之後何也加爵則室中之禮將畢矣若待旅酬而後舉無以行敬也吳氏疑義云嗣子爲宗祧之寄父在雖不主祀亦當自致其誠敬於先人然旣不可上同於主人又不可等之於主婦及賓長

故獻終使之約略於主人獻酢之節而行之而仍不干主人之正禮此禮義之至精者今案官氏吳氏之說足以發明注意云大夫之嗣子不舉奠辟諸侯者賈疏云士卑不嫌得與人君同案文王世子云其登餕獻受爵則以上嗣鄭注以特牲饋食禮言之受爵謂上嗣舉奠也獻謂舉奠洗爵酌入也餕謂宗人遣舉奠盥祝命之餕也大夫之嗣無此禮辟君也孔疏云案少牢饋食無嗣子舉奠大夫尊於士而不舉奠故知辟正君也官氏獻瑤云天子諸侯繼世爲君所以有上嗣受爵之禮而卿大夫不行舉奠者不世爵也士之子爲士故得行舉奠禮今案官氏此義甚精似勝注說吳氏謂大夫之子亦當舉奠非矣

尸執奠進受復位祭酒啐酒尸舉肝舉奠左執觶再拜稽首進受肝復位坐食肝卒觶拜尸備答拜焉

食肝受尊者賜不敢餘也備猶盡也每拜荅之以尊者與卑者爲禮略其文耳古文備爲復

疏正義曰此節卽文王世子所謂受爵也進受祭啐者嗣也尸親執奠舉肝授之亦猶親舉角執黍以授主人也此及下節凡四言舉奠皆謂嗣高氏愈云名嗣爲舉奠猶名賓爲三獻是也肝卽主人酳尸所從獻尸取之加于菹

豆者下記云嗣舉奠佐食設豆鹽注云肝宜鹽也則食肝時有鹽矣　注云食肝受尊者賜不敢餘也者賈疏云食之當盡以其食若不盡直云嚌之而已此經云食肝明不敢餘是也云備猶盡也每拜荅之以尊者與卑者為禮略其文耳者備盡義見前備荅拜吳氏廷華云几三荅拜謂上兩再拜稽首及卒觶拜荅之凡三也不於每拜言荅而於末總言之是略其文也劉氏台拱謂此與上主人備荅拜焉文法同似不必如注義今案此與上文同而義異上主人備荅拜焉謂每人荅拜之此尸備荅拜焉謂每拜荅拜之故注云然劉氏疑注非也云古文備為復者案復與備義異古文葢字誤故鄭不從

舉奠洗酌入尸拜受舉奠荅拜尸祭酒啐酒奠之舉奠出復位啐之者荅其欲酢己也奠之者復神之奠觶嗣齒於子姓凡非主人升降自西階

疏 正義曰此節即文王世子所謂獻也洗酌入謂洗觶酌以入室獻尸也出復位謂出室復阼階下之位也　注云啐之者荅其欲酢己也者吳氏疑義謂注說不可解文王世子明謂之獻不可謂酢且欲字亦無謂今案吳說誠然高氏愈謂啐酒以享其意是也云奠之者復神之奠觶者謂嗣所舉者本陰厭時奠以饗神之觶今尸

仍奠之是復神之奠觶也李氏如圭云尸復神之奠觶故惟啐之與挼祭時同云嗣齒於子姓者嗣亦祭者之子姓故其位竝與子姓竝列郝氏謂在堂下東主人之後官氏謂在阼階下長兄弟之上其說一也云凡非主人升降自西階者經於嗣子舉奠不云升降自何階故注特明之嫌與主人同由阼階也

右嗣舉奠獻尸

兄弟弟子洗酌于東方之尊阼階前北面舉觶于長兄弟如主人酬賓儀弟子後生也

疏 正義曰自此至爵皆無算言旅酬無算爵之事而祭胥設羞及作止爵之禮竝行於其閒張氏爾岐云前主人酬賓已舉西階一觶此弟子復舉東階一觶皆爲旅酬啟端因於此時告祭設羞先旅西階一觶加爵者卽作止爵次旅東階一觶又次竝旅東西二觶而神惠均於在庭矣凡六節○禮經釋例云案特牲旅酬用主人酬賓之觶發端無算爵用賓弟子兄弟弟子二人所舉之觶發端有司徹旅酬用二人舉觶于尸侑之尸觶發端無算爵用主人酬賓之觶發端是特牲之旅酬如有司徹之無算爵亦士禮殺于大

夫之義也又云漢儒推士禮而致于天子故鄭注中庸旅酬下爲上引特牲以證之不引有司徹也盛氏云獻時弟子不獲與故使之行舉觶之禮舉觶必先自飲亦所以均神惠也中庸旅酬下爲上所以逮賤謂此今案此兄弟弟子一人舉觶爲旅酬始下賓弟子兄弟弟子二人舉觶爲無算爵始旅酬時賓弟子不舉觶者以有主人酬賓奠于薦南之觶也江氏永云旅酬有兩節前是正旅酬後是無算爵旅酬時賓有主人之酬觶則賓酬長兄弟不必賓弟子舉觶至長兄弟酬賓則必兄弟之弟子先舉觶而後兄弟以所奠之觶酬賓旅酬既畢將行無算爵則賓之弟子及兄弟弟子同時各舉觶于其長然後賓取觶酬兄弟之黨長兄弟取觶酬賓之黨故解中庸旅酬下爲上必兼無算爵而義始備此宋元以來解下爲上之舊說也禮經釋例則云凡旅酬皆以尊酬卑謂之下爲上說詳鄉射禮某酬某子下○舉觶於長兄弟如主人酬賓儀者敖氏云是亦在長兄弟之右也此有代主人酬長兄弟之意故位與主人同主人酬賓奠觶于薦北此則當奠于薦南而長兄弟取觶還西面奠于薦北也方氏苞云兄弟非賓故主人不酬使弟子舉觶而用酬賓之儀禮經釋例云凡酬酒先自飲復酌奠而不授舉觶亦如之是舉觶亦奠而不授也

後放此注云弟子後生也者弟子謂兄弟之弟若子之卑幼者有司徹云兄弟之後生者舉觶于其長彼後生與此弟子一也故鄭以後生解之○兄弟弟子舉觶

宗人告祭脀

脀俎也所告者衆賓衆兄弟內賓也獻時設薦俎於其位至此禮又殺告之祭使成禮也其祭皆離肺不言祭豆可知

【疏】正義曰祭脀必使宗人告者以其為庭長也告於兄弟弟子舉觶之後者以其將旅酬且以為羞之節也　注云脀俎也者鄭注燕禮大射云脀俎實注燕禮記云脀折俎也少牢俎載畢云卒脀然則以牲體實于俎謂之脀因謂俎為脀耳說文脀騐也義與鄭異段氏玉裁云案禮經戴記以此字為薦脀字益假脀為烝也烝進也而廣韻乃分別脛為熟脀為癡貌集韻亦分別異體皆非是云所告者衆賓衆兄弟內賓也者賈疏云知無長賓者以其初得獻時卽祭肺又長兄弟如賓儀則亦獻時祭可知故知所告衆賓衆兄弟內賓也敖氏云公有司私臣亦存焉據記言衆賓以至私臣皆脀脀膚一離肺一則衆賓以下凡有俎而未祭者皆告之矣云獻時設薦俎於其位至此禮又殺告之祭使成禮也者對上獻賓獻長兄弟等獻于階上設薦俎旣祭而後薦俎從設于其位今衆賓以下獻時卽設于其位是殺至此同時告祭

又殺也云使成禮者前此設薦俎未祭若禮未成然故告使祭以成禮也必同時告者方氏苞云使衆賓等各于其獻時祭以脅則日不暇給矣故總告之也云其祭皆離肺者以衆賓以下之俎但有離肺無刌肺也詳記云不言祭豆可知者以獻時設薦俎薦卽豆籩不言祭亦祭可知

乃羞

羞庶羞也下尸胾醢豆而巳此所羞者自尸祝主人至於內賓無內羞

疏 正義曰羞爲飲酒而設官氏云禮無酬而不羞者燕禮先羞而後祭此則祭畢乃羞何也燕禮之祭者大夫而巳脫屨升席故先羞以安之而後祭焉此則凡在庭中者皆祭又不獨薦而有俎故必先祭乃羞也

注云羞庶羞也者以其獻時巳設薦則此所羞者非薦豆籩故知爲庶羞也王制曰庶羞不踰牲則當以豕肉爲之云下尸胾醢豆而巳者前爲尸羞庶羞四豆注云膮炙胾醢此下于尸則但有胾醢而巳無膮炙也云此所羞者自祝主人至於內賓者少牢下篇曰羞及私人辯則祝主人以至內賓之屬皆有羞可知云無內羞者以尸尊不見有內羞則以下皆無可知也敖氏以自尸而下至私臣同時設之姜氏兆錫吳氏廷華皆以爲當有內羞盛氏云案上經云佐食羞庶羞四豆則尸之庶羞不于是時乃設也下經云徹庶羞設于西序下則自尸而下皆無內羞又可

見矣注說自不可易後儒好立異未見其確今案盛說是也少牢下篇大夫禮乃有內羞此士禮無內羞亦隆殺之等義也○告祭胥設庶羞

賓坐取觶阼階前北面酬長兄弟長兄弟在右薦南奠觶疏正義曰此旅酬之始賓取觶就阼階前酬長兄弟也鄉飲鄉射先酬主人此酬長兄弟者以士祭旅酬主人及祝皆不與斯時尸在室中亦不與也長兄弟在右者郝氏云以兄弟亦有主人之誼賓常居西也褚氏云此時房中內賓長亦舉主婦所酬之觶以酬宗婦注云薦南奠觶者謂賓所取以酬長兄弟者乃薦南之奠觶也薦南奠觶卽主人酬賓之觶

賓奠觶拜長兄弟荅拜賓立卒觶酌于其尊東面立長兄弟拜受觶賓北面荅拜揖復位其尊長兄弟尊也此受酬者拜亦北面疏正義曰復位賓酬畢復西階前東向之位注云其尊長兄弟尊也者此東方之尊也賈疏云旅酬無算爵以飲者酌己尊酬人之時酌彼尊敖氏云阼階東之尊爲長兄弟而下設之故曰其尊若彼自有之然西方之尊亦如之云此受酬者拜亦北面者以經長兄弟拜受觶不言面位故鄭明之言亦者亦賓北面

也

長兄弟西階前北面眾賓長自左受旅如初旅行也受行酬也初賓酬長兄弟

疏正義曰此長兄弟舉賓酬觶就西階前酬眾賓之長也眾賓長自左受旅謂在長兄弟之左賓禮也　注云旅行也受行酬也者鄭於禮經多訓旅為眾惟燕禮禮記請旅侍臣及此經受旅訓為行以受旅不可云受眾故訓為行而復申之曰受行酬也蓋旅有行義故以為行酬之名左傳襄二十三年及旅而召公鉏杜注獻酬禮畢而通行為旅是也云初賓酬長兄弟者謂如賓酬長兄弟時奠觶拜受旅者荅拜也

長兄弟卒觶酌于其尊西面立受旅者拜受長兄弟北面荅拜揖復位

疏正義曰酌于其尊西方尊也堂下西尊本為賓黨設故曰其尊復位位復阼階下西向之位王氏士讓云上揖復位者賓酬長兄弟禮畢也此揖復位者長兄弟酬眾賓長禮畢也

眾賓及眾兄弟交錯以辯皆如初儀交錯猶言東西

疏正義曰此眾賓眾兄弟互相酬以至於徧也皆如初儀謂如上賓酬長兄弟長兄弟酬眾賓長之儀　注云交錯猶言東西者謂眾賓又以前觶自西面之東酬眾兄弟眾兄弟又以前觶

自東之西酬眾賓眾賓眾兄弟人數眾多皆以此東西互酬所謂交錯也楚茨詩曰獻酬交錯毛傳云東西爲交邪行爲錯楚茨又曰禮儀卒度笑語卒獲李氏如圭云古者於旅也語謂此時○旅西階一觶

爲加爵者作止爵如長兄弟之儀

於旅酬之間言作止爵明禮殺竝作

疏正義曰蔡氏德晉云爲加爵者眾賓長也眾賓長爲加爵時尸以未行旅酬奠而未飲今旣旅及眾賓眾兄弟尸可飲矣故爲加爵者作起其初止之爵請尸飲也如長兄弟之儀謂作止爵後受尸酢獻祝不及佐食洗致如初皆如長兄弟爲加爵之儀張氏爾岐云其受尸酢獻祝致爵主人主婦受主人酢皆同是也吳氏廷華乃疑長兄弟三字爲誤非矣前賓三獻作止爵待致爵訖此作止爵不待旅酬訖故注云禮殺竝作也○作止爵

長兄弟酬賓如賓酬兄弟之儀以辯卒受者實觶于篚

長兄弟酬賓亦坐取其奠觶此不言交錯以辯賓之酬不言卒受者實觶于篚明其相報禮終於此其文省

疏正義曰據注則鄭本經文似無以辯二字○此長兄弟取東階之觶酬賓以荅賓之酬己也如賓酬兄弟之儀郝氏云長兄弟亦酬賓于西階前奠觶受觶拜荅拜復位

等儀同云以辯則賓亦就東階前酬衆兄弟而衆兄弟衆賓乂互相酬也衆兄弟衆賓以次相酬至徧而止賓黨主黨人數有多寡酬未終受觶者不定爲賓爲兄弟故經但云卒受者實觶于篚也郝氏謂卒受有二觶盛氏謂卒受惟一觶郝氏合西階言則有二觶盛氏止就東階言則惟一觶其實一也篚在堂下實觶于篚不言降者省文也注云長兄弟酬賓亦坐取其奠觶者觶奠于地須坐取之上經云賓坐取觶此經不言坐取故鄭明之亦者亦賓也其奠觶即上兄弟弟子舉觶于長兄弟之觶云此不言交錯以辯賓之酬不言卒受者實觶于篚明其相報禮終於此其文省者謂此長兄弟之酬亦交錯以辯賓之酬亦卒受者實觶于篚不言者文省耳李氏如圭謂互文以見之是也此酬賓以相報故其儀同云實觶于篚則禮終矣故於此言之也官氏云此時房中宗婦之長亦舉觶以酬內賓今案房中之酬經略而記詳之○旅阼階一觶以上正旅酬

賓弟子及兄弟弟子洗各酌于其尊中庭北面西上舉觶于其長奠觶拜長皆荅拜舉觶者祭卒觶拜長皆荅拜舉觶者洗各酌于其尊復初

位長皆拜舉觶者皆奠觶于薦右奠觶進奠之于薦右非神惠也今文曰奠于薦右疏正義曰此賓弟子兄弟弟子舉觶于其長將爲無算爵亦如鄉飲鄉射二人舉觶也各酌于其尊者賓弟子酌西方之尊兄弟弟子酌東方之尊敖氏云中庭東西之中也西上者尊賓之弟子也是時長皆在東西面之位而拜之薦右賓之薦南兄弟之薦北也今案舉觶者祭卒觶拜亦先自飮也復酌奠觶于薦右亦奠而不授也注云奠觶進奠之于薦右非神惠也者前主人酬賓奠觶于薦北注云奠酬于薦左非爲其不舉行神惠不可同于飲酒此奠于薦右故云非神惠也後人多疑其說褚氏云旅酬無算爵同酌下尊而注一以爲神惠一不爲神惠者蓋旅酬尸奠爵以待卽神惠也此賓主弟子各舉觶于其長于尸無與故不爲神惠而同生人禮也注不誤云今文曰奠于薦右者今文奠下無觶字義不顯故鄭從古文長皆執以興舉觶者皆復位荅拜長皆奠觶于其所皆揖其弟子弟子皆復其位復其位者東西面位弟子舉觶於其長所以序長幼教孝弟凡堂下拜亦皆北面疏正義曰敖氏云執以興亦象受之其所薦

右也揖揖之使復其位吳氏紱云此時內賓之少者宗婦之少者亦各舉觶于其長以爲無算爵始注云復其位者東面面位者此及上節三言復位上復初位及皆復位荅拜復中庭北面之位也此皆復其位則賓弟子復西階前東面之位兄弟弟子復阼階前西面之位以事已畢也云弟子舉觶於其長所以序長幼教孝弟者方氏苞云使弟子觀禮于廟中耳濡目染以至於成人則禮儀之度和敬之德習與性成矣又云兄弟之子以同姓而來觀禮方氏苞云兄弟弟子以同姓而來觀禮宜也賓亦率其子弟而至何也不命之士有寢而無廟有薦而無祭無由習禮故使各率其子弟以觀祭祀賓客之儀又使爲人子孫者知必得廟祀而後可以盡追養之心而眾屬於德行道藝矣足與注義相發明云凡堂下拜亦皆北面者爲經云拜而不著面位者言之也上賓酬長兄弟北面荅拜注云此受酬者拜亦北面今此注言亦者亦前義也

爵皆無算

算數也賓取觶酬兄弟之黨長兄弟取觶酬賓之黨唯己所欲亦交錯以辯無次第之數因今接會使之交恩定好優勸之

疏正義曰此總結上文之辭也云皆者謂賓黨主黨二觶並行皆無算也注云唯己所欲亦交錯以辯無次第之數者方氏云長賓長兄弟各執其

觶不相授受而奠于所欲致者之所所致者旣卒觶其弟子爲之酌又執以奠于所欲致者之所而盡去彼此拜興之節兩觶竝行不依其人之次不計其爵之數故總之曰無算爵也今案方解所字義別而說特明暢云因今接會交恩定好優勸之者鄭以無算爵非行神惠故以交恩定好釋之也○官氏獻瑶云旅酬之見於經者莫盛於燕其舉旅凡四焉特牲少牢之舉二而已賓未舉旅而弟子先舉觶者禮之次第相因而至威儀多也鄉飲射之舉一而已故方舉觶而旅遂行焉禮殺也今案特牲少牢有司徹所言酬禮祭末飲酒之旅酬也鄉飲鄉射燕禮大射所言酬禮正飲酒之旅酬也必合而觀之而旅酬無算爵之節次義例乃明○東西二觶竝舉爲無算爵

右旅酬

利洗散獻于尸酢及祝如初儀降實散于篚利佐食也言利以今進酒也更言獻者以利待尸禮將終宜一進酒嫌於加爵亦當三也不致爵禮又殺也【疏】正義曰利獻以散者利卑禮器云宗廟之祭貴者獻以爵賤者獻以散是也酢尸酢利也及祝利獻祝也如初儀如長兄弟衆賓長加爵之儀

也吳氏廷華云室中執事惟祝與利眞以祝始故獻以利終也　注云利佐食也言利以今進酒也者利卽佐食有二名者前進黍名佐食今進酒名利利之言養也云更言獻者以利待尸禮將終宜一進酒嫌於加爵亦當三也者士三獻禮成多之爲加則此亦加爵也而更言獻者以利在室待尸禮將終宜一獻酒且嫌加爵亦當三故不言加爵而言獻也加爵亦三者長兄弟加爵一衆賓長加爵二通利獻尸爲三合前主人主婦賓長三獻爲尸飲亦士祭事尸禮畢也云不致爵禮又殺也者賈疏云上長兄弟爲加爵不及佐食洗致如初無從注云不及佐食無從殺也此又不致故云又殺也

右佐食獻尸

主人出立于戶外西面事尸禮畢　疏　正義曰自此至設于西序下言尸出歸尸俎徹庶羞之事○校勘記云面唐石經亦作南張氏以意改爲面而李氏敖氏從之經義述聞云張改南爲面是也戶外西面者主人之位也故主人事尸禮畢事餐者禮畢皆出立于戶外西面面主人西面面故祝東面告利成與主人相嚮也唐

石經作南字之誤耳詩楚茨正義引此正作立于戶外西面又云特牲少牢皆西面謹案述聞之說是也詩孔疏亦作西面則張氏非臆改矣　注事尸禮畢詳上

祝東面告利成

利猶養也供養之禮成不言禮畢於尸聞之嫌

疏 正義曰禮經釋例云凡祭畢告利成士禮則祝主人立于戶外大夫禮則祝主人立于階上案特牲禮祭畢主人出立于戶外西南祝東面告利成西南當作西面又士虞禮祭畢祝出戶西面告利成注西面告告主人也是士禮告利成祝主人立于戶外也少牢禮祭畢主人出立于阼階上西面祝出立于西階上東面祝告曰利成有司徹不儐尸之禮祭畢主人出立于阼階上西面祝出立于西階上東面祝告于主人曰利成是大夫禮告利成祝主人立于階上也賈特牲疏云此戶外告利成少牢階上告利成以尊者稍遠于尸若天子諸侯禮畢于堂下告利成故詩楚茨云孝孫徂位工祝致告鄭云孝孫徂位堂下西面位也祝于是致孝孫之意告尸以利成鄭箋蓋以楚茨爲天子祭禮故賈引之證天子諸侯告利成在堂下也然則告利成之禮以于尸遠近爲差也又云案少牢特牲士虞皆告主人以利成鄭箋詩云告尸者孔氏正義以爲天子之禮今案特牲告利成主人戶外西面祝東面

士虞則主人東面祝西面反告也又特牲及有司徹不賓尸之禮皆于改饌爲陽厭後再告利成虞禮則改饌後不再告利成者亦癈祭略也少牢無陽厭故亦一告利成而已

尸謖祝前主人降 注謖起也前猶導也少牢饋食禮曰祝入尸謖主人降立于阼階東西面祝先尸從遂出于廟門前尸之儀士虞禮備矣

疏 正義曰注云謖起也者詳士虞禮云前猶導也者士虞注前導也凡導引者必在前故祝前爲尸導也盛氏云注引少牢者見其同也彼詳此略故引以爲證賈疏誤官氏云士虞禮尸出主人不降者如尸入堂上初位也少牢儐尸主人送于廟門外者如其出迎之初位也此尸入主人立于階下其出也當亦降立階下云前尸之儀士虞禮備矣者案士虞禮記云尸謖祝前鄉尸還出戶又鄉尸還過主人又鄉尸還降階又鄉尸降階還及門如出戶注云凡前尸之禮儀在此故此注以爲備也注士虞禮下當有記字

祝反及主人入復位命佐食徹尸俎俎出于廟門 俎所以載肵俎少牢饋食禮曰有司受歸之

疏 正義曰祝反送尸反也云及主人入則祝先可知復位各復室中之位徹尸俎徹以歸尸也官氏云必言俎出于廟

門者嫌如少牢正祭佐食徹肵俎仍降設于阼階南也
注云俎所以載肵俎者謂經言尸俎卽所載之肵俎也引
少牢者是少牢下篇不儐尸之禮彼經云佐食乃出尸俎
于廟門外有司受歸之證此徹尸俎亦有司受歸之也

徹庶羞設于西序下爲將餕去之庶羞主爲尸非神饌也
尙書傳曰宗室有事族人皆侍終日
大宗已侍於賓奠然後燕私燕私者何也已而與族人飲
也此徹庶羞置西序下者爲將以燕飲與然則自尸祝至
於兄弟之庶羞宗子以與族人燕飲於
堂內賓宗婦之庶羞主婦以燕飲於房
疏 正義曰敖氏云徹者亦佐食也
此先徹庶羞亦與大夫禮相變 注云爲將餕去之者以
室中將餕故徹去之設于堂上西序下也云爲庶羞主爲尸
非神饌也者以尸入三飯後乃設庶羞是主爲尸非神饌
故餕不用也云尙書傳曰者是酒誥傳文引之者證祭畢
有燕此徹置于西序下爲將燕也楚茨曰諸宰君婦廢徹
不遲諸父兄弟備言燕私毛傳云燕而盡其私恩鄭箋云
祭祀畢歸賓客之俎同姓則留與之燕所以尊賓客親骨
肉也是燕私之事也云然則自尸祝至於兄弟之庶羞宗
子以與族人燕飲於堂內賓宗婦之庶羞主婦以燕飲於
房者案經所言者係徹室中之庶羞鄭兼堂下房中之庶

羞言者見燕時男子之庶羞皆陳于堂婦人之庶羞皆陳于房也或謂燕當在廟後之寢不當在堂案以燕爲在寢者係楚茨孔疏解樂具入奏之說其實毛鄭皆無是義不得執以難鄭也

右尸出歸尸俎徹庶羞

筵對席佐食分簋鉶 爲將餕分之也分簋者分敦黍於會爲有對也敦有虞氏之器也周制士用之變敦言簋容同姓之士得從周制耳祭統曰餕者祭之末也不可不知也是故古之人有言曰善終者如始餕其是已是故古之君子曰尸亦餕鬼神之餘惠術也可以觀政矣

疏 正義曰自此至戶外西面言嗣子其長兄弟對餕之事凡餕士禮二人大夫禮四人詳少牢禮○敖氏云筵對席于神席爲少北張氏爾岐云筵對席者對尸席而設筵以待下餕也上餕坐尸席東向此在其東西向官氏云此時尸席與阼席俱未徹敖氏謂設席略近北是也 注云分簋者分敦黍於會爲有對也者士二簋畱一爲陽厭則餕止一簋今兩餕相對故須分以與之會敦蓋也敖氏云分簋鉶者以簋分簋實以鉶分鉶羹也褚氏云少牢之餕資黍于羊俎兩端此何嫌分黍于會乎敖說不

必從官氏云天子八簋簪以六諸侯六簋簪以四大夫四簋簪以二士二簋則其簪也一而已知所分爲黍者以少牢資黍泆之又上文尸親嘏摶黍而不及稷今案祭統以四簋黍孔疏云諸侯之祭有六簋以二簋留爲陽厭之用故以四簋簪特云黍者見其美以此疏推之則官氏之說皆是也又注但解分簋爲分黍于會不解分鉶者以兩鉶陽厭時不用則分與其一不須以他器分之敖氏引或說謂以兩鉶分與二簪是也但謂兩敦亦分與二簪則非矣知兩鉶陽厭不用者下陽厭時但云佐食徹尸薦俎敦不云鉶又少牢兩鉶簪時盡用之是不留以爲陽厭也云敦有虞氏之器也周制士用之變敦言簋容同姓之士得從周制耳者案明堂位有虞氏之兩敦夏后氏之四璉殷之六瑚周之八簋鄭注云皆黍稷器是敦爲虞制簋爲周制也此瑚及士昏諸篇多言敦是士用虞制矣或同姓之士得從周制用簋故變敦言簋耳少牢亦云敦則周制大夫士皆用敦也引祭統者證簪是施惠之事簪者簪尸之餘尸亦餕鬼神之餘故鄭注祭統廟中者境内之象也云鬼神之惠徧廟中如國君之惠徧竟內是可以觀政也

宗人遺舉奠及長兄弟盥立于西階下東面北上祝命嘗食

餕者舉奠許諾升入東面長兄弟對之皆坐佐食授舉各

一膚命告也士使嗣子及兄弟餕其惠不過族親也古文餕皆作餕 疏 正義曰遣舉奠及長兄弟盥爲將餕也立于西階下俟命也北上以嗣爲上尊繼體也命嘗食告之使餕也敖氏疑嘗食二字當在餕者之下惠氏棟云餕者謂長兄弟舉奠謂嗣祝命嘗食餕者及舉奠皆許諾褚氏亦云祝命嘗食爲句餕者舉奠許諾爲句餕者在舉奠之上此以昭穆爲序也升入升堂入室文王世子所謂登餕也盛氏又疑舉奠二字當在東面之上謂東面唯舉奠者今案下云長兄弟對之則東面自指舉奠可知盛說亦非也佐食授舉各一膚者李氏云餕者舉膚降于尸也褚氏云自歸尸外俎釋三个體骨已無存所存者膚而已官氏云俎釋三个將以改饌則授餕者唯膚耳尸俎三膚二餕各一禮經釋例云案此則膚亦謂之舉 注云命告也釋詁文云士使嗣子及兄弟餕其惠不過族親也者案祭統曰尸謖君與卿四人餕君起大夫六人餕大夫起士八人餕陳氏禮書云天子諸侯之餕自君以至百官而煇胞翟閽之吏皆與焉以明惠周于境內也大夫之餕二佐食二賓長而已以明惠及于臣也士之餕舉奠與長兄弟

而已以明止于其親也今案據文王世子則天子諸侯嗣子有餕禮祭統不言者官氏云文王世子以尊祖言祭統以施惠言其實嗣子當行餕禮也云古文餕皆作籑者說文籑具食也从食算聲饌籑或从巽段氏云論語先生饌馬云飲食也鄭作餕食餘曰餕案馬注者古論鄭注者校周之本以齊古讀正凡五十事其讀正者皆云魯讀爲某今从古此不云今从古則是从魯論作餕也何晏作饌从孔安國馬融之古論也據禮經特牲少牢注皆云古文籑作餕許書則無餕有籑饌字是則許于禮經从今文不从古文也但禮經之籑訓食餘而許籑饌同字訓爲具食則食餘之義無著且禮經言饌者多矣注皆訓陳不言古文作餕食餘之字皆作籑未有作饌者然則禮饌籑當是各字饌當獨出訓具食也籑餕當同出訓食餘也乃與禮經合若論語魯餕古饌此則古文假饌爲餕此謂養親必有酒肉旣食恆餕而未有原常情以是爲孝也又案禮記之字于禮經皆从今文而皆作餕疑儀禮注當云今文籑作餕胡氏承珙以段說爲是又云籑今作籑禮經各本皆作籑尤誤今案籑之本義爲具食古食餘之字亦作籑者字少假用也餕當是後人添製字段氏疑儀禮注當云今文籑作餕是矣而云許書有籑饌字于禮經从今文不从古

文是自岐其說也至謂禮經饌籑當是各字饌皆訓陳不言作餕食餘之字皆作籑籑未有作饌者則于禮經字例分析獨精鄭以籑字較古故从籑不从餕據說文籑从食算聲籑籑皆不成字當作籑爲是**主人西面再拜祝曰籑有以也兩籑奠舉于俎許諾皆荅拜**以讀如何其久也必有以也之以祝曰籑釋辭以戒之言女籑於此當有所以也以先祖有德而享於此祭其坐籑其餘亦當以之也少牢饋食禮不戒者非親眂也

疏 正義曰許諾兩籑應聲也舊說曰主人拜下籑席南

注云以讀如何其久也必有以也之以者今案毛詩作以傳箋亦作以字解此注亦俱作以以後人因下注有似先祖之德語遂將注內以字誤改作似唐以前已然故陸德明釋文云以依注音似又云或如字則當時所傳不一本有作以者有作似者故賈疏辨之云已上皆爲以爲似者誤也其解亦當以之也句云亦謂亦似其先祖者謂亦似其先祖以德非以似釋以也賈此疏極明析盧氏詳校不察于此而誤相致詰校勘記遂謂鄭此注引詩必作似亦屬想當然語無確據未可從嚴本及各本俱作以以當从以爲是或曰據注云讀如當易其字不當云以讀如以案段氏周禮漢讀考云注經之

例凡言讀如者擬其音讀爲者易其字此皆不用其本字如祝讀如注聯讀爲連是也凡有言讀如讀爲而仍用本字者如利讀如上思利民之利旃讀爲圎旃之旃此葢一字有數音數義故云讀如讀爲以別之也今此以字亦有數音數義故注以此經有以也之以讀與旃巳詩必有以也以字同此注云言女薹於此當有所以也者言女當思有所以也云以先祖有德而享於此祭其坐薹其餘亦當以之也者言先祖之享於此祭以有德故今女坐薹其餕亦當思以德也如此解文義本洽若謂詩原文作似字則義有難通矣云祝曰薹釋辭以戒之者言祝代主人釋辭戒薹以有以也云少牢饋食禮不戒者非親昵也者此嗣子與長兄弟是主人親昵彼少牢二佐食二賓長薹非主人親昵故不戒也方氏苞云特牲祝再戒薹者而少牢無之特牲之薹嗣子及長兄弟故主人與祝原祖考之意以戒之是也又少牢薹嘏主人特牲無之詳少牢禮引舊說曰主人拜下薹席南者證主人仍戶內西面之位也

若是者三丁寧戒之疏正義曰敖氏云三者總言之禮成於三郝氏云主人三祝二薹三諾三荅拜今案主人三祝是丁寧之意也

皆取舉祭食祭舉乃食祭鉶食舉食乃祭鉶禮殺疏

正義曰皆取舉者初佐食授舉兩餕受之及祝時負舉于
俎苔拜今拜訖復取舉于俎也郝氏云祭食祭飯也次祭
舉祭肉也乃食食飯也後祭鉶羹乃食舉祭皆畢而後食
肉也正祭時尸祭鉶乃食黍今餕先食飯乃祭鉶故注云
禮殺也敖氏云食食乃祭
鉶變于尸○兩餕者餕
卒食主人降洗爵宰贊一爵主人升酌酳上餕上餕拜受爵主人答拜酳下餕亦如之少牢
饋食禮曰贊者洗三爵酌主人受于戶內疏正義曰卒食
以授次餕舊說云主人北面授于餕爵餕者卒食也
上餕嗣子也下餕長兄弟也亦如之詳下○注引少牢者
證宰贊亦洗及主人受于戶內之事也姜氏兆錫云少牢
四爵故自洗一爵贊者洗三爵此二爵故自洗一爵贊者
洗一爵也少牢惟爵不拜受餘儀則如之引舊說者明此
授下餕爵
北面也**主人拜祝曰酳有與也如初儀**主人復拜爲戒
也與讀如諸侯
以禮相與之與言女酳此當有所與也與者與兄
弟也既知似先祖之德亦當與女兄弟謂教化之疏正義曰如
初儀謂兩餕許諾及祝之三也注云主人復拜爲戒也
者上經云酳下餕亦如之謂如酳上餕則下餕拜受爵主

人亦荅拜矣此復言主人拜是爲戒而拜也云與讀如諸侯以禮相與之與者此禮運文謂諸侯朝聘會盟以禮相化于讓也與字亦有數音數義故鄭讀此經之與如彼與字云言女酳此當有所與也者言女當思有所與也云與者與兄弟也者此兄弟謂衆兄弟及族親也云旣知似先祖之德亦當與女兄弟謂教化之者言上當以德似續先祖下當以德教化族人也所云似先祖之德者亦謂似先祖之以德非解以爲似後人多誤會注意耳**兩鬠執爵拜**荅主人也疏正義曰敖氏云此著其拜之異於上者也凡男子執爵拜皆左執之內則曰凡男拜尚左手王氏士讓云案凡奠爵拜而後執爵興者禮之常也此獨執爵以拜今案嗣舉奠亦左執觶再拜稽首**祭酒卒爵拜主人荅拜兩鬠皆降實爵于篚**疏正義曰兩鬠皆降實爵于篚敖氏云上鬠將酢乃亦實爵于篚者宐與下鬠共終其事今案據下注則下鬠降實爵卽復堂下兄弟之位上鬠亦降實爵于篚者以須更爵就洗也敖說未確○酳鬠者**上鬠洗爵升酌酢主人主人拜受爵**下鬠復兄弟位不復升也疏正義曰方氏苞云嗣子獨酢異日將代父承祀故用登餕受酳而獻

爵以昭敬養也少牢餕者不酢非嗣子故也蔡氏德晉云此祭禮之末一爵主人拜而受之善終者如始之義也

上餕卽位坐荅拜既授爵戶內乃就坐疏正義曰注云既授爵戶內乃就坐者以主人位在戶內故授爵于此也章氏平云經未有言坐荅拜者坐字疑衍今案郝氏以坐爲跪謂跪而荅拜是也跪而荅拜亦異于常禮古人坐跪通稱曲禮坐而遷之孔疏云坐亦跪也可證**主人坐祭卒爵拜上餕荅拜受爵降實于篚**疏正義曰上餕受主人虛爵降實于篚于是復阼階前子姓之位而餕禮畢矣○上餕酢主人**主人出立于戶外西面**事餕者禮畢疏正義曰張氏爾岐云愚于此節不能無疑嗣子子也主人拜祝拜酳拜受酢如事嚴賓然爲之子者何以安乎今案餕是食神惠之餘故主人愼重其禮而拜之初時拜祝拜酳係與兩餕爲禮不專拜嗣也至酢時則專與嗣爲禮而拜受爵拜卒爵主人且先拜焉宜足以致後儒之疑然聖人制禮有精意存焉未可以常情測也吳氏紱云父拜之爲行禮也冠禮見于母母拜之與此義同官氏云凡酌酒無不拜受者雖尸之尊猶然燕禮臣獻爵君亦拜受父子可推矣方氏苞云主人受

嗣子之餕而卒餕又拜者神惠之餘不可以子將之而有異也禮經釋例云尸餕鬼神之餘餕者又餕尸之餘故主人事餕者卒食酳酢略同事尸之禮但節文則殺耳合此諸說觀之可以得制禮之意矣

右嗣子長兄弟餕

卷三十五終

儀禮正義卷三十六　鄭氏注

績溪胡培翬學

祝命徹阼俎豆籩設于東序下命命佐食徹阼俎主人之俎宗婦不徹豆籩徹禮略各有爲而巳設于東序下亦將燕也

疏正義曰自此至告事畢言徹薦俎改設饌爲陽厭之事注云命命佐食者前主婦致爵主人時俎入設注云佐食設之故以此祝命徹爲命佐食徹之也釋官云周禮大祝曰旣祭令徹云阼俎主人之俎者阼是主位故謂主人之俎爲阼俎也云宗婦不徹豆籩徹禮略各有爲而巳者此豆籩亦主人之豆籩也前薦豆籩時主婦設之宗婦贊之今不使宗婦徹而使佐食併徹豆籩是其禮略也言各有爲者佐食爲主人徹薦俎宗婦爲主婦徹薦俎是各有爲也案詩楚茨曰諸宰君婦廢徹不遲鄭箋云諸宰徹去諸饌君婦籩豆而巳者彼係大略言之此則析言之且人君禮與士異也云設于東序下亦將燕也者前徹庶羞設于西序下注云爲將燕此徹主人之薦俎設于東序下與西序下相對故云亦爲將燕也敖氏云宗婦不徹之者以其改設于東序非

婦人之事也旣饎乃徹阼薦俎亦變於大夫禮

祝執其俎以出東面于戶西

俟告利成少牢下篇曰祝告利成乃執俎以出【疏】正義曰出出室也郝氏云祝自徹其薦俎出重神惠也　注云俟告利成者前事尸禮畢云祝東面告利成今此云東面于戶西故知俟陽厭畢告利成也時主人立於戶外西面云少牢下篇曰祝告利成乃執俎以出者有司徹下大夫不儐尸之禮改饌西北隅陽厭訖祝執其俎以出立于西階上東面司宮闔牖戶祝告利成乃執俎以出于廟門外有司受歸之案據下記祝告利成乃執俎以出于廟門外則上云祝執其俎以出乃出室也鄭引彼文者證告利成後乃出廟門此時未告利成則經所云出者亦是出室下經云祝告利成降出乃出廟門也

宗婦徹祝豆籩入于房徹主婦薦俎

宗婦旣竝徹徹其卑者士虞禮曰祝薦席徹入于房【疏】正義曰賈疏云宗婦不徹主人豆籩而徹祝豆籩入房者爲主婦將用之爲燕燕祝接神尸之類宜行神惠故主人以薦羞幷祝庶羞燕宗人于堂主婦以祝籩豆燕內賓于房　注云宗婦旣竝徹徹其卑者以宗婦旣徹祝豆籩竝徹主婦薦俎乃不使徹主人之豆籩是徹其卑者褚氏云注意以尊者之薦

俎不可與他人之薦俎竝徹也云士虞禮曰祝薦席徹入于房者薦卽豆籩引以證徹祝豆籩入房之事也敖氏云此所徹者皆置于房故宗婦得爲之不言席文省吳氏疑義云虞禮徹席此不言席故引以補之

佐食徹尸薦俎敦設于西北隅几在南厞用筵納一尊佐食闔牖戶降

厞隱也不知神之所在或諸遠人乎尸謖而改饌爲幽闇庶其饗之所以爲厭飫少牢饋食禮曰南面如饋之設此所謂當室之白陽厭也則尸未入之前爲陰厭矣曾子問曰殤不備祭何謂陰厭陽厭也【疏】正義曰張氏爾岐云室中未饎前先已徹去庶羞此時佐食又徹作俎豆籩祝自執其俎出宗婦又徹祝豆籩入房唯餘尸兩薦豆三俎各三个兩敦兩鉶自西南隅改饌于西北隅爲陽厭也今案經但云薦俎敦不云鉶明兩鉶饎時已俱用之又士兩敦饎用其一則改設者惟一敦張氏謂兩敦兩鉶似誤納一尊謂自堂納之於室亦改設也有司徹曰納一尊于室中彼注云陽厭殺無玄酒是陽厭用一尊也蔡氏德晉云不納玄酒之尊者以其初不用於神也今案虞祭陽厭不云納一尊者虞祭本設尊於室中故不改設也佐食後出故闔牖戶士虞禮曰贊闔牖戶彼注云鬼神尚

幽闇是也　注云厞隱也者詳士虞禮厞用席下此云厞
用筵筵亦席也云不知神之所在或諸遠人乎者郊特牲
文云尸謖而改饌爲幽闇庶其饗之所以爲厭飫者案郊
特牲云不知神之所在于彼乎于此乎言求神非一處故
正祭饌于奧尸謖又改饌於此冀其饗之而神厭飫也爲
幽闇者亦謂于厞用席也又引少牢者證彼陽厭南面此
東面也案少牢饋食禮云改饌豆籩于房中南面如饋之
設又有司徹不儐尸之禮云有司官徹饋饌于室中西北
隅南面如饋之設此所引者有司徹之文云少牢饋食禮
者有司徹卽少牢之下篇也禮經釋例云士虞禮陽厭几
在南注几在南變右文明東面不南面特牲陽厭亦云几
在南則士禮陽厭皆東面也少牢陽厭南面如饋之設則
大夫禮陽厭南面也若陰厭大夫與士皆東面矣云此所
謂當室之白陽厭也則尸未入之前爲陰厭矣併引曾子
問者案當室之白亦曾子問文鄭據彼文爲陽厭以決尸
未入之前爲陰厭也曾子問云孔子曰有陰厭有陽厭曾
子問曰殤不備祭何謂陰厭陽厭孔子曰宗子爲殤而死
庶子弗爲後也其吉祭特牲祭殤不舉肺無肵俎無玄酒
不告利成是爲陰厭凡殤與無後者祭于宗子之家當室
之白尊于東房是謂陽厭鄭注當室之白謂西北隅得戶

明者也明者曰陽孔疏以宗子之殤祭于室奧今祭凡殤乃于西北隅故云當室之白爾雅釋宮西北隅謂之屋漏詩疏引孫炎注云屋漏者當室之白日光所漏入是西北隅得戶明爲陽之義鄭此注云所謂當室之白卽謂曾子問文也又曾子問本作殤不祔祭鄭注云祔當爲備祭成人始設奠于奧迎尸之前謂之陰厭尸謖之後改饌於西北隅謂之陽厭殤則不備案鄭曾子問注巳破祔爲備故此注引之卽作備也曾子問又云攝主不厭祭鄭注厭厭飫神也厭有陰有陽迎尸之前祝酌奠奠之且饗是陰厭也尸謖之後徹薦俎敦設于西北隅是陽厭也此鄭論成人陰厭陽厭之禮卽儀禮諸篇所言者是也禮經釋例云凡尸旣出室之後改饌于西北隅謂之陽厭案特牲祭畢佐食徹尸薦俎敦設于西北隅几在南厞用筵納一尊佐食闔牖戶降此尸旣出室之後改饌于西北隅者也注以爲陽厭有司徹不儐尸之禮卒羞有司官徹饋饌于室中西北隅南面如饋之設右几厞用席納一尊于室中司宮埽祭主人出立于阼階上西面祝執其俎以出立于西階上東面司宮闔牖戶注此於尸謖改饌當室之白孝子不知神之所在庶其饗之於此所以爲厭飫此皆吉祭之陽厭也士虞禮尸謖祝前尸出戶祝反入徹設于西北隅如

其設也几在南厞用席祝薦席徹入于房祝自執其俎出贊闔牖戶注改設饌者不知鬼神之節改設之庶幾歆饗所以爲厭飫也此虞祭之陽厭也若少牢儐尸之禮則不陽厭詳有司徹又云鄭氏陰厭陽厭之說自孔賈以來無異辭至宋陸氏佃忽起而非之元吳氏澄又從而和之陸氏之言曰成人之祭無陰厭陽厭吳氏之言曰厭祭之名不施於正祭敖氏繼公儀禮集說遂因之近萬氏斯大亦主其論竊以爲皆非也考曾子問云殤不備祭何謂陰厭陽厭夫殤不備陰厭陽厭則成人之祭有陰厭陽厭可知矣曾子問又云攝主不厭祭夫攝主無厭祭則正祭有厭祭可知矣陳氏祥道曰夫尸以象神也厭以飫神也殤之有厭爲無尸也正祭有厭爲尸不存也陰厭尊有玄酒陽厭納一尊而已陰厭備鼎俎陽厭俎釋三个而已適殤陰厭其禮詳庶殤陽厭其禮略也此數語取鄭注未發之義引而申之蓋有孔賈所不及者矣江氏筠云曾子問曰殤不備祭何謂陰厭陽厭正謂唯備祭乃備斯二者耳卽孔子分宗子殤與凡殤言之亦見於二者各有其一未嘗謂成人之祭無此也況曾子問明有攝主不厭祭之文其厭字將何解乎褚氏寅亮云案曾子問孔子曰有陰厭蓋指宗子爲殤者有陽厭蓋指凡殤言之曾子誤會以爲惟成

人之祭則迎尸前有陰厭禮迎尸後有陽厭禮此備禮也殤不備禮何得陰厭陽厭俱有故又疑而問孔子仍分別荅之言陰厭陽厭各有所指非一殤兼兩厭也觀此問荅則成人之祭陰厭陽厭俱有明矣而宗子爲殤之陰厭與凡殤之陽厭俱因成人之祭之陰厭陽厭而名之也又明矣故注以奧之祭爲陰厭改設之饌爲陽厭也且前之告利成事尸禮畢也此又告利成陽厭而事神禮畢也否則此告爲贅矣陸氏吳氏敖氏俱不主陽厭之說未解其故今案諸說申鄭義詳矣金氏禮箋又據襍記有父母之喪尚功衰而附兄弟之殤則練冠附於殤稱陽童某甫注云陽童謂庶殤也宗子則曰陰童童謂陰厭陽厭以陰童陽童得名不繫於所祭之地案陰童之稱唯見於注陰厭陽厭之稱自古有之是陰童陽童正由祭以陰厭陽厭得名也否則童何分於陰陽乎且曾子問云當室之白是爲陽厭明是據所祭之地名之金說未確餘互詳前陰厭下

祝告利成降出主人降卽位宗人告事畢【疏】正義曰鄉告利成事尸禮成而已此則事神禮成故復告也盛氏云告不言東面文省耳主人卽位卽堂下西面位也

右改饌陽厭

賓出主人送于門外再拜拜送賓也凡去者不荅拜疏正義曰門外大門外也官氏云宗人告有司具則於廟門外位所以詔入也此告事畢則於堂下位所以詔出也**佐食徹阼俎堂下俎畢出**記俎出節兄弟及衆賓自徹而出唯賓俎有司徹歸之尊賓者疏正義曰盛氏云阼俎主人之俎前已徹設于東序下至是復徹而藏之鄉飲酒記云主人之俎以東是也主人之俎旣徹於是在庭之俎皆出矣先儒以上文祝命徹阼俎與此合爲一事未安今案上經祝命徹阼俎賈疏云祝命徹阼俎時堂下俎畢出又退在下者欲見先徹室內俎乃徹堂下是其誤自賈疏始盛氏正之是矣葢前徹主人以下之薦俎于室外西尸薦俎敦以爲陽厭此則堂上堂下之俎竝徹故復言徹阼俎與前之徹設于東序下者異也畢出出廟門也　注云記俎出節者謂以徹阼俎爲衆俎出之節非謂記上事也賈疏葢緣注記字致誤儀禮經皆依事序次不比記文有補記之法敖氏云阼俎執事俎之最尊者故其出也以之爲節其說是也至謂賓長亦自執俎出則非注云兄弟及衆賓

自徹而出唯賓俎有司徹歸之尊賓也李氏云賓出主人拜送明賓不自徹也出禮曰凡祭於公者必自徹其俎鄭注大夫以下或使人歸之孔疏言大夫以下自祭其廟則使人歸賓俎故曾子問云攝主不歸俎明正主則歸也褚氏云賓俎有司徹歸之不自執以出當遵注

右禮畢賓出

記

特牲饋食其服皆朝服玄冠緇帶緇韠於祭服此也皆者謂賓及兄弟筮日筮尸視濯亦玄端至祭而朝服朝服者諸侯之臣與其君日視朝之服大夫以祭命賓兄弟緣孝子欲得嘉賓尊客以事其祖禰故服之緇韠者下大夫之臣夙興主人服如初則固玄端 疏 正義曰其服謂賓兄弟助祭者之服也朝服者十五升緇布衣而素裳詳士冠禮但士冠先言玄冠此先言朝服者朝服玄端首皆服玄冠此記人欲分別助祭者所服之異以朝服與下玄端對故先言之賈疏謂退玄冠在朝服下欲令近緇色非矣 注云於祭服此

也者謂惟正祭時服之非正祭時則不服朝服故注又云筮日筮尸視濯亦玄端至祭而朝服也云皆者謂賓及兄弟者以下云尸祝佐食玄端故知記云皆朝服者指賓兄弟言之也鄭知筮日筮尸視濯亦玄端者賈疏云上經云筮日主人冠端玄子姓兄弟如主人之服有司羣執事如兄弟服筮尸云如求日之儀至於視濯又不見異服故知皆玄端也云朝服者諸侯之臣與其君日視朝之服大夫以祭者案天子視朝服皮弁服諸侯視朝服朝服玉藻曰諸侯朝服以日視朝於內朝是也少牢祭日主人朝服是大夫以祭也云今賓兄弟緣孝子欲得嘉賓尊客以事其祖禰故服之者解賓兄弟不與主人同服玄端而服朝服之義也禮經釋例云大夫祭用朝服士祭用玄端者大夫尊而士卑也士助祭者亦用朝服攝盛也官氏云卿大夫士助祭之服視祭於己之服皆加一等故士之賓兄弟亦如之今案襍記云大夫冕而祭於公弁而祭於己士弁而祭於公冠而祭於己是助祭之服盛於自祭之服也云緇韠者下大夫之臣者士冠禮朝服緇帶素韠鄭以大夫之臣蓋素韠此緇韠故爲下於大夫之臣也敖氏云朝服用玄端之衣冠皮弁之裳故次於皮弁而尊於玄端緇韠者其別於大夫助祭之賓歟禮經釋例云敖氏之說較注加

詳蓋朝服雖緇韠亦素裳若裳與韠同色則玄端非朝服
矣云夙興主人服如初則固玄端者鄭恐人疑主人亦朝
服也或以記皆字兼主人言之謂士祭朝服與大夫同任
氏大椿辨之云記補經文之未具此經於筮日云主人冠
端玄於正祭日云夙興主人服如初則主人祭服玄端經
有明文矣其餘助祭經無明文記云皆朝服者專據經無
明文者言之

唯尸祝佐食玄端玄裳黃裳襍裳可也皆爵
也其說是矣
韠與主人同服周禮士之齊服有玄端素端

〔疏〕正義曰記
然則玄裳上士也黃裳中士襍裳下士 上云皆朝
服嫌尸祝佐食亦在朝服之列故復言玄端以別之唯之
言獨也祭時服玄端者獨尸祝佐食耳餘助祭者皆朝服
也士虞記曰尸服卒者之上服注云上服者如特牲士玄
端也祝佐食亦玄端者敖氏云以其事尸於室尤爲近之
故服玄與尸同李氏云可也者惟其所當服服之盛氏云
不言冠與帶者以其與朝服同玄冠緇帶也禮經釋例云
素裳白屨則爲朝服玄裳黃裳襍裳黑屨則爲玄端餘皆
同也陳氏祥道解朝服玄端與鄭異不可從今案玄端爵
韠詳士冠禮此言皆者謂裳有三而韠則一也注云與
主人同服者謂同服玄端記不言主人者以經文已詳故

也云周禮士之齊服有玄端素端者司服職文引之者證士齊祭同服玄端也彼注云士齊有素端者亦爲札荒有所禱請變素服言素端者明異制賈疏謂素端於此經無所當連引之耳是也金氏榜云周官司服其齊服有玄端素端文承公侯伯子男及孤卿大夫士不專主於士襍記子羔襲五稱爲大夫禮其襲有素端一又公襲有玄端一玉藻玄冠丹組纓諸侯之齊冠也玄冠綦組纓士之齊冠也諸侯與士皆服玄冠齊然則齊服玄端素端自諸侯達於士一也今案金說似是云玄裳上士黃裳中士襍裳下士亦詳士冠禮

右記祭時衣冠

設洗南北以堂深東西當東榮榮屋翼也**水在洗東**祖天地之左海（疏）正義曰以上俱詳士冠禮及少牢禮**篚在洗西南順實二爵二觚四觶一角一散**順從也言南從統於堂也二爵者謂賓獻爵止主婦當致也二觚長兄弟酬衆賓長爲加爵二人班同宜接並也四觶一酌奠其三長兄弟酬賓卒受者與賓弟子兄弟弟子舉觶於其長禮殺事相接禮器曰貴者獻以爵

賤者獻以散尊者舉觶卑者舉角舊說云爵一升觚二升觶三升角四升散五升 疏 正義曰篚以實酒器三禮圖云士冠禮篚實勺觶角柶注云篚竹器如笭者少牢禮亦云勺爵觚觶實于篚又鄉飲酒記云上篚有三爵初主人獻賓及介又獻衆賓獻酬訖乃以爵奠于上篚又于上篚取他爵獻工與笙訖乃奠爵于下篚或有大夫來乃于上篚取大夫爵而獻大夫訖亦奠于上篚又燕禮大射君臣異篚其單言篚者臣篚也言膳篚者君篚也注云膳篚者君象觚所饌也又有玉幣之篚又士虞禮有盛會之篚又引舊圖云篚以竹爲之長三尺廣一尺深六寸足高三寸如今小車笭今案說文篚止作匪段氏說文注云匪篚古今字又云漢書作棐應劭曰棐竹器也方曰箱隋曰棐隋者方而長也又案三禮圖謂篚有蓋以儀禮諸篇考之似未確篚之設常在洗西姜氏兆錫云惟大射洗在獲者之尊西北篚在南以祭侯而異士虞洗在西階篚在東以反吉而異凡篚所以與洗相連者洗以滌爵觶之屬而篚以盛之也其篚有與設尊相連者取爵觶之屬于篚以洗之則酌酒于尊以獻酢酬故也禮經釋例云凡堂上之篚在尊南東肆凡堂下之篚設于洗西南肆 注云順從也言南從統於堂也者順從詳前設篚在堂下洗西篚自北

而南直陳之故云統於堂也云二爵者謂賓獻爵止主婦當致也者此以下鄭解篚中實爵觚等之用也主婦當致係倒文謂當致爵于主婦蓋賓獻爵止時主婦先致爵于主人有房中之爵至主人致爵于主婦經云主人降洗酌明降取堂下篚爵李氏云賓獻尸之爵止主人當致爵于主婦故爵二是也云二觚長兄弟酬衆賓長爲加爵二人班同宜接並也者李氏云長兄弟與衆賓長班同接並爲加爵宜各用一觚故觚二是也敖氏則云二觚者長兄弟以觚爲加爵因以致于主人主婦旣則更之以酢于主人也吳氏疑義申之云長兄弟衆賓長兩加爵以次先後遞行非一時並進何必二觚據敖說是加爵一觚更之又一觚故觚有二也今案敖說似亦可通但謂衆賓長加爵用觶爲四觶之一則非禮經釋例云經曰長兄弟洗觚爲加爵則衆賓長爲加爵亦當用觚注說是也觚卑于爵觶卑于觚角散又卑于觶故燕禮代君爲主人之獻酢用觚獻于正賓主之獻酢用爵也酬旅酬無算爵用觶又殺于獻酢之用爵觚也據此則觶不當用之於加爵明矣云四觶一酌奠其三長兄弟酬賓卒受者與賓弟子兄弟弟子舉觶於其長禮殺事相接者李氏云長兄弟酬賓之觶未奠於篚賓弟子及兄弟弟子巳各舉觶於其長其一觶酌奠

於鉶南故觶四盛氏云四觶之用當以注說爲正葢一觶奠於神席前餘三觶在其一主人以之酬賓賓奠於薦南尙餘二觶其一兄弟弟子舉之於長兄弟長兄弟奠於薦北只餘一觶及賓舉薦南之觶以酬長兄弟辯卒受者奠于篚篚中仍有二觶及長兄弟舉薦北之觶以酬賓未辯而賓弟子兄弟弟子又各舉觶於其長則二觶盡用矣此其所以爲四也今案李氏盛氏申鄭義謂長兄弟之觶未辯未奠于篚而賓弟子兄弟弟子已各舉觶於其長卽注所謂禮殺事相接也賈疏牽引加爵誤盛氏又云一角主人所以獻尸卽經云主人洗角升酌酳尸是也又云一散佐食所以獻尸卽經云利洗散獻于尸是也引禮器曰貴者獻以爵賤者獻以散尊者舉觶卑者舉角者證爵觶尊于角散之義也又引舊說云爵一升觚二升觶三升角四升散五升者以五者大小經記無明文故以舊說證之也

案韓詩外傳與禮舊說亦同孔賈各疏引異義今韓詩說一升曰爵爵盡也足也二升曰觚觚寡也飲當寡少三升曰觶觶適也飲當自適也四升曰角角觸也飲不能自適觸罪過也五升曰散散訕也飲不能自節爲人所謗訕也總名曰爵其實曰觴觴者餉也觥亦五升所以罰不敬觥廓也所以著明之貌君子有過廓然明著非所以餉不得

名觴古周禮說爵一升觚二升獻以爵而酬以觚一獻而三酬則一豆矣食一豆肉飲一豆酒中人之食毛詩說觥大七升許慎謹案周禮云一獻三酬當一豆若觚二升不滿一豆矣又觥罰不過一一飲而七升爲過多當謂五升鄭駁之曰周禮獻以爵而酬以觚觚寡也觗字角旁著氏汝潁之閒師讀所作今禮角旁單古書或作角旁氏則是與觚相涉學者多聞觚寡聞觗寫此書亂之而作觚耳又南郡太守馬季長說一獻三酬則一豆豆當爲斗與一爵三觶相應陳氏壽祺五經異義疏證云說文觶受四升又云觴受三升者謂之觚是與韓詩說異也異義引古周禮說觚二升二當爲三禮器正義所載乃傳寫之誤周禮梓人明云爵一升觚三升賈疏引異義而云古周禮亦與韓詩說同則賈所見異義觚三升之三字已譌爲二矣許君謹案曰周禮一獻三酬當一豆若觚二升不滿一豆此許從周禮說以辨韓詩說之非也鄭君注周禮梓人則云觚豆字聲之誤觚當爲觶豆當爲斗蓋以豆實四升一獻三觚酬適當一斗不得爲豆也注禮器云凡觴一升曰爵二升曰觚三升曰觶四升曰角五升曰散此鄭從韓詩說也梓人疏曰禮器制度云觚大二升觶大三升故鄭從二升觚三升觶駁異義以一爵三觶爲一斗是鄭謂周禮與韓詩

說同汪訓導云許謂觚二升不滿豆是已讀豆爲斗鄭以
三升是觶非觚周禮觚乃觗之誤故駁之今案鄉飲酒鄉
射記云獻用爵其他用觶燕禮大射膳宰爲主人則獻用
觚不用爵特牲加爵亦用觚不用爵是觚次于爵此記亦
列觚于爵後觶前禮以小爲貴則觶大于觚明矣故鄭此
注從舊說及洋禮器皆以二升爲觚三升爲觶是其大小
之制也至其爲之或以角或以木說文觵兕牛角可以飲
者也觥俗觵从光段氏注云案凡觵觶觴觚字皆从角玫
工記飲器爲于梓人梓人者攻木之工也飲器惟觵多連
兕言許云兕牛角可以飲是以兕角爲之其他不以角爲
而字从角者蓋上古食鳥獸之肉取其角以飲飲之始也
故四升曰角猶仍角名而觚觶字从角歟今案詩卷耳我
姑酌彼兕觥孔疏引禮圖云以兕角爲之先師說云刻木
爲之形似兕角蓋無兕者用木也推此以言則爵觚之等
有以角爲有以木爲者矣士喪禮有角觶燕禮亦有角觶
蓋以角爲之士虞禮有廢爵足爵繶爵注云爵無足曰廢
爵又云繶爵口足之聞有篆又彌飾是爵有飾矣天子諸
侯或飾以玉象燕禮有象觚注云象觚觚有象骨飾也又
有象觶周禮祭統有玉爵瑤爵明堂位爵用玉璣仍雕加
以璽散璽角鄭注仍因也因爵之形爲之飾也散角皆以

璽飾其口也是天子諸侯飾以玉象矣說文爵禮器也象雀之形取其鳴節節足足也祭統尸酢夫人執柄夫人受尸執足孔疏爵爲雀形以尾爲柄程氏瑤田通藝錄云爵前有流喙也腦與項也胡也後有柄尾也容酒之量其口左右侈出者翅也近前二柱聳翅將飛貌也其量腹也腹下卓爾鼎立者其足也古爵之存於今者驗之兩柱拄眉而酒盡古經立之容不能昂其首也不昂首而實盡取節於兩柱之拄眉梓人所謂鄉衡者如是今案各書多詳爵之形而他少傳焉據韓詩說爵觚觶角散總名曰爵然則五者其量所受有大小而其形制則一歟禮經釋例云凡酌酒而飲之器曰爵爵爲統名其別曰爵曰觚曰觶曰角曰散相對有異散文則通皆曰爵也祭統以散爵獻士散亦名爵是可證其制之同矣

壺棜禁饌于東序南順覆兩壺焉蓋在南明日卒奠冪用綌即位而徹之加勺覆壺者盝瀝水且爲其不宜塵冪用綌以其堅潔禁言棜者祭尚厭飫得與大夫同器不爲神戒也

疏正義曰棜禁所以庪壺者經但云壺禁在東序不言棜又不詳陳設之法故記補之兩壺一以盛酒一以盛玄酒皆虛壺南順義詳前蓋在南壺覆不用也此饌于東序

在祭之前夕故以祭日爲明日李氏云卒奠酌奠奠于鉶南時卽位尸卽席坐時鄉飲酒賓至徹冪盛氏云明日卒奠謂祭日尊于戶東之時也仰置壺于棜上實之以其奠壺之事至是而成故曰卒奠吳氏廷華云卒奠謂實之竝奠於其所也乃用冪官氏云加勺而後祝取以酌奠在尸入之先此卽位當指主人入卽位時也今案李氏以賓至徹冪爲證案鄉飲酒賓未至無酌酒之事此尸未入卽酌奠則不得以彼證此矣盛氏吳氏官氏之說似長盛氏又酌引少牢禮主人出迎鼎先入司宮乃啟二尊之蓋冪奠于棜上加二勺于二尊覆之南枋謂其節與此同是也但少牢先云主人朝服卽位于阼階東西面乃云主人出迎鼎主人先入則當如官氏所云入卽位時盛氏謂卽位爲主人及賓以下卽位于門外時非矣　注云覆壺者盝瀝水且爲其不宐塵者爾雅釋詁盝竭也盝通作漉方言盝涸也廣雅盝盡也涸盡皆竭也又通作漉廣韻云盝去水也竭也或作漉月令毋漉陂池釋文漉竭也然則盝瀝水者謂瀝之使水竭盡也郝氏云倒置棜上曰覆張氏爾岐云倒置其壺口下腹上以漉滌濯之水且免塵坌是也云冪用綌以其堅潔者有冪以禦塵則潔綌麤葛物麤則堅故云以其堅潔也敖氏云旣奠乃冪之則未酌以前用葢歟

是以蓋與冪爲二物張氏爾岐則云蓋卽綌冪未奠不設冪卒奠乃設之二說不同似張說是詳大射儀蓋冪下云禁言棜者祭尙厭飫得與大夫同器不爲神戒也者王藻大夫側尊用棜士側尊用禁鄭注棜斯禁也無足有似於棜是以言棜據此則棜卽斯禁無足禁有足二者別也儀禮諸篇承尊之器或言棜與斯禁或言禁義各不同少牢禮司宮尊兩甒于房戶之閒同棜注棜無足禁者酒戒也大夫去足改名優尊者若不爲之戒然鄉飲禮尊兩壺于房戶閒斯禁注云斯禁禁切地無足者賈疏斯澌也澌盡之名故知切地無足鄉射禮尊于賓席之東兩壺斯禁注與鄉飲禮同禮器孔疏云鄉飲酒兩壺斯禁是大夫用斯禁也鄉射是士禮而用斯禁者以禮樂賢從大夫也是大夫承尊之器用棜也士用冠禮若不醴則醮用酒尊于房戶之閒兩甒有禁注云禁承尊之器也名之爲禁者因爲酒戒也士昏禮尊于室中北墉下有禁注禁所以庪甒者是士承尊之器用禁也他如用醴不用酒則無禁士虞禮兩甒醴酒酒在東經亦云無禁者喪不設戒也又如此篇經云棜在其南是實獸之棜旣夕記設棜于東堂下是承饌之棜其制皆與承尊之棜略別詳前棜在其南下是士承尊之器無名棜者此記獨名棜禁故注以祭尙厭飫得

與大夫同器不爲神戒釋之據注云得與大夫同器則已
實爲棜制矣葢禁之名所以爲生人飲酒戒若喪祭用以
奠神不取禁戒之義故大夫承尊之器本名棜少牢祭祀
仍其本名而於鄉飲鄉射飲酒時則變名斯禁兼存戒義
然不專以禁名示別於士之用禁也士承尊之器本名禁
士冠士昏飲酒仍其本名而於特牲祭祀時則變爲棜禁
示不爲戒然仍存禁之名以別於大夫之名棜也此篇經
云壺禁在東序則仍名禁記兼言棜明其實也此儀禮諸
篇稱名之異乃其義之至精者玉藻大夫側尊用棜士側
尊用禁鄭本禮經言之也禮器有以下爲貴者天子諸侯
之尊廢禁大夫士棜禁鄭注廢猶去也棜斯禁也謂之棜
者無足有似於棜或因名云耳大夫用斯禁士用禁如今
今方桉隋長局足高三寸孔疏棜長四尺廣二尺四寸深
五寸無足赤中畫青雲氣菱苕華爲飾禁長四尺廣二尺
四寸通局足高三寸漆赤中青雲氣菱苕華爲飾刻其足
爲褰帷之形也云禁如今方桉隋長局足高三寸者據漢
禮器制度而知是棜無足禁有足也○禮器注今本多作
士用棜禁不疊禁字張氏敦仁禮記鄭注考異云案正義
解經云大夫士棜禁者謂大夫用棜士用禁士解注云玉藻
云士用禁又士冠禮士昏禮承尊皆用禁是士用禁也據

此則其本注作士用禁無棜字而賈氏鄉飲疏引仍作士用棜禁且云故禮器大夫士總名爲棜禁云云是賈本有士棜字也蓋當時兩本竝行耳今案張氏謂孔正義本作士用禁無棜字是矣但據正義出注云禁如今方按隋長局足高三寸則士用禁下當疊禁字此注孔本是而賈本非禮器本云以下爲貴天子諸侯之尊去禁下矣大夫用棜較之去禁者已高然猶無足也士用禁有足則又高矣若如賈云大夫士總名棜禁是高下不分非經意也且玉藻明云大夫側尊用棜士側尊用禁若云士用棜禁不與玉藻之文顯背乎又鄭注明云棜無足若作士用棜禁則所云局足高三寸者不與棜無足之說自相戾乎又鄭注云棜斯禁也若作棜禁則與斯禁爲一物鄭何必分別大夫士之用乎蓋注士用棜禁棜字本爲禁字之譌鄭云大夫用斯禁士用禁下疊禁字乃言禁之形制與斯禁異耳若不疊禁字則注不可讀矣賈疏因此記有棜禁之名遂承用譌本以爲士用棜禁不知士冠昬諸篇但言禁不言棜也又賈鄉飲疏謂禁是定名言棜者是其義稱又謂不敢與大夫同名斯禁作記解注故云士用棜禁種種謬說違背經注貽誤後人不可以不辨衛氏禮記集說引注正疊禁字但衍棜字亦承賈之誤耳

籩巾以綌

也纁裏棗烝栗擇簻有巾者果實之物多皮核優尊者可烝裹之也烝擇互文舊說云纁裏者皆玄被【疏】正義曰巾所以覆簻也士喪禮簻用布巾此以綌爲之與喪禮異故記之也敖氏云簻用巾謂旣實而陳之之時也及將設則去之也　注云簻有巾者果實之物多皮核優尊者可烝裹之也者旣夕記云凡簻豆實具設皆巾之是簻豆皆有巾但簻盛乾物或無巾故言有巾爲優也果實多皮核必烝裹乃可食此設巾以禦塵爲可烝裹之上主婦亞獻尸及致爵主人皆設兩簻棗栗賈疏云栗多皮棗多核云烝擇互文者謂棗烝亦擇栗擇亦烝烝之使熟可食擇去其蟲傷及塵垢內則棗曰新之栗曰撰之鄭注皆治擇之名是也聘禮夫人勞賓棗烝栗擇士虞記簻實棗烝栗擇與此同士喪禮大斂奠栗不擇鄭注士虞記云棗烝栗擇則豆不揭簻有藤也是烝擇爲吉時事也引舊說云纁裏者皆玄被者被表也鄭以言裏必有表故引舊說以證之也禮經釋例云據舊說是簻巾亦有裏如笲與竹簋方矣今案士昏禮記云笲緇被纁裏聘禮夫人使下大夫勞以二竹簋方玄被纁裏緇與玄亦同故舊說云皆玄被據此言也但鄭注昏禮記云笲有衣者婦見舅姑以飾爲敬又聘禮竹簋方有蓋則是笲之緇被纁裏竹

簋方之玄祓纁裏乃是飾之于內外非覆之于上者與籩之用巾似別也敖氏云此巾云纁裏則是凡巾皆複爲之矣亦存以俟考

鉶芼用苦若薇皆有滑夏葵冬荁

苦苦荼也荁堇屬乾之冬滑於葵詩云周原膴膴堇荼如飴今文苦爲苄苄乃地黃非也【疏】正義曰注如飴下毛本有云字衍嚴徐集釋通解楊氏俱無○解已詳公食禮記

棘心匕刻

刻若今龍頭【疏】正義曰詩大東有饛簋飧有捄棘匕毛傳匕所以載鼎實禮經釋例云此匕在簋飧之下疑爲匕飯之匕今案喪祭用桑匕吉祭用棘匕則吉祭匕飯匕牲體之匕同用棘可知又有匕湆之匕見有司徹郝氏云棘心棘木心赤今案刻者刻爲龍頭之形明堂位有龍勺亦謂刻爲龍頭餘詳少牢禮

牲爨在廟門外東南魚腊爨在其南皆西面

饎爨在西壁

饎炊也西壁堂之西牆下舊說云南北直屋梠稷在南【疏】正義曰牲爨亨豕之爨也記以經但云亨于門外東方不分別豕魚腊之次又云主婦視饎爨于西堂下恐人以饎爨爲在西堂之南故特明之吳氏廷華云經云東此增南字爲魚腊爨之準也注云梠卽宇也賈疏曰爾雅釋宮曰檐謂之樀孫氏云謂屋

梠周人謂之梠齊人謂之檐餘詳前主婦視饎爨下**肵俎心舌皆去本末午割之實于牲鼎載心立舌縮俎**午割從橫割之亦勿沒立縮順其牲心舌知食味者欲尸之饗此祭是以進之【疏】正義曰凡肵俎皆先載心舌于其上記因經未言載法故特明之心舌皆去本末切之使正也牲鼎豕鼎也敖氏云既實牲體于鼎乃制此而實之于其上載謂載于肵俎蔡氏德晉云心則立于俎內舌則順俎而直設之此載心舌之法也　注云午割從橫割之亦勿沒者一從一橫曰午謂四面皆嚮中割之不絕中央少許爲勿沒少牢篇云午割勿沒此云亦者亦少牢文也云立縮順其牲者謂心立載之舌縮載之心可立舌不可立是順其牲也陳氏祥道云士之肵俎立舌而不立心大夫之肵俎立心而不立舌士之載縮俎則於俎爲縮於人爲橫大夫之載橫之則於俎爲橫於人爲縮今案陳說誤也以此記及少牢考之心皆立舌有縮有橫皆不立也此記云載心立舌縮俎載字微逗心立與舌縮對謂心立俎舌縮俎縮非立也陳氏蓋誤讀立舌爲句耳少牢云佐食上利升牢心舌載于肵俎心皆安下切上午割勿沒其載于肵俎末在上注安平也平割其下於載便也案末在上是立也平

割其下亦爲可立載也又云舌皆切本末亦午割勿沒其載于胙橫之是士與大夫之胙俎心皆立舌有縮有橫皆不立也特牲云縮少牢云橫皆據俎言之賈疏謂彼據俎爲橫此據人爲縮亦非也云心舌知食味者欲尸之饗此祭是以進之者胙俎專爲尸設凡尸胙食肺脊之屬皆加其上所以必先載心舌而進之者以心舌知食味進之欲尸之饗之且不以虛俎進耳敖氏云心舌當牲體之中爲內體之貴者故專以進尸

賓與長兄弟之薦自東房其餘在東堂東堂東夾之前近南

疏正義曰敖氏云經惟云豆籩鉶在東房蓋主于尸者也此又見賓與長兄弟之薦則祝主人主婦之薦亦在東房矣賓賓長也其餘次賓次兄弟而下方氏云長賓長兄弟薦于階上則陳于東房爲便其餘設階下則陳于東堂爲便不言祝主人主婦者階上之薦尚出自東房況薦於室中者乎○注詳前几席兩敦在西堂下

右記器具品物陳設之法

沃尸盥者一人奉槃者東面執匜者西面淳沃執巾者在

匜北匜北執匜之北亦西面每事各一人淳沃稍注之今文淳作激宗人東面取巾振之

三南面授尸卒執巾者受宗人代授巾庭長尊疏正義曰此記沃尸盥面位與少牢士
虞各有同異少牢經曰尸入門左宗人奉槃東面于庭南
一宗人奉匜水西面于槃東一宗人奉簞巾南面于槃北
乃沃尸盥于槃上卒盥坐奠簞取巾興振之三以授尸坐
取簞興以受尸巾士虞經曰尸入門淳尸盥宗人授巾記
曰淳尸盥執槃西面執匜東面執巾在其北東面宗人授
巾南面少牢沃盥之法經詳言之士虞經不詳故記補之
此篇經亦但云尸入門左北面盥宗人授巾故記詳言之
也沃尸盥者一人據注是言沃尸盥者每事各一人吳氏
廷華以此句與下爲目是也但吳又云此授巾與執巾爲
二人合上三人共五人多於少牢禮二人疑誤因謂宗人
即執巾者其說非盖奉槃一人執匜淳沃一人執巾一人
合之宗人授巾爲四人多於少牢一人與士虞記同所以
然者大夫位尊官備故皆以宗人爲之一一宗人奉槃一宗
人奉匜水一宗人奉簞巾即授巾共三人士位卑官少不
過一宗人故奉槃執匜執巾皆使執事者爲之士虞禮注
云沃尸盥者賓執事者是也不使執巾者授巾而使宗人

儀禮正義卷三十六特牲三 四

授巾者鄭前注以爲執巾者賤宗人庭長尊又注士虞記云執巾不授巾卑也是也宗人授巾不卽使之執巾者以執槃執匜執巾事相類當以班同者爲之故不使宗人執巾而特使之授巾以重其事敖氏謂爲尊尸是也執匜者西面淳沃吳氏引或說謂當爲一句其說是左傳云奉匜沃盥是執匜者卽沃盥之人非沃尸盥者又別有一人也敖氏云振之三爲去塵敬也宗人授巾尊尸也卒謂已挩手受巾亦以簞引少牢坐取簞興以受尸巾爲證葢授尸以手受尸以簞與少牢同士虞記不言者文不具至其授之皆南面者以尸入門北面盥也然特牲少牢皆奉槃者東面執匜者西面士虞則執槃西面執匜東面者禮經釋例以爲虞祭反吉是也又此記執巾者在匜北鄭謂在執匜者之北亦西面者是以下宗人東面取巾故知執巾者亦西面也士虞則執巾在執匜之北東面亦反吉也此諸篇各有同異也云淳沃稍注之者單言淳與沃同鄭注內則考工記云淳沃也士虞淳尸盥注亦云淳沃也此連言之云稍注者官氏云盛水于匜稍稍下其流注于手謂之淳沃郝氏云澆灌曰沃細瀉曰淳葢由鄭義而引申之說文沃漑灌也段氏云自上澆下曰沃於沃盥之義尤切云今文淳作激者經義述聞云釋文曰激一本作浮劉本作徼謹

案激與淳聲不相近激當爲敦盩因淳字而誤加水旁形與激近故譌爲激又譌爲徼也敦淳聲相近故今文淳作敦周官內宰出其度量淳制故書淳爲敦是其證矣今案鄭以淳沃二字義近故從古文槃匜形制陳設詳士虞禮匜水鍇于槃中南流下○沃尸盥者一人敖氏疑者一人三字爲衍文葢以沃尸盥爲總目與士虞記淳尸盥同似亦可通

尸入主人及賓皆辟位出亦如之辟位逡遁疏正義曰敖氏云入入門也出出戶也言主人及賓則兄弟之屬在其中矣

右記事尸之禮

嗣舉奠佐食設豆鹽肝宜鹽也疏正義曰豆鹽以豆盛鹽也謂舉奠食肝時

佐食當事則戶外南面無事則中庭北面當事將有事而未至疏正義曰吳氏廷華云如羞庶羞之屬皆戶外南面受之入設于席前也今案士虞記云佐食無事則出戶負依南面注云室中尊不空立彼云無事此云當事者彼謂室中無事而尚有後事未至則出立于戶外以待之不空立室中與此當事同故注以

將有事而未至解當事也至無事則中庭北面謂事已畢及祭前未有事時上經云佐食北面立于中庭是也**凡祝呼佐食許諾**呼猶命也【疏】正義曰注以命釋呼者謂如祝命佐食啟會之類言凡者自啟會以至徹胙俎皆是**宗人獻與旅齒于衆賓**尊庭長齒從其長幼之次【疏】正義曰獻謂主人獻之旅謂旅酬宗人私臣以其爲庭長故齒于衆賓是尊之也**佐食于旅齒于兄弟**【疏】正義曰敖氏云佐食已獻于室中故獻兄弟時不與而但與其旅酬也云齒于兄弟則士之佐食亦其兄弟明矣盛氏云案下記云私臣獻次兄弟則其於旅可知也此不次於兄弟而與之齒以其接神故尊之也然則佐食以私臣爲之信矣若本是兄弟何必以是爲寵異之而記之耶今案以佐食但言旅不言獻敖說得之至佐食爲私臣非兄弟當以盛說爲是詳前佐食北面立于中庭下

右記佐食所事因及宗人佐食齒列

尊兩壺于房中西墉下南上爲婦人旅也其尊之設亞西方【疏】正義曰此因經未言

房中之尊而記之也房中有尊則有篚有洗明矣敖氏云兩壺皆酒云南上者亦以其先酌在南者歟郝氏云南上統於堂也　注云爲婦人旅也者言此尊爲婦人旅酬而設也云其尊之設亞西方者張氏爾岐云謂設尊兩階時先阼階次西方又次乃于房中故云亞也

內賓立于其北東面南上宗婦北堂東面北上

二者所謂內兄弟內賓姑姊妹也宗婦族人之婦其天屬於所祭爲子孫或南上或北上宗婦宊統於主婦主婦南面北堂中房而北

【疏】正義曰其北尊北也設尊在房中西壖下內賓立于其北則亦在西壖下故東面也宗婦言北堂者北房中半以北爲北堂內賓在房中尊北宗婦又在內賓之北是在北堂之地故云北堂也　注云二者所謂內兄弟者上經云主人洗獻內兄弟于房中此內賓宗婦二者即上經所謂內兄弟也云內賓姑姊妹也者是主祭者之姑姊妹也云宗婦族人之婦其夫屬於所祭爲子孫者謂宗婦爲所祭者子孫之妻于主祭者爲同宗之婦也云或南上或北上宗婦宊統於主婦主婦南面者江氏筠云房中之位類多南上所以然者房有北階無北壁房中之南蓋猶之堂上之北故也汪氏鋼云宗婦在內賓之北注云宗婦宊統於主婦主婦餕是

南面則必在北堂之北可知故內賓依尊以南爲上宗婦統於主婦以北爲上也江氏又云內賓與宗婦體敵故或南上或北上以明其不相統說亦是云北堂中房而北者詳士昏禮記

主婦及內賓宗婦亦旅西面

西面者異於獻也男子獻於堂上旅於堂下婦人獻於南面旅於西面內賓象衆賓宗婦象兄弟其節與其儀依男子也主婦酬內賓之長酌奠于薦左內賓之長坐取奠於右宗婦之娣婦舉觶於其姒婦亦如之內賓之長坐取奠觶酬宗婦之姒交錯以辯宗婦之姒亦取奠觶酬內賓之長交錯以辯內賓之少者宗婦之娣婦各舉觶於其長竝行交錯無算其拜及飲者皆西面主婦之東南

【疏】正義曰經但言主人洗獻內兄弟于房中不及婦人旅酬之禮故記補之亦旅者亦如男子旅也

注云西面者異於獻也者獻南面也云男子獻於堂上者上經主人獻賓于西階上獻兄弟于阼階上是也旅於堂下者上經賓酬兄弟之黨兄弟酬賓之黨皆于階前不言升堂是也婦人獻於南面者有司徹主人洗獻內賓于房中南面拜受爵主人南面于其右答拜是也旅於西面卽據此記言也云內賓象衆賓宗婦象兄弟其節與其儀依男子也者其節謂行禮之節次其儀謂拜受荅拜等儀文一如

上經男子旅酬無算爵也張氏惠言云如注云其節依男子則酬內賓當在主人酬賓之節婦舉觶在兄弟弟子舉觶之節也案主人酬賓時內賓向未獻無緣先酬內賓當與宗婦舉觶相接爲之注言其大判耳賈疏云主婦酬內賓之長酌奠于薦左內賓之長坐取奠于右者此約上經主人洗觶酌于西方之尊西階前酬賓時上人奠觶于薦北賓坐取觶奠于薦南是也云宗婦之娣婦舉觶於其姒婦亦如之者此亦約上經兄弟弟子洗酌于東方之尊阼階前北面舉觶于長兄弟如主人酬賓儀是也云內賓之長坐取奠觶酬宗婦之姒交錯以辯者此亦約以上經正行旅酬節賓坐取觶阼階前北面酬長兄弟交錯以辯皆如初儀是也云宗婦之姒亦取奠觶酬內賓之長交錯以辯者此亦約旅酬節云長兄弟酬賓如賓酬兄弟之儀以辯卒受者實觶于篚是也云內賓之少者宗婦之娣婦各舉觶於其長者此亦約上經正行無算爵時云賓弟子及兄弟弟子各酌于其尊舉觶于其長下云爵皆無算是也此鄭據上經推之以釋記亦字之義也敖氏集說與鄭異褚氏盛氏多辨之褚氏云案集說謂主人旣酢內兄弟主婦則酬內賓之長酌奠于薦左內賓之長坐取之奠于右及兄弟舉旅之時內賓之長亦取奠觶以酬主婦主

婦以酬次內賓云云此大謬也凡主賓相酬之例萬無卽以其人之爵還酬其人之理況又脫去宗婦之少者舉觶于其長一節如此則房中旅酬止行一觶而無兩觶矣有此兩誤不可不辨注甚密空遵盛氏云敖云內賓長之觶惟以旅主婦非也初舉旅時內賓長當取觶以酬宗婦之長而不及主婦以主婦酬內賓長之時已先自飲故也其意與堂下賓酬長兄弟而不及主人同及其無算爵也內賓長之觶以酬次宗婦宗婦長之觶以酬次內賓主婦亦不與也又當有宗婦之少者舉觶於其長一條而敖不言亦未備今案鄭注依經爲說敖氏憑臆言之斷未可從褚氏盛氏駁之是也云其拜及飲者皆西面主婦之東南者據此記云西面而言也上注云主婦南面則此西面者當立於東方而在主婦之東南也

宗婦贊薦者執以坐于戶外授主婦

疏 正義曰官氏云贊薦者戶外相授已見於經記重明之者見室中地窄授受多在戶外也

右記設內尊與內兄弟面位旅酬贊薦諸儀

尸卒食而祭饎爨雍爨 雍孰肉以尸享祭竈有功也舊說云宗婦祭饎爨亨者祭雍爨用黍

肉而已無籩豆俎禮器曰燔燎於爨夫爨者老婦之祭盛於盆尊於瓶【疏】正義曰饎爨以炊黍稷雍爨以亨牲魚腊上云牲爨魚腊爨分言之此總謂之雍爨也注云雍孰肉者周禮有內饔外饔之官掌割亨煎和鄭注序官云饔割亨煎和之稱雍饔通故鄭以孰肉解之史記吳太伯世家索隱云雍是孰食是也云以尸亨祭竈有功也者謂祭爨所以報之也云舊說云宗婦祭饎爨亨者祭雍爨用黍肉而已無籩豆俎者以上俱舊說下乃鄭引禮器以證之蓋亦從舊說也云宗婦祭者以其主炊黍稷不云亨人而云亨者蓋即謂雍人以其主割亨故謂之亨者上經云雍正作豕是士有雍人之官也禮器引孔子之言本作燔柴於奧夫奧者老婦之祭也盛於盆尊於瓶此與上逆祀皆言臧文仲非禮之事鄭讀奧爲爨故即作爨引之彼注云奧當爲爨字之誤也或作竈禮尸卒食而祭饎爨饔爨也時人以爲祭火神乃燔柴老婦先炊者也盆瓶炊器也明此祭先炊非祭火神燔柴似失之據此爨祭器用盆瓶是無籩豆俎也

右記祭竈之節

賓從尸俎出廟門乃反位賓從尸送尸也士之助祭終其事也俎尸俎也賓旣送尸復入反位者宜與主人爲禮乃去之 疏 正義曰言俎出以爲反位之節也吳氏廷華云上言辟矣此又曰從者辟因主人辟 後又從之以存送尸之意而已俎出則尸去遠矣故反也 注云賓從尸送尸也者主人無送尸之儀故使賓從以示送也云士之助祭終其事也者對少牢大夫之祭尸出賓不送也云賓旣送尸復入反位者宜與主人爲禮乃去之者此鄭釋反位之義也褚氏云賓出送尸而入反位於此記見之敖氏前云賓自執俎出以授人旣則復反其位兩出兩反不已數乎今案此褚氏申駁敖前說之非也

右記賓反位送尸之節

尸俎右肩臂臑肫胳正脊二骨橫脊長脅二骨短脅尸俎神俎也士之正祭禮九體貶於大夫有併骨二亦得十一之名合少牢之體數此所謂放而不致者凡俎實之數奇脊無中脅無前貶於尊者不貶正脊不奪正也正脊二骨長脅二骨者將舉於尸尸食未飽不欲空神俎 疏 正義曰此

云右者謂自肩以下皆用右也凡吉祭神俎牲用右胖少
牢注云右胖周所貴也詳鄉飲酒記禮經釋例釋牲上篇
曰凡牲左體謂之左胖右體謂之右胖前體謂之肱骨又
謂之前脛骨肱骨三最上謂之肩肩下謂之臂臂下謂之
臑後體謂之股骨又謂之後脛骨股骨三最上謂之肫又
謂之膞肫下謂之胳又謂之骼胳下謂之觳觳中體謂之脊
脊骨三前骨謂之正脊中骨謂之脡脊後骨謂之橫脊脊
兩旁之肋謂之脅又謂之胉又謂之幹脅骨三中骨謂之
正脅又謂之長脅前骨謂之代脅後骨謂之短脅肩上謂
之脇又謂之脰肫上謂之髀餘骨謂之儀所以踐地謂之
蹏脊骨盡處謂之尻皮謂之膚精者謂之倫膚腹腴謂之
腸胃知倉味者謂之心舌氣主謂之肺舉肺謂之離肺又
謂之嚌肺祭肺謂之刌肺又謂之切肺肺與正脊謂之舉
肉理謂之腠又謂之奏肉在汁中謂之肉湆殊左右肱股
四脊一兩脅二謂之七體又謂之豚解豚解謂之全脀左
右肱股骨各六脊骨三左右脅骨六謂之二十一體又謂
之體解體解謂之房脀節解謂之折骨折謂之殽脀凡士
冠昏喪之牲特豚鄉飲酒鄉射燕大射之牲狗士虞特牲
之牲豕旣夕少牢有司徹之牲羊豕公食大夫之牲牛羊
豕凡牛羊有腸胃無膚豕有膚無腸胃凡牲皆用右體進

賸變禮則用左體進柢凡腊之體同牲今案此篇釋牲體最詳惟據朱子之論二十一體去兩觳而取兩髀則股骨三當云最上謂之髀髀下謂之肫肫下謂之胳胳下謂之觳句於後詳少牢上利升羊下注云尸俎神俎也者李氏云尸餕鬼神之餘故謂神俎爲尸俎也今案此與經言尸俎同而實異故注云神俎上經命佐食徹尸俎則肵俎也云士之正祭禮九體貶於大夫有併骨二亦得十一之名合少牢之體數者少牢禮又有脡脊代脅爲十一體此士之正祭止九體無脡脊代脅是貶於大夫也然正脊長脅各二骨合之肩臂臑肫胳橫脊短脅亦十一與少牢數合也云此所謂放而不致者放而不致禮器文彼注云謂若諸侯自山龍以下孔疏致極也謂放法而不得極今士祭亦放大夫俎十一而有併骨二是放而不致也云凡俎實之數奇脊無中脅無前貶於尊者不貶正脊不奪正也者案九體十一體是數奇也郊特牲曰鼎俎奇而籩豆偶俎數奇故所實之數亦奇也褚氏云脡脊在中尸無脡脊故注云脊無中代脅在前尸無代脅故注云脅無前今案尊者謂大夫大夫三脊三脅俱有是士貶於大夫也但所貶去者爲脡脊代脅而不貶正是不奪正也云正脊二骨長脅二骨者將舉於尸尸食未飽不欲空神俎者上

經尸入先食舉謂食正脊與肺也次舉幹謂食長脅也正
脊長脅每骨皆二尸食其一而仍存其一是不空神俎也
所以不欲空神俎者以尸食未飽
不可無餘此鄭解二骨之義也

膚三

爲餕用二厭飫一也疏正義曰敖

氏云特牲無膚俎故以膚附於牲俎焉三者亦貶於大夫
也凡膚與牲體同在尸俎者大夫五士三少牢下篇言尸
之豕脊膚五是也大夫以上膚若別俎則若七若九以差
而加之褚氏云貶亦不得過三餕二陽厭一若再少不敷
用矣士虞禮膚三取諸脰膉非脅
革肉以不主食味故亦止用三

離肺一

離猶挃也小而長午割之亦不
提心謂
之舉肺

刌肺三

爲尸主人主婦祭今文刌爲切疏正義曰離肺肺割而未絕者即舉肺也亦名嚌

肺刌肺肺刌斷者即祭肺也亦名切肺禮經釋例云士虞
記云離肺又云祭肺特牲記云離肺一刌肺三少牢禮司
馬升羊司士升豕皆云舉肺一祭肺三注舉肺一尸食所
先舉也祭肺三爲尸主人主婦皆舉肺祭肺兼有者也有
司徹尸主人羊俎皆祭肺一羊肉湆皆嚌肺一豕俎皆嚌
肺一亦舉肺祭肺兼有侑羊俎豕俎有切肺無嚌肺主婦
俎有嚌羊肺無祭肺皆不備禮也　注云離猶挃也者挃
與刲同廣雅刲刺也云亦不提心者　少儀云牛羊之肺離

而不提心鄭注提猶絶也捲離之不絶中央少許者彼謂
牛羊之肺此豕肺亦然也云爲尸主人主婦祭者李氏曰
尸酢主人主人不絶祭知用尸俎之刌肺是尸主人主婦
各一也云今文刌爲切者少牢禮心皆安下切上注又云
今文切皆爲刌胡氏承珙云說文刌切也切刌也二字雙
聲同義故今文於刌肺之刌作切於安下切上之切又作
刌鄭意蓋以專指牲體之名則作刌兼言剝割之事則作
切故於二處皆從古文然散文亦多通者有司徹脩俎有
切肺一注云切肺亦祭肺互言之爾少牢祭肺三皆切
士虞禮注引作祭肺三皆刌是也今案以上皆豕俎也**魚**
十有五魚水物以頭枚數陰中之物取數於月十有五日
而盈少牢饋食禮亦云十有五而俎尊卑同此所謂經而等也

疏 正義曰注云魚水物以頭枚數者賈氏謂對牲與腊以體數是也魚十有五者謂魚俎用魚十
五頭也云陰中之物取數於月十有五日而盈者此鄭解
十五之義本禮運月三五而盈之文也經而等亦禮器文
以魚俎十五尊卑皆同是經而等也彼注云謂若
天子以下至士庶人爲父母三年亦是尊卑同也**腊如牲**
骨不但言體以有一骨二骨者

疏 正義曰郝氏云腊俎如牲骨但無肩與肺耳今案注云不但言體以有一

骨二骨者謂不但膉體如牲即有一骨二骨者亦皆如牲故不言體而言骨言骨則體在其中矣

祝俎髀脡脊二骨脅二骨凡接於神及尸者俎不過牲三體以特牲約加其可併者二亦得奇名少牢饋食禮羊豕【疏】正義曰李氏云脅蓋代脅也與脡脊皆尸俎各三體所不備者今案經云髀不升是亦不升於尸俎也故祝俎用之王氏士讓云殷人貴髀祝接神尊故用勝朝所貴者耳　注云凡接於神及尸者俎不過牲三體以特牲約者接神謂祝與佐食接尸謂賓長長兄弟及宗人之屬也不過三體以特牲祝佐食等俎約之可知言凡言以特牲約是不專為士言之云加其可併者二亦得奇名者盛氏云對少牢二牲豐則不加也脊脅各二加髀為五是亦奇也今引少牢羊豕各三體者證大夫亦不過三體也盛氏又云自祝以下唯一俎而已無魚膉故記不言

膚一離肺一阼俎臂正脊二骨橫脊長脅二骨短脅主人尊欲其體得祝之加數五體又加其可併者二亦得奇名臂左體臂【疏】正義曰注云主人尊欲其體得祝之加數五體又加其可併者二亦得奇名者祝三體加可併者二為五主人尊體已得五又加其可併者二為七是亦奇也云臂

左體臂者右已用於尸俎也敖氏云胙俎尊乃不用左肩而用左臂者屈於尸也脊脅得與尸同以伸其尊亦以特牲之俎實少故爾少牢俎實多故主人主婦脊脅皆減於尸

膚一離肺一主婦俎觳折

觳後足折分後右足以爲佐食俎不分左臑折辟大夫妻古文觳皆作穀

疏　正義曰敖氏云觳非正體折骼之下而取之故云觳觳折凡牲固皆有折也然經文之例其先言體乃言折或單言折者必非正體若全體者也蒸與折俎之說不同　注云觳後足也者士喪禮記長及觳注云觳足之跗也案跗即足趾禮經凡言牲觳俱指後足言之校勘記疑注折下脫分也二字今案經例全者則直舉其體名不全者言折此觳分以爲佐食俎則不全故以折言之非謂折爲分也若作分字解則下不分左臑折句不可通矣不分左臑折者謂分觳爲折不分左臑爲折也云折分後右足以爲佐食俎者以下佐食俎亦用觳折故也敖氏云主婦俎與佐食俎同用觳而主婦尊於佐食則主婦右佐食左歟或曰佐食宜用右觳猶祝用右髀之意未知孰是褚氏云左肩太貴故胙俎不用而用左臂左觳折太卑故用之于佐食俎而主婦用右觳折盛氏則云一體分爲二皆用右也有左觳而不用者亦以其太卑今案經於主婦

佐食之俎皆云觳折不云左右據注云折分後右足以爲佐食俎則佐食亦用右也似盛說是云不分左臑折辟大夫妻者少牢主婦用左臑故士妻辟之不用也云古文觳皆作穀者說文觳盛觵卮也一曰射具从角㱿聲讀若斛考工記豆實三而成觳鄭注斗二升曰觳此觳之本義也經典假爲足跗之名古文作穀又是假穀爲觳故鄭從今文

其餘如阼俎餘謂脊脅膚肺

佐食俎觳折脊脅三體卑者從正

疏 正義曰觳折詳上 注云三體卑者從正者祝與佐食均是接神三體爲正祝尊故有加佐食卑無加故止三體從其正數也

膚一離肺一賓骼長兄弟及宗人折其餘如佐食俎骼左骼也賓俎全體尊賓不用尊體爲其已甚卑而全之其宜可也長兄弟及宗人折不言所分略之

疏 正義曰李氏云祝佐食接神賓三獻長兄弟爲加爵宗人庭長授巾皆接尸而祝爲尊故祝五體而餘皆三體衆賓長爲加爵接於尸蓋亦三體下文惟衆賓殽脅耳據此則賓中兼有賓長衆賓長也其餘亦謂脊脅膚肺也 注云骼左骼也者以右已用之尸俎也云賓俎全體尊賓者對上觳折非全體言也云不用尊體爲其已甚卑而全之其宜可也者以賓

用全體已見其尊若又用尊體則已甚故用骼也骼在肫下是卑體也云長兄弟及宗人折不言所分略之者上主婦及佐食俎言殽折此但言折不言所分之體是略之也盛氏云不言其體隨所有而用之又降於賓也

眾賓及眾兄弟內賓宗婦若有公有司私臣皆殽脀

又略此所折骨直破折餘體可殽者升之俎一而已不備三者賤祭禮接神者貴凡骨有肉曰殽祭統曰凡爲俎者以骨爲主貴者取貴骨賤者取賤骨貴者不重賤者不虛示均也俎者所以明惠之必均也善爲政者如此故曰見政事之均焉公有司亦士之屬命於君者也私臣自己所辟除者

疏 正義曰注云又略者上賓長兄弟等之俎但言折已是略此不言折而言殽脀是又略也云此所折骨直破折餘體可殽者升之俎一而已不備三者賤祭禮接神者貴凡骨有肉曰殽者鄭意以此記殽字爲餘骨之總名脀與烝同謂升于俎鄭注曲禮云殽骨體也韋昭注國語云殽俎實也殽本作肴廣雅肴肉也王氏疏證云說文肴啖也初學記引說文肴襍肉也是骨有肉爲殽殽兼有襍義非一體也據上所陳各俎右胖已用盡惟取左胖亦用餘體破折襍陳之上褚氏云春秋傳之殽脀對全脀而言即體解也此之殽

脅則任用各體之骨而已名與傳同實不同也注云祭禮接神者貴接神兼接尸者言尸亦神象也上接神及尸者或五體或三體此衆賓兄弟內賓宗婦公有司私臣不接神每俎或得一體而已以不如接神者之貴也引祭統者證俎以骨爲主及貴賤惠均之義云公有司士之屬命於君者也私臣自己所辟除者公有司亦士之屬卽上士中士下士也私臣卽庶人在官府史胥徒之屬也儀禮釋官云案士之私臣少不足以供祀事故有公有司來助祭者公有司蓋士之僚友與士同爲臣於公非家之私臣故言公以別之有司則賓及執事同爲通稱祭統羣有司鄭注謂衆賓下及執事者是也敖氏謂公有司公家所使給私家之事者恐非士之臣事公家使人治之若祭事未必然也又此經明言私臣則士亦有臣而注疏謂士無臣之說非矣又云王制大夫士宗廟之祭有田則祭無田則薦鄭注引禮器羔豚而祭百官皆足孔疏云士薦而云百官者士之屬吏以衆言之亦曰百官故氾閣荅任厥問曰士有屬官佐祭特牲饋食云公有司私臣皆殽脅百官皆足抑謂此也○官氏云記歷序俎之牲體并詳其體之爲全爲分數之或多或少而廟中執事之尊卑又因而見焉體有貴賤而用全體者爲隆如尸俎之全用肩臂臑肫骼祝俎之全

用右髀胙俎之全用左臂是也其次則不用全而用半如主婦佐食俎之用觳折是也又其次則儀度其可用者用之而并不言半矣如賓長兄弟及宗人俎用折是也又其次則𥡴用餘體之可殽者而并不言折矣衆賓兄弟以下之殽脀是也殽脀之數一而已等而上之是有上事者也其體之數有三焉若賓長兄弟及佐食宗人是也又等而上之是爲神尸將命相禮者也其體三而加其可併者二則有五焉祝是也又等而上之是爲宗廟主者也其體五而加其可併者二則有七焉主人主婦是也又等而上之則爲所祭者其體九而加其可併者二則十有一焉尸是也而一牲之體其不用者亦僅矣由士禮而推之大夫由大夫禮而達之諸侯天子雖經闕有閒其隆殺之等亦可想見云

膚一離肺一

右記諸俎牲體之數

公有司門西北面東上獻次衆賓私臣門東北面西上獻次兄弟升受降飲獻在後者賤也祭祀有上事者貴之亦皆與旅【疏】正義曰衆賓在西階前東

面兄弟在阼階前西面此公有司私臣則在門西門東之位而皆北面門西者以東爲上門東者以西爲上統於門也祭時賓與衆賓亦皆於公有司私臣中選之張氏爾岐云在門外時同在門西東面北上謂公有司私臣同在有司羣執事中也又云及其入賓與衆賓適西階以俟行事其不在選中者則北面如此記所陳是公有司私臣之未選爲賓者在北面位其選爲賓者則在西階前東面其上爲賓其次爲衆賓所謂賓黨也兄弟則同在阼階前西面所謂主黨也公有司獻次衆賓者以其爲主人之僚友故屬賓黨私臣獻次兄弟者以其爲主人之羣吏故屬主黨也敖氏云門西者尙右門東者尙左亦各變於東面西面之位者也獻公有司于西階上私臣于阼階上其受爵則面惟二者之長拜于下乃升受主人荅拜乃降飲餘皆不拜賈疏云公有司私臣薦俎皆使徒隸爲之歟　注云獻在後者賤也祭祀有上事者貴之者以公有司私臣獻在衆賓兄弟後是賤也但衆賓亦卽選於公有司私臣中何以獨目爲賤故又申之曰祭祀有上事者貴之上事謂堂上之事前獻賓薦脯醢設折俎注云公有司設之獻長兄弟注云亦有薦脀設於位私人爲之歟是公有司私臣亦非無事者但無上事耳云亦皆與旅者以是記但言獻未言旅

鄭恐人疑公有司私臣二者不與於旅故特明之禮經釋例云凡旅酬不及獻酒者不與有司徹旅酬及私人者前主人獻酒辯及私人故旅酬亦辯及私人今此二者既得獻則亦得與旅也賈疏云天子諸侯祭祀可依此位矣同姓無爵者在阼階前西面北上卿西階前東面北上大夫在門東北面士門西北面旅食在其後少牢下篇云衆賓位在門東北面既獻在西階西南衆賓繼上賓而南天子諸侯之賓其位或依此歟案祭統云凡賜爵昭為一穆為一昭與昭齒穆與穆齒此不見昭穆位者主人衆兄弟非昭穆乎若其有爵者則以爵序之文王世子其在外朝則以官其在宗廟之中則如外朝之位宗人授事以爵以官以此差之知無爵者從昭穆有爵者則以官矣江氏永羣經補義據賈說申之云中庸序昭穆謂同姓之無爵者立于阼階下分為昭穆兩行西面北上而南陳如昭無一行為尊則昭前而穆後如穆一行為尊則穆前而昭後孫必與祖同班子必與父異列其面位是西面非北面也爵謂大夫以上同姓無爵謂若五叔無官是也其同姓之有爵與異姓之有爵者序立于西階下東面北上而南陳如周公為家宰則周公在上若有二王後來助祭則二王後又在上也今案此說甚確殆所謂由士禮推之而致於天子者

與○儀禮釋官云通考士禮諸篇宰祝宗人筮人卦者外御族長圉人御者童子饔正之屬士之私臣也士喪旣夕二篇所言甸人管人夏祝商祝冢人卜人隸人遂匠之屬公家之臣來給事者也注未別白賈疏泥於士無臣之說依違遷就無所考證敖氏繼公則謂宰祝宗人之屬皆公有司公家所使給事於私家者其說亦非公家人使人給事於私家惟喪禮耳此篇助祭之公有司亦是士自宿之不必公家使之也冠禮自賓及贊者外凡執事皆士之私臣曲禮士不名家相家相卽家宰則士得有私臣爲宰矣昏禮舅姑旣沒婦奠菜于廟有祝帥婦以入豈婦之廟見公家亦使人給其事乎竊以士冠士昏及此篇所陳官名皆士之私臣但士卑臣少若祝宗人饔正之屬或不必有專官臨事設之以共其職士之私臣有二一以府史胥徒爲之注疏謂自己所辟除不命於君者是也一以子弟爲之左傳士有隸子弟服注士卑自以其子弟爲僕隸者是也敖氏之解始猶惑於士無臣之說歟

右記公有司私臣面位獻法

卷三十六終